한국어의 음운과 문자 (1)

-발음과 표기를 중심으로-

박 창 원

지식과교양

이 책은 2016년 교육부 대학인문역량강화사업(CORE)의
저술지원을 받았습니다.

머리말

세계화 내지는 국제화 혹은 지역지구화 시대라고 일컬어지는 현 시대에 한국어는 지금까지 경험하지 못했던 새로운 상황을 맞고 있다. 그것을 세 가지로 요약하면 첫째 한국어의 내적인 문제, 둘째 한국어의 외적인 문제, 셋째 다른 언어와의 관계에서 빚어지는 문제 등이 될 것이다. 한국어의 내적인 문제는 분단된 남북 언어의 이질성 축소와 동질성 확대에 관련된 문제이고, 외적인 문제는 한국어의 세계화와 관련된 한국어의 국내외 보급에 관련된 문제이다. 그리고 다른 언어와의 관계에서 빚어지는 문제는 다문화 사회의 도래와 관련하여 다른 언어를 '어떻게 어느 정도로' 수용할 것인가 하는 문제와 세계어로서의 위치를 확보한 영어의 압박을 어떻게 방어할 것인가 하는 문제로 나누어 볼 수 있다.

내부적인 위축과 외부적인 확산이라는 모순적 갈등 속의 한국어는 때로는 표류하기도 하면서 때로는 정상적인 항해를 하기도 하면서 존재하고 있다. 한국어의 세계적 공용어화 내지는 한국어의 세계화를 위해서 무엇을 해야 하는가 등등의 문제가 중요한 문제로 떠오르고 있는 현재의 시점에서, 본고는 한국어나 한글을 공부하는 사람들을 위해 한국어나 한글에 대한 기본적인 지식을 제공하기 위해 작성되었다.

　한국인은 아득한 옛날 독립된 하나의 언어공동체를 형성하여 지금에 이르고 있다. 때로는 둘 이상의 분화체를 가지기도 하고 때로는 하나의 통일체를 가지기도 하면서 지금에 이르고 있는 것이다. 그리고 한국인의 정체성이 확립된 이래 상당한 기간 동안 문화의 축적과 지식의 재창조에 다른 종족이 만든 문자를 사용하다가, 15세기에 이르러 세계의 문자사를 새로 쓰게 하는 독자적인 문자인 훈민정음이란 문자를 만들어 지금껏 사용하고 있다.

　이 책의 〈제1부 서론〉은 우리 말과 글에 대한 기초적인 지식을 제공하기 위해 집필되었다. 그리고 〈제2부 한국어의 발음〉에서는 한국인의 발음 관습을 이해하고, 현재 사용하고 있는 표준 발음법의 실상을 이해한 후 이들이 언어 이론과 어떻게 연관되는지를 논의하였다. 〈제3부 한국어의 표기〉에서는 표기법에 관한 일반적인 사항을 이해하고 한글맞춤법의 현행을 이해한 후 한글의 표기가 언어의 통시적 변화와 어떻게 연관되어 있는지에 대해 조금 논의하였다. 〈제4부 한글맞춤법의 심화 과제〉에서는 사잇소리와 띄어쓰기에 관한 것을 좀 깊이있게 다루면서, 〈한글맞춤법 제6장〉에 나오는 어휘들 – 흔히 사용되지만 혼동하기 쉬운 예들에 대한 뜻풀이와 예문을 국립국어원의 〈표준국어대사전〉에서 거의 그대로 옮겼다. 〈제5부 한글에 대한 단상들〉은 한글에 대한 핵심 문제 몇 가지들에 대해 간단하게 저자의 생각을 정리해 본 것이다. 칼럼으로 실었던 것을 조금 다듬어 실었다. 그리고 부록으로 〈문장 부호〉와 〈사정한 표준어〉 그리고 〈국어기본법〉을 옮겨 실었다.

　이 책은 저자의 이전 책 〈한국어의 표기와 발음〉의 신판이라고 할 수도 있다. 그 책에 실린 표준발음법과 한글맞춤법에 관한 사항과 심화과제는 몇몇 오타를 수정하고 그대로이지만, 책의 체제를 바꾸고 많은 부분을 새로 집필하거나 보완하였다. 제6장과 제9장은 저자가 2016년 〈이화어문논집〉과 〈언어와 정보사회〉에 실었던 "한글맞춤법 총론 제1항의 음운론(1)", "한글맞춤법 총론 제1항의 음운론(2)"를 옮겨 실었다. 제1부는 수정 확대하였고, 제4장과 제7장은 새로 집필하였다.

대중들에게 별로 인기없을 이 책을 출간해 주신 〈도서 출판 지식과 교양〉의 윤석산 사장님과 들쭉날쭉한 원고를 불평없이 다듬어 주신 편집진에게 감사드린다.

2016. 11월 박 창 원

차례

제2부 한국어 발음의 규범과 실제

제3부 한국어의 표기

제4부 한글맞춤법의 심화 과제

제5부 한글에 대한 단상들

부록

제1부
서론

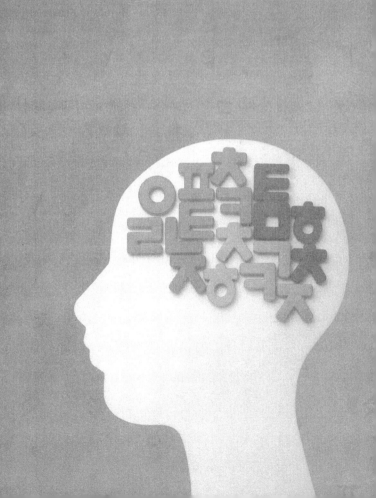

한국어와 한글

1. 시작하는 말

말과 글은 인간의 정신문화를 가능하게 하는 가장 핵심적인 요소이다. 말은 개인적인 인간을 생존하게 하고, 인간답게 만들어 주면서 집단의 공동체적인 삶을 가능하게 해 준다. 아울러 소통을 통한 지식의 축적으로 지식의 재창조를 가능하게 한다. 글은 지식의 소통과 축적에 대한 말의 한계를 넘어섬으로써 인류 문화의 비약적인 도약을 가능하게 한다.

한국어는 한국인이 사용하는 말이고, 한글은 한국어를 표기하기 위해 한국인이 만들어 사용하는 글이다. 말의 사용은 입과 귀의 작용으로 이루어지는 지각 행위이고, 글의 사용은 손과 눈의 작용으로 이루어지는 지각 행위이다. 입의 조음 작용과 귀의 청각 작용으로 의사소통이 이루어지는 '말'은 인류에게 천부적인 보편적 현상이고, 손의 그림 작용과 눈의 시각 작용으로 의사소통이 이루어지는 '글'은 후천적인 창조적 산물이다.

한국인은 아득한 옛날 독립된 하나의 언어공동체를 형성하여 지금에 이르고 있다. 때로는 둘 이상의 분화체를 가지기도 하고 때로는 하나의 통일체를 가지기도 하면서 지금에 이르고 있는 것이다. 그리고 한국인의 정체성이 확립된 이래 상당한 기간 동안 문화의 축적과 지식의 재창조에 다른 종족이 만든 문자를 사용하다가, 15세기에 이르러 세계의 문자사를 새로 쓰게 하는 독자적인 문자인 훈민정음이란 문자를 만들어 지금껏 사용하고 있다.

2. 한국어의 역사

2.1. 한국어의 계통과 현재

오늘날 지구상에는 약 50억 내지 60억 정도의 인간이 약 3,000 내지 6,000개 정도의 언어를 사용하고 있다고 한다. 이렇게 많은 각 언어들의 기원을 따져서 하나의 조상으로부터 갈라져 나왔을 것이라고 짐작되는 언어들을 하나의 가족처럼 묶는 작업이 언어의 계통을 밝히는 작업이다. 언어를 계통적으로 분류하기 위한 방법으로는 비교 방법을 사용한다. 비교 방법이란 하나의 언어와 다른 언어의 음운과 문법 그리고 어휘의 공통점을 찾아내어 그것들의 기원적인 대응 관계를

증명함으로써 대상의 언어가 하나의 조상되는 언어로부터 변화하였
는가 하는 문제를 밝히는 방법이다. 대응 관계는 대체로 기초 어휘의
대응, 음운 체계의 대응, 문법 체계의 대응 등으로 나누어 고찰할 수
있다.

19세기 비교 언어학의 발달로 인도 · 유럽 어족이 확립되고, 이후
지구상에 존재하는 언어들의 계통적 분류 작업이 이루어졌다. 한국어
의 계통에 관한 연구는 19세기 후반부터 시작되는데, 본격적인 연구
는 Polivanov, Ramstedt 등에 의해서 이루어졌다고 할 수 있다. 특히
주요한 연구는 Ramstedt에 의해 이루어졌는데, 그는 1952년과 1957
년 그리고 1966년에 세 권의 『알타이어학 개설』을 써서 한국어가 알
타이 어족의 일원임을 주장하게 된다. 그 후 Poppe(1950, 1960) 『알
타이제어 비교문법』에서 한국어가 알타이 제어에 속하는 것이 확실
하지 않다 하더라도 적어도 기층에는 확실히 있다고 주장했다. 그리
고 1965년의 『알타이어학 개설』에서는 (1) 한국어는 알타이제어와
친근관계가 있을 수 있다 (2) 원시 한국어는 알타이 통일체가 존재하
기 전에 분열했을는지도 모른다 (3) 한국어에는 알타이어 기층밖에
없다라는 주장을 하게 된다.

이후에도 한국어가 알타이 어족에 속한다는 주장이 이어지는데,
이런 부류에는 롤런도 포함된다. 롤런은 패트리(J. Patrie, 1982, The
Genetic Relationship of the Ainu Language)의 의견을 받아들여 알타
이 어족을 다음과 같이 분류하고 있다.

언어 이름	언어 수	사용 인구	분포 지역	주요 언어
알타이 제어	63	2억5천	아시아	
튀르키 제어	31	8천만	터키, 옛소련, 이란	터키어, 우즈베크어, 위구르어, 아제르바이잔어, 투르크멘어, 타타르어, 카자흐어, 키르키스어, 추바슈어, 바슈키르어
몽고 제어	12	3백만	몽고, 중국, 옛소련	할하어
통구스 제어	16	8만	중국, 옛소련	만주어, 어웡키어
한국어	1	5천5백만	한국	한국어
일본 류큐어	2	1억 1천 5백	일본	일본어
아이누어	1	거의 없음	일본북부, 사할린	아이누어

　이에 의하면, 한국어의 계통은 알타이 어족이고, 사용 인구는 1980년대 초반 대략 5천5백만 정도인 것으로 나타난다.

　한국어의 사용 인구에 대해서 이보다 좀더 뒤인 1998년에 Andrew Dalby은 〈Dictionary of Languages〉에서는 한국어의 사용 인구를 6천 3백만 정도로 추정하고 있는데, 이 순위는 중국어(11억 2500만), 영어(3억 5천), 스페인어(2억 2500만), 아라비아어(1억 6500만), 벵골어(1억 8000만), 러시아어(1억 7500만), 포르투갈어(1억 5500만), 독일어(1억 2000만), 일본어(1억 2000만), 프랑스어(7천만) 등에 이어지는 것이다. 현재 한국어를 모국어로 사용하는 인구는 남한과 북한을 합쳐서 7,500만 정도이고, 한국어를 사용하는 해외 동포들의 인구는 대략 800만 정도로 잡고 있다.

이 이후에도 여러 학자들이 세계의 인구와 언어를 정리하는 작업을 하였는데, 대체로 한국어를 사용하는 인구의 순위는, 대략 5,000개 내외로 추정되는 전체 언어에서 12위 내지는 13위인 것으로 나타나고 있다.

2.2. 한국어의 미래

미래의 지구에는 몇 개의 언어가 사용되고 있을까? 그 중에 한국어는 포함되어 있을까? 이에 대한 확답은 현재 할 수 없는 상황이지만, 확실한 사실 중의 하나는 21세기 현재 한국어는 배우고 싶은 언어 중에서 높은 위치를 차지하고 있고, 한국어를 사용하는 인구가 늘어나고 있다는 점이다.

미국에서는 한국 교포들을 중심으로 2세에게 한국어를 적극적으로 가르치고자 하는 열의에 힘입어 1,000개 내외의 주말 한글학교가 운영되고 있으며, 수십 개의 중등학교에서 한국어를 외국어로 가르치고 있으며, 한국어 강좌를 설립한 대학도 그 수를 헤아리기 힘들 정도이다. 이러한 사정에 힘입어 미국 대학 입시에 한국어가 채택되고 있고, 고교와 대학간 학점연계제를 실현하여 고교에서 고급한국어를 확산시키기 위해 미국의 한국어진흥재단이 힘쓰고 있는 것은 대단히 고무적인 일이다.

중국과 일본에서의 한국어에 대한 열풍은 가히 폭발적이다. 중국의 대학에서 한국어를(조선어과 등 학과 이름 무관) 가르치고 있는 대학은 2011년에 이미 200개의 대학을 넘어섰고, 대학교수 약 200명 이상이 회원으로 구성된 학회가 매년 열리고 있으며, 한국어에 대한 교육과 학습의 단계를 넘어서서 한국어의 연구와 교육의 단계에 본격적으로 진입하고 있는 실정이다. 일본에서도 (조선어와 한국어에 대한 미묘한 관계가 있지만) 한국어를 배우고자 하는 사람들의 숫자가 폭발적으로 늘어나고 있다는 사실은, 일본 공영방송(NHK)에서 한국어 교육 방송을 하고, 이에 관한 방송 교재가 폭발적인 판매 부수를 기록했다는 사실이 증명해 준다.

동남아에서의 한국어 교육 역시 폭발적으로 증가하고 있는 추세다. 필리핀, 태국, 인도네시아, 말레이시아, 베트남 등 중요 동남아 국가에서는 예외 없이 한국어과가 대학에서 추가로 개설되고 있으며, 교포 자녀들을 위한 한글학교도 성황리에 발전하고 있는 중이다.

한국에서는 외국어로서의 한국어 교육을 위해 한국어세계화재단을 설립하여 운영하다가 이를 전문적으로 담당할 준국가기관인 세종학당재단을 설립하여 외국에서 한국어를 교육하고 확산하기 위한 준비를 하고 있다. 또한 가상공간에서 한글을 연구하고 관련 정책을 연구하던 사이버한글박물관에서 국가기관인 국립한글박물관을 건립하여 한글에 관한 연구와 사업을 담당하는 것은 국내적으로 이루어지고 있는 한국어와 한글의 확산을 위한 준비 작업이라고 할 수 있다.

지구상 곳곳에서 한국어가 확산되고 있는 이러한 긍정적인 현상과 국내에서의 투자와 연구가 확산되는 현상을 계속 유지시킨다면, 한국어는 미래에 또 하나의 세계 국제어의 위치를 차지하게 될 것이다.

3. 한국어의 특징

3.1. 통사적 특징

가. 기본 어순

하나의 문장에서 주어, 목적어, 서술어 등을 문장의 근간 요소라고 하는데, 한국어의 가장 자연스러운 어순은 주어, 목적어, 서술어의 순서이다. 즉 한국어는 주어 내지는 주제가 문장의 처음에 나오고, 목적어가 있을 경우 주어 다음에 나오며, 서술어는 문장의 마지막에 온다.

> 꽃이 피고, 꽃이 지는 것은 모두 자연의 조화이다.
> 개나리는 봄을 좋아하고, 국화는 가을을 좋아한다.
> '나는 네가 좋다.'와 '나는 너를 좋아한다.'는 같은 뜻의 문장인가?

이 예문들에서 주어인 '꽃이, 개나리는, 나는' 등의 주어는 해당되는 문장의 맨 앞에 나오고, '봄을, 가을을, 너를' 등의 목적어는 서술어 '좋아하고, 좋아한다.' 등의 앞에 나온다. 결과적으로 서술어는 맨 뒤에 위치하는 것이 가장 자연스러운 한국어 문장이다.

나. 수식어와 피수식어

근간 요소를 수식해 주는 요소인 부사어와 관형어 등을 수식어라고 하는데, 한국어에서 수식을 하는 요소는 수식을 받는 요소보다 항상 앞에 온다.

　　철수의 순진한 고백은 무척 순수한 마음을 가진 영희를 충분히 감동
　시켰다.

　'고백'을 수식해 주는 '철수의', '순진한' 등은 피수식어 앞에 오고,
'순수한, 가진' 등도 '마음'과 영희'의 앞에 온다. 그리고 '순수한'과 감
동시켰다'를 수식해 주는 '무척'과 '충분히'도 그 앞에 위치한다.

다. 연결사의 다양성

　　한국어에서 두 개의 언어 단위를 연결할 때는 연결되는 단위의 종
류에 따라, 연결되는 개념의 유형에 따라 다양한 연결사가 사용된다.
체언의 연결은 '와/과'에 의해 이루어지고, 용언의 연결은 부동사형
어미에 의해 이루어지고, 문장의 연결은 주로 연결어미에 의해 이루
어진다. 문장을 연결할 때에는 그 개념의 관계에 따라 다양한 연결어
미가 사용된다.

　　아름다운 꽃과 향기로운 내음은 봄과 가을의 특징이다.
　　꽃은 피고 지고, 향기는 스쳐 가고, 봄은 우습게 지나 간다.
　　철수는 배가 너무 고파서, 주위에 누가 오는지도 모르고 허겁지겁 밥
　을 먹었다.
　　골목을 돌아서 가면, 헤어지면서 울던 물레방아가 있다.

라. 격조사의 발달과 어순의 자율성

　　한국어의 문장 성분은 격조사에 의해 결정되기 때문에 격조사가 발
달한 한국어에서는, 격조사가 결정되는 구가 하나의 어순 단위가 되

는데, 이 단위에서는 순서가 비교적 자유스럽다.

> 내가 너를 좋아한다. /좋아한다 내가 너를, /너를 내가 좋아한다.
> ⟨주의⟩ 승부욕이 강한 철수는 아주 열심히 공부하였다.
> ⟨⟨'강한 승부욕이 철수는, 승부욕이 철수는 강한, 철수는 강한 승부
> 욕이' 등은 성립되지 않는다.⟩⟩
> 돌아왔다. 아주 먼 여행을 떠났던 영희가 선물을 가득 담은 가방을
> 메고.

첫 문장에서 '내가'는 어떤 위치에 있어도 주어가 되고, '너를'은 어떤 위치에 있어도 목적어가 된다. 이들의 문장 성분은 '가'나 '를'이라는 격조사가 문장 성분을 결정해 주기 때문이다. 그렇지만 일반적으로 단어들이 문장을 구성할 경우에는 그 순서가 고정되어 있다. '승부욕이 강한 철수는'의 문장 성분은 순서가 바뀔 수 없고, '아주 열심히'도 마찬가지이다. 마지막 문장에서 보듯이 그 순서가 바뀔 수 있는 것은 조사가 결합할 수 있는 성분 정도라고 이해하는 것이 좋겠다.

마. 후치사의 발달

인구어나 중국어 등에서는 전치사가 발달되어 있지만, 한국어에서는 후치사가 발달되어 있다.

> 집에서, 나까지, 여기까지만이라도
> The hospital is behind the house,
> 我在家等你

바. 서술어

한국어의 서술어는 체언과 용언이 된다. 용언인 동사와 형용사는 선어말어미나 어말어미와 결합하여 직접 서술어를 구성하고, 명사 대명사 수사 등 체언은 '-이다'와 결합하여 서술어가 된다.

철수가 잘 달린다.(동사)
영희는 행복하다.(형용사)
영수는 학생이다.(명사)

3.2. 어휘적 특징

가. 첨가어

한국어는 단어 형성에서 첨가어적인 특징을 가지고 있다.

먹+었+겠+더라(-지, -다)+마는
철수+부터+는
여기+까지+만+이라+도

〈첨가어란 언어의 형태적 유형의 하나로, 실질적인 의미를 가진 단어 또는 어간에 문법적인 기능을 가진 요소가 차례로 결합함으로써 문장 속에서의 문법적인 역할이나 관계의 차이를 나타내는 언어이다. 한국어 · 터키 어 · 일본어 · 핀란드 어 따위가 여기에 속한다.〉

(출처 : 표준국어대사전)

나. 이중언어적 단어 구조

한국어 단어를 구성하는 형태소의 순서가 한국어의 통사 구조에 맞는 것도 있고, 중국어의 통사 구조에 맞는 것도 있다.

> 말하다, 〈한국어 구조〉
>
> 대일(對日), 소등(燒燈) 〈중국어 구조〉
>
> 마소, 신소설, 특수자료, 역전(驛前)〈공통〉
>
> 〈주의〉 길가, 물고기 〈구 구조의 복합어화〉

3.3. 음운과 발음의 특징

가. 음절 구조와 위치

한국어의 음절초와 음절말에는 하나의 자음만 올 수 있는데, 음절초에는 약간의 예외적인 경우가 있지만 모든 자음이 올 수 있고, 음절말에는 'ㄱ, ㄴ, ㄷ, ㄹ, ㅁ, ㅂ, ㅇ' 등 7개의 자음이 올 수 있다. 그리고 음절말 자음은 항상 미파음으로 발음한다.

> 값, 없다 → [갑], [업따]
>
> 늙지. 읽지 → [늑찌], [익찌]
>
> 밟도록, 밟고 → [밥또록], [밥꼬]

나. 자음체계

한국어 자음의 조음 위치는 대체로 다섯 가지 종류로 구분된다. 조음 방식은 후두에서 세 가지(평음, 된소리, 거센소리)로, 연구개에서 두 가지(구강음과 비강음)로, 구강에서는 대체로 세 가지(파열음, 마찰음, 파찰음)로 구분된다. 전체 자음 목록은 다음과 같다.

	양순음	치조음	경구개음	연구개음	후음
비강음	ㅁ	ㄴ		ㅇ	
파열음(평음)	ㅂ	ㄷ		ㄱ	
파열음(격음)	ㅍ	ㅌ		ㅋ	ㅎ
파열음(경음)	ㅃ	ㄸ		ㄲ	
마찰음(평음)		ㅅ			
마찰음(경음)		ㅆ			
파찰음(평음)			ㅈ		
파찰음(격음)			ㅊ		
파찰음(경음)			ㅉ		

다. 모음체계

현대한국어의 모음체계는 지역과 세대에 따라 큰 편차를 보인다. 최대 10모음체계에서부터 6모음체계까지 나타난다.

ㅣ	ㅟ	ㅡ	ㅜ
ㅔ	ㅚ	ㅓ	ㅗ
ㅐ		ㅏ	

(최대 10모음체계)

ㅣ		ㅡ	ㅜ
ㅔ(ㅐ)		ㅓ	ㅗ
		ㅏ	

(두루 쓰이는 7모음체계)

ㅣ	ㅡ(ㅓ)	ㅜ	ㅜ
ㅔ(ㅐ)			ㅗ
		ㅏ	

(최소의 6모음체계)

라. 음운 현상

한국어의 교착어적인 특징은 형태소와 형태소의 연결을 유도하므로, 이에 의해 다양한 음운 현상이 발생하게 된다. 음운현상에는 교체(동화, 이화, 중화), 탈락, 첨가, 축약, 도치 등이 있다.

교체(동화) : 먹는 → [멍는], 밥만 → [밤만]

중화 : 붚〉붑, 잎 → [입]

탈락 : 값 → [갑], 읽고 → [일꼬]

첨가 : 주어라 → [주워라], 이어라 → [이여라]

축약 : 좋고 → [조코], 국화 → [구콰]

도치 : 갑자기 * 잡가기

3.4. 화용적 특징

가. 화제 중심어

한국어는 말하고자 하는 바를 강조하기 위해 혹은 효과적으로 전달하기 위해, 어순 뒤집기와 생략을 과감하게 한다.

문 닫고 들어오너라.(문 닫고 나가거라)

오늘 점심 나는 짜장면이다. 너는? 나? 밥.

나. 생략

한국어에는 생략 현상이 다양하게 나타난다. 문장의 근간 성분이나 격조사 등도 상황에 따라 생략이 가능하다. 화용적 상황이나 문장에서 예측될 수 있으면 얼마든지 생략이 가능하다.

> 선생님께서 강의를 하신다. 누가 강의를 한다고? 선생님,
> 선생님께서 강의를 하신다. 선생님이 무얼 한다고? 강의
> 누나에게 밥(을) 갖다 줘. 나(는) 학교(에) 간다.
> 나 너 사랑해.

> *한국어에서 생략이 다양하게 발생한다고 하여 함부로 생략하면
> 안된다.

3.4. 인지적 특징

가. 시상법

시상법은 시간에 대한 인지 과정을 보여주는 것인데, 한국어에서 과거나 미래를 나타내는 선어말 어미는 특이한 의미를 가진다. 과거를 나타내는 선어말어미는 현재 상태를 나타내기도 하고, 미래를 나타내는 선어말어미는 추측, 가능 등 다양한 의미를 공유하기도 한다.

> 과거 : 그 사람은 어제 죽었다.
> 현재상태 : 네 옷에 먼지가 묻었다.(묻어 있다.)
> 추측 : 내일 그 사람이 오겠다.(올 것이다.)
> 가능 : 그 물건을 내가 들 수 있겠다.

나. 경어법

인간이나 사물 등에 대한 대우 의식을 나타내는 것이 경어법인데,

한국어에는 세 가지의 경어법이 발달해 있다. 진술하는 문장의 주어를 대우하는 의식을 표현하는 주체 경어법은 주로 선어말 어미 '-시-'에 의해, 그리고 문장의 객어를 높이는 객체 경어법은 조사 '-께'와 높임 어휘에 의해 표시되는데 등급은 경어와 비경어 등 두 단계로 구분된다. 반면 듣는 사람을 높이는 상대 경어법은 상대의 등급에 따라 여러 가지로 나뉜다.

> 주체경어법 : 선생님께서 강의를 하신다.
> 객체경어법 : 할아버지께 진지를 갖다 드려라.
> 상대경어법 : '가십시오, 가시오, 가게, 가, 가라' 등을 구분해야 한다.

4. 한글의 특징

4.1. 한글의 의의

인류의 문명은 문자를 만들면서부터 획기적으로 발달하게 되었다. 개인의 경험과 생각을 저장하여 다른 지역이나 다음 세대의 사람들에게 전달하거나 확산될 수 있게 하는 것은 거의 전적으로 문자에 의해 이루어지기 때문이다. 인류 문명의 발상지라고 일컬어지는 이집트, 메소포타미아, 인도, 중국 등지나 인류 문명의 중흥지에는 예외없이 문자가 발달하거나, 문자가 발달한 지역에서 인류 문명이 이루어지는 것은 이러한 문자의 기능 때문이다.

한글은 조선 시대[1]의 제4대 임금 세종께서 재위 25년 12월(서력 기원 1444년 1월)에 '훈민정음'이라는 이름으로 직접 창제하신 글이다. 이 문자의 창제는 크게 두 가지 의미를 갖는다. 하나는 고유한 문자가 없던 우리 민족이 고유한 문자를 가지게 되었다는 민족적인 의미이고, 다른 하나는 인류가 문자의 발달 단계에서 한 걸음 더 나아가게 되었다는 세계 문자사적인 의미이다.[2]

새로 창제한 문자를 학습하는 문제와 관련해서, 문자 '훈민정음'에 대한 해설서를 공동 작성한 필자 중의 한 사람인 정인지[3]는 다음과 같이 언급하였다.

> 똑똑한 사람은 하루 아침에 이 문자를 깨우칠 수 있고, 어러석은 자라 할지라도 열흘 이내에 배울 수 있다

정인지의 언급대로 한글은 창제의 원리를 학습의 과정에 그대로 적용하면 누구나 쉽게 배울 수 있고 가르칠 수 있는 문자인 것이다.

그런데 지난 세기에 시작하여 현재까지 그 세력이 줄지 않고 확산되고 있는 한국어 학습 열풍속에서 한글을 배우기 어려워 하고 가르치기 어려워 하는 것을 더러 볼 수 있다. 이러한 문제의 발생은 한글의

---

1) 이성계가 고려를 멸망시키고 건국한 국가로 서력 기원 1392년부터 1910년까지 한반도를 통치하였다.
2) 인류의 문자는 단어 문자, 음절 문자, 음소 문자로 발달해 왔다. 훈민정음에 와서 조음 위치와 조음 방식이 문자의 모양에 반영되는 자질 문자로 발전하게 된다. 이에 대해서는 따로 설명한다.
3) 조선 전기의 문신 겸 학자이다. 문자 〈훈민정음〉의 해설서인 〈훈민정음〉의 집필에 대표적인 학자로 관여하였고, 4대 임금인 세종 대에서부터 9대 임금인 성종 대에 이르기까지 조선 초기의 문화 발전과 정치 안정에 기여하였다.

문자와 음가의 상관관계(이것은 훈민정음의 제자 원리이고, 이를 응용한 현대 휴대폰의 '천지인'이라는 문자입력체계의 원리와 통한다.)를 몰라서 가르치는 방법을 제대로 개척하지 못했기 때문이다. 다시 말해 한글이라는 문자와 사람이 발음하는 발음기관에 대한 지식이 없어서 제대로 가르칠 수 있는 방법을 개척하지 못했기 때문인 것이다.

한 언어를 배우는 것은 어떤 언어이든지 그것을 숙달하기 위해 수많은 세월에 엄청난 노력을 필요로 하는 것이지만, 문자 자체를 익히는 것은 사정이 전혀 다르다. 문자에 따라 몇 시간만에 익힐 수 있는 문자도 있고, 평생 다 익히지 못하는 문자도 있을 수 있는 것이다. 한글은 아주 조직적이고 체계적으로 만들어졌기 때문에 단 몇 시간만에 익힐 수 있는 문자인 반면, 한자는 그 숫자가 엄청나게 많아서 평생을 배우더라도 그 문자를 다 익히기 어려운 문자라고 할 수 있다.

한국 민족은 세계 문자사에서 가장 발달한 문자 혹은 세계 문자사의 발달 단계를 한 단계를 높인 문자를 가지고 있다. 한국인들은 이 문자를 한글이라고 하는데, 이것은 지금으로부터 약 560여년 전에 세종 25년(서력 기원 1443년)에 세종이 직접 만든 것이다. 세종은 이 문자를 만든 후 이 문자를 만든 배경과 제자 원리 등을 설명한 책을 신하들에게 명하여 만들게 하는데 이것의 이름 역시 〈훈민정음〉이다. 결과적으로 문헌 〈훈민정음〉은 문자 '훈민정음'을 설명한 책이 되는 것이다. 이 책은 문자를 만든 과정이나 원리를 설명한 책으로 지금까지의 인류 역사상 유일한 것이다.

현재 지구상의 전체 인류가 사용하는 문자의 기원은 대략 세 가지가 된다. 서유럽과 미주 대륙 등에서 사용되는 로마 문자와 옛 소련 지역에서 사용되는 키릴 문자 그리고 서남 아시아에서 동남아시아까지 사용되는 아랍 문자, 인도 문자, 동남 아시아의 여러 국가에서 사용하는 문자 등은 모두 이집트 문자에서 기원한 문자이다. 이집트 문명과 함께 발생한 이집트 문자가 인근 지역에 차용되어 변형을 일으키고, 이것을 다시 다른 민족이 차용하여 변형을 일으키고 하는 과정을 반복하여 오늘의 문자에 이른 것이다. 문자의 또 다른 기원은 중국 문자이다. 이 문자는 현재 중국 대륙에서 사용되고 있으며, 그 인근 지역에서 사용되었거나(예: 거란 문자, 한국의 구결자) 사용되고 있는(예: 일본 문자) 문자들 중 일부는 이 문자에서 기원하는 문자들이다. 마지막 하나는 한국 민족이 사용하는 한글이다.

이러한 문자들 중 문자를 만든 원리와 과정에 대해 정확하게 설명이 있는 문자는 한글뿐이다. 인류가 사용하거나 사용했던 수백의 문자 중에서 그 기원과 과정을 정확하게 알 수 있는 문자가 한글이고, 또 그 기원과 과정에 대해 정확하게 기술하고 있는 인류 역사상 유일한 책이 〈훈민정음〉인 것이다.

한글에 대한 접근은 여러 가지 방향에서 할 수 있다. 첫째, 인류가 발명하여 진화시킨 문자사의 차원에서 접근할 수 있다. 둘째, 성리학과 관련하여 소리와 문자 그리고 우주 만물에 대한 기본적인 인식을 철학적인 차원에서 접근할 수도 있다. 셋째, 언어 이론 특히 음운 이론과 관련하여 전통적인 차자표기법에 내재된 음운 인식과 성운학에서 표출된 음운 인식을 중심으로 접근할 수도 있다. 넷째, 자형의 개발과 관련하여 조음음성학적인 차원에서 접근할 수도 있다. 다섯째,

역시 자형과 관련하여 도형 내지는 기하학적인 차원에서 접근해 볼 수도 있다.

본 장에서는 넷째와 다섯째와 관련된 문제를 주로 다루어 보고자 한다. 즉 〈훈민정음〉에 기술되어 있는 대로 창제된 글자의 모양과 조음 기관과의 상관관계를 살펴 보고, 아울러 기하학적인 차원에서 설명해 보고자 하는 것이다.

한글 자모는 가장 간단한 도형 5가지로 구성된다. 그것은 점, 선, 세모, 네모, 동그라미 등이다. 한글의 자모 중 하늘과 땅과 사람을 상형한 모음의 모양은 점과 선 그리고 이들의 조합으로 구성된다. 그리고 조음기관의 구체적인 모양을 본뜬 자음의 모양은 네모, 세모, 동그라미 그리고 이들의 분할 및 확산으로 이루어진다.

이 원리를 제대로 이해하는 것은 훈민정음 즉 한글의 창제 원리와 과정을 제대로 이해하는 것이다. 또한, 음가의 세기와 문자 모양의 복잡도 사이에 존재하는 상관관계를 이해하면 문자의 모양으로 그 음가들의 관계를 예측할 수 있다. 이러한 제자 원리를 잘 알면 한글 자모의 모양과 음가의 관계를 이해할 수 있고, 이것을 한글 교수법에 활용하면 누구나 좀더 쉽게 한글 자모를 익히게 할 수 있는 것이다.

4.2. 한글의 제자 원리

가. 상형 – 제자 근거의 음성성

훈민정음은 상형문자이되, 그것을 발음하는 조음 기관과 조음 방식을 반영하고 있는 문자이다. 문자를 만들 때 글자의 소리를 낼 때 쓰이는 발음기관(發音器官)의 모양을 본떠서 만들었기에 상형문자이다. 'ㅁ'은 입의 모양, 'ㅇ'은 목구멍 모양, 'ㅅ'은 이빨 모양에서 본뜨고, 'ㄱ'은 혀뿌리가 목구멍을 막는 모양을, 'ㄴ'은 혀가 윗잇몸에 닿는모양을 본떠 만들었다는 것이 『訓民正音』(해례본)의 다음과 같은 설명에 잘 나타나 있다.

牙音 ㄱ 象舌根閉喉之形
舌音 ㄴ 象舌附上顎之形
脣音 ㅁ 象口形
齒音 ㅅ 象齒形
喉音 ㅇ 象喉形

모음 역시 하늘과 땅과 사람을 본떠서 만들었기에 상형문자이다.

나. 가획 혹은 합자 – 자모체계의 조직성

훈민정음은 전체적으로 아주 체계적이다. 자모(字母)를 뿔뿔이 따로 만든 것이 아니다. 일차적으로 조음 기관의 모양을 본받아 기본 글자를 만들고 나머지는 그것을 바탕으로 만듦으로써 조직성을 높인 것이다. 다음을 보면 앞의 기본 다섯 글자 외에, 나머지 글자는 이것에다 획을 더하여 만들었다는 사실을 알 수 있다.

ㄱ → ㅋ
ㄴ → ㄷ → ㅌ (ㄷ → ㄹ)
ㅁ → ㅂ → ㅍ
ㅅ → ㅈ → ㅊ (ㅅ → △)
ㅇ → ㆆ → ㅎ (ㅇ → ㆁ)

모음의 제자 과정도 비슷한데, 기본자는 점과 선의 모양인 'ㆍ', 'ㅡ', 'ㅣ'를 천지인(天地人)을 본떠서 만들고 그 나머지는 이 기본자들을 합하여 만들었다.

$$ㆍ + ㅡ \rightarrow ㅗ \qquad ㆍ + ㅗ \rightarrow ㅛ$$
$$ㆍ + ㅣ \rightarrow ㅏ \qquad ㆍ + ㅏ \rightarrow ㅑ$$
$$ㆍ + ㅡ \rightarrow ㅜ \qquad ㆍ + ㅜ \rightarrow ㅠ$$
$$ㆍ + ㅣ \rightarrow ㅓ \qquad ㆍ + ㅓ \rightarrow ㅕ$$

4.3. 자음과 모음의 자형적 특징

한글의 글자 모양은 선으로 이루어진다.(한글을 창제할 때의 이름인 훈민정음에서는 글자의 모양이 선과 점으로 이루어졌었다. 모음은 점과 직선 즉 수직선과 수평선 혹은 이들의 조합으로 이루어졌으며, 자음은 꺾임이 있는 직선으로 이루어졌다.) 자음을 나타내는 글자와 모음을 나타내는 글자는 선의 모양으로 구분된다. 선의 꺾임이 없거나(예: ㅣ, ㅡ 등) 문자의 가운데에 획이 있으면 모음이 되고(예: ㅏ, ㅓ, ㅗ, ㅜ 등), 이들을 합한 글자도 모음이 된다(예: ㅐ, ㅔ, ㅖ, ㅚ, ㅟ 등). 반면에 글자의 끝에서 획이 휘어지는 것은 모두 자음이 된다.

가. 모음 문자와 음가
모음의 음가는 그 자형에 의해 어느 정도 짐작된다. 즉 문자의 모양은 각각 그 조음되는 방식이나 위치를 나타낸다.

첫째, 수평선의 아래위로 획이 있는 것('ㅗ, ㅜ' 등)은 원순모음이 된다. 그리고 이들을 포함하는 문자('ㅚ, ㅟ' 등)도 역시 원순성을 가지고 있다.

둘째, 'ㅣ'가 단독으로 사용되거나 글자의 마지막에 'ㅣ'가 있는 것 예를 들어 'ㅐ, ㅔ, ㅖ, ㅚ, ㅟ' 등은 모두 전설모음이 된다.

나. 자음 문자와 음가

자음의 음가도 자형에 의해 짐작이 가능하다.

첫째, 'ㅁ'의 모양을 가지고 있는 문자('ㅂ, ㅍ, ㅃ' 등)는 모두 입술에서 조음된다.

둘째, 'ㄱ'의 모양을 가지고 있는 문자('ㅋ, ㄲ' 등)은 연구개에서 조음된다.

셋째, 'ㄴ'의 모양을 가지고 있는 문자('ㄷ, ㅌ, ㄸ' 등)은 치조에서 조음된다.

넷째, 'ㅅ'의 모양을 가지고 있는 문자('ㅈ, ㅊ, ㅆ, ㅉ' 등)은 마찰성 혹은 파찰성을 가지고 있다.

다섯째, 획이 복잡할수록 소리도 세게 난다. 예를 들어 'ㅋ'은 'ㄱ'보다 획이 많으므로 소리가 세다. 단 'ㄹ'은 이러한 원리에서 예외가 된다.

여섯째, 같은 글자가 겹쳐 있는 것 예를 들어 'ㄲ, ㄸ, ㅃ, ㅆ, ㅉ' 등은 모두 긴장음이 된다.

4.4. 음절식 모아쓰기와 그 방법

한글 표기의 가장 큰 특징은 음절 단위로 묶어서 표기한다는 점이다. 자음과 모음을 합하여 음절을 표기할 경우에, 아래위로 서 있는 모양을 하는 문자는 오른쪽에 붙여 쓰고, 좌우로 누워 있는 모양을 하는 문자는 자음의 아래에 쓴다. 그리고 종성은 초성과 중성의 중앙 아래에 표기한다.

5. 한글 맞춤법

5.1. 한글 맞춤법의 원리

한글 맞춤법의 기본적인 원리는 한글 맞춤법 통일안 총론의 제1항에 기술되어 있는 "한글 맞춤법은 표준말을 그 소리대로 적되, 어법에 맞도록 함을 원칙으로 한다."라고 기술되어 있다. 즉 총칙 제1항에서는 한글 맞춤법이 무엇을 대상으로 하는가, 그리고 그것을 어떻게 표기할 것인가에 대한 기본적인 원칙이 제시되고 있는 것이다.

표기법의 유형은 하나의 음성에 하나의 문자가 대응하게끔 표기하는 음소적 표기와 형태소의 기본형을 밝혀 표기하는 형태소적 표기[4]로 구분되는데, 한글 맞춤법은 상반된 두 원리가 조화를 이루도록 안배하고 있는 것이다.

---

4) 형태소적 표기는 형태음소적 표기라고 할 수도 있을 것이다. 이 표기에 주로 관련되는 것이 형태소의 끝자음을 어떻게 표기할 것인가 하는 문제이므로, 이것을 형태음소론의 차원에서 보면 형태음소적 표기가 될 것이고, 형태론의 차원에서 보면 형태소적 표기가 될 것이다.

5.2. 한글 맞춤법의 실제

실질적인 표기를 어떻게 할 것인가 하는 문제의 대부분은 기저형과 표면형이 차이가 날 경우[5] 기저형을 밝혀 적을 것인가〈형태음소적 표기〉 아니면 표면형대로 적을 것인가〈음소적 표기〉 하는 문제이다. 이해를 돕기 위해 한두 예를 제시하기로 한다.

〈기저형 표기 - 구개음화〉
제6항 'ㄷ, ㅌ' 받침 뒤에 종속적 관계를 가진 '- 이(-)'나 '- 히 -'가 올 적에는, 그 'ㄷ, ㅌ'이 'ㅈ, ㅊ'으로 소리나더라도(1) 'ㄷ, ㅌ'으로 적는다.(ㄱ을 취하고, ㄴ을 버림.)

ㄱ	ㄴ	ㄱ	ㄴ
맏이	마지	핥이다	할치다
해돋이	해도지	걷히다	거치다
굳이	구지	닫히다	다치다
같이	가치	묻히다	무치다
끝이	끄치		

구개음화와 관련된 조항은 위에서 보듯이 제6항인데, 이들의 표기는 소리나는 대로 적는 것이 아니고, 기저형을 밝혀 적는 것이다. 'ㄷ'이나 'ㅌ'이 'ㅣ' 모음과 결합하는 것이 현대국어에서는 '디디다, 견디다, 느티나무, 불티'에서처럼 자연스러운 현상이기 때문에 소리나는

---

5) 기저형의 표기와 표면형의 표기가 같을 경우도 많다. 예를 들어 '오기'는 기저형도 '오기'이고, 표면형도 '오기'인 것이다.

대로 적는 것이 예상되지만 그렇지 못한 규정이다. 이것은 구개음화 규칙을 형태론적인 범주에 따라 공시적으로 인정한 결과이다.

〈표면형 표기 – 두음법칙〉

제10항 한자음 '녀, 뇨, 뉴, 니'가 단어 첫머리에 올 적에는 두음 법칙에 따라 '여, 요, 유, 이'로 적는다.(ㄱ을 취하고, ㄴ을 버림.)

ㄱ	ㄴ	ㄱ	ㄴ
여자(女子)	녀자	유대(紐帶)	뉴대
연세(年歲)	년세	이토(泥土)	니토
요소(尿素)	뇨소	익명(匿名)	닉명

두음법칙과 관련된 조항은 제10항부터 이어지는데, 이에 관한 조항은 모두 소리나는 대로 즉 표면형대로 표기하는 것을 규정한 것이다.

5.3. 한글 맞춤법의 특징

가. 언어(음운 규칙)와 문자의 조화

/값만/이라는 음소들의 연결을 [값만]이라고 발음하거나 [갑만]이라고 발음하는 한국인은 존재하지 않는다. 반면, [도움]이라고 발음하는 형태소 '돕-'과 '-음'의 연결을 '돕음'이라고 표기했을 경우 한국인은 철자를 의식하여 [도븜/도붐]이라고 발음하거나 혹은 실제 단어의 뜻을 고려하여 [도움]이라고 발음할 것이다.[6] 전자는 한국어

---

6) '잇어지는'과 '들어라'도 동일할 것이다. 철자식 발음을 하여 [이서지는], [드더라]

의 음운규칙으로 당연히 예견될 수 있는 것이다. 그래서 달리 발음될 가능성이 없거나 발음이 혼란될 위험이 없는 것이다. 이러한 경우에는 그 기본형을 밝혀 적은 것이다. 반면에 후자는 모음과 모음 사이에 'ㅂ'은 얼마든지 발음될 수 있기 때문에(예: 잡음, 접음 등) 공시적인 음운규칙으로 예견될 수 없는 것이다.(한글 맞춤법은 기본적으로 이러한 원칙에 따랐기 때문에 그러한 예는 많다.)

공시적인 음운규칙으로 설명될 수 있는 것은 형태음소적 표기를 하고, 공시적으로 설명될 수 없는 것은 음소적 표기를 함으로써, 언어 속에 내재되어 있는 규칙과 언어를 표기하는 문자의 표기방법을 조화시키고자 한 것이 현행 한글맞춤법의 기본정신이 된다.

음소적 표기는 발음하는 대로 즉 표면 구조를 표기하는 것이고, 형태소적 표기가 기본형 내지는 기저형을 즉 기저 구조를 표기에 반영하는 것이라면, 두 원칙은 상반된 결과를 초래하게 되는데, 그러면 무엇을 원칙으로 삼고 무엇을 예외로 인정할 것인가.[7]

나. 상반된 원칙의 균형

음소적 표기가 그 나름대로의 장단점을 가지고 있고, 형태소적 표기 역시 그 나름대로의 장단점을 가지고 있다면, 개별 사항의 표기는 언어를 사용하고 있는 그 시대의 사람들이 결정할 사항이 될 것이다. 그런데 현행 한글 맞춤법에서는 두 원칙의 균형을 고려하여 안배한

으로 발음하거나, 문맥상의 의미를 고려하여 불규칙 활용 어간이라는 판단을 하게 되면 [이어지는], [드러라]로 조음할 것이다.
7) 현행 한글맞춤법은 형태소적 표기를 원칙으로 하고, 음소적 표기를 예외로 인정하고 있다.

흔적이 역력하다. 총론에서는 '소리대로 적되, 어법에 맞도록'으로 규정하고, 각론에서는 '어법에 맞추는 것을 원칙으로 하고 소리대로를 예외로' 인정하고 있는 것이다. 두 원칙은 상반된 결과를 가져 오기 때문에 한 쪽의 우위는 다른 쪽의 위축을 초래할 위험성이 있어서 이들의 균형을 유지하기 위한 조치로 이해할 수 있는 것이다.

때로는 음소적 표기를 하고 때로는 형태소적 표기를 한다는 것은 상반된 원칙을 적절히 혼용하는 것인데, 이것은 언어 현실과의 조화를 꾀하고자 한 것이고, 또한 상반된 규칙이 힘의 균형을 유지하는 것은 경쟁적 발전 내지는 논쟁점의 끊임없는 발아 가능성을 의미하는 것이라고 할 수 있을 것이다.

조음기관과 한글

　본 장은 한글의 글자 모양과 음가의 상관관계를 이해하기 위한 것이다.

　이를 위해 말소리의 발성과정에 대해 이해를 하고, 발성 과정에 나타나는 각각의 기관이 한글의 글자 모양에 어떻게 반영되어 있는가를 밝히기 위한 것이다.

1. 말소리의 발성 과정

　인간이 발음기관으로 말을 하는 발성하는 행위는 공기 통로의 모양을 다양하게 변화시켜 공기 흐름의 양상을 다양하게 하는 것이다. 공기 흐름의 모양을 다양하게 하여 소리를 만들어내는 기관에는 다음의 것들이 있다.

1.1. 입

소리를 만드는 공기 통로로써 가장 중요한 부분이 입이다. 목젖을 통과한 공기는 입천장, 이, 혀, 입술 등으로 구성되는 구강 통로를 거치면서 이들의 상대적 위치 조정에 의해 다양한 소리로 변화하게 되는 것이다. 이들 중 가장 유연한 것이 혀로 혀는 설첨과 설단, 중설과 후설 등으로 구분되는 각 부분이 다양한 조음점에 접근하여 여러 가지 소리를 만들어 내게 되는 것이다. 입술도 공기통로의 길이와 모양에 영향을 미친다. 아랫입술을 윗입술에 접근하느냐 혹은 윗니에 접근하느냐에 따라 공기 통로의 길이에 영향을 미치고 입술의 모양을 어떻게 하느냐에 따라 공기통로의 모양을 변화시키는 것이다.

〈그림1〉 구강의 모양

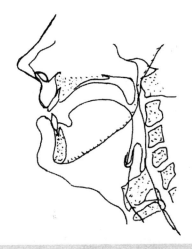

이도 성도의 일부분을 이룬다. 앞니가 없을 경우 바람이 새는 것같은 소리가 들리는 것은 이가 공기 통로의 모양을 형성하는 데 영향을 미치기 때문이다. 구강의 공기통로 모양을 이루는 것에는 잇몸과 입천장도 중

요한 구실을 한다. 윗잇몸은 설첨이나 설단이 닿는 위치가 되고, 그 뒤의
단단한 입천장(경구개)은 설첨이나 설단 등이 닿는 위치가 되고, 그 뒤에
부드러운 입천장(연구개)은 혀의 뒷부분이 닿는 조음점이 되는 것이다.

1.2. 성대(성문)

긴장음, 유성음, 무성음, 유기음 등은 성문에서 결정된다.

허파에서 내쉬는 숨은 기관지를 통해 후두에 도달하게 되는데, 후
두에는 한 쌍의 얇고 질긴 막이 있다. 이것을 성대라 한다. 성대의 두
막 사이에 공기가 통과하는 공간을 성문이라 한다. 성문의 크기 혹은
모양에 따라 다음의 소리들이 결정된다.

아래 그림은 성문이 열려 공기를 통과시키는 상태를 간략하게 그
린 것으로 검게 나타나는 부분이 공기가 통과되는 성문의 개방 상태
를 보여 주는 것이다. 그림 ①은 정상적인 호흡을 할 때 그리고 [f] [s]
등의 무성자음을 발음할 때의 성문 모양이다. 그림 ②는 강한 숨을 쉴
때의 성문의 상태로 유기음 등을 조음할 때와 비슷하다. 그림 ③에서
는 성대의 성문은 닫혀 공기가 통과하지 못하고 연골 성문만 열려 있
는데, 이것은 속삭임(whisper)을 할 때의 상태다. 그리고 그림 ④는
성문이 닫혀 공기가 통과하지 못하여 성문에 긴장이 생기는 것으로
성문 폐쇄음(glottal stop) 내지는 후두 긴장음의 조음 상태를 보인 것
이다. 성문이 거의 닫히기는 했으나 성문 사이로 공기가 나가 성대가
진동하게 되면 유성음이 조음된다.

성문에서 공기가 통과하는 방식에 따라 소리가 달리 조음되는데 여

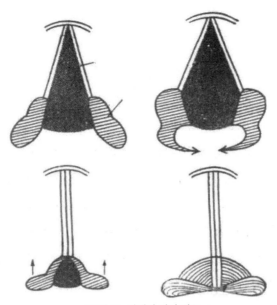

〈그림 2〉 성대의 열림 정도

기서 결정되는 소리들의 종류는 다음과 같다.

(1) 긴장음 : 두 막이 접근되어 있고 갑상 연골 일부에서 공기가 빠 져 나가는 소리(된소리)

(2) 유성음 : 긴장음보다 성문이 열려 있지만 두 막이 가깝게 접근 되어 있어 통과하는 공기가 두 막을 진동시키는 소리

(3) 무성음 : 유성음보다 성문이 더 열려 있어 흐르는 공기가 두 막 을 진동시키지 않는 소리

(4) 유기음 : 두 막이 많이 열려 있어서 공기가 세게 통과하는 소리 (거센소리).

즉 긴장음, 유성음, 무성음, 유기음 등은 성문의 열려 있는 정도에 의해 결정된다.

1.3. 목젖

구강음과 비강음을 구분하여 조음하게 하는 것은 목젖이다.

아래 화살표의 방향에서 보는 것처럼 구강음은 목젖이 뒤쪽으로 붙어 있어 비강으로 가는 공기 통로가 폐쇄되어 공기가 구강으로만 흐르고, 비강음은 목젖이 앞쪽 아래로 내려 있어 비강통로가 열린다. 그래서 폐에서 나오는 공기가 비강과 구강으로 동시에 흐르게 된다.

인간들이 숨을 쉴 때에는 코로 공기가 가게 하기 위해 (보통의 경우 입술을 닫아 구강 통로를 막고) 목젖이 내려와서 비강 통로를 열어 놓는다. 목젖을 움직이는 것은 목젖에 인접해 있는 근육이다. 즉 입천장 뒤쪽 목젖에 인접해 있는 근육이 뒤로 이동하여 코로 통과하는 공간을 막아 버리면 공기는 구강으로만 나오고, 반면에 그 근육이 앞쪽으로 당겨져 공간이 열려 있으면 공기는 비강과 구강으로 동시에 나오게 된다. 전자의 과정에서 만들어지는 소리를 구강음이라 하고, 후자의 과정에서 만들어지는 소리를 비강음(콧소리)이라 한다.

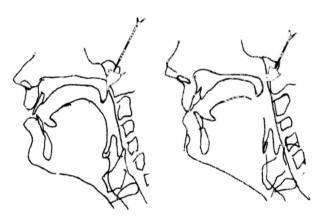

〈그림 3〉 목젖의 모양

2. 소리의 분류

존재하고 있는 모든 사물을 인간이 인식할 때에는 일정한 기준에 의해 범주화하여 분류를 한다. '사람, 개, 소나무, 참새, 잉어' 등이 있을 때 인간은 이들을 대등한 것으로 인식하지 않는다. 이들을 분류할 때 우선 스스로 움직일 수 있는가 하는 기준점으로 '동물과 식물'로 분류하고, '동물'이 가지고 있는 속성을 기준으로 '포유류, 조류, 어류' 등으로 분류하고, 또 조류의 하류 부류로서 '참새'를 인식하는 것이다.

인간이 내는 소리도 일정한 기준에 의해 분류를 한다. 소리를 분류하는 기준은 일차적으로 공기 통로의 개방성 여부이다. 즉 공기 통로의 개방 여부가 공기가 자유롭게 통과할 수 있을 정도인가 그렇지 않으냐에 따라 구분하는데, 공기가 자유롭게 통과할 정도로 통로가 열려 있으면 모음이라 하고, 현저히 방해를 받을 정도로 개방적이지 못하면 자음이라 한다.

2.1. 모음의 분류

공기가 자유롭게 통과할 수 있을 정도로 입을 열려 있는 상태에서 조음되는 소리를 모음이라 하는데, 모음은 보통의 경우 입술과 혀의 두 기관에 의해 결정된다.

입이 열려 있는 크기에 따라 소리가 달라지게 되는데 가장 많이 열려 있는 상태에서 조음되는 모음을 개모음이라 하고, 가장 닫혀 있는 상태에서 조음되는 모음을 폐모음이라 하고 그 중간 단계를 반개모음, 반폐모음 등으로 분류한다.

혀의 앞뒤 위치에 의해 모음의 종류가 달라지게 되는데, 혀의 앞부분쪽으로 움직여 조음되면 전설모음이라하고, 혀의 뒷부분쪽에서 조음되면 후설모음이라 한다.

입술의 모양에 따라 모음의 종류가 달라지게 된다. 입술이 둥근 상태에서 조음되는 모음을 원순모음, 그렇지 않은 모음을 평순모음 혹은 비원순모음이라 한다.

2.2. 자음의 분류[1]

공기의 흐름이 현저히 방해받을 정도로 공기의 통로가 막히는 것을 자음이라 하는데, 공기가 어느 위치에서 어떻게 통과하는가에 따라 소리가 달라지기 때문에, 공기 통로에 중요한 영향을 미치는 조음 기관에 따라 그리고 공기가 통과하는 방법에 따라 분류하는 것이 일반적이다. 자음의 조음 위치란 이동이 자유스러운 조음체와 고정되어 있는 조음점의 조합관계를 나타내는 것이 일반적인데, 조음체가 당연히 짐작될 수 있을 경우에는 생략한다.[1]

조음위치에 의해 자음을 분류하면 다음과 같다. 두 입술이 관여하여 나는 소리를 양순음 혹은 그냥 순음이라고 한다. 아래 입술이 윗니에 닿아서 나는 소리를 순치음이라고 한다. 이빨이 관여되는 자음을

---

1) '순치음'이라고 할 경우에는 조음체를 먼저 말하고 조음점을 뒤에 말한 경우이다. 한편 '경구개음'이라고 하는 것은 경구개에 접근할 수 있는 혀의 위치는 혀의 앞부분밖에 될 수 없으므로 조음체에 관한 부분을 생략한 것이다.

치음이라 하는데, 두 이빨의 사이에서 나는 소리를 치간음, 윗니의 뒷면에서 나는 소리를 치리음(보통 이 소리를 치음이라 하기도 한다.), 윗잇몸에서 나는 소리를 치경음이라 한다. 치경과 경구개의 사이에서 나는 소리를 구개 치경음이라 하고, 경구개에서 나는 소리를 경구개음, 연구개에서 나는 소리를 연구개음, 목젖에서 나는 소리를 구개화음, 인두에서 나는 소리를 인두음 그리고 성문에서 나는 소리를 성문음이라고 한다.

자음의 조음 방식도 다양하게 나타난다. 우선 성문에서 공기가 통과하는 정도에 따라 유기음, 긴장음, 유성음, 무성음 등으로 분류된다. 그리고 공기가 목젖 부위를 통과할 때 목젖이 뒤로 이동했느냐의 여부에 의해 구강음, 비강음으로 분류된다. 구강에서의 접촉 방식에 의해서도 소리가 다양하게 나누어진다. 공기의 통과를 잠시 정지시켰다가 공기의 흐름을 파열시키는 파열음(정지음, 중지음, 폐쇄음이라고도 함), 공기통로를 아주 근접하게 접근시켜 공기가 마찰을 일으키게 하는 마찰음 그리고 폐쇄 뒤에 천천히 파열시키는 파찰음 등이 그것이다. 그리고 유음도 혀의 모양이나 혀끝이 작용하는 모양에 따라 다양하게 나타난다.

3. 모음의 글자 모양과 음가

현대 한국어의 단모음은 지역과 세대에 따라 최대 10개에서부터 6개까지 다양하고 조음되고 있다. 본고는 현대 표준어에서 인정하고 있는 한국어 최대의 모음체계인 10개를 기준으로 모음이 가지고 있는 글자의 모양과 그 음가에 대해 논의해 보기로 한다.

> 구체적인 음가를 논의하기 전에, 낙서하듯이 혹은 장난하듯이 한글을 학생이 만들어 보게 하자.(이것은 훈민정음의 창제 과정이다. 그러나 훈민정음 창제 과정이라 생각하지 말고 학생과 선생이 같이 다음과 같이 문자만들기를 해 보자.)

3.1. 글자 만들기

〈1단계〉

가장 간단한 도형 - 점과 선을 그려 보도록 한다. 그러면 아마 다음과 같은 도형을 그리게 될 것이다.

· ㅣ — / \ ㄴ ㄷ ㅇ ✓

이들 도형 중 한글에서는 '· , — , ㅣ'를 문자 만들기에 사용한다.

> 한국 사람들은 똑바른 것을 좋아하기 때문에 사선을 버리고, 수직선과 수평선을 사용한다.

〈2단계 : 점 하나 + 선 하나〉

점과 선을 한 번씩 이용하여 글자를 만들어 보도록 한다. 그러면 다음과 도형을 그리게 될 것이다.

ㅗ, ㅏ, ㅜ, ㅓ, ・ㅡ, ㅡ・ , ('ㅣ'의 아래 위에 점이 있는 문자, 한글
자판으로 표시할 수 없어 이러한 설명을 붙임)

　*'ㅗ, ㅏ, ㅜ, ㅓ'등도 글자를 그릴 수 없어 점 대신 선으로 표시함.

이들 중 한글 자모에서는 ㅗ, ㅜ, ㅓ, ㅏ 등만을 사용한다고 이해시
킨다.

> 너무 길어지는 것은 피하고, 서로 균형을 이루는 모양들만 사용하는
> 것이다.

〈3단계 : 점 둘 + 선 하나〉

2단계에서 만들어진 문자에 점을 한번씩 더 찍도록 한다. 결과적으
로 점을 두 번 사용하고, 선을 한 번 사용한 셈이 된다. 그러면 다음과
같은 문자가 될 것이다.

ㅛ ㅑ ㅠ ㅕ

〈4단계 : 점 하나 + 선 둘〉

2단계에서 만들어진 글자들에 'ㅣ'를 오른쪽에 한 번씩 더 사용하
도록 한다. 결과적으로 점을 한 번 사용하고, 선을 두 번 사용한 셈이
된다. 그러면 다음과 같은 문자가 될 것이다.

ㅔ ㅐ ㅚ ㅟ

〈5단계〉

3단계까지 만들어진 문자의 앞에 ㅗ나 ㅜ를 첨가하는 문자를 만들어 보자.

ㅘ, ㅙ, (ㅚ)

ㅝ, ㅞ, (ㅟ)

3.2. 조음기관과 음가

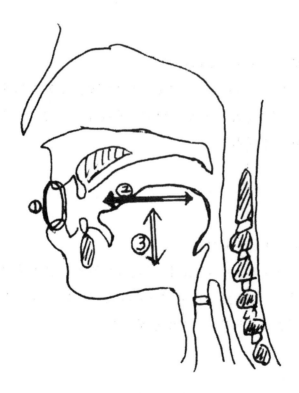

〈그림 4〉 모음의 조음

모음을 조음하는 것은 입술과 혀의 두 가지이다. 입술은 둥글게 되거나 펴지게 되는 두 종류(위 그림의 ①)이다. 그리고 혀는 입 속에서 앞쪽으로 움직이거나 뒤쪽으로 움직이거나 하는 방향(위 그림의 ②)과 위로 가는 방향과 아래로 가는 방향(위 그림의 ③)의 두 가지이다. 혀가 앞뒤로 움직이는 것은 혀의 근육에 의해서 이루어지고, 아래위로 움직이는 방향은 턱이 내려가거나 올라가면서 발행하게 된다.

혀의 앞뒤 위치, 아래위 위치, 입술의 둥금과 펴짐을 고려하여 한국어 단모음의 위치도를 그리면 다음과 같이 된다.

	전설모음		후설모음	
	평순모음	원순모음	평순모음	원순모음
고모음	ㅣ	ㅟ	ㅡ	ㅜ
중모음	ㅔ	ㅚ	ㅓ	ㅗ
저모음	ㅐ		ㅏ	

글자 모양과 음가의 상관관계를 기술해 보면 다음과 같다.

가. 문자의 끝에 'ㅣ'가 포함된 문자(ㅣ, ㅔ, ㅐ, ㅚ, ㅟ)와 그렇지 않은 문자가 구별되고, 이것은 혀의 앞뒤 위치와 관계되는 것을 알자.

나. 'ㅡ'가 있는 문자와 그렇지 않은 문자가 있다는 것을 알고, 'ㅡ'가 있고 여기에 획이 더 있는 문자는 원순성과 관련된다는 것을 알자.

다. 'ㅏ'와 [a]를 대응시키고, 'ㅣ'와 [i]를 대응시키고, 'ㅜ'는 [u]와 그리고 'ㅗ'는 [o]에 대응시키자.

라. 한국어에는 존재하지만, 영어에는 존재하지 않는 음소일 경우
  영어의 변이음을 활용하자.

등등'

한국어 이중모음의 음가에 대한 설명을 하자. 전설성 활음이 있는
이중모음은 점 두 개가 있던 것들인데 이들의 변화형이고, 원순성 활
음을 가지고 있는 이중모음은 'ㅗ'나 'ㅜ'가 선행하는 자형이다.

  (1) ㅑ ㅕ ㅛ ㅠ
  (2) ㅘ, ㅝ, ㅙ, ㅞ

  (1)의 문자 모양(선이 두 개씩 붙어 있는 모양)을 하고 있는 모음들
은 [j]로 시작하는 공통성을 가지고 있고, (2)와 같은 문자 모양('ㅗ'나
'ㅜ'로 시작)을 하고 있는 모음들은 [w]로 시작하는 공통성을 가지고
있는 것이다.

4. 자음의 조음 기관과 글자 모양

  평상시에 항상 사용하고 있는 입안의 운동을 숙지하자. 걸음을 걸을
때에 발과 함께 손이 조화롭게 움직이듯이, 발음할 경우에는 입술과 혀
가 조화를 이룬다. 입술과 혀의 움직임을 관찰해 보자. 그리고 이것을 한
글 자음의 교육에 그대로 이용할 수 있다.(이 방면에 대해 아무 것도 모
르는 사람이라 할지라도 관심을 가지고 조금만 관찰하면 금방 파악할
수 있는 내용이다. 어렵게 생각하지 말고 입술과 혀를 관찰해 보자.)

현대 한국어는 지역에 따라 미세한 차이가 있지만 대부분의 지역에서 19개의 자음이 조음되고 있다.

4.1. 글자 만들기

자음의 자형은 도형으로 보면 네모(ㅁ), 세모(ㅿ), 동그라미(ㅇ)에서 만들어진다. 네모는 그대로 순음을 표기하기 위해 사용되고, 네모를 반으로 자른 'ㄴ, ㄱ'은 치조음과 연구개음을 표기하기 위해 사용된다.[2] 세모에서 아래를 뗀 'ㅅ'은 치음의 표기에 사용되고 'ㅇ'은 후음의 표기에 사용된다. 이들을 이용하여 문자를 만드는 과정은 다음과 같다.

〈순음〉

순음은 두 입술이 닫혔다가 열리면서 나는 소리인데, 이를 표기하기 위해 'ㅁ'을 사용한다. 그리고 입술의 운동 모양을 고려하여 입술이 아래위로 펴지는 모양을 고려하여 'ㅂ'을 만들고 입술이 옆으로 펴지는 모양을 고려하여 'ㅍ'을 만들었다.

〈치조음〉

혀가 윗잇몸에 가서 붙었다가 떨어지면서 나는 소리를 치조음이라

---

2) 'ㅁ'을 반으로 나눌 경우 여러 가지 모양이 될 수 있으나 'ㄱ'과 'ㄴ'으로 나눈 것은 필기의 편의를 고려한 것으로 추정할 수 있다. 즉 필기는 '왼쪽에서 오른쪽으로' 그리고 '위에서 아래로' 필기해야 편한 것인데 'ㄱ'과 'ㄴ'의 글자 모양은 이를 반영한 것으로 추정된다.

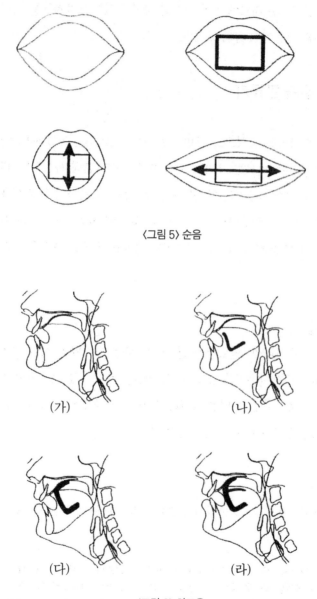

〈그림 5〉 순음

〈그림 6〉 치조음

고 하는데, 이 모양을 본떠 'ㄴ'을 만들고, 조음 기관의 윗부분이나 혀의 면을 고려하여 'ㄷ, ㅌ' 등을 만들었다. 다시말하면 혀의 앞부분이 치조에 닿는 모양만을 상형한 것이 아래 그림의 (나)에 해당하는 것으로 'ㄴ'을 만든 근거가 된다. 조음체인 혀의 모양과 조음점과 관련되는 부분까지 상형한 것이 (다)가 되는데 이에 해당하는 자음이 'ㄷ'이다. 그리고 혀의 전체적인 모양과 조음 위치에 해당되는 부분 그리고 혀의 표면적인 모양까지 상형한 것이 아래 그림의 (라)로 'ㅌ'을 만든 근거가 된다.

〈연구개음〉

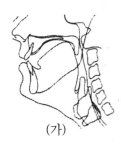  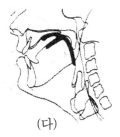

(가)　　　　　　　(나)　　　　　　　(다)

〈그림 7〉 연구개음

연구개음은 혀의 뒷부분이 입천장의 뒷부분인 연구개를 폐쇄하였다가 떨어지면서 나는 소리이다. 이 모양을 본떠 'ㄱ, ㅋ' 등을 만들었다. 연구개에 접근하는 혀의 모양만을 상형한 것이 아래의 (나)에 해당되는 것으로 'ㄱ'이 된다. 그리고 연구개에 접근하는 혀와 연구개까지 상형한 것이 (다)로 'ㅋ'이 된다

〈치음〉

치음은 혀가 아랫니와 윗니의 사이에 들어가거나 윗니의 뒷부분에
접근하여 나는 소리인데 훈민정음 창제자는 이와 관련된 음을 표기
하기 위해 'ㅅ, ㅈ, ㅊ, ㅿ' 등을 만들었는데, 'ㅿ'은 현재 사용하지 않는
다. 'ㅅ'은 아래의 이를 상형한 것으로 아래 (나) 부분에 관련된다. 'ㅈ'
은 아래의 이와 이에 접근하는 혀를 상형한 것으로 아래의 (다)에 해
당한다. 그리고 'ㅊ'은 아래의 이와 접근하는 혀 그리고 위의 이를 상
형한 것으로 아래의 (라)에 해당한다. 'ㅅ'을 거꾸로 붙이지 않은 것은
자형을 간략하게 하기 위한 것으로 추정된다.[3]

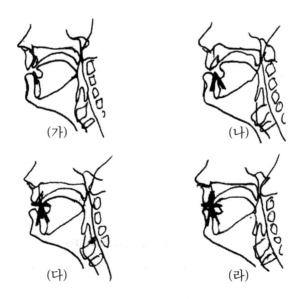

(가)   (나)

(다)   (라)

〈그림 8〉 치음

---

3) 동일한 것이 반복될 경우 그것을 간단하게 표기한 것은 흔히 볼 수 있는 상황이다.

〈후음〉

후음은 목구멍에서 나는 소리를 지칭하는 것인데, 목구멍의 모양과 조음 방식을 고려하여 'ㅇ, ㆆ, ㅎ' 등을 만들었다.

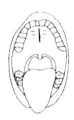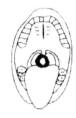

〈그림 9〉 후음

4.2. 글자의 모양과 음가

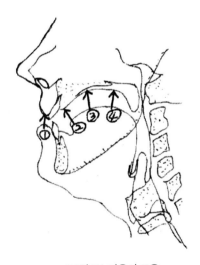

〈그림10〉 자음의 조음

한국어 자음의 조음 위치는 기본적으로 〈그림 10〉의 ① ② ③ ④의 위치에 목구멍의 위치가 더하여 모두 다섯 가지가 된다. 한글의 자음 모양은 해당 자음이 조음되는 조음 기관의 위치를 본뜬 것이다. 그래서 다음과 같은 설명이 가능하다.

한글의 자형과 조음 위치의 상관성을 이해하기 위해, 글자의 모양에 공통성이 있거나 글자의 모양에서 비슷한 점이 찾아지는 것끼리 묶어 보기로 한다. 그리하여 'ㅇ'의 모양을 가지고 있는 것, 'ㅁ'의 모양을 가지고 있는 것, 'ㅅ'의 모양을 가지고 있는 것, 'ㄴ'의 모양을 가지고 있는 것, 'ㄱ'의 모양을 가지고 있는 것을 각각 하나의 부류로 묶는다. 그런 후 글자의 모양이 간단한 것에서 복잡한 것으로 배열해 보면 다음과 같은 결과가 된다.

```
ㅇ  ㅎ

ㅁ  ㅂ  ㅍ  //  ㅃ

ㅅ  ㅈ  ㅊ  //  ㅆ  ㅉ

ㄴ  ㄷ  ㅌ  //  ㄸ

ㄹ

ㄱ  ㅋ  //  ㄲ
```

이 표에 의해 추론되는, 자음의 음가와 글의 모양이 가지는 상관관계는 다음과 같다.

첫째, 'ㅁ'의 모양을 가지고 있는 문자('ㅂ, ㅍ, ㅃ' 등)는 모두 입술에서 조음된다.

둘째, 'ㄱ'의 모양을 가지고 있는 문자('ㅋ, ㄲ' 등)은 연구개에서 조음된다.

셋째, 'ㄴ'의 모양을 가지고 있는 문자('ㄷ, ㅌ, ㄸ' 등)은 치조에서 조음된다.

넷째, 'ㅅ'의 모양을 가지고 있는 문자('ㅈ, ㅊ, ㅆ, ㅉ' 등)은 치조나 경구개에서 조음되는데 모두 마찰성 혹은 파찰성을 가지고 있다.

다섯째, 획이 복잡할수록 소리도 세게 난다. 예를 들어 'ㅋ'은 'ㄱ'보다 획이 많으므로 소리가 세다. 단 'ㄹ'은 이러한 원리에서 예외가 된다.

여섯째, 같은 글자가 겹쳐 있는 것 예를 들어 'ㄲ, ㄸ, ㅃ, ㅆ, ㅉ' 등은 모두 긴장음이 된다.

자형의 변화

한글 자모 중에는 고정된 자형을 가지고 있는 것과 실제 사용에서 자형이 변화하는 있다. 자음 중 ㄱ, ㅋ, ㄲ 등은 상황에 따라 자형이 달라진다.

(예) 각, 곡, 카, 코, 까, 꼬

그리고 모음 중 서 있는 모양을 하는 모음들은 받침이 있을 경우와 그렇지 않은 경우에 글자의 크기가 달라지게 된다.

(예)   가, 각, 개, 객

(비교) 고, 곡, 구, 국

발음과 표기의 기초

    이 장에서는 한글이 실제적으로 발음되는 양상과 한글 표기법의 기초에 대해 알아 보기로 한다. 한글은 유례없이 하나의 문자가 하나의 음가를 가지는 것이 기본이지만, 한국어가 가지고 있는 기본적인 특징 즉 교착어적인 특징 때문에 다양한 종류의 형태소와 결합하게 되고 이 과정에서 하나의 문자가 다양한 음가를 가지게 된다.

    한글은 음소 문자이면서 자질 문자이지만, 실제적인 표기에서는 실질적인 발화의 단위인 음절 단위로 묶어 사용하고 또한 의미를 나타내는 형태소를 구분하여 표기하기도 한다. 또한 언어의 역사적인 변화의 과정에서 발생하는 공시적 상태와 통시적 상태의 구분에 관한 문제가 표기 문제와 직결하게 된다.

    이에 관해 간략하게 소개하는 것이 본 장의 목적이다.

1. 발음의 고정성과 다양성
– 문자 'ㄱ'의 발음을 중심으로 –

1.1. 'ㄱ'의 발음은 하나이면서 네 가지

한글은 대체적으로 각각의 문자 하나하나가 하나의 동일한 음성으로 발음되는 경향이 있고, 하나의 발음 역시 하나의 문자로 적히는 경향이 크다. 'ㄱ'은 어디에서나 [k]로 조음되는 경향이 있고, 'ㅏ'는 항상 [a]로만 조음되는 것이다. 영어처럼 하나의 문자가 여러 가지 발음으로 읽히거나, 같은 발음이 다양한 문자로 표기되는 경우가 별로 없다. 그래서 한글과 한국어를 어느 정도 익히고 나면 한글 문자의 발음에 대해서는 별로 신경쓰지 않게 된다. 그러나 한글 표기법은 소리대로 적는 원칙이 있기는 하지만, 기본형을 밝혀 적는 원칙도 있기 때문에 하나의 문자가 둘이나 그 이상의 발음을 가지기도 한다. 본 글에서 설명하고자 하는 문자 'ㄱ' 역시 상황에 따라 네 가지로 발음된다. 여기서의 '상황'이란 'ㄱ'이 놓인 위치와 앞이나 뒤에 오는 소리의 환경과 주로 관련된 것이다

1.2. 단어의 맨 앞에서는 'ㄱ'으로 발음

단어의 맨 앞에 사용된 'ㄱ'의 발음은 예를 들어 '길, 고장, 구름' 등에 나타나는 ㄱ의 발음은 고정적이라 할 수 있다. 이 위치에 있는 'ㄱ'은 'ㄱ'으로 발음되는 것이 일반적이다. 간혹 된소리로 발음하는 경우가 있지만 이것은 표준 발음으로 인정되지 않는 것이다. 예를 들

어 '과사무실'을 '꽈사무실'로 발음하는 경우가 있는데 이것은 표준 발음에 어긋나는 것이다. 주의할 사항은 소위 'ㄹ 관형형' 뒤에서 'ㄱ' 이 된소리로 나는 경우이다. '갈 길이 멀다'는 '갈낄'로 발음되기도 하는 것이다. 그런데 '먹을 고기, 공부할 국사책' 등에서는 'ㄹ' 뒤의 'ㄱ' 이 된소리로 발음되지 않고, 앞의 '갈 길'의 경우도 된소리로 발음하지 않는 경우도 많다. 그러므로 단어의 맨 앞에 나타나는 'ㄱ'의 발음은 'ㄱ'으로만 발음한다라고 해도 무방한 것이다.

1.3. 단어 중간의 초성에서는 'ㄱ' 혹은 'ㄲ'으로 발음

단어의 중간에서 초성의 위치에 나타나는 'ㄱ'은 'ㄱ'으로 발음되는 경우도 있지만, 된소리 [ㄲ]으로 발음될 때도 많다. 경우를 나누어 보면 다음과 같다.

첫째, 'ㄱ, ㅂ, ㄷ' 등이 앞 음절의 끝에서 발음될 경우에는 그 뒤에 오는 'ㄱ'의 발음은 무조건 된소리가 된다.

(예) 'ㄱ' 뒤: 죽그릇[죽끄른]

'ㅂ' 뒤: 밥그릇[밥끄른]

'ㄷ' 뒤: 밭고랑[받꼬랑], 옷고름[온꼬름], 꽃길[꼳낄]

위 예들의 두 번째 음절의 초성에 나타나는 'ㄱ'은 모두 [ㄲ]으로 발음되는 것이다. 여기에는 예외가 없다. 복합어나 파생어의 형성, 체언의 곡용, 용언의 활용 등 모든 경우에 해당한다. 참고로 명사형을 만드는 '-기'와 결합한 예들은 보기로 한다.

(예) 'ㄱ' 뒤: 막기[막끼], 꺾기[걱끼]

'ㅂ' 뒤: 뽑기[뽑끼]

'ㄷ' 뒤: 듣기[듣끼], 웃기[욷끼], 젖기[젇끼], 쫓기[쫃끼]

등의 예에서 보이는 제2음절 위치의 'ㄱ'은 모두 된소리로 발음되는 것이다.

둘째, 'ㄴ'과 'ㅁ' 뒤에 이어지는 'ㄱ'은 된소리로 발음될 때도 있고, 평음으로 발음될 때도 있다. 단어의 어원이나 만들어지는 과정에 따라 사뭇 복잡하게 나타난다. 몇 가지 경우로 나누어 보기로 하자.

(1) 고유어나 한자어로 된 복합어에서는 된소리로 발음된다.

(예) 'ㄴ' 뒤: 안과병원[안꽈병원], 문고리[문꼬리], 산길[산낄], 안방[안빵]

'ㅁ' 뒤: 밤거리[밤꺼리], 밤길[밤낄], 갈림길[갈림낄]

여기에는 예외가 있다. 고유어의 단어 내부이거나 고유어의 한 단어처럼 인식되는 경우에는 된소리로 발음하지 않는다.

(예) 'ㄴ' 뒤 : 안개→안개

'ㅁ' 뒤 : 감기→감기, 삼거리→삼거리

(2) 명사로 파생시키는 접미사 '-기'의 경우도 된소리로 발음된다.

(예) 'ㄴ' 뒤: 안+기→[안끼], 신+기→[신끼]

'ㅁ' 뒤: 감+기→[감끼], 삼+기→[삼끼]

이 발음은 주의할 필요가 있다. '감기'를 '감끼'로 발음하면 '감다'라는 동사의 명사형이 되고 '감기'로 발음하면 병의 이름이 된다.

(3) '안-, 신-, 감-, 삼-' 등의 동사가 활용할 경우 어미의 초성 'ㄱ'
은 된소리로 발음된다.(이 경우는 체언의 곡용과 다르다. 아래
(5)와 비교해 보기 바란다.)
(예) 'ㄴ' 뒤: 안+고→[안꼬], 신+고→[신꼬]
'ㅁ' 뒤: 감+고→[감꼬], 삼+고→[삼꼬]

(4) 반면에 용언의 어간에 피사동 접미사 '-기-'가 붙은 경우는 된
소리로 발음되지 않는다.
(예) 'ㄴ' 뒤: 안기다, 신기다
'ㅁ' 뒤: 숨기다, 감기다 등

(5) 체언이 곡용할 때에 나타나는 조사 '-과' 역시 평음으로 발음된
다.
(예) 'ㄴ' 뒤: 신과 돈[신과돈]
'ㅁ' 뒤: 삼과 사[삼과사]

셋째, 'ㄹ' 뒤에 나타나는 'ㄱ' 역시 된소리로 발음될 때도 있고, 평
음으로 발음될 때도 있는데, 'ㄴ'이나 'ㅁ'보다 된소리로 발음되는 경
우가 적다. 경우를 나누어 살펴 보기로 하자.
(1) 고유어나 한자어로 된 복합어에서는 된소리로 발음된다.
(예) 길+가→[길까], 물+고기→[물꼬기], 물+기→[물끼]

여기서 주의할 사항은 복합어의 종류에 따라 된소리로 발음하지 않는 경우가 있다는 것이다. 예를 들면 '불고기'는 [불고기]로 발음하지 [불꼬기]로 발음하지 않는다. 이에 대한 구체적인 설명은 지면 관계상 생략한다.

(2) 용언 어간을 명사로 파생시키는 접미사 '-기'의 경우 'ㄴ, ㅁ'과 달리 된소리로 발음되지 않는다.
　(예) 물+기→[물기], 불+기→[불기]

이 발음도 주의할 필요가 있다. '물끼'로 발음하면 '수분'의 뜻이 되고, '물기'로 발음하면 '입으로 무는 행위'가 된다.

(3) 용언어간이 활용할 경우에 'ㄴ, ㅁ' 등과 달리 평음으로 발음한다.
　(예) 물+고→[물고], 울+고→[울고]

(4) 조사 '과' 역시 'ㄹ' 뒤에서는 평음으로 발음된다.
　(예) 불과 물[불과물]

넷째, 모음 뒤에서는 평음 'ㄱ'으로 발음하는 것이 기본이다.
　(예) 고기[고기], 내기[내기]

그러나, 한자어로 구성된 복합어일 경우에는 된소리로 조음될 경우가 있다.

(예) 내과→내꽈, 이과→이꽈 등

(고유어에서는 이런 예를 찾을 수 없다. 고유어에서 이처럼 된소리가 날 경우에는 '사이 시옷'을 표기해 주기 때문이다. 예: 내+가→냇가[낻까] 등)

1.4. 종성의 'ㄱ'은 'ㄱ' 혹은 'ㅇ'으로 발음

종성에 사용된 'ㄱ'은 [ㄱ]과 [ㅇ]의 두 발음을 가진다.
첫째, 다음에 이어지는 소리가 'ㄴ, ㅁ, ㄹ' 등일 때에는 [ㅇ]으로 발음된다.

예: 막+는→[망는], 죽+만→[중만], 목+로→[몽노] 등.

둘째, 그 외에는 모두 [ㄱ]으로 발음된다.

예: 죽보다[죽뽀다], 죽그릇[죽끄른], 막지[막찌], 막소[막쏘]

1.5. 'ㅎ'을 만나면 'ㅋ'으로 발음

마지막으로 'ㄱ'은 그 바로 앞이나 뒤에 'ㅎ'이 있는 경우 이 'ㅎ'과 합해져서 'ㅋ'으로 발음하게 된다.

예: 국화→구콰, 좋고→조코

1.6. 마무리

이렇듯 'ㄱ'은 기본적인 음가가 [ㄱ]이지만, 상황에 따라 다양하게 발음되는 것이다. 이러한 현상은 얼핏 보면 대단히 무질서한 것같지만, 찬찬히 그 경우를 따지고 보면 무척 흥미있다는 사실조차 발견할 수 있는 것이다. 복합어를 만들 때 된소리가 되기도 하고, 평음으로 되기도 하는 것에도 일정한 규칙을 찾을 수 있고, 'ㄴ, ㅁ'과 'ㄹ'이 같은 현상을 보일 때도 있고 다른 현상을 보일 때도 있는데 이 역시 'ㄴ, ㅁ, ㄹ'이 하나의 부류로 묶일 수도 있고 다른 부류로 묶일 수도 있다는 보여주는 것이다.

그리고 'ㄱ'의 경우 어떤 소리로 변화한다 하더라도 조음위치만을 변화하지 않고, 조음 방식만을 변화하는 사실도 흥미로운 것이다. 'ㄱ'은 동일한 조음위치이면서 조음방식만 달리 하는 'ㄲ, ㅋ, ㅇ' 등으로 변화하지만, 조음 위치를 달리 하는 'ㅂ'이나 'ㄷ' 등으로는 변화하지 않는 것이다.

2. 한글 표기법의 특징

2.1. 음절로 모아 쓰기

한글 표기의 가장 큰 특징은 음절 단위로 묶어서 표기한다는 점이다. 자음과 모음을 합하여 음절을 표기할 경우에, 아래위로 서 있는 모양을 하는 문자는 오른쪽에 붙여 쓰고, 좌우로 누워 있는 모양을 하는 문자는 자음의 아래에 쓴다. 그리고 종성은 초성과 중성의 중앙 아래에 표기한다.

예: ㄱ + ㅣ, ㅓ, ㅏ, ㅐ, ㅔ, ㅕ, ㅑ ⇒ 기, 거, 가, 개, 게, 겨, 갸

ㄱ + ㅡ, ㅗ, ㅜ, ㅛ, ㅠ ⇒ 그, 고, 구, 교, 규

가, 거, 고, 구 + ㅁ ⇒ 감, 검, 곰, 굼

2.2. 형태소는 따로 쓰기

한글 표기에서 또 하나의 특징은 형태소별로 구분하여 표기하는 것을 원칙으로 하는 점이다. '사라미 바블 머건따'로 발음하는 것을 형태소 분석을 하고 이것들을 독립적으로 표기하여 '사람이 밥을 먹었다'로 표기하는 것이다. 물론 형태소의 일부가 탈락하여 그것을 표기에 반영하는 것이 어려울 경우 발음하는 대로 적어서 형태소를 따로 적지 못하는 경우도 있지만(예 : 잇고 - 이어라, 살고 - 사는, 먹었다 - 갔다 등), 이러한 경우는 특수한 것이고 기본적으로 한국어의 표기는 형태소는 형태소별로 따로 적는 것을 기본으로 하는 것이다.

2.3. 어법에 맞게 적기

한글 맞춤법의 원리는 한글맞춤법 통일안 총론의 제1항에 기술되어 있는"한글맞춤법은 표준말을 그 소리대로 적되, 어법에 맞도록 한다."는 내용이다. 이 조항의 핵심은 '어법에 맞도록' 한다는 것인데 이는 기본형을 밝혀 적어야 할 경우와 소리나는 대로 적어야 할 경우의

기준점을 제시한 것이다.

표기의 방식에는 형태소적 표기와 음소적 표기가 있는데, 하나의 음소에 하나의 문자가 대응하게끔 표기하는 음소적 표기라고 하고, 형태소의 기본형을 밝혀 표기하는 것을 형태소적 표기[1]라고 한다. 예를 들어 '값도, 값만, 값이'라고 표기하는 것은 형태소적 표기이고, 이를 발음하는 대로 '갑또, 감만, 갑씨'로 표기하는 것은 음소적 표기라 할 수 있다.

현행 한글맞춤법은 공시적인 음운규칙으로 설명될 수 있는 것은 형태음소적 표기를 하고, 공시적으로 설명될 수 없는 것은 음소적 표기를 함으로써, 언어 속에 내재되어 있는 규칙과 언어를 표기하는 문자의 표기방법을 조화시키고 있는데 이것이 현행 한글맞춤법의 기본정신이 된다.

음소적 표기가 그 나름대로의 장단점을 가지고 있고, 형태소적 표기 역시 그나름대로의 장단점을 가지고 있다면, 개별 사항의 표기는 언어를 사용하고 있는 그 시대의 사람들이 결정할 사항이 될 것이다. 그런데 현행 한글맞춤법에서는 두 원칙의 균형을 고려하여 안배한 흔적이 역력하다. 때로는 음소적 표기를 하고 때로는 형태소적 표기를 한다는 것은 상반된 원칙을 적절히 혼용하는 것인데, 이것은 언어현실과의 조화를 꾀하고자 한 것이고, 또한 상반된 규칙이 힘의 균형을 유지하는 것은 경쟁적 발전 내지는 논쟁점의 끊임없는 발아 가능성을

---

1) 형태소적 표기는 형태음소적 표기라고 할 수도 있을 것이다. 이 표기에 주로 관련되는 것이 형태소의 끝자음을 어떻게 표기할 것인가 하는 문제이므로, 이것을 형태음소론의 차원에서 보면 형태음소적 표기가 될 것이고, 형태론의 차원에서 보면 형태소적 표기가 될 것이다.

의미하는 것이라고 할 수 있을 것이다.

그러면 상반된 두 원칙이 그 지향하는 바가 상반된다고 하여 모든 경우를 다 포괄할 수 있느냐 하는 문제가 제기될 수 있을 것이다.

예를 들어 '냇가', '못하다' 등의 표기는 음소적 표기인가, 아니면 형태소적 표기인가 하는 문제가 제기될 수 있는데, 그 이유는 이들은 현대의 공시적인 상태에서 볼 때 'ㅅ'으로 표기해야 할 이유를 찾기 어렵기 때문이다. 그렇다고 하여 다른 문자로 표기하는 것도 마땅하지 않다. 이들을 'ㅅ'으로 표기한 것은 이전부터 해 오던 관습을 존중한 것으로 해석할 수 있다. 이전의 관습적인 표기를 그대로 따르는 것을 역사주의적 표기라고 하는데, 한글 맞춤법에는 형태소적 표기와 음소적 표기 외에 역사주의적 표기를 채택하여 세 원칙이 균형을 이루도록 하고 있는 것이다.

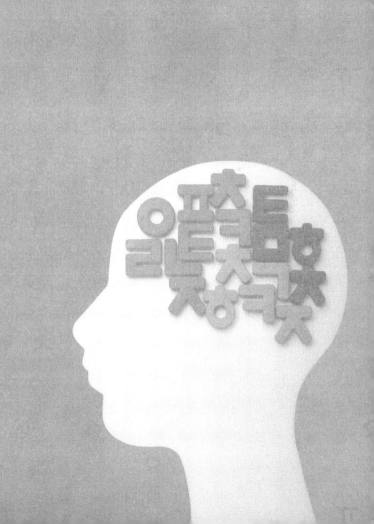

한국어 발음의 특징

1. 음운

1.1. 모음

조음 기관의 아래인 조음체(주로 혀)와 위인 조음 위치가 열려 있어서 공기가 자유스럽게 통과할 수 있는 상태에서 조음될 수 있는 소리를 모음이라 한다. 모음은 혀의 앞뒤 위치와 입이 벌어지는 정도 그리고 입술의 모양 등에 의해 결정된다. 혀의 위치가 앞쪽인 모음을 전설 모음 뒤인 모음을 후설 모음 혹은 비전설 모음이라고 하고, 입이 벌어지는 정도에 따라 고모음, 중모음, 저모음으로 구분한다. 그리고 입이 오무라지는 모음을 원순 모음 그렇지 않은 모음을 비원순 모음 혹은 평순 모음이라고 한다.

한국어 최대의 모음체계는 다음의 10개이다.

	전설 평순	전설 원순	후설 평순	후설 원순
고	ㅣ	ㅟ	ㅡ	ㅜ
중	ㅔ	ㅚ	ㅓ	ㅗ
저	ㅐ		ㅏ	

현대 한국어에서 10개의 단모음이 다 실현되는 지역이나 세대는 드물다. 'ㅚ'나 'ㅟ'는 대부분의 한국인들이 [we] [wi] 등의 이중모음으로 조음하고 있으며 'ㅔ'와 'ㅐ'도 거의 구분되지 않는 상황이다. 그리하여 7모음체계가 가장 많이 사용되고 있는 실정이다. 경상도의 대부분 지역에서는 'ㅡ'와 'ㅓ'가 구분되지 않아 6모음이 사용되고 있는 실정이다.

1.2. 자음

조음 기관의 아래인 조음체(주로 혀)와 위인 조음 위치가 닿거나 닿을 정도로 폐쇄되어 조음되는 소리를 자음으로 칭한다. 자음은 조음되는 위치에 따라 양순음, 치음, 치조음, 경구개음, 연구개음, 후음 등으로 나누고, 성문의 조음 방식에 따라 긴장음, 유성음, 무성음, 유기음으로 나누고, 목젖의 조음 방식에 따라 비강음과 구강음으로 나눈다. 그리고 입안에서 혀가 작용하는 방식에 따라 파열음, 마찰음, 파찰음으로 나눈다.

한국어의 자음체계는 다음과 같다.

		양순음	치조음	경구개음	연구개음	후음
파열음	평음	ㅂ	ㄷ		ㄱ	
	유기음	ㅍ	ㅌ		ㅋ	ㅎ
	긴장음	ㅃ	ㄸ		ㄲ	ㆆ
마찰음	평음		ㅅ			
	긴장음		ㅆ			
파찰음	평음			ㅈ		
	유기음			ㅊ		
	긴장음			ㅉ		
유음			ㄹ			

1.3. 경과음

이중모음을 조음할 때 모음의 앞에 나오는 소리를 경과음 내지는 활음이라고 한다. 'ㅑ, ㅕ, ㅛ, ㅠ' 등을 조음하면 'ㅏ, ㅓ, ㅗ, ㅜ' 등을 조음하기 전에 혀의 앞부분이 잎천장쪽으로 접근하게 되는데 이것을 구개성 활음이라고 하고 이를 [y] 혹은 [j]로 표기한다. 그리고 'ㅘ, ㅝ, ㅙ, ㅞ' 등을 조음할 경우에는 두 입술이 모아지는 것을 느낄 수 있는데 이를 원순성 활음이라고 하고 [w]로 표기한다.

1.4. 운소

위와 같이 시간의 진행에 따라 순서대로 조음되는 소리를 분절음이라 이른다. 소리를 나누어 볼 수 있다는 의미이다. '감'의 발음은 'ㄱ', 'ㅏ', 'ㅁ'의 순서대로 조음되는데, 이들이 조음되기 위해서는 높낮이,

세기, 길이 등이 필수적으로 작용하게 된다. 높이와 길이 그리고 세기 등이 존재하지 않으면 소리가 만들어지지 못하는 것이다. 이들은 소리가 성립되기 위한 필수 요소이지만 언어에 따라 기능은 천차만별이다. 의미를 분화하는 데 변별력을 가지기도 하고 가지지 않기도 하는데 그 기능은 언어에 따라 달라지는 것이다. 예를 들어 중국어에서는 성조가 의미 변별의 중요한 기능을 담당하고, 영어에서는 강세와 장단이 의미 변별의 기능을 수행하고 있지만, 한국어에서는 방언에 따라 다르다. 동남 방언에서는 성조가 변별적인 기능을 수행하고 서남방언과 중부 방언에서는 장단이 변별적인 기능을 수행하고 있는 것이다.

2. 음절

언어가 실제적으로 발화되는 상황에서 독립적으로 발화될 수 있는 최소의 단위를 음절이라고 한다. 예를 들어 '값만 비싼 옷을 여러 겹 겹겹이 입을지 말지 열 번 이상 의논하고 또 논의하였다.'라는 문장은 [감만 비싼 오슬 여러 겹 겹껴비 이블찌 말찌 열 뻔 이상 의노나고 또 노늬하엳따.]로 발음된다. 이러한 발화에서 독립적으로 발화될 수 있는 '감', '만', '비', '싼', '오', '슬', '여', '러', '겹', '겹', '껴', '비', '입', '꼬', '읻', '떠', '라' 등을 음절이라고 한다.

2.1. 음절의 유형

위의 예문으로 음절의 유형을 분류해서 정리해 보면 다음과 같다.

V(Vowel의 약자)는 모음을 지칭하는 것이고, C(Consonantal의 약자)는 자음을 지칭한다. 그리고 G(Glide의 약자)는 경과음을 나타낸다.

(1) V 형 : 하나의 모음은 독립된 하나의 음절을 이룰 수 있다.(예; 오)

(2) CV 형 : 모음 앞에 자음이 오는 경우가 있다. 자음과 모음이 결합한 CV 구조가 언어에 가장 보편적인 구조이다.(예 : 비, 러, 비, 떠, 라)

(3) GV형 : 모음 앞에 경과음이 와서 하나의 음절을 이루기도 한다.(예 : 여)

(4) CGV형 : 모음 앞에 경과음과 자음이 동시에 오는 경우이다. 흔히 이중 모음 앞에 자음이 오는 경우이다. 자음과 경과음의 순서가 바뀌는 경우는 없다.(예 : 껴)

(5) VC형 : 모음 뒤에 자음이 와서 하나의 음절을 이루기도 한다.(예 : 입, 일)

(6) CVC 형 : 자음과 모음 뒤에 자음이 와서 하나의 음절을 이루기도 한다.(예 : 감, 만, 싼, 슬)

(7) GVC 형 : 반모음과 모음 즉 이중모음 뒤에 자음이 와서 하나의 음절을 이룬다.(예 : 열)

(8) CGVC 형 : 자음, 경과음, 모음, 자음이 순차적으로 결합하여 하나의 음절을 이루기도 한다. 이러한 구조는 한국어에서 가정 복잡한 음절 구조라고 할 수 있다.(예 : 겹)

(9) VV 형 : 위의 8가지 유형 이외에 한국어에 존재하는 음절이 '의'이다. 이 소리는 음절핵을 무엇으로 보느냐에 따라 음절 유형이 달라지게 되는데, 여기는 'ㅡ'와 'ㅣ'가 대등한 위치에서 결합하였다고 보고 VV형이라고 칭하기로 한다.(예 : 의)

(10) CVV 형 : VV 형의 앞이나 뒤에 자음이 오는 경우는, 한국어에서 제대로 조음되지 않는 경우가 많지만 전혀 불가능한 것은 아니다. 그런데 VV 뒤에 자음이 오는 경우는 한국어에서 공백에 해당하므로, 앞에 자음이 오는 경우만 추가된다.(예 : 늬('논의'의 둘째 음절 발음))

2.2. 음절 구조

발화의 단위로서 음절은 언어에 따라 그 유형이 달라지기도 하지만, 음소들의 단순한 연결체가 아니라 실질적인 구조체로서 존재한다. 그 구조는 위의 유형에서 보듯이 필수적인 요소인 모음을 중심으로 그 주변에 활음이나 자음이 존재하게 된다. 그러므로 하나의 음절은 음절의 중심음을 가운데 하고 그 주변에 있는 음으로 구분할 수 있다. 그리고 중심음은 음절의 핵을 이루는 모음을 중심으로 그 주변에 있는 경과음으로 나눌 수 있다. 이러한 구조는 다음과 같이 이해될 수 있다.

여기에서 찾아지는 한국어의 음절 구조 상의 특징을 알아 보자.

(1) 하나의 음절은 모음을 반드시 존재하고, 경과음이나 자음은 있을 수도 있고 없을 수도 있다.
(2) 음절의 끝에 오는 자음은 음절초이든 음절말이든 하나의 자음만이 올 수 있다.

3. 자질

실질적으로 발음하고 있는 단위인 음절은 음소로 구성되어 있고, 이 음소는 조음 기관의 복합적인 작용에 의해 실질적으로 발음된다. 'ㅂ'을 예를 들면 허파에서 나오는 공기가 적절하게 열린 성문을 통과한 후 목젖이 비강을 막고 있기 때문에 입안으로만 통과하게 되는데 혀는 별다른 작용을 하지 않고 두 입술이 닫혀 있다가 순간적으로 열리면서 혹은 닫혀 있는 상태로 조음하게 된다. 이렇게 'ㅂ'이라는 소리를 만들기 위해서는 여러 조음기관이 동시적으로 혹은 계기적으로 작용하게 되는데, 이 기관들의 움직임 즉 'ㅂ'이라는 소리를 만들기 위한 여러 조음기관과 위치 등의 속성을 언어학에서는 '자질'이라고 부른다. 자질이란 음소의 내적 구성요소라고 할 수 있는 것이다.

이 내적 속성은 인간이 발성하는 소리를 분류하는 기준으로 작용하기도 한다.[1] 내적 속성을 공통적으로 가지고 있는 소리들끼리 하나의

---

1) 내적 속성과 분류의 기준점은 상통하는 것이다. 비슷한 예를 들어 인간의 피부 색깔은 인간의 속성 중의 하나가 되는데 이는 동시에 인간을 분류하는 기준점이 되는 것이다. 같은 피부 색깔 즉 같은 속성을 가진 인간끼리 분류하여 '황인종, 백인종, 흑인종'이라 분류하는 것과 동일한 것이다.

부류로 분류하는 것이다. 소리의 내적 속성 내지는 분류의 기준 즉 소리의 자질에는 크게 세 부류로 나누어 볼 수 있다. 인간의 내는 소리를 큰 부류로 분류하는 기준, 조음 위치를 분류하는 기준, 조음 방식을 분류하는 기준 등이 그것이다.

3.1. 주요 부류 자질

주요 부류 자질은 인간이 내는 소리의 큰 부류를 결정하는 기준이다. 우선은 독립적으로 발성될 수 있느냐 없느냐의 기준으로 분류를 할 수 있는데, 독립적인 발성될 수 있는 자질을 [성절성]이라고 한다면, 전자를 [+성절성] 후자를 [−성절성]이라고 할 수 있을 것이다. 소리는 공기 통로의 개폐 여부에 의해 결정되는데 개폐는 목젖과 구강에서 이루어지게 되므로 이에 의해 몇 가지 경우의 수로 나눌 수 있다. 첫째 목젖과 구강의 전 통로에서 조음체와 조음점이 붙어서 공기 통로가 폐쇄되거나 이와 유사할 정도로 접근하는 소리와 그렇지 않은 소리로 분류할 수 있는데 이 기준을 자음성이라 한다면 소리는 자음성의 유무로 분류할 수 있다. 전자를 [+자음성] 후자를 [−자음성]으로 분류하는 것이다. 둘째 구강이나 비강의 두 부분 중 일부에서 폐쇄되고 일부에서 개방하는 소리가 있는데, 개방은 공명성을 유발하므로, 이를 공명성 자질이라고 한다면 전자를 [+공명성] 후자를 [−공명성]이라고 할 수 있을 것이다. 셋째 비강은 폐쇄되고 구강은 열려 있는 경우가 있을 수 있는데 이는 앞의 [성절성] 자질과 중복된다. 넷째 비강과 구강이 완전 개방되는 경우가 있을 수 있는데 한국어에는 이러한 소리가 존재하지 않는다.

이를 기준으로 인간이 내는 소리를 크게 분류하면 다음과 같이 된다.

	모음	순수 자음	경과음	유음
성절성	+	-	-	-
자음성	-	+	-	+
공명성	+	-	+	+

3.2. 조음 방식

발성 기관에 따라 조음 방식을 달리 하여 인간이 내는 소리를 달라지게 하는 것은 성문, 목젖, 구강 등의 세 곳이다.

가. 성문

허파에서 나온 공기가 성문을 통과하면서 자음의 종류가 달라진다. 성문이 활짝 열려 공기가 많이 통과하는 소리와 거의 닫혀 있는 상태로 조음되는 소리등 종류가 다양하다. 성문이 활짝 열려 공기가 많이 통과하는 소리의 특징을 유기성이라 하면 [+유기성]과 [-유기성]으로[2] 나눌 수 있고, 성문이 거의 닫혀 있는 소리의 특징을 긴장성이라 하면 [+긴장성]과 [-긴장성]으로[3] 나눌 수 있다. 그리고 성문이 조금 열려 성대의 진동이 생기는 소리의 특징을 유성성이라 하면 [+유성성]과 [-유성성]으로 나눌 수 있다. 이에 의해 소리는 다음과 같이 분

---

2) 영어에서는 aspiration 으로 구분했다가 요즘에는 spread 라는 표현을 많이 사용한다.

3) 이전에는 tense라는 용어를 사용하다가 요즘에는 constricted라는 표현을 많이 사용한다.

류된다.[4)]

	유기음	긴장음	무성음[4)]	유성음
유기성	+	-	-	-
긴장성	-	+	-	-
유성성	-	-	-	+

나. 목젖

목젖은 공기의 흐름이 비강으로 흐르게 하거나 구강으로 흐르게 한다. 숨을 쉴 때에는 목젖이 아래로 내려 와서 구강을 열리게 하는데 이런 상태에서 조음을 하면 공기가 비강과 구강으로 동시에 흐르게 된다. 이 소리를 보통 비강음이라 하고, 목젖이 위로 올라가서 비강 통로가 폐쇄되어 조음하는 것이 구강음이라 한다. 비강 개폐 여부를 비강성이라 하면 인간이 내는 소리는 다음과 같이 분류될 수 있다.

	비강음	그 외의 소리
비강성	+	-

다. 구강 폐쇄성의 정도와 개방성의 차이

입안을 통과하는 공기는 아래의 혀와 입술이 위의 조음 위치에 접근하는 정도에 따라 자음과 모음으로 구분되는데, 자음은 폐쇄되거나 이와 비슷한 상태에서 조음되고 모음은 아래의 혀와 위의 조음점이 개방된 상태에서 조음된다.

---

4) '무성 평음'이라 칭하는 것이 가장 적절하나, 이 소리가 가장 무표적인 소리이므로 앞으로는 '평음'으로 칭하기로 한다.

자음을 조음함에 있어서는 폐쇄를 하는 정도에 따라서 그리고 개방을 하는 방법에 따라 자음의 종류가 달라지게 된다. 폐쇄를 하는 정도에 있어서는 두 가지 경우가 있다. 하나는 조음기관을 완전히 폐쇄했다가 개방을 하여 공기의 흐름이 정지되었다가 파열되는 것이고, 다른 하나는 폐쇄할 듯 말 듯한 상황에서 조음을 하는 것인데 이 경우에는 공기가 지속적으로 흐르면서 조음하게 된다. 전자의 소리를 파열음(혹은 정지음 혹은 폐쇄음)이라 하고 후자를 마찰음이라 한다. 'ㄱ, ㄷ, ㅂ' 등은 파열음으로 조음하고, 'ㅅ' 등은 마찰음으로 조음한다. 공기가 지속적으로 흘러 마찰을 일으키는 성질을 지속성(continuant)으로 표시하면 전자는 [-지속성] 후자는 [+지속성]이 될 것이다. 개방을 하는 방법도 두 가지이다. 순간적으로 개방을 하는 방법과 개방을 할 때 마찰을 수반하면서 개방하는 방법인데 'ㄱ, ㄷ, ㅂ' 등은 순간적으로 개방을 하고, 'ㅈ' 등은 개방을 지연하여 마찰을 일으키면서 개방한다. 개방이 지연되는 성질을 개방지연성이라 하면 전자는 [-개방지연성] 후자는 [+개방지연성]이 될 것이다.

	ㅂ, ㄷ, ㄱ	ㅅ	ㅈ
지속성	–	+	–
개방지연성	–	–	+

라. 구강 개방성(개구도)의 정도

모음은 구강이 개방되어 있는 상태에서 조음된다. 이는 입이 열려 있는 상태를 나타내는 것으로 흔히들 개구도라고 한다. 한국어의 개구도는 세 등급으로 나누어지는데, 한국어 최대의 모음체계인 10모음체계에서는 'ㅣ, ㅟ, ㅡ, ㅜ' 등이 고모음이고 나머지는 고모음이 아니고, 'ㅐ, ㅏ' 등은 저모음이고 나머지는 저모음이 아니므로 10모음체계를 [고모음성]과 [저모음성]으로 구분하면 다음과 같다.

	ㅣ	ㅔ	ㅐ	ㅟ	ㅚ	ㅡ	ㅓ	ㅏ	ㅜ	ㅗ
고모음성	+	-	-	+	-	-	-	-	+	-
저모음성	-	-	+	-	-	-	-	+	-	-+

마. 혀의 위치

모음을 발음할 때 혀는 앞뒤로 이동하게 된다. 한국어 10모음체계에서 'ㅣ, ㅔ, ㅐ, ㅟ, ㅚ' 등은 혀의 앞쪽에서 조음되고, 'ㅡ, ㅓ, ㅏ, ㅜ, ㅗ' 등은 상대적으로 혀의 뒤쪽에서 조음된다. 혀의 앞쪽에서 조음되느냐 그렇지 않으냐에 따라 [전설성]으로 구분하면 다음과 같다.

	ㅣ	ㅔ	ㅐ	ㅟ	ㅚ	ㅡ	ㅓ	ㅏ	ㅜ	ㅗ
전설성	+	+	+	+	+	-	-	-	-	-

바. 입술의 모양

소리를 낼 때에는 입술도 관여한다. 자음을 발음할 경우에는 붙었다 떨어졌다 하고, 모음을 발음할 경우에는 열린 상태에서 입술이 둥글게 되었다가 펴졌다가 한다. 'ㅚ, ㅟ, ㅗ, ㅜ' 등은 조음할 때 입술이 둥글게 되고, 나머지 모음은 입술이 펴지게 된다. 이에 의해 구분하면 다음과 같다.

	ㅣ	ㅔ	ㅐ	ㅟ	ㅚ	ㅡ	ㅓ	ㅏ	ㅜ	ㅗ
원순성	-	-	-	+	+	-	-	-	+	+

3.3. 조음 위치

조음 위치는 구강에서 조음체가 조음점에 접근하는 위치를 말하는 것인데, 조음체인 혀와 입술이 위의 조음점에 접근하는 위치는 네 가지로 나누어 볼 수 있다. 각각의 위치에서 발음되는 소리 중 대표되는 소리는 'ㅂ, ㄷ, ㅈ, ㄱ' 등이다. 이는 앞쪽이냐 뒤쪽이냐 그리고 가운데에 있느냐 아니면 가에 있느냐로 분류하면 네 위치를 두 개의 기쥬(자질)로 분류할 수 있다. 이를 각각 전방성(anterior)과 중앙성(coronal)이라고 한다면 네 개의 조음 위치는 다음과 같이 분류할 수 있다.

	ㅂ	ㄷ	ㅈ	ㄱ
전방성	+	+	−	−
중앙성	−	+	+	−

4. 음운 현상

4.1. 음운 현상의 종류

음운 현상이란 음운과 음운이 만나서 서로 영향을 주고 받으면서 변화하는 현상을 말한다. 이에는 현상의 유형에 따라 대체, 첨가, 탈락, 도치, 축약 등의 유형이 있고, 현상의 원인에 따라 무조건적인 변화와 조건적인 변화가 있다. 무조건적인 변화는 음운론적인 환경과 관계없이 음운의 변화가 발생하는 것이고, 조건적인 변화는 음운론적

인 환경에 의해 음운의 변화가 발생하는 것을 말한다. 조건적인 변화
에는 그 요인에 따라 다시 음절 때문에(특히 음절구조제약때문에) 발
생하는 현상과 음소 혹은 자질 때문에(특히 음소 혹은 자질의 연결제
약 때문에) 발생하는 현상으로 나눌 수 있다. 음운 현상이 적용되는
영역에 따라서는 형태론적인 범주(혹은 문법적인 범주)의 영향을 받
는 것이 있고 그러한 범주에 무관한 음운론적인 변화가 있다.

  원인별 분류를 도표로 제시하면 다음과 같다.

(1) 음운현상의 ┌─ 무조건 변화
    원인별 분류 └─ 조건 변화 ┌─ 음절 구조와 관련된 변화
                          └─ 음소(자질) 연결과 관련된 변화

(2) 음운 현상의 유형별 분류 : 대체, 삽입, 탈락, 도치, 축약
(3) 음운 현상의 적용 영역별 분류
    가. 형태론적인 제약을 받는 현상
    나. 형태론적 제약과 무관한 현상

  이러한 분류 자체가 항상 절대적인 것은 아니다. 무조건 변화와 조
건 변화를 구분하는 것이 쉽지 않은 경우가 있을 수 있다. 조건 없는
경음화 현상이 어두에서만 발생할 경우 '어두'라는 것을 조건으로 볼
것이냐 아니면 보지 않을 것인가 하는 문제의 판단은 쉽지 않은 것이
다. 적용 영역의 판단에 있어서도 애매한 문제는 발생한다. 규칙이나
제약이 공시적으로나 통시적으로 변화하고 있을 당시에는 변화가 더
민감한 형태소 내부나 형태소 연결이 있을 수 있고, 덜 민감한 경우도
있을 뿐만 아니라, 어휘의 차원에서도 모든 어휘에 동시적으로 발생

하는 것이 아니라 사용상의 빈도수 등의 이유로 인하여 빨리 변화하는 어휘도 있고 늦게 변화하는 어휘도 있기 때문에 이들을 분류하는 것이 불가능할 경우도 있다. 더욱이 방언차를 고려할 경우 어떤 방언에서는 이미 규칙이 완성되었는데 어떤 방언에서는 아직 진행중일 경우 방언에 따라 형태론적인 범주의 영향을 받는 방언이 있는가 하면, 받지 않는 방언도 있을 수 있는 것이다.

이러한 제반 상황을 동시에 고려하여 한국어에서 발생하고 있는 음운 현상의 목록을 종합적으로 제시하는 것은 불가능한 일이기 때문에, 음운 현상의 원인별로 일차적인 분류를 하고, 각각의 원인에 따른 음운 현상의 유형별로 분류하기로 한다. 그리고 그러한 현상이 형태론적인 제약이 있는지 여부에 대해서는 현상을 설명하면서 간단하게 언급하기로 한다.

이 음운현상들은 뒤에서 상론되므로 여기서는 대체적인 경향을 인식할 수 있을 정도로만 간단하게 논의하기로 한다.

4.2. 음절 구조와 관련된 현상

하나의 구조체로 존재하는 음절은 그 발화의 속성 즉 구성요소로 음소, 운소 등을 가지고 음소는 자음, 모음, 경과음 등의 하위 부류를 가지고, 운소는 장단, 고저, 강세 등의 하위 부류를 가진다. 의미의 단위이자 기저의 단위인 형태소가 발화의 단위이자 표면의 단위인 음절로 넘어 오면 여러 가지 음운 현상이 발생하게 된다. 형태소 구조를 음절 구조로 전환하거나 조절하면서 생기는 현상(연음 현상, 자음군 간소화 현상)을 비롯하여, 음절말 위치라는 분포에 의한 제약도 생기

고(음절말 중화 현상), 외국어가 외래어로 되면서 음절 구조의 변화
가 생기기도 한다. 이에 관해 간단하게 언급하면 다음과 같다.

연음현상

가장 보편적인 음절 구조는 초성 자음 하나에 중성 모음 하나인 CV
구조이므로, 이에 어긋나는 음소의 연결이 표면 단위로 넘어오면 구
조의 조정 작업이 먼저 일어나게 된다. 예를 들어 (C)VC의 구조를
가진 형태소와 V(C)의 구조를 가진 형태소가 연결되면 즉 (C)VC +
V(C)가 되면 선행하는 형태소의 말자음이 후행하는 형태소의 초성
위치로 옮기게 된다. 그리하여 보편 보편적인 음절구조인 CV 구조가
우선적으로 만들어지게 된다.

음절말 불파

파열음 내지 폐쇄음을 발음하는 방법은 기본적으로 두 가지이다.
닫혔던 조음 기관을 열면서 발음하는 방법과 닫혀 있는 상태로 발음
하는 방법의 두 가지이다. '밥'을 예를 들면 초성에 있는 'ㅂ'은 닫혔던
두 입술을 열면서 조음하는 것이고, 종성의 'ㅂ'은 닫혀 있는 상태로
조음을 끝내는 것이다. 한국어에서 종성은 특히 비음과 유음을 제외
한 파열음과 마찰음 그리고 파찰음 등은 모두 닫혀 있는 상태에서 조
음을 끝내게 된다. 한국어의 자음 발음에서 가장 주요한 특징인 이것
이 되는데, 이 현상 때문에 한국의 음절말 위치에서는 다양한 현상이
발행하게 된다. 후술하는 자음군 간소화 현상, 소위 7자음만 발음되
는 종성 규칙 등은 모두 음절말 불파 때문에 생기는 현상이다.

자음군 간소화

한국어의 음절 구조는 모음을 중심으로 초성에 자음이 하나 올 수 있고, 종성에 자음이 하나 올 수 있다. 그래서 모음과 모음 사이에 조음될 수 있는 자음의 수는 최대 2개가 된다. 어간말(체언과 용언을 포함함)에 겹자음을 가지고 있는 어간이 초성에 자음을 가지고 있는 어미나 선어말어미와 결합할 경우 모음과 모음 사이에 세 개의 자음이 오게 된다. 이러한 형태소의 연결이 발생하게 되면 세 자음 중 하나의 자음이 탈락하게 된다. 이를 자음군 간소화 현상이라고 한다.

> ㅂ ← ㅄ : 값[갑], 없다[업따]
>
> ㄱ ← ㄳ : 샀[삭], 넋[넉], 몫[목]
>
> ㄱ ← ㄺ : 까닭[까닥], 흙[흑], 닭[닥], 칡[칙](체언), 읽지[익찌],
>
>   읽도록[익또록](용언)5)
>
> ㅁ ← ㄻ : 삶[삼], 앎[암](체언), 젊다[점따], 닮다[담따](용언)
>
> ㅂ ← ㄼ : 밟다[밥따], 떫다[떱따]
>
> ㅂ ← ㄿ : 읊다[읍따]
>
> ㄹ ← ㄼ : 여덟[여덜]
>
> ㄹ ← ㄾ : 핥다[할따], 훑다[훌따]
>
> ㄴ ← ㄵ : 앉다[안따], 얹다[언따]

위에서 보듯 설정음 'ㄹ'이 선행하고 변자음 'ㄱ, ㅂ, ㅁ, ㅍ' 등이 후행할 경우에 변자음이 남고 'ㄹ'이 탈락한다.('여덟'은 예외) 설정음끼리 중자음이 될 경우에는 선행하는 'ㄹ'과 'ㄴ'이 남는다

---

5) 'ㄱ'으로 시작하는 어미가 올 경우에는 'ㄹ'이 남는다. 예 : 읽고[일꼬]

음절말 중화 – 받침법칙

하나의 자음은 음절초의 위치에서는 발음에 대한 제약이 거의 존재하지 않지만, 음절말의 위치에서는 여러 가지 제약을 가지게 된다. 특히 한국어에서는 음절말에서 자음을 발음할 경우 조음 위치를 폐쇄한 상태로 조음을 마치기 때문에 여러 가지 현상이 생기게 된다. 한국어에서는 이를 받침 법칙이라 하는데 파찰음, 마찰음, 격음, 경음 등은 조음되지 못하고, 각각 같거나 비스한 조음 위치의 평폐쇄음 'ㄱ, ㄷ, ㅂ'만이 조음된다. 이외에 조음기관의 일부가 열려 있는 비음과 유음의 조음이 가능하여 모두 7개의 자음이 음절말에서 조음된다.

모음 첨가

한국어의 고유어의 경우 발화 음절 구조와 맞지 않는 형태소 연결의 입력부가 있을 경우 자음군 간소화현상이 발생하는 데 반해, 한국어의 음절 구조에 맞지 않는 외국어가 유입되어 외래어가 고유어와 정반대의 현상이 발생한다. 예를 들어 strike, punch 등이 유입되어 한국어가 될 경우 이들에게는 모음이 삽입되는 현상이 발생하는 것이다. 삽입되는 모음은 자음의 종류에 따라 달라지는데 보통의 경우에는 '으' 모음이 삽입되고, 'ㅈ, ㅊ' 등의 경우에는 '이' 모음이 삽입되는 것이다. 그리하여 위의 단어는 '스트라이크, 펀치' 등이 되는 것이다.

이들을 정리하면 다음과 같다.

변화의 종류	음운 현상
음절 구조 조정 – 위치 이동	연음

음절 구조 조정 – 탈락	자음군 간소화
음절 구조 조정 – 첨가	모음 삽입
대체	종성 규칙(1) 음절말 불파 종성 규칙(2) 음절말 중화

4.3. 음소 혹은 음운의 연결과 관련된 현상

하나의 존재가 다른 존재와 만나거나 접촉을 하게 되면 일방적으로 혹은 쌍방적으로 영향을 주고받기 마련이다. 한 음소(혹은 자질)가 다른 음소(혹은 자질)와 발화상 인접하게 되면 동일하게 가지고 있는 속성을 서로 주거니받거나 하면서 변화를 입게 된다.

음소를 자음, 모음, 경과음으로 분류하되, 경과음과 모음이 결합한 것을 이중모음이라 칭하면 이들이 결합하는 유형은 다음과 같이 나누어 볼 수 있다.

가. 자음 + 모음

나. 자음 + 이중모음

다. 자음 + 자음

라. 모음 + 모음

마. 모음 + 자음

바. 기타의 환경

이러한 상황에 따라 여러 가지 현상이 발생하게 되는데, 한국어의

음운 현상에서 자주 논의되는 현상들을 몇 가지 간략하게 논의하면 다음과 같다.[6)]

격음화와 'ㅎ' 탈락

한국어에서 'ㅎ'은 대단히 까다로운 존재이다. 조음 위치나 조음 방법 등 소리의 실체를 파악하기도 쉽지 않고, 'ㅎ'과 관련된 음운 현상도 복잡하게 나타난다.

우선 'ㅎ'은 연결상의 제약을 많이 받는다. 그 앞이나 뒤에 장애음이 오면 축약하는 현상을 보인다. 'ㄱ, ㄷ, ㅂ, ㅈ' 등과 만나면 'ㅋ, ㅌ, ㅍ, ㅊ' 등으로 변화하고, 'ㅅ'을 만나면 'ㅆ'으로 변화한다.

국화[구콰] 놓고[노코]
굳히다[구치다]
뽑히다[뽀피다]
젖히다[저치다]
놓소[노쏘]

'ㅎ'은 또한 위치의 제약을 가장 많이 받는 소리 중의 하나이다. 어두의 위치에서는 제 음가대로 조음되지만, 용언 어간말에 있는 'ㅎ'은 모음으로 시작되는 어미나 접미사와 결합하면 제 음가대로 조음되지 않고 탈락한다.

놓아[노아]   쌓이다[싸이다]

---

6) 이에 대한 세부적인 논의는 이 책의 제5장과 제8장에서 볼 수 있다.

많아[마 나]   않은[아는]

닳아[다라]   싫어도[시러도]

그런데 한자어나 복합어에서 이 현상은 수의적이다. 즉 모음과 'ㅎ' 또는 'ㄴ, ㅁ, ㅇ, ㄹ'과 'ㅎ'이 결합된 경우에는 본음대로 발음하기도 하고 탈락한 대로 발음하기도 한다.[7)]

경제학(經濟學)[경제학] 혹은 [경제악]

광어회(廣魚膾)[광어회] 혹은 [광어외]

신학(神學)[신학] 혹은 [시낙]

전화(電話)[전화] 혹은 [저나]

실학(實學)[실학] 혹은 [시락]

철학(哲學)[철학] 혹은 [처락]

상학(商學)[상학] 혹은 [상악]

음학(淫虐)[음학] 혹은 [으막]

피곤하다 [피곤하다] 혹은 [피고나다]

실하다 [실하다] 혹은 [시라다]

팔힘 [팔힘] 혹은 [파림]

이 현상은 음운론적인 구에서도 적용될 수 있다.

푸른 하늘[무른 하늘] 혹은 [푸르나늘]

자녀 학대[자녀 학대] 혹은 [자녀악대]

_____

7) 표준발음법에서는 본음대로 발음함을 원칙으로 하고 있다.

구개음화

모음에 의한 자음의 동화 현상이다. 구개성을 가지고 있는 모음 'ㅣ'나 반모음(경과음 혹은 활음) y에 의해 구개성을 가지고 있지 않던 자음들이 구개성을 가지게 되는 동화 현상이다. 한국에서 표준 발음으로는 받침 'ㄷ, ㅌ(ㄸ)'이 조사나 접미사의 모음 'ㅣ'와 만나서 각각 구개음 [ㅈ, ㅊ]으로 바꾸어 발음하는 현상을 말한다. 예컨대 '밭은[바튼], 밭을[바틀], 밭에[바테]'와 같이 모음 앞에서 본음대로 연음시켜 발음하되, 다만 모음 'ㅣ' 앞에서는 '밭이[바치], 밭이다[바치다], 밭입니다[바침니다]'와 같이 받침 'ㅌ'을 구개음 [ㅊ]으로 바꾸어 연음시켜 발음하는 것이다. '해돋이[해도지], 낱낱이[난 나치], 훑이다[훌치다]' 등도 마찬가지다.(한글 맞춤법 제6항 참조.) 이 현상은 '히'가 결합될 때에도 동일한 현상이 발생한다. 받침 'ㄷ'과 합하되 그것을 [ㅊ]으로 구개음화하여 발음한다. 즉 '걷히다[거치다], 받히다[바치다]' 등이 그 예다. 이 현상은 형태소 내부에서나 합성어에서는 'ㄷ, ㅌ' 다음에 '이'가 오더라도 이러한 현상이 발생하지 않는다. 예컨대 형태소 내부인 '디디다, 느티나무, 버티다' 등에서는 이 현상이 발생하지 않고, 복합어인 '밭이랑[반니랑], 홑이불[혼니불]' 등에서도 구개음화 현상이 발생하지 않는다. 복합어에서는 'ㄴ'이 첨가된 후 첨가된 'ㄴ'에 의해 선행하는 ㅌ'이 [ㄴ]으로 발음된다.

설단음 완전 역행 동화

자음과 자음의 연결에서 자음의 조음하는 방식이나 위치가 서로 동화하는 현상이다. 설단음 'ㅅ, ㄷ, ㅈ' 등이 음절말에서 조음되면 'ㄷ'으로 조음되는 것이 일반적이지만, 이들의 뒤에도 설단 자음이 연결

되어 자연스럽게 발음될 경우에는 일반적으로 완전 동화 현상이 발생
한다. 후행하는 음절의 초성이 'ㅅ'일 경우 'ㅅ, ㅈ, ㄷ, ㅊ, ㅌ' 등은 'ㄷ'
으로 실현되기도 하지만, 'ㅅ'으로 실현되기도 하고, 음절말 자음이
완전히 생략되기도 하는 것이다.[8]

　　웃소 → [웃쏘], [우쏘], [운쏘]
　　젖소 → [젓쏘], [저쏘], [전쏘]
　　닫소 → [닷쏘], [다쏘], [단쏘]
　　꽃샘 → [꼿쌤], [꼬쌤], [꼰쌤]
　　밭소쿠리 → [밧쏘쿠리], [바쏘쿠리], [받쏜쿠리]

　후행하는 음절의 초성이 'ㅈ'일 경우에도 동일한 현상이 발생한다.
'ㅅ, ㅈ, ㄷ, ㅊ, ㅌ' 등은 'ㅈ'으로 실행되기도 하고, 생략되기도 하고,
'ㄷ'으로 실현되기도 한다.

　　밧줄 → [밧쭐], [바쭐], [반쭐]
　　젖줄 → [젓쭐], [저쭐], [전쭐]
　　닫지 → [닷찌], [다찌], [단찌]
　　쫓지 → [쫏찌], [쪼찌], [쫀찌]
　　밭지름, → [밧찌름], [바찌름], [반찌름]

　후행하는 음절의 초성이 'ㄷ'일 경우에도 유사한 현상이 발생한다.
'ㅅ, ㅈ, ㄷ, ㅊ, ㅌ' 등은 'ㄷ'으로 실행되기도 하고, 생략되기도 한다.

---

8) 현재의 표준발음법은 'ㄷ'이 실현되는 것으로 기술되고 있다.

옷도→ [옫또], [오또]

젖도→ [잗또], [저또]

닫다 → [닫따], [다따]

꽃도 → [꼳또], [꼬또]

밭도, → [받또], [바또]

중복 자음의 삭제와 추가

설단 자음의 완전 동화에서 보았듯이 음절말에 실현되는 평음은 뒤에 경음이 올 경우에 수의적으로 탈락한다. 이 현상은 좀더 확대될 수 있다. 경음뿐만이 아니라 격음 앞에서도 동일한 현상이 발생하고, 설단음뿐만이 아니고 변자음에서도 발생한다. 'ㅂ'은 'ㅍ, ㅃ' 앞에서, 'ㄱ'은 'ㄲ, ㅋ' 앞에서, 'ㄷ'은 'ㅌ, ㄸ' 앞에서, 'ㅅ'은 'ㅆ' 앞에서, 'ㅈ'은 'ㅉ, ㅊ' 앞에서 탈락하는 현상을 보이는 것이다. 물론 이러한 현상은 수의적인 현상이다.

못처럼 → 몯처럼 → 못처럼 → 모처럼

꽃보다 → 꼳뽀다 → 꼽뽀다 → 꼬뽀다

꽃가지 → 꼳까지 → 꼭까지 → 꼬까지

잎보다 → 입뽀다 → 이뽀다

낯뜨겁다 → 낟뜨겁따 → 나뜨겁따

젖소 → 젇쏘 → 젓쏘 → 저쏘

끝도 → 끋또 → 끄또

그런데 이와 반대되는 현상도 존재한다. 모음과 모음 사이에 된소리나 거센소리가 홀로 있을 경우에는 앞 음절의 말음으로 동일한 조음 위치의 평음이 첨가되는 현상이 발생하는 것이다.

아프다 → [아프다] 혹은 [압프다]

바쁘다 → [바쁘다] 혹은 [밥쁘다]

이크 → [이크] 혹은 [익크]

아끼다 → [아끼다] 혹은 [악끼다]

소처럼 → [소처럼] 혹은 [솓처럼]

소쩍새 → [소쩍새] 혹은 [솓쩍새]

연음 제약과 'ㄴ' 첨가

종성이 있는 형태소와 모음으로 시작되는 형태소가 결합할 경우에는 연음 현상이 발생하는 것이 일반적이다. 즉 모음과 모음(이중모음을 포함) 사이에 자음이 하나 놓일 경우에는 그 자음은 초성의 위치에서 조음되는 것이 일반적이다.

(1) 갚은[가픈]   먹으니[머그니]

(2) 목요일[모교일]   월요일[워료일]

(3) 옷안[오단]   집울타리[지불타리]

위의 (1)은 체언이나 용언에 조사나 어미가 결합한 경우이고, (2)는 복합어의 경우인데 하나는 의존형태소이고 하나는 독립형태소인 경우이다.[9] 그리고 (3) 역시 복합어인데 둘 다 독립형태소인 경우이

---

9) 이 경우 방언에 따라 [몽요일], [월요일]로 실현되는 방언이 있다. 이렇게 발음하는 방언들은 대체로 CGV(C)라는 음절 구조를 허용하지 않는 방언이다. 음절 구조와 연음 현상과 관련된 논의는 앞으로 좀더 심화시킬 필요가 있다.

다. 그런데 위와 비슷한 구조이지만 다른 현상을 보이는 것이 있다.

  (1) 앞일[암닐]   끝일[끈닐]   논임자[논님자]
  (2) 막일[망닐]   맨입[맨닙]   짓이기다[진니기다]
     늦여름[는녀름]
  (3) 흡입양[흐빔냥]   영업용[영엄뇽]   보관용[보관뇽]
  (4) 한 잎사귀[한닙사귀]   옷 입어라[온니버라]
     죽일 이[주길리]

    위의 (1)은 복합어이고, (2)는 접두사가 결합한 파생어이고, (3)은
한자어 접미사가 결합한 파생어이고, (4)는 구가 한 단어처럼 쓰일 때
생기는 현상이다.
    이 현상들의 공통점은 후행하는 형태소의 첫소리가 'ㅣ'나 y라는 점
이다. 이러한 소리가 시작할 경우에는 앞형태소의 말음이 연음되지
않고, 'ㄴ' 첨가 현상이 먼저 발생하여 연음 현상에 제약으로 된다.

비음화
    자음과 자음의 연결에서 비음 아닌 것이 비음으로 변화하는 조음
방식의 동화 현상이다. 동화의 방향으로 볼 때 비음화에는 두 종류가
있다. 역행동화와 순행동화가 그것이다. 비음(ㅁ, ㄴ, ㅇ) 앞에 자음이
올 경우 비음앞에서는 비음만이 조음될 수 있다. 그래서 모든 장애음
은 비음으로 역행동화한다. 'ㄱ, ㅋ, ㄲ' 등은 비음앞에서 'ㅇ'으로 실
현되고, 'ㅂ, ㅍ' 등은 'ㅁ'으로 실현되고, 그 외의 자음 'ㄷ, ㅌ, ㅈ, ㅊ,
ㅅ, ㅆ' 등은 'ㄴ'으로 실현된다.

학문 → [항문]   부엌+만 → [부엉만]

짝눈 → [짱눈]   막+는 → [망는]

잡목 → [잠목]   앞+만 → [암만],

옆눈 → [염눈]   잡+는 → [잠는]

옷매 → [온매]   옷+만 → [온만]

맛나다 → [만나다]   웃+는→ [운는]

젖무덤 → [전무덤]   젖+만 → [전만]

빛내다 → [빈내다]   짖+는 → [진는]

꽃무덤 → [꼰무덤]   꽃+만 → [꼰만]

꽃노을 → [꼰노을]   쫓+는 → [쫀는]

밭농사→ [반농사]   밭+만 → [반만]

돋+는→ [돈는]   있+는 → [인는]

이외에 순행동화하는 비음화가 있다. 이에는 두 종류가 있다. 첫째 'ㄹ'이 비음 뒤에서 순행하여 'ㄴ'으로 되기도 한다.

의견란 → [의견난]   명중률 → [명중뉼]

폐쇄음 등이 'ㄹ'과 이어질 경우에는 폐쇄음이 공명성 동화를 일으켜 동일한 조음 위치의 비음으로 변화하고, 이 비음이 후행하는 'ㄹ'을 비음으로 변화하게 한다

백로 → [뱅노]   목로주점→ [몽노주점]

감로주 → [감노주]   삼라만상 → [삼나만상]

유음화와 유음 탈락

비음과 유음의 연결에서 비음이 유음으로 변화하는 현상을 유음화라 한다.

유음화란 다른 자음이 'ㄹ'로 변화하는 것을 말하는데, 이때의 다른 자음이란 'ㄴ'뿐이다. 'ㄹ'과 'ㄴ'이 연결되는 경우는 '-ㄹㄴ-'의 순서대로 연결되는 경우와 '-ㄴㄹ-'의 순서로 연결되는 두 가지 경우가 있다.

전자의 경우 '달+님', '별+님', '하늘+님', '딸+님' 등과 같은 복합어 구성에서 생기는 현상이 있다. 이 경우 후행하는 'ㄴ'이 'ㄹ'로 순행동화하여 [달림], [별림]이 된다. 그런데 '하늘+님', '딸+님' 등의 복합어에서는 선행하는 'ㄹ'이 탈락하여 [하느님], [따님]이 된다. 용언 어간의 활용에서는 이와 다른 현상이 발생한다. '불+는', '울+는', '불+니?, 알+니?'의 경우에는 항상 선행하는 'ㄹ'이 탈락한다.

후자의 경우 '곤란, 신라' 등에서처럼 선행하는 'ㄴ'이 후행하는 'ㄹ'에 역행동화하는 것이다.[10]

'ㄹ' 탈락하는 현상은 이전의 국어에서는 사뭇 생산적이었다는 것을 다음의 예에서 볼 수 있다.

쌀+전 → 싸전
밀+닫이 → 미닫이   열 + 닫이 → 여닫이
말+소 → 마소

---

10) '의견란, 가십란'처럼 후행하는 'ㄹ'이 'ㄴ'으로 순행동화하는 경우도 있다.

소위 설정성 자음 'ㅅ, ㄷ, ㅈ' 등의 앞에서 'ㄹ'의 탈락현상이 발생하는 것이다.[11] 그런데 현대국어에서는 이러한 현상이 생산적이지 못하다. 모두 이전 체계의 흔적으로 남아 있는 것이다.

경음화

평음이 일정한 환경에서 경음으로 되는 현상을 경음화라고 하는데 현대국어에서 가장 복잡한 현상 중의 하나이다. 간단하게 몇 가지 경우로 나누어 서술한다.

(1) 폐쇄음 'ㄱ, ㄷ, ㅂ' 뒤에 오는 평음은 된소리로 변한다.

국밥[국빱] 역사[역싸] 듣지[듣찌] 밥그릇[밥끄른]

(2) 'ㄹ' 관형형 뒤의 장애음은 된소리로 변한다.

할 바[할빠]   먹을 것[머글껏]

(3) 용언 어간 'ㄴ, ㅁ' 뒤에 오는 장애음으로 변한다.

안 + 고 → [안꼬] 삼 + 고 → [삼꼬]

(4) 한자음에서 앞의 종성이 'ㄹ'일 경우 설정음은 된소리로 변하고, 변자음은 변화하지 않는다.

---

11) 'ㅿ'이 있던 시기에는 'ㅿ'의 앞에서도 'ㄹ'이 탈락하였다.

갈등[갈뜽]　　　　발전[발쩐]

발굴[발굴]　　　　발발[발발]

(5) 특수한 한자어는 된소리로 변화하는 것이 있다.(이런 한자어들은 따로 정리하는 것이 필요하다.)

高價(고가)[고까]　　高架(고가)[고가]

변자음화

자음은 조음 위치에 따라 크게 두 부류로 나누어진다. 조음체에 의해 나누어보면 혀의 앞부분에 의해 조음 위치가 결정되는 'ㄷ, ㅈ' 부류와 그렇지 않은 조음 위치를 가지고 있는 'ㅂ, ㄱ' 부류가 그것이다. 'ㄷ, ㅈ' 부류를 [+coronal]이라 하고 이를 [설정성]으로 번역하한다. 그리고 'ㄱ, ㅂ' 부류를 [+grave] 자음이라 하고 이를 [변자음]이라 부르기도 한다.

한국어에서 설정성 자음은 그 뒤에 변자음이 오게 되면 'ㄷ'으로 조음되거나 아예 조음 위치를 뒤에 오는 자음과 그 위치를 동일하게 변화하여 변자음으로 변화하기도 한다.

돋보기[돋뽀기] 혹은 [돕뽀기]　　옷밥[옫빱] 혹은 [옵빱]

젖병[젇뼝] 혹은 [접뼝]　　　　　꽃바람[꼳빠람] 혹은 [꼽빠람]

돋구다[돋꾸다] 혹은 [독꾸다]　　옷고름[옫꼬름] 혹은 [옥꼬름]

젖가슴[젇까슴] 혹은 [적까슴]　　꽃가지[꼳까지] 혹은 [꼭까지]

모음 '으' 탈락

모음과 모음의 연결에서 모음 하나가 탈락하는 현상이다. 한국어에서 고모음에 해당되는 '_'는 다른 모음과 만나면 탈락하는 일이 자주 발생한다. 형태소 내부에서 탈락하는 현상도 자주 발생하고, 용언 어간을 이루는 어간말 모음 '_'도 모음으로 시작하는 어미와 결합할 경우에는 탈락한다. 어미의 두음 '으'도 모음으로 끝나는 용언 어간과 결합할 경우에는 탈락한다. 특수 조사 '-은/는'의 '으'도 모음으로 끝나는 체언과 결합할 때 탈락하여 체언과 한 음절을 이룬다.

(형태소 내부)　　　　마음[마음] 혹은 [맘], 가을[가을] 혹은 [갈]
(용언 어간말 '으')　　쓰 + 어 → 써,　　고프 + 아 → 고파
(어미 두음 '으')　　　가 + 으니 → 가니, 보 + 으니 → 보니
(조사 '은')　　　　　나 + 은 → 난

그러나 외래어인 체언의 일부를 이루는 '으' 는 탈락하는 일이 없다.

개그 + 는 → 개그는

모음 '이' 탈락

모음과 모음의 연결에서 모음 하나가 탈락하는 현상이다. 한국어에서 고모음에 해당되는 '이'도 자주 탈락하는 일이 발생한다. 이른바 지정사로 불리는 '-이다'의 '이'는 모음으로 끝나는 체언과 결합할 때는 탈락하는 현상이 탈락하지 않는 현상보다 훨씬 일반적이다.

나+ 이다 → [나다]　　　　개 + 이다 → [개다]

박쥐 + 이다 → [박쥐다]　　오소리 + 이다 → [오소리다]

소 + 이다 → [소다]　　　　소주 + 이다 → [소주다]

일상적으로 자주 쓰이는 한자어의 '일' 등의 '이'도 탈락하는 현상이 자주 일어 난다.

내일→ [내일] 혹은 [낼]　　　토요일 → [토요일] 혹은 [토욜]

모음 '–아/어' 탈락

모음과 모음의 연결에서 모음 하나가 탈락하는 현상이다. 어미의 두음 '아/어'는 고모음('ㅣ'와 'ㅡ') 이외의 모음으로 끝난 어간과 결합할 때 탈락하게 된다. 선행하는 어간의 모음이 '아'나 '어'일 때는 필수적으로 탈락하고, '애'나 '에' 등일 때에서는 탈락하기도 하고 실현되기도 한다.

가 + 아서 → [가서]

서 + 어서 → [서서]

개 + 어서 → [개서] 혹은 [개어서]

세 + 어서 → [세어서] 혹은 [세서]

반면에 선행하는 모음이 '오'나 '우' 등일 때에서는 탈락하지 않는다. 선행하는 모음을 활음으로 만들기도 하고, 각자 실현되기도 한다.(활음화 참조)

보 + 아서 → [보아서] 혹은 [봐서]

주 + 어서 → [주어서] 혹은 [줘서]

활음화 혹은 활음 첨가

모음과 모음의 연결에서 선행하는 모음이 활음으로 변화하거나 두 모음 사이에 경과음을 첨가하는 현상이다. 선행하는 용언 어간이 '오' 나 '우' 혹은 '이'로 끝났을 경우 '아/어'로 시작하는 어미와 결합하게 되면 선행 어간의 모음은 활음으로 변화하여 음절 축약이 발생하게 된다. 활음으로 변화하지 않고 독립된 음절로 조음하게 되면 뒷음절 에 활음을 첨가하게 된다. 선행하는 초성 자음이 없는 경우에는 활음 형성만 가능하다.

보 + 아서 → [봐서] 혹은 [보와서]

주 + 어서 → [줘서] 혹은 [주워서]

가꾸 + 어서 → [가꿔서] 혹은 [가꾸워서]

나누 + 어서 → [나눠서] 혹은 [나누워서]

오 + 아서 → [와서]

배우 + 어서 → [배워서]

움라우트

모음에 의해 모음이 변화한 현상이다. 일반적으로 움라우트 현상이 란 전설모음에 의해 비전설모음이 전설모음으로 변화하는 것인데, 한 국어에서의 움라우트 현상이란 'ㅣ'나 'y'에 의한 비전설 모음의 역행 동화 현상이다. '삿기, 아기 어미' 등이 '새끼, 애기, 에미' 등이 된 것은 이 현상에 의한 것이다. 한국어에서 이 현상은 대단히 많은 변수에 의해 차이가 난다. 저모음이 고모음 보다 더 활발하게 작용하고('밥+이'는 [배비]가 잘 되지만 '금+이'는 [기미]가 잘 되지 않는다. 그리고 원순모음보다는 비원순 모음이 잘 일어나고,('벗기다'가 [베끼다]로 되는 현상은 '옮기다'가 [엥기다] 혹은 [욍기다]로 되는 현상이 훨씬 활발하다. 그리고 체언과 용언에 따라 차이가 나고('공+이'가 [굉이]로 될 가능성은 '옮기다'가 [욍기다]로 될 가능성보다 훨씬 낮다.), 방언에 따라 현저한 차이가 나고(남부 방언에서 가장 활발하게 일어난다.), 두 모음 사이에 게재 자음이 있을 경우에만 발생하고 두 모음이 바로 인접했을 경우에는 움라우트가 발생하지 않는다. '아기'는 [애기]가 되지만, '오이, 아이' 등은 [외이], [애이] 등으로 되지 않는다. (이 경우에는 축약 현상이 발생하여 '외, 애' 등으로 변화한다) 소위 말하는 인접 동화는 발생하지 않고 간격 동화만 발생하는 것이다.

전설고모음화

전설 고모음이란 'ㅣ'를 말하는 것인데(전설 고모음에는 'ㅟ'도 있지만 이 현상에서는 'ㅣ'를 보통 지칭한다.), 국어에서 발생했던 전설고모음화 현상에는 기본적으로 세 종류로 나뉜다. 하나는 이중 모음의 단모음화에 의한 것이고, 둘은 자음에 의해 변화하는 것이고, 셋은 모음체계의 변화에 의한 것이다.[12)]

첫째, 이중 모음 '의'는 많은 경우 'ㅣ'로 단모음화한다. '견디다, 디

---

12) 이들은 방언차가 극심하다. 첫째는 한국어 전체와 관련되는 현상이고, 둘째는 주로 남쪽 방언에서 발생한 현상이고, 셋째는 남쪽 방언에서 특히 동남 방언에서 발생한 현상이다.

디다' 등은 '견듸다, 드듸다' 등이 변화한 결과이다.

둘째, 치찰음이나 'ㄹ' 뒤에서 'ㅡ' 모음이 'ㅣ'로 변화한다. '가심, 질기다, 칭게, 씨리다' 등은 'ㅡ' 모음이 치찰음 뒤에서 'ㅣ'로 변화한 결과이다. 이와 유사한 현상이 'ㄹ' 뒤에서도 발행한다. 표면적으로는 'ㅡ, ㅜ'가 'ㅣ'로 변화했기 때문으로 보이면 현상들이다. '가리(←가루), 마리(←마루), 다리다(←다르다). 오리다(←오르다)' 등이 그 예가 된다. 그런데 이들은 제2음절 위치에 'ㆍ'를 가지고 있던 것으로 'ㆍ'가 제2음절 위치에서 'ㅡ'로 변화하고 'ㅡ'가 방언에서 달리 변화한 결과이다.

셋째, 이전 시기에 중모음이었던 'ㅔ'가 고모음 'ㅣ'로 변화하는 현상도 발생하였다. '시다(세다), 비개(베개), 끼(게)' 등이 그 예가 된다. 이 현상은 전설계에 있던 세 개의 모음이 개구도가 줄어들면서 'ㅔ'가 'ㅣ'로 상승한 결과이다.

원순모음화

자음에 의해 모음이 변화한 현상이다. 순음(혹은 양순음) 'ㅁ, ㅂ, ㅍ, ㅃ' 등에 이어지는 'ㅡ' 모음이 원순성의 대립짝인 'ㅜ' 모음으로 변화한 현상이다. 이 현상 이전에 존재했던 '믈, 블, 플, 쁠' 등이 '물, 불, 풀, 뿔' 등으로 변하였다. 용언 어간의 '이쁘다. 기쁘다, 바쁘다, 슬프다' 등의 'ㅡ'도 많은 사람들이 '우'로 발음하고 있지만 표준 발음에서는 인정하지 않는다. 그리고 이 현상은 체언이 곡용할 때 즉 '밥 + 은, 잎 + 은' 등에서는 발생하지 않는 것으로 인식한다. 남부 방언에서는 'ㆍ'가 'ㅗ'로 변화하는 원순모음화 현상까지 발생하였다. '바르다, 팥, 빠르다' 등이 남부 방언에서 '보리다, 폿, 뽀리다' 등이 된 것은 중부 방언에서 '·'가 'ㅏ'로 되고, 남부 방언에서는 '·'가 'ㅗ'로 변했기 때문이다.

　　지금까지 논의한 음운현상을 종합하면 다음과 같다.

변화의 종류	자음의 변화	모음과 경과음의 변화
대체	비음화 유음화 경음화 변자음화 설단자음화 ㄷ 구개음화	움라우트 전설고모음화 원순모음화 w 활음화 y 활음화
탈락	ㅎ 탈락 중복 자음 탈락 ㄹ 탈락 두음법칙	ㅡ 탈락 아/어 탈락 ㅣ 탈락 y 탈락
첨가	중복 자음의 첨가 ㄴ 삽입 사잇소리의 발생	y 첨가
축약	격음화	

4.4. 그외의 변화

　　위에서 설명했던 음운 현상들은 그것이 발생하는 원인이나 환경을 음운론적인 조건으로 설명할 수 있는 것들이다. 그런데 음운 현상 중에는 그 원인이나 환경을 음운론적 조건으로 설명할 수 없는 것들도 있다. 이들 현상을 무조건적인 변화 혹은 자생적인 변화라고 하는데, 한국어의 역사에 중요한 역할을 했던 몇 가지를 제시하고자 한다. 아래에 들고 있는 어두 경음화는 국어의 자음체계의 변화와 관련된 것이고, 둘은 모음체계의 변화와 관련된 것이다. 그리고 하나는 교체 유형의 단일화에 관련된 것이다.

어두 경음화

한국어에는 기원적으로 경음이 존재하지 않았던 것으로 추정된다. 그러던 것이 15세기에 이르러 한국어에 경음이 나타나기 시작한 것으로 추정되는데,[13] 이 경음화 현상은 현대에까지 계속 이어지고 있는 현상이다. 경음화 현상 중 어두에서 발생한 것은 크게 두 부류로 나누어 볼 수 있는데 하나는 중세국어에 존재하던 자음군이 된소리로 변화한 것이고, 다른 하나는 자생적으로 어두에 된소리 현상이 발생한 것이다. 전자는 근대국어에 와서 완성이 되었고, 후자는 중세국어 이후에 발생하여 지금까지 진행되고 있는 현상이다.

(1) 숨→꿈　샬→뺠(→뺠)　다→따다　쁨→뜸
(2) 곳→꽃
(3) 쏘주　깡소주　쪼금

위의 (1)은 15세기에 존재하던 자음군이 후대에 된소리로 변화한

---

13) 한국어에 경음이 기원적으로 존재하지 않았을 것이라는 데에는 다들 동의하고 있는 듯하다. 그런데 그것의 발생 시기에 관해서는 설이 분분하다.

예이고, (2)는 15세기 평음이였던 것이 된소리로 변화하여 지금 표준말이 된 것이고, (3)은 현대국어에서 수의적으로 발생하고 있는 된소리 현상이다.

이중모음의 단모음화

훈민정음을 창제할 당시에는 문자의 모양과 실질적인 음가가 일치하였다. 예를 들어 'ㅏ'와 'ㅣ'를 결합한 'ㅐ'는 그 음가도 [ㅏㅣ] 즉 [ai]였다. '에, 외, 위' 등도 마찬가지 상황이었다. 즉 문자의 모양 그대로 [ㅓㅣ][i], [ㅗㅣ][oi], [ㅜㅣ][ui]였다. 이들이 축약 현상에 의하여 단모음으로 변화하여 국어에 10모음체계가 되는 것이다.

단모음의 이중모음화

현대 한국어의 최대 모음체계는 'ㅣ, ㅔ, ㅐ, ㅟ, ㅚ, ㅡ, ㅓ, ㅏ, ㅜ, ㅗ' 등의 10모음체계이다. 이를 개구도, 혀의 위치, 원순성 등을 고려한 모음체계도로 표시하면 다음과 같다.

ㅣ	ㅟ	ㅡ	ㅜ
ㅔ	ㅚ	ㅓ	ㅗ
ㅐ		ㅏ	

아주 정연한 체계를 가진 듯한 이러한 모음체계는 개구도의 등급과 원순성의 짝에서 불균형을 이루고 있는데, 이 불균형을 해소하기 위해 새로운 변화의 과정을 겪고 있다. 그것은 원순성의 대립관계를 깨뜨리고, 개구의 등급을 줄이는 방향으로 변화하는 것이다. 이중 원순성의 대립관계를 깨뜨리는 방향으로 변화하는 방향이 원순성을 가지

고 있는 전설계의 단모음을 이중모음으로 변화시키는 것이다. 즉 'ㅚ, ㅟ' 등의 음가를 [ ], [ ] 등의 단모음에서 [we], [wi] 등의 이중모음으로 변화시키는 것이다.[14]

설단 자음의 'ㅅ'화

국어사에서 설단 자음은 큰 변화를 겪어 왔는데, 그 변화는 크게 두 부류로 나누어 볼 수 있다. 하나는 근대국어 시기에 발생한 것으로 'ㄷ'이 'ㅅ'이나 'ㅈ'으로 변화한 것이고, 다른 하나는 현대국어에서 변화하고 있는 것으로 'ㅈ, ㅊ' 등이 'ㅅ'으로 변화하고 있는 것이다.

'ㅅ, ㅈ, ㅊ' 등을 종성으로 가지고 있던 체언들은 다음과 같이 곡용하였는데,

옷[온]	옷도[온또]	옷이[오시]	옷을[오슬]
빛 [빋]	빛도[빋또]	빛이[비지]	빛을[비즐]
꽃 [꼳]	꽃도[꼳또]	꽃이[꼬치]	꽃을[꼬츨]

이들은 하나의 유형 즉 'ㅅ'을 말음으로 가진 체언이 곡용하던 유형으로 변화하여 결과적으로 어간말 자음이 'ㅅ'으로 통일되고 있는 것이다.

---

14) 'ㅚ'가 이중모음으로 변화하는 것은 원순성, 중설성, 전설성 등 동시적으로 실현되던 세 자질의 순서를 원순성을 먼저 발음하고, 중설성과 전설성을 뒤에 발음시키는 것이고, 'ㅟ'를 이중모음으로 변화시키는 것은 동시적으로 실현되던 원순성, 고설성, 전설성 중에서 원순성을 먼저 조음시키고 나머지 'ㅣ'를 뒤에 조음하는 것이다.

옷[옫]	옷도[옫또]	옷이[오시]	옷을[오슬]
빛 [빋]	빛도[빋또]	빛이[비시]	빛을[비슬]
꽃 [꼳]	꽃도[꼳또]	꽃이[꼬시]	꽃을[꼬슬]

지금까지 논의한 현상을 다시 정리하면 다음과 같다.

변화의 종류	현상
대체	어두 경음화
분기	단모음의 이중모음화
통합	설단자음의 ㅅ 화
축약	이중모음의 단모음화

표준 발음법의 실제

표준발음법은 한국어의 표준 발음을 규정해 놓은 것이다.

〈체제 및 특징〉

1988년 정부령으로 고시된 현행 "표준어 규정"은 크게 제1부 표준어 사정 원칙과 제2부 표준 발음법의 두 부분으로 구성되어 있는데, 그 특징을 몇 가지 나열하면 다음과 같다.

첫째, 복수 표준어를 상당수 인정하여, 지리적으로 방언의 다양성과 시대적으로 역사적인 변화상을 고루 담을 수 있도록 하였다.

둘째, 표준발음법을 제시하여 우리말이 가지고 있는 교착성과 우리글의 표기법 때문에 생길 수 있는 구어와 문어의 괴리감을 최소화하기 위하여 노력하였다.

셋째, 이러한 과정에는 현실어 및 현실 발음을 존중하되 국어의 전통성과 합리성을 고려하여 상호간에 조화와 균형을 이룰 수 있도록 노력하였다.

〈제정 경위〉

표준어는 국립국어원에서 편찬한 표준국어대사전에 의하면, "한 나라에서 공용어로 쓰는 규범으로서의 언어. 의사소통의 불편을 덜기 위하여 전 국민이 공통적으로 쓸 공용어의 자격을 부여받은 말"로 정의되며, 우리나라의 표준말에 대해서는 "교양 있는 사람들이 두루 쓰는 현대 서울말로 정함을 원칙으로 한다."로 기술되고 있다.[1]

이 말은 공용어, 문화어 등과 내포의 많은 부분을 공유하면서 공유하지 않은 일부분을 가지게 되는데, 정의를 어떻게 내리든, 표준어는 자연 언어를 바탕으로 인위적인 요소가 가미된 한 나라의 대표적이면서 이상적인 언어을 지칭한다고 할 수 있을 것이다. 우리나라에서 사용하고 있는 현행의 표준어 규정은 1988년 1월 19일 문교부 고시 제88-2호로 고시되었고, 1년간의 홍보와 준비 기간을 거쳐 1989년 3월 1일부터 시행되고 있다.

우리나라에서 표준어와 관련된 문제가 대두된 것은, 한글표기법의 문제와 마찬가지로 개화기 이후 신교육제도가 도입되면서 공식적인 교육기관이 설립되고, 여기에서 정식으로 국어교육을 시행하면서부터이다. 개화기에 시작된 국어, 국문에 관한 문제는 제대로 결실을 맺

---

1) 이러한 개념 규정에는 여러 가지 문제점들이 있다. 다수의 공용어가 있을 경우 모든 국민들이 다수의 공용어를 다 알아야 하는 것처럼 오해될 수 있는 정의이기 때문이다.

지 못하고, 일제침탈기로 넘어가게 되는데, 표준어에 관한 최초의 언급 역시 조선총독부에서 1912년 4월 제정, 발표한 '보통학교용 언문철자법'의 서언 셋째 항에서 "경성어를 표준으로 함"이 된다. 이러한 표현은 이후에 발표되는 맞춤법과 관련된 규정에 동일하게 이어진다. 즉 1921년의 '보통학교용 언문철자법대요' 제1항에서 "용어는 현대의 경성어를 표준으로 함"과 같은 기술이나, 1930년 2월 제정, 발표한 '언문철자법' 제2항에서 "용어는 현대 경성어로 표준함"이라는 규정으로 이어지는 것이다.

표준어 사정에 관한 구체적인 원칙이 제대로 정립되는 것은 1933년 10월 29일 제정 공포된 '한글마춤법 통일안'의 '총론'에 규정된 "표준말은 대체로 현대 중류 사회에서 쓰는 서울말로 한다"는 항목이라고 할 수 있을 것이다. 이것은 표준어가 갖추어야 할 시대적인 요건(과거에 존재했다가 사라진 말이 아니라 현재 사용되고 있는 말)과 지리적인 요건(서울에서 사용되고 있는 말) 그리고 사회계층적인 요건(중류 계층의 사람들이 쓰는 말)을 언급한 것으로, 이로써 표준말을 구체적으로 정립할 수 있는 원칙이 수립되었다고 할 수 있는 것이다.

표준어를 사정하여 이를 교육하고 정리하는 것은 언어의 변화속에서도 한 언어의 정체성을 정립하여 유지하기 위해서 필요한 작업인데, 우리나라에서는 한글마춤법 통일안에서 구체적인 원칙이 수립된 후인 1936년 10월에 조선어학회의 이름으로 '사정한 조선어 표준말 모음'이 발간되었다. 당시 우리말을 독립운동의 일환으로 연구하고 보존하기를 원했던 학자들의 모임인 조선어학회에서는 표준말을 정비하기 위해 '조선어표준어사정위원회'를 두고 1935년 1월부터 1936년 10월까지 73명의 사정 위원이, 수 차례의 회의를 거쳐 9,547개 어휘를 사정하게 되는데, 그 결과 표준어 6,231개, 약어 135개, 비표준어 3,082개, 한자어 100개로 구성된 '사정한 조선어 표준말 모음'을 발표하게 되는 것이다.

1936년에 간행된 이 '사정한 조선어 표준말 모음'은, 일반 어휘사전이나 백과사전이 아닌, 우리나라 최초의 '표준어 어휘집'(혹은 자료집)으로, 1988년의 문교부 고시 '표준어 규정'이 나오기까지 50여 년간 우리나라 표준어의 기준이 되었다고 할 수 있다.

그런데, 이 '사정한 조선어 표준말 모음'은 어디까지나 민간기구에서 임의적으로 사정한 것이었기 때문에, 국가 표준어로서의 위신이나 권위에는 문제가 제기될 수 있는 소지를 가지고 있었고, 표준말을 최초 사정한 후 약 반세기가 흘러 표준어를 재사정을 필요성이 대두되었다. 그뿐만 아니라 '사정한 조선어 표준말 모음'에 빠져 있는 부분 예를 들어 구체적으로 표준발음이 어떻게 되느냐 하는 부분을 보완할 필요가 있어 1988년에 "표준어 규정"을 제정하게 된 것이다. 1988년의 "표준어 규정"은 민간 학회가 아니라, 국가기관인 국립국어연구원(현 국립국어원)에서 주관하여 표준말을 심의 제정함으로써, 표준말 정책을 국가적 차원에서 시행하게 되는 것이다.

표준어 규정을 제목만 제시하면 다음과 같다.

제1부 표준어 사정 원칙
    제 1 장 총칙
    제 2 장 발음 변화에 따른 표준어 규정
        제 1 절 자음

제1장 총 칙

제1항 표준 발음법은 표준어의 실제 발음을 따르되, 국
어의 전통성과 합리성을 고려하여 정함을 원칙으로
한다.

---

1. 총칙

총칙의 제1항은 표준 발음법의 기본 원칙을 천명한 것이다. '발음
법'은 '발음의 방식 내지는 방법'의 의미로 이해하면 될 것이다. 그리
고 전통성이란 역사적인 맥락 속에서 과거와 단절이 되지 않게 언어
의 지속성을 유지한다는 개념이고, 합리성이란 언어의 제반 법칙과
제약을 위반하지 않는다는 개념이 될 것이다.

'표준어의 실제 발음에 따라' 표준 발음법을 정한다는 것은 표준어
의 규정과 직접 관련되는 것으로 서로 상관성을 가진다. 즉 표준어 사
정 원칙 제1장 제1항에서 "표준어는 교양 있는 사람들이 두루 쓰는
현대 서울말로 정함을 원칙으로 한다."라고 규정하고 있다. 이에 따르
면 '교양 있는 사람들이 두루 쓰는 현대 서울말의 발음'이 '표준어의
실제 발음'이 되고, 이것이 또한 '표준 발음'이 되는 것이고, '표준발음
법'은 이것의 발음 법칙을 찾아 문자로 기록해 놓은 것이다.

제2장 자음과 모음

제2항 표준어의 자음은 다음 19 개로 한다.

ㄱ ㄲ ㄴ ㄷ ㄸ ㄹ ㅁ

ㅂ ㅃ ㅅ ㅆ ㅇ ㅈ ㅉ

ㅊ ㅋ ㅌ ㅍ ㅎ

2. 자음과 모음

2.1. 자음의 종류와 숫자

제2항은 우리말을 표기하기 위해 현재 우리가 사용하고 있는 문자 즉 한글 자모 중 자음의 종류와 순서를 천명한 것이다. 여기에 나타나는 자음의 종류를 조음하는 위치와 방식에 따라 분류하면 다음과 같다. 현대한국어 자음의 조음위치는 아랫입술과 윗입술, 혀끝과 윗잇몸, 혀의 앞부분과 센입천장, 혀의 뒷부분과 여린입천장 그리고 목청 등 5부분으로 구분된다. 자음의 조음 방식은 성문의 폐쇄 정도에 따라 예사소리, 된소리, 거센소리로 나누어지고, 비강의 폐쇄 여부에 따라 비강음과 구강음으로 나뉜다. 그리고 구강음은 파열음, 마찰음, 파찰음, 유음 등으로 구분된다.

이를 표로 나타내면 다음과 같다.

구분		입술소리	윗잇몸소리	센입천장소리	여린입천장소리	목청소리
예사소리	파열음	ㅂ	ㄷ		ㄱ	ㅎ
	마찰음		ㅅ			
	파찰음			ㅈ		
거센소리	파열음	ㅍ	ㅌ		ㅋ	
	마찰음					
	파찰음			ㅊ		
된소리	파열음	ㅃ	ㄸ		ㄲ	
	마찰음		ㅆ			
	파찰음			ㅉ		
비음		ㅁ	ㄴ		ㅇ	
유음			ㄹ			

제3항 표준어의 모음은 다음 21 개로 한다.

ㅏ　ㅐ　ㅑ　ㅒ　ㅓ　ㅔ　ㅕ

ㅖ　ㅗ　ㅘ　ㅙ　ㅚ　ㅛ　ㅜ

ㅝ　ㅞ　ㅟ　ㅠ　ㅡ　ㅢ　ㅣ

2.2. 모음의 종류와 순서

제3항은 우리말을 표기하기 위해 현재 우리가 사용하고 있는 문자
즉 한글 자모 중 모음의 종류와 순서를 천명한 것이다. 이를 단모음,
이중모음 등으로 구분하면 다음과 같다.

단모음(10개) : ㅏ ㅐ ㅓ ㅔ ㅗ ㅚ ㅜ ㅟ ㅡ ㅣ

y 계 이중모음(6개) : ㅑ ㅒ ㅕ ㅖ ㅛ ㅠ

w 계 이중모음(4개) : ㅘ ㅝ ㅙ ㅞ

기타 이중모음(1개) : ㅢ

제4항 'ㅏ ㅐ ㅓ ㅔ ㅗ ㅚ ㅜ ㅟ ㅡ ㅣ'는 단모음(單母音)으로 발음한다.

[붙임] 'ㅚ, ㅟ'는 이중 모음으로 발음할 수 있다.

2.3. 단모음의 종류

제3항에서 제시된 표준어의 모음들 중에서 단모음의 종류를 제시한 것이다. 현대 한국어의 단모음 체계는 급격하게 변화하는 도중에 있고, 또한 방언과 세대에 따라 단모음의 수가 다르기 때문에, 그 체계에 대하여 여러 주장들이 있어 왔는데 여기서는 모든 것을 포괄하기 위해 최대의 모음체계를 제시한 것이다.

지구상의 모든 언어와 마찬가지로 한국어의 모음도 입술과 혀의 작용으로 만들어지고 구분된다. 입술은 둥근 모양을 하거나 펴진 모양을 하거나 둘 중 하나가 된다. 펴진 모양을 하면서 조음하는 모음을 평순모음이라 하고 둥근 모양을 하면서 조음하는 모음을 원순모음이라 한다. 혀는 입안에서 움직일 때 앞뒤로 움직이거나 위아래로 움직이거나 둘 중 하나가 된다. 위아래로 움직이는 상태에 따라 고모음, 중모음, 저모음으로 구분하고, 앞뒤에 위치에 따라 전설모음과 후설모음으로 구분한다. 이에 따라 한국어의 최대 10모음체계도를 그려 보면 다음과 같이 된다.

	전설모음		후설모음	
	평순	원순	평순	원순
고모음	ㅣ	ㅟ	ㅡ	ㅜ
중모음	ㅔ	ㅚ	ㅓ	ㅗ
저모음	ㅐ		ㅏ	

위에 제시한 모음 체계도는 모음의 조음되는 위치와 방식을 가시적으로 보여주는 것이다. 즉 [ㅏ]는 혀의 위치가 뒤인 후설모음이고, 개구도가 큰 저모음이면서, 동시에 입술이 펴진 평순 모음이라는 것을 보여 주는 것이다. 그리고 같은 평순저모음이면서 전설모음인 'ㅐ'는 혀의 위치, 원순성, 개구도 중 원순성과 개구도는 동일하면서 혀의 위치만 앞쪽인 모음이라는 것을 보여주는 것이다. 'ㅟ'는 입술을 둥글게 하고(원순모음) 입은 조금 벌리고(고모음) 혀의 위치는 앞쪽으로 하여(전설모음) 조음하는데, 발음의 시작에서 끝까지 입술이나 혀를 움직이지 말고 조음하는 모음(단모음)이라는 의미이다.

[붙임]에서 '외, 위'는 기본적으로 단모음이지만 이중모음으로 조음하는 것을 허용하고 있다. 즉 입술을 둥글게 하면서 동시에 혀의 위치를 앞에 두고, 개구도를 중간('ㅔ'의 높이)이나 높은('ㅣ'의 높이)로 조음하여 단모음으로 발음하는 것이 원칙이지만, 현대국어에서 이들을 이중모음으로 조음하는 사람들이 많기 때문에 입술을 둥글게 했다가 'ㅔ, ㅣ'를 내는 이중 모음으로 발음하는([wi], [we]로 발음) 것도 허용하는 규정이다. 그리하여 현대국어의 'ㅚ'는 'ㅞ'와 같은 발음이

되고, 'ㅔ'와 'ㅐ'가 구분이 되지 않는 젊은층의 모음체계에서는 'ㅚ, ㅞ, ㅙ' 등 세 글자의 발음이 동일하게 된다.

제5항 'ㅑ ㅒ ㅕ ㅖ ㅘ ㅙ ㅛ ㅝ ㅞ ㅠ ㅢ'는 이중 모음으로 발음한다.

다만 1. 용언의 활용형에 나타나는 '져, 쪄, 쳐'는 [저, 쩌, 처]로 발음한다.

가지어 → 가져[가저]   찌어 → 쪄[쩌]

다치어 → 다쳐[다처]

다만 2. '예, 례' 이외의 'ㅖ'는 [ㅔ]로도 발음한다.

계집[계 : 집/게 : 집]

계시다[계 : 시다/게 : 시다]

시계[시계/시게] (時計)

연계[연계/연게] (連繫)

몌별[몌별/메별] (袂別)

개폐[개폐/개페] (開閉)

혜택[혜 : 택/헤 : 택] (惠澤)

지혜[지혜/지헤] (智慧)

다만 3. 자음을 첫소리로 가지고 있는 음절의 'ㅢ'는 [ㅣ]로 발음한다.

닐리리   닝큼   무늬   떠어쓰기 씌어

틔어   희어   희떱다   희망   유희

다만 4. 단어의 첫음절 이외의 '의'는 [ㅣ]로, 조사 '의'는
[ㅔ]로 발음함도 허용한다.
주의[주의/주이]   협의[혀븨/혀비]
우리의[우리의/우리에]
강의의[강 : 의의/강 : 이에]

2.4. 이중모음의 종류

현재 사용되고 있는 한국어 이중 모음의 목록을 제시한 것이다. 이
중모음은 활음(혹은 경과음, 반모음)과 단모음이 시간적인 순서를 두
고 조음되는 것인데 음절의 중심을 이루는 핵모음의 앞에 활음이 오는
이중모음을 상향적 이중모음이라 하고, 음절핵의 뒤에 활음이 오면 하
향적 이중모음이라고 한다. 현대한국어에서는 상향성 이중모음만 인
정한다. 그리고 이중모음을 구성하는 활음에는 혀끝을 경구개에 접근
시켜 조음하는 y와 입술을 둥글게 하여 조음하는 w 등 두 가지가 있다.
한국어에서 y계 이중모음은 아래의 표에서 진하게 칠해진 모음들
과 결합하여 6개가 만들어진다.

	전설모음		후설모음	
	평순	원순	평순	원순
고모음	ㅣ	ㅟ	ㅡ	ㅜ
중모음	ㅔ	ㅚ	ㅓ	ㅗ

저모음	ㅐ		ㅏ	

ㅑ = y + ㅏ   ㅒ = y + ㅐ   ㅕ = y + ㅓ

ㅖ = y + ㅔ   ㅛ = y + ㅗ   ㅠ = y + ㅜ

한편 w계 이중모음은 아래의 표에서 진하게 칠해진 모음들과 결합하여 4개가 만들어진다.

	전설모음		후설모음	
	평순	원순	평순	원순
고모음	ㅣ	ㅟ	ㅡ	ㅜ
중모음	ㅔ	ㅚ	ㅓ	ㅗ
저모음	ㅐ		ㅏ	

ㅘ = w + ㅏ   ㅝ = w + ㅓ

ㅙ = w + ㅐ   ㅞ = w + ㅔ

그리고 'ㅡ'는 'ㅣ'를 후행시켜 이중모음을 형성한다.

ㅢ = ㅡ + ㅣ

이들 이중모음은, 단모음과 달리, 자음과 결합하여 발화의 단위인 음절을 구성하는 데 있어서 제약을 많이 가지게 된다. 〈다만〉은 그에 대한 설명들이다.

〈다만1〉은 전설성 활음을 가지고 있는 이중모음이 경구개 자음 'ㅈ, ㅊ, ㅉ'과 결합할 때 가지는 발음 현상이다. 경구개 자음은 전설성 활음과 조음되는 위치가 동일하기 때문에 경과음 y가 인식되지 않는 현상이 발생하게 된다.

지 + 어 → 져[저]   찌 + 어 → 쪄[쩌]

치 + 어 → 쳐[처]   다지+어 → 다져[다저]

살찌+어 → 살쪄[살쩌]   다치+어 → 다쳐[다처]

이러한 현상은 강세접미사 '-치'가 결합한 것이나, 'ㄷ'이나 'ㅌ'으로 끝난 어간에 피사동 접미사 '이, 히'가 결합된 형식에서도 동일하게 발생한다.

받+치+어 → 받쳐[받처]   돋+치+어 → 돋쳐[돋처]

굳+히+어 → 구쳐[구처]   붙+이+어 → 부쳐[부처]

닫+히+어 → 다쳐[다처]   잊+히+어 → 이쳐[이처]

＊이 현상을 외국인에게 교육할 경우에는 조심할 필요가 있다. 이들 소리가 같이 들리는 것은 파찰음에 경구개음 하나밖에 없는 한국어 화자들이다. 파찰음에 치조음만 있는 언어를 사용하는 사람이나 치조음과 경구개음 둘 다 있는 언어를 사용하는 화자들에게 [쳐]와 [처]는 다른 소리로 인식된다.

〈다만2〉는 이중모음 '예'의 발음을 다룬 것이다. '예'와 '례'의 경우에는 이중모음으로 조음하고, 다른 자음이 초성의 위치에 있을 경우에는 경과음 y를 탈락시킨 'ㅔ'로 조음하고 있기 때문에 이를 발음법에 반영한 것이다.(한글 맞춤법 제8항 참조.)

계산[계산],[게산]	통계[통계],[통게]	계절[계절],[게절]
사계[사계],[사게]	폐단[폐단],[페단]	폐병[폐병],[페병]
폐지[폐지],[페지]	존폐[존폐],[존페]	혜안[혜안],[헤안]
지혜[지혜],[지헤]	혜택[혜택],[헤택]	은혜[은혜],[은헤]

〈다만3〉은 이중모음 '의'의 발음을 규정한 것이다. 이중모음 '의'는 초성에 자음이 있거나 제1음절 위치가 아닐 경우에는 제 음가대로 조음되지 못하기 때문에 현실 발음을 존중하여 발음법을 정한 것이다. 'ㅢ'는 어두의 위치에서만 제 음가대로 조음되고 초성이 있을 경우에는 'ㅣ'로 발음된다.

의사[의사]	의논[의논]		
희망[히망]	회회낙락[히히낙낙]	유희[유히]	강희[강히]

〈다만4〉 앞에 나온 〈다만3〉의 보충 규정으로 그 내용이 '허용한다'로 되어 있다. 그래서 '의'가 있는 음절의 발음은 다음과 같이 된다.
'주의'의 발음은 [주의]로 하는 것이 원칙이되 [주이]도 허용된다. '우리의'의 발음은 [우리의]가 원칙이되 [우리에]가 허용된다. 그러면 '협의'의 발음은 어떻게 될 것인가? 이 조항에 의하면 [혀븨]가 원칙이되 [혀비]가 될 것이다. 그러나 앞의 〈다만3〉에 의하면 [혀븨]는 허용되지 않는 것이다. * 조항 사이의 충돌이 있는 것이다. 이 조항에서 제시하고 있는 '강의의'의 발음도 심각해진다. '강의'의 발음이 [강의]와 [강이]의 발음이 가능하고 조사 '의'의 발음은 [의]와 [에]가 가능하므로 이들을 조합하면 [강의의], [강의에], [강이의], [강이에] 등 4

가지의 발음이 가능한 것이다.

제3장 음의 길이

제6항 모음의 장단을 구별하여 발음하되, 단어의 첫음절
에서만 긴소리가 나타나는 것을 원칙으로 한다.

(1) 눈보라[눈 : 보라]　　말씨[말 : 씨]

　　밤나무[밤 : 나무]　　많다[만 : 타]

　　멀리[멀 : 리]　　　　벌리다[벌 : 리다]

(2) 첫눈[천눈]　　　　　참말[참말]

　　쌍동밤[쌍동밤]　　　수많이[수 : 마니]

　　눈멀다[눈멀다]　　　떠벌리다[떠벌리다]

다만, 합성어의 경우에는 둘째 음절 이하에서도 분명한
긴소리를 인정한다.

　　반신반의[반 : 신 바 : 늬/반 : 신 바 : 니]

　　재삼재사[재 : 삼 재 : 사]

[붙임] 용언의 단음절 어간에 어미 '- 아/- 어'가 결합되
어 한 음절로 축약되는 경우에도 긴소리로 발음한다.

　　보아 → 봐[봐 :]　　기어 → 겨[겨 :]

　　되어 → 돼[돼 :]　　두어 → 둬[둬 :]

　　하여 → 해[해 :]

다만, '오아 → 와, 지어 → 져, 찌어 → 쪄, 치어 → 쳐' 등은 긴소리로 발음하지 않는다.

제7항 긴소리를 가진 음절이라도, 다음과 같은 경우에는 짧게 발음한다.

1. 단음절인 용언 어간에 모음으로 시작된 어미가 결합되는 경우

감다[감 : 따] − 감으니[가므니]

밟다[밥 : 따] − 밟으면[발브면]

신다[신 : 따] − 신어[시너]

알다[알 : 다] − 알아[아라]

다만, 다음과 같은 경우에는 예외적이다.

끌다[끌 : 다] − 끌어[끄 : 러]

떫다[떨 : 따] − 떫은[떨 : 븐]

벌다[벌 : 다] − 벌어[버 : 러]

썰다[썰 : 다] − 썰어[써 : 러]

없다[업 : 따] − 없으니[업 : 쓰니]

2. 용언 어간에 피동, 사동의 접미사가 결합되는 경우

감다[감 : 따] − 감기다[감기다]

꼬다[꼬 : 다] − 꼬이다[꼬이다]

밟다[밥 : 따] – 밟히다[발피다]

다만, 다음과 같은 경우에는 예외적이다.
　끌리다[끌 : 리다]　벌리다[벌 : 리다]
　없애다[업 : 쌔다]

[붙임] 다음과 같은 복합어[2]에서는 본디의 길이에 관계
없이 짧게 발음한다.
　밀 – 물　썰 – 물　쏜 – 살 – 같이[3]　작은 – 아버지

3. 음의 길이

* 표준어의 음장과 동남방언의 성조 등은 현대국어에서 심하게 동
요하고 있다. 이의 변별력은 조만간 상실할 것으로 판단되어 설명을
생략한다.

제4장 반침의 발음

제8항　반침소리로는 'ㄱ, ㄴ, ㄷ, ㄹ, ㅁ, ㅂ, ㅇ'의 7개
　　　 자음만 발음한다.

---

2) 학교 문법 용어에 따른다면 이 '복합어'는 '합성어'가 된다.
3) 이를 '쏜살같 – 이'로 분석한다고 생각할 수 있으나, 고시본대로 둔다.

4. 받침의 발음

한국어는 음절말의 위치에 자음이 올 경우 불파음으로 발음한다. 그래서 음절말 위치에는 하나의 자음 그것도 평음만이 조음될 수 있다. 된소리, 거센소리, 마찰음 등은 음절말 위치에서 조음될 수 없고, 겹자음이 올 경우 자음군간소화 현상이 생기기도 한다.

4.1. 받침소리의 종류

실질적으로 말하는 단위인 음절의 종성 위치에서 발화되는 받침의 종류를 제시한 것이다. 실질적으로 종성 'ㄷ'으로 조음되는 경우 'ㅅ'으로 표기를 많이 하고 있지만, 발음 위주로 그 목록을 제시한 것이다. 또한 'ㅅ, ㅈ' 등이 '웃소, 젖소'에서는 종성의 'ㅅ'이 조음될 수 있고, '옷자락, 젖줄' 등에서는 'ㅈ'소리가 종성으로 조음될 수도 있지만 의미 변별적인 기능을 가지는 것이 아니기 때문에 예시하지 않았다.

제9항 받침 'ㄲ, ㅋ', 'ㅅ, ㅆ, ㅈ, ㅊ, ㅌ', 'ㅍ'은 어말 또는 자음 앞에서 각각 대표음 [ㄱ, ㄷ, ㅂ]으로 발음한다.

닭다[닥따]　키읔[키윽]　키읔과[키윽꽈]
옷[옫]　웃다[욷ː따]　있다[읻따]
젖[젇]　빚다[빋따]　꽃[꼳]
쫓다[쫃따]　솥[솓]　뱉다[밷ː따])
앞[압]　덮다[덥따]

4.2. 받침에서의 평음화

이 조항의 '어말 또는 자음 앞'이란 음절말의 위치를 말하는 것이다. 음절말에서 'ㄲ, ㅋ'은 [ㄱ]으로, 'ㅅ, ㅆ, ㅉ, ㅊ, ㅌ'은 [ㄷ]으로, 'ㅍ'은 [ㅂ]으로 조음된다는 것을 밝힌 것이다. 즉 마찰음, 파찰음, 거센소리, 된소리 등은 국어의 종성위치에서 조음되지 못하는 것을 제시한 것이다.

박[박]	밖[박]	부엌[부억]	꺾다[꺽따]
듣+고[듣꼬]	밭[받]	맡+다[맏따]	
낫[낟]	낫+도[낟또]	있+었+다[이썯따]	
낮[낟]	낮+도[낟또]	낯[낟]	낮다[낟따]
짚[집]	짚[집]	짚다[집따]	

제10항 겹받침 'ㄳ', 'ㄵ', 'ㄼ, ㄽ, ㄾ', 'ㅄ'은 어말 또는 자음 앞에서 각각 [ㄱ, ㄴ, ㄹ, ㅂ]으로 발음한다.

넋[넉]　　　넋과[넉꽈]　　앉다[안따]

여덟[여덜]　　넓다[널따]　　외곬[외골]

핥다[할따]　　값[갑]　　　　없다[업 : 따]

다만, '밟 -'은 자음 앞에서 [밥]으로 발음하고, '넓 -'은 다음과 같은 경우에 [넙]으로 발음한다.

(1) 밟다[밥 : 따]　　밟소[밥 : 쏘]

　　밟지[밥 : 찌]　　밟는[밥 : 는 → 밤 : 는]

　　밟게[밥 : 께]　　밟고[밥 : 꼬]

(2) 넓 – 죽하다[넙쭈카다]

　넓 – 둥글다[넙뚱글다]

4.3. 받침에서의 자음군 간소화(1)

국어 음절의 초성 위치에는 하나의 자음만 올 수 있고, 음절의 종성 위치에도 하나의 자음만 올 수 있다. 그래서 선행하는 모음과 후행하는 모음의 사이에는 두 개의 자음만이 올 수 있다.

국어에는 종성에 겹자음을 가지고 있는 체언과 용언이 있다. 이들이 자음으로 시작하는 어미나 조사와 결합할 경우에는 모음과 모음 사이에 세 개의 자음이 오는 모양이 형성된다. 이 경우 어간말의 두 자음 중 하나가 탈락하게 되는데 그 때의 발음 현상을 설명한 것이다.

현대국어의 어간말 겹자음에는 ① 'ㄱ'이 선행하는 'ㄳ' ② 'ㄴ'이 선행하는 'ㄵ, ㄶ' ③ 'ㄹ'이 선행하는 'ㄺ, ㄻ, ㄼ, ㄽ, ㄾ, ㅀ' ④ 'ㅂ'이 선행하는 'ㅄ' 등이 있다. 이러한 겹자음으로 끝나는 어간과 자음으로 시작하는 어미나 조사가 만나면 선행하는 어간의 겹자음 중 앞의 것의 탈락하는 경우도 있고 뒤의 것이 탈락하는 경우도 있는데 본 항은 앞의 것이 발음되는 경우들이다.

① 'ㄳ'이 'ㄱ'이 되는 예

　몫[목]　　　　몫도[목또]　　　몫까지[목까지]

② 'ㄵ'이 'ㄴ'이 되는 예

　앉다[언따]　　　앉지[언찌]　　　앉고[언꼬]

　앉다[안따]　　　안지[안찌]　　　앉고[안꼬]

③ 'ㄼ, ㄽ, ㄾ'이 'ㄹ'이 되는 예

얇다[얄따]	얇지[얄찌]	얇고[얄꼬]
곬[골]	곬만[골만]	
훑다[훌따]	훑지[훌찌]	훑고[훌꼬]
핥다[할따]	핥지[할찌]	핥고[할꼬]

④ 'ㅄ'이 'ㅂ'이 되는 예

값[갑]	값만[감만]	값도[갑또]
없다[업따]	없는[엄는]	없고[업꼬]

〈다만〉은 'ㄼ' 중 'ㄹ'로 조음되지 않고 'ㅂ'으로 조음되는 예외적인 것을 다룬 것이다. '밟다'와 '넓다'가 그 예들인데 이들이 예외적으로 'ㅂ'으로 실현되는 이유는 역사적인 것에서 그 원인을 찾을 수 있다. 즉 '밟다'가 '밥다'로 실현되는 것은 '발다'와의 의미 구분을 위해서이고, '넓죽하다'가 [넙쭈카다]로 실현되는 것은 '넓다'의 옛말 '넙다'와 복합어를 구성했기 때문인 것으로 이해할 수 있다. 둘다 현행의 표기에 의한 자음군 간소화 현상에는 예외적인 것이다.

⑤ 'ㄼ'이 'ㅂ'으로 실현되는 예

밟다[밥따]	밟지[밥찌]	밟게[밥께]	밟는[밤는]
넓둥글다[넙뚱글다]		넓적하다[넙쩌카다]	
넓죽하다[넙쭈카다]			

제11항 겹받침 'ㄺ, ㄻ, ㄿ'은 어말 또는 자음 앞에서 각각 [ㄱ, ㅁ, ㅂ]으로 발음한다.

닭[닥]	흙과[흑꽈]	맑다[막따]
늙지[늑찌]	삶[삼 :]	젊다[점 :따]
읊고[읍꼬]	읊다[읍따]	

다만, 용언의 어간 말음 'ㄹㄱ'은 'ㄱ' 앞에서 [ㄹ]로 발음한다.

맑게[말께]	묽고[물꼬]	얽거나[얼꺼나]

4.4. 받침에서의 자음군 간소화(2)

앞의 10항과 달리 국어의 어간말 겹자음 중 뒷자음이 조음되는 경우이다. 여기에는 세 개의 겹자음 즉 'ㄹㄱ, ㄹㅁ, ㄹㅍ' 등이 해당되는데, 이들은 앞의 'ㄹ'이 탈락하고 뒤의 자음이 남아 각각 [ㄱ, ㅁ, ㅂ]으로 발음되는 것이다.

⑥ 'ㄹㄱ'이 'ㄱ'이 되는 예

칡[칙]	칡도[칙또]	칡까지[칙까지]
읽지[익찌]	읽다[익따]	읽습니다[익씀니다]

⑦ 'ㄹㅁ'이 'ㅁ'이 되는 예

삶[삼]	삶도[삼 도]	삶과[삼 꽈]
닮지[담 찌]	닮다[담 따]	닮고[담 꼬]

⑧ 'ㄹㅍ'이 'ㅂ'이 되는 예

읊다[읍따]	읊지[읍찌]	읊고[읍꼬]

여기서 주의할 것은 'ㄺ'의 발음이다. 위의 예(칡[칙], 칡도[칙또], 칡까지[칙까지])에서 보듯 체언이 곡용할 경우에는 어말 혹은 자음 앞에서 항상 'ㄱ'으로 조음하지만, 용언의 활용일 경우 'ㄱ'으로 시작하는 어미 앞에서 'ㄹ'로 조음하는 것이다. 이러한 예에는 명사형을 만들어주는 '-기'나 '개' 앞에서도 동일한다.

⑨ 'ㄺ'이 'ㄹ'로 조음되는 예

읽고[일꼬]	읽게[일께]	읽거나[일꺼나]	읽기[일끼]
늙게[늘께]	늙고[늘꼬]	늙거나[늘꺼나]	늙기[늘끼]
굵게[굴께]	굵고[굴꼬]	굵거나[굴꺼나]	굵기[굴끼]
긁게[글께]	긁고[글꼬]	긁거나[글꺼나]	긁기[글끼]

요컨대 'ㄺ'의 발음은 기본적으로 'ㄱ'이 되고, 용언 활용시에만 예외적인 현상이 생기는 것인데, 'ㄺ' 말음을 가진 복합어의 발음에서 'ㄱ'으로 간소화하는 이 원칙이 지켜지면 'ㄺ'을 표기해 주고, 'ㄹ'로 발음되는 경우에는 아예 'ㄹ'로 표기한다.

① 'ㄱ'으로 발음하고, 어원대로 'ㄺ' 표기하는 예

(갉다)	갉작갉작하다[각짝각짜카다]	갉작거리다	갉작대다
(굵다)	굵다랗다[국다라타]	굵직하다	굵직굵직
(긁다)	긁적거리다[극쩍거리다]	긁적대다	긁죽거리다
(늙다)	늙수그레하다[늑쑤그레하다]	늙정이 늙다리	늙직하다
(얽다)	얽둑얽둑[억뚜걱뚝]	얽죽얽죽[억쭈걱쭉]	
	얽섞이다[억써끼다]		

② 'ㄹ'로 발음하고 'ㄹ'로 표기하는 예

{맑다} 말갛다 말끔하다 말똥하다

말쑥하다 말짱하다

제12항 받침 'ㅎ'의 발음은 다음과 같다.

1. 'ㅎ(ㄶ, ㅀ)' 뒤에 'ㄱ, ㄷ, ㅈ'이 결합되는 경우에는, 뒤 음절 첫소리와 합쳐서 [ㅋ, ㅌ, ㅊ]으로 발음한다.

놓고[노코] 좋던[조 : 턴] 쌓지[싸치]

많고[만 : 코] 않던[안턴] 닳지[달치]

[붙임 1] 받침 'ㄱ(ㄺ), ㄷ, ㅂ(ㄼ), ㅈ(ㄵ)'이 뒤 음절 첫소리 'ㅎ'과 결합되는 경우에도, 역시 두 음을 합쳐서 [ㅋ, ㅌ, ㅍ, ㅊ]으로 발음한다.

각하[가카] 먹히다[머키다] 밝히다[발키다]

맏형[마텽] 좁히다[조피다] 넓히다[널피다]

꽂히다[꼬치다] 앉히다[안치다]

[붙임 2] 규정에 따라 'ㄷ'으로 발음되는 'ㅅ, ㅈ, ㅊ, ㅌ'의 경우에도 이에 준한다.

옷 한 벌[오탄벌] 낮 한때[나탄때]

꽃 한 송이[꼬탄송이] 숱하다[수타다]

2. 'ㅎ(ㄶ, ㅀ)' 뒤에 'ㅅ'이 결합되는 경우에는, 'ㅅ'을 [ㅆ]으로 발음한다.

   닿소[다쏘]   많소[만 쏘]   싫소[실쏘]

3. 'ㅎ' 뒤에 'ㄴ'이 결합되는 경우에는, [ㄴ]으로 발음한다.

   놓는[논는]   쌓네[싼네]

[붙임] 'ㄶ, ㅀ' 뒤에 'ㄴ'이 결합되는 경우에는, 'ㅎ'을 발음하지 않는다.

   않네[안네] 않는[안는]   뚫네[뚤네 → 뚤레]
   뚫는[뚤는 → 뚤른]

* '뚫네[뚤네 → 뚤레], 뚫는[뚤는 → 뚤른]'에 대해서는 제20항 참조.

4. 'ㅎ(ㄶ, ㅀ)' 뒤에 모음으로 시작된 어미나 접미사가 결합되는 경우에는, 'ㅎ'을 발음하지 않는다.

   낳은[나은]   놓아[노아]   쌓이다[싸이다]
   많아[마 나]   않은[아는]   닳아[다라]
   싫어도[시러도]

4.5. 받침 'ㅎ'의 발음

'ㅎ'은 상황에 따라 아주 다양하게 발음된다. 국어에서 'ㅎ'이 제 음 가대로 조음되는 것은 '하얗다, 홍길동'처럼 어두의 위치에 올 때이 다. 이외의 위치에서는 축약 현상을 일으키거나 동화 현상을 일으키 거나 탈락 현상을 일으킨다. (1)과 (2)는 축약 현상을, (3)은 동화 현 상을, (4)는 탈락 현상을 설명한 것이다.

〈1〉은 축약 현상을 다룬 것인데, 받침 'ㅎ'(단독 받침 'ㅎ'과 겹받침 'ㄶ, ㅀ' 포함)이 폐쇄음이나 파찰음의 평음(ㄱ, ㄷ, ㅂ, ㅈ 등)과 만나 면, 둘이 축약하여 거센소리가 되는 현상에 대한 설명이다.

① 'ㅎ+ㄱ→ㅋ'이 되는 예

놓고[노코]   많고[만코]   앓고[알코]

② 'ㅎ+ㄷ→ㅌ'이 되는 예

놓던[노턴]   많던[만턴]   앓던[알턴]

③ 'ㅎ+ㅈ→ㅊ'이 되는 예

놓지[노치]   많지[만치]   앓지[알치]

'ㅎ'이 선행하여 거센소리가 되는 이러한 현상은 현대국어에서 용 언의 활용에만 해당된다. 받침 'ㅎ'은 현대어에서 용언 어간에만 쓰이 기 때문이다. 이전의 한국어에는 종성에 'ㅎ'이 체언이 있었던데 이 흔적은 합성어 등에 흔적으로 남아 있다.(예 : 살코기, 암캐, 수캐 등)

〈붙임 1〉은 'ㅎ'의 축약 현상 중 평음이 선행하고 'ㅎ'이 후행하는 경우를 제시한 것이다. 이러한 예에는 한자어나 합성어 또는 파생어 형성 등의 경우에 적용된다.

① 'ㄱ+ㅎ'이 'ㅋ'이 되는 예

국화[구콰]　　　　　　　족하다[조카다]

막히다[마키다]　　　　　　읽히다[일키다]

② 'ㄷ+ㅎ'이 'ㅌ'이 되는 예

맏형[마텽]　　　　　　　　숱하다[수타다]

굿하다[구타다]

③ 'ㅈ+ㅎ'이 'ㅊ'이 되는 예

꽂히다[꼬치다]　　　　　　잊히다[이치다]

앉히다[안치다]　　　　　　얹히다[언치다]

④ 'ㅂ+ㅎ'이 'ㅍ'이 되는 예

잡화상[자퐈상]　　　　　　밥하다[바파다]

좁히다[조피다]　　　　　　밟히다[발피다]

〈해설〉 받침법칙이 선행하고, 'ㅎ' 축약현상이 후행하는 경우를 나열한 것이다.

〈붙임 2〉는 둘 이상의 단어이지만 실질적인 발화에서 한 단위가 되는 것들('음운론적인 단어'라고도 함)에서 'ㅎ' 축약 현상이 나는 것을 제시한 것이다.

체언 어간이 'ㅅ, ㅈ, ㅊ' 등으로 끝나면 이들은 독립적으로 쓰일 경우 'ㄷ'으로 발음하게 된다. 제시된 '옷, 낯, 꽃' 등은 [옫], [낟], [꼳] 등으로 발음하게 되는 것이다. 그런데 이들이 구를 이룰 경우 독립적으로 발음할 수도 있지만, 하나의 구를 하나의 단어처럼 연이어서 발음할 수도 있는 것이다. 이럴 경우 받침의 대표소리가 연음되어 거센소리가 된다. 즉 둘 또는 그 이상의 단어를 각각 발음할 수도 있지만, 하나의 단어인 것처럼 발음할 수도 있는 것이다. 예시된 '옷 한 벌'은 [옫 한 벌]로 발음할 수도 있고 [오탄벌]로 발음할 수도 있다. '꽃 한 송이'의 경우 [꼳 한 송이]로 발음할 수도 있고 [꼬탄송이]로 발음할 수도 있다. 이와 유사한 예를 덧보태면 다음과 같다.

나쁜 짓 한 놈[나쁜지탄놈]	뭇 형벌[무텽벌]
덧홈대[더톰대]	옷함[오탐]
온갖 힘[온가팀]	온갖 흙[온가틍]
몇 할[며탈]	꽃 향기[꼬턍기]

이 항에서는 'ㅅ, ㅈ, ㅊ' 등이 변화한 'ㄷ'에 대해서만 언급했지만, 'ㄱ'이나 'ㅂ'도 동일한 현상을 보인다.

밥 한 사발[바판사발]	국 한 대접[구칸대접]
잎 하나[이파나]	동녘 호수[동녀코수]

〈2〉는 축약 현상의 하나로 'ㅎ'이 마찰음 'ㅅ'과 결합할 경우에는

'ㅆ'이 되는 경우를 제시한 것이다. 이것은 마찰음이 가진 특이한 조음 방식 때문에 발생하는 것인데 'ㅎ'이 선행하고 'ㅅ'이 후행할 때 발생한다.

좋소[조쏘~졷쏘~좃쏘]   좋습니다[조씀니다~졷씀니다~좃씀니다]
넣소[너쏘~넏쏘~넛쏘]   넣습니다[너씀니다~넏씀니다~넛씀니다]
끊소[끈쏘]   끊습니다[끈씀니다]   끊사오니[끈싸오니]
앓소[알쏘]   앓습니다[알씀니다]   앓사오니[알싸오니]

〈3〉은 'ㅎ'이 비음으로 동화하는 현상을 설명한 것이다. 'ㅎ' 역시 'ㄹ'을 제외한 다른 자음과 마찬가지로 'ㄴ'으로 시작된 어미 '-는(다), -네, -나' 등의 앞에서 [ㄴ]으로 동화한다. 이 현상은 동사 어간이 단자음 'ㅎ'을 가지고 있을 경우이다.

놓네[논네]   놓나[논나]   놓는[논는]
넣네[넌네]   넣나[넌나]   넣는[넌는]
좋네[존네]   좋나[존나]
그렇네[그런네]   그렇나[그런나]

규정의 〈붙임〉은 'ㅎ'의 탈락 현상 중 자음군 간소화 현상에 의해 'ㅎ'이 탈락하는 경우를 제시한 것이다. 'ㄶ, ㅀ' 뒤에 'ㄴ'으로 시작된 어미가 결합되는 경우에는 앞 음절의 모음과 뒷음절의 모음 사이에 세 개의 자음 'ㄴㅎㄴ'이 놓이게 되므로 이 중 'ㅎ'을 발음하지 않고 'ㄴㄴ'으로 발음한다. 다만 'ㅀ' 뒤에서는 'ㄴ'이 [ㄹ]로 동화하여 [ㄹ

ㄹ]로 발음된다.(표준 발음법 제20항 참조.)

끊네[끈네]	끊나[끈나]	끊는[끈는]
않네[안네]	않나[안나]	않는[안는]
끓네[끌레]	끓나[끌라]	끓는[끌른]
싫네[실레]	싫나[실라]	

〈4〉는 'ㅎ'의 탈락 현상 중 유성음과 유성음 사이에서 'ㅎ'이 탈락하는 현상에 대한 기술이다. 모음과 모음 사이, 비음과 모음 사이 그리고 유음과 모음 사이에서 'ㅎ'은 조음되지 못하고 탈락한다. 즉 받침 'ㅎ, ㄶ, ㅀ'의 'ㅎ'이 모음으로 시작된 어미나 접미사와 결합될 때에는 그 'ㅎ'은 발음하지 않는다는 규정이다.

① 모음과 모음 사이에서 탈락하는 'ㅎ'
좋아[조아]	쌓아[싸아]
넣은[너은]	찧으니까[찌으니까]
쌓이다[싸이다]	놓이다[노이다]

② 'ㄴ'과 모음 사이에서 탈락하는 'ㅎ'
끊어[끄너]	많아[마나]	많은[마는]
않으니까[아느니까]	끊이다[끄니다]	

③ 'ㄹ'과 모음 사이에서 탈락하는 'ㅎ'
옳아[오라]	싫어[시러]	끓으니까[끄르니까]
곯으니까[고르니까]	끓이니까[끄리니까]	

4.6. 연음 현상

모음과 모음 사이에 자음이 하나 있을 경우 그 자음은 뒷음절의 초성으로 조음되는 것이 일반적이다. 표준발음법 제13항에서 16항까지는 이 현상을 다루고 있다.

제13항 홑받침이나 쌍받침이 모음으로 시작된 조사나 어미, 접미사와 결합되는 경우에는, 제 음가대로 뒤 음절 첫소리로 옮겨 발음한다.

깎아[까까]   옷이[오시]   있어[이써]

낮이[나지]   꽂아[꼬자]   꽃을[꼬츨]

쫓아[쪼차]   밭에[바테]   앞으로[아프로]

덮이다[더피다]

가. 연음현상 일반

제13항은 한국어의 대표적인 연음 현상을 제시한 것이다. 모음과 모음 사이에 자음이 하나 있을 경우에 그 자음은 초성의 위치를 선호하기 때문에, 형태소 구조에서 종성에 있던 자음은 실제 음절 단위의 발음에서는 초성으로 조음될 수밖에 없는 것이다.

제14항 겹받침이 모음으로 시작된 조사나 어미, 접미사와 결합되는 경우에는, 뒤엣것만을 뒤 음절 첫소리로

옮겨 발음한다.(이 경우, 'ㅅ'은 된소리로 발음함.)

넋이[넉씨]　　앉아[안자]　　닭을[달글]

젊어[절머]　　곬이[골씨]　　핥아[할타]

읊어[을퍼]　　값을[갑쓸]　　없어[업 써]

나. 겹받침의 연음

모음과 모음 사이에 두 개의 자음이 놓일 경우 선행하는 자음은 앞 음절의 종성의 위치에서, 후행하는 자음은 뒤음절의 초성에서 조음되는 것을 기술한 것이다.

제15항 받침 뒤에 모음 'ㅏ, ㅓ, ㅗ, ㅜ, ㅟ'들로 시작되는 실질 형태소가 연결되는 경우에는, 대표음으로 바꾸어서 뒤 음절 첫소리로 옮겨 발음한다.

밭 아래[바다래]　　늪 앞[느밥]　　젖어미[저더미]

맛없다[마덥따]　　겉옷[거돋]　　헛웃음[허두슴]

꽃 위[꼬뒤]

다만, '맛있다, 멋있다'는 [마싣따], [머싣따]로도 발음할 수 있다.

[붙임] 겹받침의 경우에는, 그 중 하나만을 옮겨 발음한다.

넋없다[너겁따]　닭 앞에[다가페]

값어치[가버치]　값있는[가빈는]

다. 받침법칙에 이어지는 연음 현상

국어의 복합어나 한 단어처럼 발음되는 구에서, 연음 법칙은 받침 법칙이 적용된 뒤에 적용된다는 것을 보여 주는 것이다. 그래서 받침 'ㅌ'은 'ㄷ'이 연음되고, 'ㅍ'은 'ㅂ'으로 연음되고, 'ㅋ'은 'ㄱ'으로 연음 된다.

이 현상에서 특이한 것은 '맛있다, 멋있다'가 다른 현상과 같다면 [만닏따~마딛따], [먼닏따~머딛다]로 될 것인데 예외적으로 [마신 따], [머신따]로 흔히 발음하고 있기 때문에 이를 허용한 것이다. 받 침법칙과 관계없이 연음법칙을 적용하는 것이 되는데, 이러한 발음을 허용하는 것은 실제로 그렇게 발음하는 언중이 많기 때문이다. 이러 한 현상은 '멋이 있다, 맛이 있다'의 구가 하나의 음운론적 단위가 되 면서 그 발음이 [머신따], [마신따]로 되고, 이 발음이 복합어인 '맛있 다, 멋있다'에 확대된 것으로 추정된다.

제16항　한글 자모의 이름은 그 받침소리를 연음하되, 'ㄷ, ㅈ, ㅊ, ㅋ, ㅌ, ㅍ, ㅎ'의 경우에는 특별히 다음과 같이 발음한다.

디귿이[디그시]　디귿을[디그슬]　디귿에[디그세]

지읒이[지으시]　지읒을[지으슬]　지읒에[지으세]

치읓이[치으시]　치읓을[치으슬]　치읓에[치으세]

키읔이[키으기]　키읔을[키으글]　키읔에[키으게]

티읕이[티으시]　티읕을[티으슬]　티읕에[티으세]

피읖이[피으비]　피읖을[피으블]　피읖에[피으베]

히읗이[히으시]　히읗을[히으슬]　히읗에[히으세]

라. 자모 이름의 연음 현상

한글 자모의 이름과 그것에 대한 발음 규정이다. 한글 자모 중 자음의 이름은, 두 음절로 이루어지고, 첫음절의 첫소리와 둘째 음절의 끝소리는 그 자모의 음가를 나타내기 위한 방식으로 명명되었다. 그러므로 이것의 발음 역시 피읖이[피으피], 피읖에[피으페]' 등과 같이 발음하는 것이 정상이다. 그러나 실제적인 발음에서는 [피으비], [피으베] 등과 발음하고 있기 때문에 그것을 규정에 반영한 것이다.

그런데, 'ㅈ, ㅊ, ㅌ' 등이 마찰음으로 조음되거나('꽃이[꼬시], 빛이[비시], 밭은[바슨] 등), 거센소리가 평음으로 조음되는(무릎을[무르블], 부엌에[부어게]' 등) 현상을 표준 발음으로 인정하지 않은 점에서 보면 이 규정은 예외적인 것이 된다.

따라서 한글 자모의 이름에 대한 발음은 다른 어휘의 발음과 다른 규칙을 가지게 된다. 이러한 현실과 한글맞춤법 정신을 어떻게 조화롭게 할 것인가 하는 문제는 숙제로 남는다.

제5장 음의 동화

제17항 받침 'ㄷ, ㅌ(ㄾ)'이 조사나 접미사의 모음 'ㅣ'와
결합되는 경우에는, [ㅈ, ㅊ]으로 바꾸어서 뒤 음절 첫
소리로 옮겨 발음한다.

곧이듣다[고지듣따]   굳이[구지]

미닫이[미다지]   땀받이[땀바지]

밭이[바치]   벼훑이[벼훌치]

[붙임] 'ㄷ' 뒤에 접미사 '히'가 결합되어 '티'를 이루는
것은 [치]로 발음한다.

굳히다[구치다]   닫히다[다치다]

묻히다[무치다]

5. 음의 동화

5.1. 구개음화

구개음화란 구개음이 아닌 것이 특정한 환경에서 구개음으로 바뀌
는 것을 말한다. 구개음화 현상은 지구상의 여러 언어에서 볼 수 있는
현상인데 그 종류는 언어에 따라 다르다. 예를 들어 영어나 중국어에
서는 'ㄱ'이 'ㅈ'으로 바뀌는 'ㄱ' 구개음화 현상이 발달되어 있다. 언
어에 따라서는 'ㅎ' 구개음화, 'ㄹ' 구개음화 현상 등이 발견된다. 한국

어에서는 'ㄱ' 구개음화, 'ㅎ' 구개음화, 'ㄷ' 구개음화 등이 발생했지
만 표준어에서는 'ㄷ' 구개음화만 인정하고 있다.

한국어에서 발생하는 'ㄷ' 구개음화는 "받침 'ㄷ, ㅌ(ㄸ)'이 조사나 접
미사의 모음 'ㅣ'와 결합하는 경우"와 "'ㄷ' 뒤에 접미사 'ㅎ'가 결합하여
'ㅌ'를 이루는" 두 가지 경우에 구개음으로 변화하는 것을 인정한 것이
다. 이 조항에서의 조사란 주격조사 'ㅣ'와 공동격 조사 '이랑'을 지칭하
는 것이고, 'ㅣ'로 시작하는 접미사는 명사화접미사, 부사화접미사, 피
사동접미사 등으로 나누어 볼 수 있다. 각각의 예는 다음과 같다.

① 격조사와 결합한 경우

밭+이[바치]   밭+이랑[바치랑]

② 계사 혹은 존재사 '-이다'와 결합하는 경우

밭+이다[바치다]   밭+입니다[바치니다]

③ 명사 파생접미사 'ㅣ'와 결합한 경우

미닫+이[미다지]   여닫+이[여다지] 벼훑+이[벼훌치]

④ 부사 파생접미사 'ㅣ'와 결합한 경우

굳+이[구지]   같+이[가치]

⑤ 피사동접미사 '히'와 결합한 경우

굳+히+다[구치다]   갇+히=다[가치다]   돋+히+다[도치다]

한편 이와 같은 환경이 아닌 다음의 경우에는 구개음화가 발생하지
않는다.

⑥ 형태소 내부인 경우에는 구개음화 안됨

디디다[디디다] 견디다[견디다] 느티나무[느티나무]

불티[불티]

⑦ 합성어를 형성하는 경우에는 구개음화 안됨

밭+이랑[반니랑] 홑+이불[혼니불] 끝+일[끈닐]

낮+일[난닐] 꽃+잎[꼰닙]

제18항 받침 'ㄱ(ㄲ, ㅋ, ㄳ, ㄺ), ㄷ(ㅅ, ㅆ, ㅈ, ㅊ, ㅌ, ㅎ), ㅂ(ㅍ, ㄼ, ㄿ, ㅄ)'은 'ㄴ, ㅁ' 앞에서 [ㅇ, ㄴ, ㅁ] 으로 발음한다.

먹는[멍는] 국물[궁물] 깎는[깡는]

키읔만[키응만] 몫몫이[몽목씨] 긁는[긍는]

흙만[흥만] 닫는[단는] 짓는[진 : 는]

옷맵시[온맵씨] 있는[인는] 맞는[만는]

젖멍울[전멍울] 쫓는[쫀는] 꽃망울[꼰망울]

붙는[분는] 놓는[논는] 잡는[잠는]

밥물[밤물] 앞마당[암마당] 밟는[밤 : 는]

읊는[음는] 없는[엄 : 는] 값매다[감매다]

[붙임] 두 단어를 이어서 한 마디로 발음하는 경우에도 이와 같다.

책 넣는다[챙넌는다] 흙 말리다[흥말리다]

옷 맞추다[온마추다] 밥 먹는다[밤멍는다]

값 매기다[감매기다]

5.2. 비음동화

비음동화 현상을 설명한 것이다. 비음 앞에 오는 모든 자음(유음 제외)은 비음으로 변화하게 되는데, 이 현상을 설명한 것이다. 즉 'ㄱ'은 'ㅁ, ㄴ' 앞에서 'ㅇ'으로 변화하고, 'ㅂ'은 'ㅁ'으로, 'ㄷ'은 'ㄴ'으로 변화하는 현상이다. 이때의 'ㄱ'은 'ㄱ, ㅋ, ㄲ, ㄳ, ㄺ' 등이 변화한 'ㄱ'이고, 'ㅂ'은 'ㅂ, ㅍ, ㅄ, ㄼ' 등이 변화한 'ㅂ'이고, 'ㄷ'은 'ㄷ, ㅌ, ㅅ, ㅆ, ㅈ, ㅊ, ㅎ' 등이 변화한 'ㄷ'이다.

이러한 현상은 구가 복합어처럼 하나의 단위로 조음될 때에도 발생하게 된다. 이러한 현상이 발생하는 구에서 선행하는 것은 명사이고 체언어간말 자음은 용언어간말 자음보다 다양하지 못하므로 위와 같이 다양하게 발생하지는 않는다. 이때의 'ㄱ'은 'ㄱ, ㅋ, ㄳ, ㄺ' 등이 변화한 'ㄱ'이고, 'ㅂ'은 'ㅂ, ㅍ, ㅄ' 등이 변화한 'ㅂ'이고, 'ㄷ'은 'ㅌ, ㅅ, ㅈ, ㅊ' 등이 변화한 'ㄷ'이다.

(ㄱ) 목 마르다[몽마르다]　　부엌 만들다[부엉만들다]

　　　몫 나누다[몽나누다]　　흙 나르다[흥나르다]

(ㅂ) 입 놀리다[임놀리다]　　단풍잎 노래[단풍님노래]

　　　값 내리다[감내리다]

(ㄷ) 밭 내놓다[반내노타]　　옷 말리다[온말리다]

　　　젖 마르다[전마르다]　　종이꽃 만들기[종이꼰만들기]

제19항 받침 'ㅁ, ㅇ' 뒤에 연결되는 'ㄹ'은 [ㄴ]으로 발음한다.

담력[담 : 녁]　　침략[침냑]　　강릉[강능]

항로[항 : 노]　　대통령[대 : 통녕]

[붙임] 받침 'ㄱ, ㅂ' 뒤에 연결되는 'ㄹ'도 [ㄴ]으로 발음
한다.[4)]

막론[막논→망논]　백리[백니→뱅니]

협력[협녁→혐녁]　십리[십니→심니]

5.3. 'ㄹ' 비음화

국어의 'ㄹ'이 발음되는 특이한 현상 중 하나를 설명한 것이다. 국
어의 'ㄹ'은 다른 자음의 뒤에서는 조음되지 못하는 성질을 가지고 있
다. 그래서 앞에 자음이 올 경우에는 비슷한 조음 위치의 비음 'ㄴ'으
로 바뀌게 된다. 앞에 'ㄹ'이 올 경우에만 'ㄹ'은 조음될 수 있다.

제20항 'ㄴ'은 'ㄹ'의 앞이나 뒤에서 [ㄹ]로 발음한다.

(1) 난로[날 : 로]　　신라[실라]　　천리[철리]

광한루[광 : 할루]　대관령[대 : 괄령]

(2) 칼날[칼랄]　　　물난리[물랄리]

줄넘기[줄럼끼]　　할는지[할른지]

[붙임] 첫소리 'ㄴ'이 'ㅀ', 'ㄾ' 뒤에 연결되는 경우에도 이

---

4) 예시어 중 '백리', '십리'를 '백 리', '십 리'처럼 띄어 쓸 수 있겠으나, 현용 사전에서
이들을 하나의 단어로 처리한 것도 있으므로, 고시본대로 두기로 한다.

에 준한다.

닳는[달른]   뚫는[뚤른]   핥네[할레]

다만, 다음과 같은 단어들은 'ㄹ'을 [ㄴ]으로 발음한다.

의견란[의 : 견난]	임진란[임 : 진난]
생산량[생산냥]	결단력[결딴녁]
공권력[공꿘녁]	동원령[동 : 원녕]
상견례[상견녜]	횡단로[횡단노]
이원론[이 : 원논]	입원료[이붠뇨]
구근류[구근뉴]	

5.4. 'ㄴ'의 유음화 및 예외

국어의 'ㄴ'과 'ㄹ'이 가지고 있는 특이한 연결관계 중 'ㄴㄹ'이 'ㄹㄹ'로 변화하는 것을 제시한 것이다. 여기에 반대되는 현상은 다음의 〈다만〉에서 제시된다.

이 현상을 자음의 연결 종류에 따라 다시 설명하면 다음과 같다. 'ㄴ'과 'ㄹ'의 연결에서 ① 'ㄹㄹ'로 조음되거나 ② 'ㄴㄴ'으로 조음된다. 'ㄹ'과 'ㄴ'의 연결에서는 ③ 'ㄹㄹ'로 조음되거나 ④ 'ㄹ'이 탈락하고 'ㄴ'으로 조음된다. 각각의 예를 위에서 옮기면 다음과 같다.

① 'ㄴㄹ'이 'ㄹㄹ'로 되는 예

난로[날 로]	신라[실라]	천리[철리]
광한루[광 할루]	대관령[대 괄령]	

② 'ㄴㄹ'이 'ㄴㄴ'으로 되는 예

의견란[의 견난]　　임진란[임 진난]　　생산량[생산냥]

결단력[결딴녁]　　공권력[공꿘녁]　　동원령[동 원녕]

②의 단어들과 ①의 단어들을 비교해 보면 ①의 단어들은 모두 의존형태소들이고 ②의 단어들은 자립형에 의존형태소가 결합한 것이다. 자립형태소는 그 형태(혹은 발음)를 접사와 결합하더라도 고정적으로 유지하고 후행하는 'ㄹ'을 변화시킨 것이다.

③ 'ㄹㄴ'의 연결이 'ㄹㄹ'로 되는 예

칼날[칼랄] 물난리[물랄리] 줄넘기[줄럼끼] 할는지[할른지]

[붙임]에 의하면 'ㄹㅎㄴ'의 연결에서 'ㅎ'이 탈락한 후 만나는 'ㄹㄴ'도 'ㄹㄹ'이 된다.

닳는[달른]　　뚫는[뚤른]　　핥네[할레]

이러한 현상은 구가 하나의 단어처럼 조음되는 경우('ㄹ' 말음 단어와 'ㄴ'으로 시작되는 단어가 결합할 경우)에도 적용된다.

죽일 놈 살릴 놈[주길롬살릴롬]　　밤을 낮같이[바블라까치]

잊을 날[이즐랄]　　　　　　　　길을 내고[기를래고]

④ 'ㄹㄴ'의 연결이 'ㄴ'으로 된 예(이들은 역사적으로 굳어져 있는 것들이다.)

소나무(솔+나무)   따님(딸+님)

하느님(하늘+님)   부나비(불+나비)

④의 예와 같은 현상은 현대국어의 용언 활용에서 찾아 볼 수 있다. 이른바 'ㄹ' 불규칙 활용어간들이 'ㄴ'으로 시작하는 어미 앞에서 'ㄹ' 이 탈락하는 현상이다.

아는(알+는)   아나(알+나)   아네(알+네)

본 항의 동화현상과 관련하여 주의할 사항은 '권력'과 '공권력'의 발음과 관련된 현상이다. '권력'은 의존형태소끼리 결합한 ①과 같은 현상이므로 [궐력]이 된다. 반면 '공권력'은 직접성분 분석은 자립형 '공권'에 접사 '력'이 결합한 ②의 구조이므로 [공꿘녁]이 되는 것이다.

제21항 위에서 지적한 이외의 자음 동화는 인정하지 않는다.

감기[감ː기](×[강ː기])   옷감[옫깜]([옥깜])

있고[읻꼬](×[익꼬])   꽃길[꼳낄](×[꼭낄])

젖먹이[전머기](×[점머기])   문법[문뻡](×[뭄뻡])

꽃밭[꼳빧](×[꼽빧])

5.5. 표준발음이 아닌 조음위치 동화

현대국어의 동화 현상은 두 가지 종류로 크게 나눌 수 있다. 조음 방식의 동화와 조음 위치의 동화가 그것이다. 지금까지 앞의 항에서 설명해 온 것은 조음 방식의 동화에 관한 것이다. 이러한 동화 외에 자음의 조음하는 위치의 동화가 현대국어에서 발생하고 있는데 표준 발음에서는 제외하고 있는 것이다. 인정하지 않는 이유는 그 현상이 필수적으로 발생하지 않고 사람이나 지역에 따라 수의적으로 발생하기 때문이다. 표준발음으로 인정되지는 않지만 현대한국어에서 광범위하게 발생하는 현상이므로 알아 두기로 한다.

현대국어 자음의 조음 위치는 크게 네 가지로 볼 수 있다. 'ㄱ' 계열의 자음이 조음되는 위치, 'ㅈ' 계열의 자음이 조음되는 위치, 'ㄷ' 계열의 자음이 조음되는 위치, 'ㅂ' 계열의 자음이 조음되는 위치 등이 그것이다. 'ㄱ'의 앞에서는 모든 자음이 'ㄱ'의 위치로 동화하기도 하고, 'ㅂ'의 앞에서는 'ㄷ, ㅈ' 계열의 자음이 'ㅂ'으로 동화하기도 한다. 그리고 'ㄷ, ㅈ' 등은 서로 후행하는 자음의 위치로 동화하기도 한다. 각각의 예를 들면 다음과 같다.

① 'ㅂ,ㄷ,ㅈ'계열이 'ㄱ'계열로 동화하는 예
밥그릇[박끄른~바끄른~밥끄른]
옷걸이[옥꺼리~오꺼리~온꺼리]
젖가슴[적까슴~저까슴~전까슴]
맏골[막꼴~마꼴~맏꼴]
전기[전기~정기]
함께[항께~함께]

② 'ㄷ, ㅈ'계열이 'ㅂ'계열로 동화하는 예

돋보기[돕뽀기~돈뽀기~도뽀기]　　　꽃밭[꼽빧~꼳빧~꼬빧]

옷바늘[옵빠늘~온빠늘~오빠늘]　　　신문[심문~신문]

신발[심발~신발]　　　　　　　　　꽃망울[꼼망울~꼰망울]

젖무덤[점무덤~전무덤]

③ 'ㄷ, ㅈ'등이 동화하는 예

웃도[욷또~우또]　　　　　　젖도[젇또~저또]

듣도[듣또~드또]　　　　　　웃소[욷쏘~우쏘~운쏘]

젖소[젇쏘~저쏘~전쏘]　　　듣소[듣쏘~드쏘~든쏘]

웃지[욷찌~우찌~운찌]　　　젖지[젇찌~저찌~전찌]

듣지[듣찌~드찌~든찌]

제22항 다음과 같은 용언의 어미는 [어]로 발음함을 원
칙으로 하되, [여]로 발음함도 허용한다.

되어[되어/되여]　　피어[피어/피여]

[붙임] '이오, 아니오'도 이에 준하여 [이요, 아니요]로
발음함을 허용한다.

5.6. 활음의 첨가

모음과 모음이 결합하는 경우 즉 모음으로 끝난 용언 어간에 모음
으로 시작된 어미가 결합될 때에는 그 사이에 활음(반모음)이 삽입될

수 있다는 규정이다. '되 + 어→되어'는 [되어]로 발음함이 원칙이지만, 모음이 연이어 조음되는 것을 피하기 위하여 활음(반모음)을 첨가하여 [되여]로 발음하는 것이 일반적인데, 표준 발음에서는 이를 현실적으로 허용한다는 규정이다.

제6장 경음화

제23항 받침 'ㄱ(ㄲ, ㅋ, ㄳ, ㄺ), ㄷ(ㅅ, ㅆ, ㅈ, ㅊ, ㅌ), ㅂ (ㅍ, ㄼ, ㄿ, ㅄ)' 뒤에 연결되는 'ㄱ, ㄷ, ㅂ, ㅅ, ㅈ'은 된소리로 발음한다.

국밥[국빱]	깎다[깍따]
넋받이[넉빠지]	샀돈[삭똔]
닭장[닥짱]	칡범[칙뻠]
뻗대다[뻗때다]	옷고름[옫꼬름]
있던[읻떤]	꽂고[꼳꼬]
꽃다발[꼳따발]	낯설다[낟썰다]
밭갈이[받까리]	솥전[솓쩐]
곱돌[곱똘]	덮개[덥깨]
옆집[엽찝]	넓죽하다[넙쭈카다]
읊조리다[읍쪼리다]	값지다[갑찌다]

6. 경음화

6.1. 폐쇄음 뒤의 경음화

현대국어에서는 폐쇄음 뒤에 오는 평음은 무조건 된소리로 조음되는데, 이 발음 현상을 설명한 것이다. 즉 [ㄱ, ㄷ, ㅂ]으로 발음되는 받침 'ㄲ, ㅋ, ㄳ, ㄺ, ㅅ, ㅆ, ㅈ, ㅊ, ㅌ, ㅍ, ㄼ, ㄿ, ㅄ' 뒤에서 평음 'ㄱ, ㄷ, ㅂ, ㅅ, ㅈ'은 된소리인 [ㄲ, ㄸ, ㅃ, ㅆ, ㅉ]으로 각각 발음되는 된소리되기를 규정한 것이다.

제24항 어간 받침 'ㄴ(ㄵ), ㅁ(ㄻ)' 뒤에 결합되는 어미의 첫소리 'ㄱ, ㄷ, ㅅ, ㅈ'은 된소리로 발음한다.

신고[신 : 꼬]　　껴안다[껴안따]　　앉고[안꼬]
얹다[언따]　　삼고[삼 : 꼬]　　더듬지[더듬찌]
닮고[담 : 꼬]　　젊지[점 : 찌]

다만, 피동, 사동의 접미사 '- 기 -'는 된소리로 발음하지 않는다.

안기다　　감기다　　굶기다　　옮기다

6.2. 'ㄴㅈ, ㄹㅁ' 뒤의 경음화

현대 국어의 용언 어간이 활용할 때 생기는 특이한 현상을 기술한 것이다. 즉 비음으로 끝난 용언 어간일 경우 후행하는 평음을 된소리로

조음하게 하되(신고[신 : 꼬]삼고[삼 : 꼬] 등), 파생접미사의 초성은
된소리로 조음하지 않는 경우(안기다, 감기다 등)를 설명한 것이다.

**제25항 어간 받침 'ㄼ, ㄿ' 뒤에 결합되는 어미의 첫소리
'ㄱ, ㄷ, ㅅ, ㅈ'은 된소리로 발음한다.**

넓게[널께]　　　핥다[할따]　　　훑소[훌쏘]
떫지[떨 : 찌]

6.3. 'ㄹㅂ, ㄹㅌ' 뒤의 경음화

[ㄹ]로 발음되지만, 본래 겹받침 'ㄼ, ㄿ'이었던 'ㄹ'의 뒤에 오는 자
음도 된소리로 발음한다는 설명이다. 이러한 현상 역시 용언에만 한
정되는 것이다. 예를 들어, 체언의 경우에는 '여덟도[여덜도], 여덟보
다[여덜보다]'처럼 된소리로 발음하지 않는다.

**제26항 한자어에서, 'ㄹ' 받침 뒤에 연결되는 'ㄷ, ㅅ, ㅈ'
은 된소리로 발음한다.**

갈등[갈뜽]　　　발동[발똥]　　　절도[절또]
말살[말쌀]　　　불소[불쏘](弗素)　　일시[일씨]
갈증[갈쯩]　　　물질[물찔]　　　발전[발쩐]
몰상식[몰쌍식]　불세출[불쎄출]

다만, 같은 한자가 겹쳐진 단어의 경우에는 된소리로 발음하지 않는다.

허허실실[허허실실](虛虛實實)

절절 – 하다[절절하다](切切 –)

6.4. 종성 'ㄹ' 뒤의 경음화

자음과 자음이 연결되어 어떤 현상이 발생하는가 하는 문제는 한자어와 고유어가 대동소이하다. 그런데 선행하는 받침이 'ㄹ'일 경우 한자어와 고유어가 전혀 다른 양상을 보인다. 이 항의 예처럼 'ㄷ, ㅅ, ㅈ' 등일 경우 한자어에서는 된소리로 조음되고, 'ㄱ, ㅂ' 등일 경우에는 된소리로 조음되지 않는다.(예 : 결국, 돌발 등)

제27항 관형사형 '-(으)ㄹ' 뒤에 연결되는 'ㄱ, ㄷ, ㅂ, ㅅ, ㅈ'은 된소리로 발음한다.

할 것을[할꺼슬]　　　갈 데가[갈떼가]

할 바를[할빠를]　　　할 수는[할쑤는]

할 적에[할쩌게]　　　갈 곳[갈꼳]

할 도리[할또리]　　　만날 사람[만날싸람]

다만, 끊어서 말할 적에는 예사소리로 발음한다.

[붙임] '- (으)ㄹ'로 시작되는 어미의 경우에도 이에 준한다.

할걸[할껄]   할밖에[할빠께]

할세라[할쎄라]   할수록[할쑤록]

할지라도[할찌라도]   할지언정[할찌언정]

할진대[할찐대]

6.5. 관형형 'ㄹ' 뒤의 경음화

관형형 어미는 본래 '여린 히읗'을 가지고 있는 'ㄹㆆ'이었다. 그래서 이 뒤에 오는 평음은 관형형과 연이어 조음될 경우 된소리로 조음되었다. 이 현상은 15세기에서부터 현재까지 변함없이 지속되고 있는 것이다. 이러한 현상을 반영하여 '-(으)ㄹ까, -(으)ㄹ꼬, -(으)ㄹ쏘냐' 등은 아예 된소리로 표기하고 있다.

제28항 표기상으로는 사이시옷이 없더라도, 관형격 기능을 지니는 사이시옷이 있어야 할(휴지가 성립되는) 합성어의 경우에는, 뒤 단어의 첫소리 'ㄱ, ㄷ, ㅂ, ㅅ, ㅈ'을 된소리로 발음한다.

문 - 고리[문꼬리]   눈 - 동자[눈똥자]

신 - 바람[신빠람]   산 - 새[산쌔]

손 - 재주[손째주]   길 - 가[길까]

물 - 동이[물똥이]   발 - 바닥[발빠닥]

굴 - 속[굴 쏙]   술 - 잔[술짠]

바람 - 결[바람껼]   그믐 - 달[그믐딸]

아침 – 밥[아침빱]　　잠 – 자리[잠짜리]

강 – 가[강까]　　　　초승 – 달[초승딸]

등 – 불[등뿔]　　　　창 – 살[창쌀]

강 – 줄기[강쭐기]

6.6. 합성어 내부의 경음화

사잇소리의 표기와 사잇소리의 존재에 대한 이해가 필요한 부분이다. 사잇소리가 존재할 경우 항상 표기하는 것이 아니기 때문에 사잇소리의 표기가 없더라도 사잇소리의 존재에 대해서는 주의해야 한다는 것을 예시한 것이다. 예를 들어 '길가'의 경우 사잇소리의 표기는 하지 않지만 사잇소리가 발생하는 것이다.

제7장 음의 첨가

제29항 합성어 및 파생어에서, 앞 단어나 접두사의 끝이 자음이고 뒤 단어나 접미사의 첫음절이 '이, 야, 여, 요, 유'인 경우에는, 'ㄴ' 음을 첨가하여 [니, 냐, 녀, 뇨, 뉴]로 발음한다.

솜 – 이불[솜　니불]　　홑 – 이불[혼니불]

막 – 일[망닐]　　　　　삯 – 일[상닐]

맨 – 입[맨닙]　　　　　꽃 – 잎[꼰닙]

내복 – 약[내 : 봉냐]   한 – 여름[한녀름]

남존 – 여비[남존녀비]   신 – 여성[신녀성]

색 – 연필[생년필]   직행 – 열차[지캥녈차]

늑막 – 염[능망념]   콩 – 엿 [콩 년]

담 – 요[담 : 뇨]   눈 – 요기[눈뇨기]

영업 – 용[영엄뇽]   식용 – 유[시굥뉴]

국민 – 윤리[궁민뉼리]   밤 – 윷[밤 : 뉻]

다만, 다음과 같은 말들은 'ㄴ' 음을 첨가하여 발음하되,
표기대로 발음할 수 있다.

이죽 – 이죽[이중니죽/이주기죽]

야금 – 야금[야금냐금/야그먀금]

검열[검 : 녈/거 : 멸]

욜랑 – 욜랑[욜랑뇰랑/욜랑욜랑]

금융[금늉/그뮹]

[붙임 1] 'ㄹ' 받침 뒤에 첨가되는 'ㄴ' 음은 [ㄹ]로 발음
한다.

들 – 일[들 : 릴]   솔 – 잎[솔립]

설 – 익다[설릭따]   물 – 약[물략]

불 – 여우[불려우]   서울 – 역[서울력]

물 – 엿[물렫]   휘발 – 유[휘발류]

유들 – 유들[유들류들]

[붙임 2] 두 단어를 이어서 한 마디로 발음하는 경우에
도 이에 준한다.[5]

한 일[한닐]	옷 입다[온닙따]
서른여섯[서른녀섣]	3 연대[삼년대]
먹은 엿[머근녇]	할 일[할릴]
잘 입다[잘립따]	스물여섯[스물려섣]
1 연대[일련대]	먹을 엿[머글렫]

다만, 다음과 같은 단어에서는 'ㄴ(ㄹ)' 음을 첨가하여
발음하지 않는다.

6 · 25[유기오]	3 · 1절[사밀쩔]
송별 – 연[송 벼련]	등 – 용문[등용문][6]

7. 음의 첨가

7.1. 'ㄴ'의 첨가

복합어 등에서는 'ㄴ' 첨가 현상이 발생한다. 이 현상은 뒤에 오는
어휘가 'ㅣ'나 활음 j로 시작하는 이중모음(야, 여, 요, 유 등)인 경우에
한한다. 아래 예의 ①에서 보듯 뒷단어가 'ㅣ'로 시작할 경우에는 'ㄴ'

---

5) 예시어 중 '서른여섯[서른녀섣]', '스물여섯[스물려섣]'을 한 단어로 보느냐 두 단
어로 보느냐에 대하여 논란의 여지가 있으나, 여기에서는 고시본에서 제시한 대로
두기로 한다.
6) 고시본에서 '등용 – 문[등용문]'으로 보인 것을 위와 같이 바로잡았다.

첨가 현상이 발생하지만, ②에서 보듯 다른 모음으로 시작할 경우에는 'ㄴ' 첨가 현상이 발생하지 않는다.

① 솜 - 이불[솜ː니불] 홑 - 이불[혼니불] 막 - 일[망닐]
② 솜-옷[소ː몯]   홑-옷[호돋]   막-옷[마곧]

〈다만〉에 나오는 것은 단어의 구성이 특이하여 'ㄴ' 첨가 현상이 발생할 수도 있고, 발생하지 않을 수도 있다는 것을 보여 주고 있다.

〈붙임1〉은 'ㄴ'이 첨가됨으로써 'ㄹㄴ'의 연결이 생기고 이것이 'ㄹㄹ'로 변화하는 것에 대한 설명이다.

〈붙임2〉는 구를 한 단어처럼 발음할 때 'ㄴ' 첨가 현상이 발생할 수 있다는 것을 보여 주고, 이어지는 〈다만〉에서는 'ㄴ' 첨가 현상이 발생하지 않는 예외를 보여주는 것이다.

제30항 사이시옷이 붙은 단어는 다음과 같이 발음한다.

1. 'ㄱ, ㄷ, ㅂ, ㅅ, ㅈ'으로 시작하는 단어 앞에 사이시옷이 올 때는 이들 자음만을 된소리로 발음하는 것을 원칙으로 하되, 사이시옷을 [ㄷ]으로 발음하는 것도 허용한다.
   냇가[내ː까/낻ː까]
   길[새ː낄/샏ː낄]

빨랫돌[빨래똘/빨랟똘]

콧등[코뜽/콛뜽]

깃발[기빨/긷빨]

대팻밥[대 : 패빱/대 : 팯빱]

햇살[해쌀/핻쌀]

뱃속[배쏙/밷쏙]

뱃전[배쩐/밷쩐]

고갯짓[고개찓/고갣찓]

2. 사이시옷 뒤에 'ㄴ, ㅁ'이 결합되는 경우에는 [ㄴ]으
로 발음한다.

콧날[콛날 → 콘날]

아랫니[아랟니 → 아랜니]

툇마루[퇻 마루 → 퇸 마루]

뱃머리[밷머리 → 밴머리]

3. 사이시옷 뒤에 '이' 음이 결합되는 경우에는 [ㄴㄴ]으
로 발음한다.

베갯잇[베갣닏 → 베갠닏]

깻잎[깯닙 → 깬닙]

나뭇잎[나묻닙 → 나문닙]

도리깻열[도리깯녈 → 도리깬녈]

뒷윷[뒫 뉻 → 뒨 뉻]

7.2. 사이시옷의 발음

사이시옷이 표기된 경우의 발음에 대한 설명이다. 사이시옷이라고 해서 특별히 발음되는 것이 아니고, 일반적인 자음 'ㅅ'과 같이 발음되는 것이므로 특별히 문제될 것은 없다.

사이시옷은 사잇소리의 표기이기 때문에 앞으로 이 규정은 사잇소리의 발생과 발음에 대한 것으로 보완되어야 할 것이다.

어문 규범 속의 '소리'와 '발음'
- 한글맞춤법을 중심으로 -

　어문 규범의 두 축인 한글맞춤법과 표준어규정에는 '소리'와 '발음' 이라는 표현이 자주 나온다. 한글맞춤법 총칙 제1항의 '소리대로'라 는 표현에서 시작하여 이 규정 속에 소리와 발음이라는 표현은 수없이 많이 등장한다. 표준어규정속의 표준발음법에도 '소리'란 '발음'이라는 표현은 아주 많이 등장하는데, 여기서 일차적으로 추측할 수 있는 것은 두 단어의 개념이 서로 다르다는 것이다. 이를 단적으로 보여주는 것 중의 하나가 표준어규정 중에 표준발음을 예시한 "제24항 어간 받침 'ㄴ(ㄵ), ㅁ(ㄻ)' 뒤에 결합되는 어미의 첫소리 'ㄱ, ㄷ, ㅅ, ㅈ' 은 된소리로 발음한다."와 같은 것이 되는데, 이 규정에 의하면 소리는 'ㄱ'이고, 발음은 '된소리'라는 것이다.

　소리와 발음이 어떻게 다른가 하는 문제의 관건은 '소리'라는 것이 어떤 개념이간 하는 문제를 밝히는 것이므로, 본 장에서는 '소리'라는

개념의 본질과 실재를 밝히기로 한다.[1]

1. 서론

본고는 한글맞춤법 총칙 제1항의 표현 속에 내재된 언어학적 이론 특히 음운론적 이론을 밝혀내기 위한 작업 중의 하나이다. 이론과 실제(혹은 현실)는 상보적인 것이고, 간단하게 보이는 실용적인 것이라 할지라고, 그 속에는 순수이론적인 인식이 내재되어 있다는 인식을 바탕으로, 청각적인 언어를 시각적인 문자로 표기하기 위한 한글맞춤법 속에 들어 있는 음운론적 언어 이론을 밝혀 보고자 하는 것이다.

인간은 기본적으로 하나의 사물이나 개념을 이분법적으로 나누어 인식한다. 음양의 대립이나 선악의 대립, 영혼과 육체의 대립, 이(理)와 기(氣)의 대립 등이 모두 여기에 해당한다. 인간의 소리도 이분법적으로 인식해 왔다. 서구 언어학에서 소쉬르가 랑그와 파롤, 공시와 통시, 형식과 질료, 계합관계와 통합관계 등으로 인식한 것도 모두 여기에 해당되고, 촘스키 언어학의 기본 출발인 기저형과 표면형의 구분도 모두 이분법적인 인식의 결과이다. 이들은 모두 존재하고 있는 단일한 그 무엇을 이분법적으로 인식한 결과인 것이다.

현재 우리가 사용하고 있는 한글맞춤법의 모태가 되는 1933년의 〈한글마춤법통일안〉은, '소리에는 본음과 임시음이라는 두 존재가 있다'라는 것을 인식한 주시경 선생의 이론에 기초하여 그 제자나 동료

---

1) 본 장의 글은 졸고(2106)를 그대로 옮긴 것이다.

들의 고민과 합의에 의해 만들어진 것이다. 음운 현상을 발견하여 본음과 임시의 음이 있음을 인식하고, 이를 어떻게 표기할 것인가 하는 고민의 결과가 〈한글마춤법통일안〉인 것이다.

소리에 대한 이분법적인 이러한 인식은, 소리의 이치와 문자의 이치가 동일하므로 소리의 이치를 밝혀 문자를 만들되, 만든 문자로 표기하는 방법 역시 소리의 이치를 따라야 하고, 소리와 문자의 조화를 이루고자 했던 훈민정음의 창조적 인식과도 동일한 것이다.

본고는 한글맞춤법의 기본 원리는 주시경 선생의 언어 이론에 의해 만들어졌고, 이러한 발상은 그 뿌리가 훈민정음에 있다는 것을 밝히기 위한 것이다.[2]

2. '소리대로'에 대한 연구사적 검토

한글맞춤법의 핵심은 총칙 제1항의 '소리대로 적되, 어법에 맞도록' 이라는 표현이다. '어법에 맞도록'이라는 표현의 다음에 '원칙으로 한다'는 것이 이어지는데, 이것도 중요한 내용이긴 하지만 이것은 처리 방식에 관한 선택적인 문제이기 때문에 다소 부수적인 것이라고 할 수 있다.

규정에 대한 해설의 시작이자 논의의 출발점은 이희승(1946, 1959)부터라고 할 수 있는데, 여기서는 '소리대로'나 '어법'에 적극적

---

2) 한글맞춤법에는 현대국어의 음운 현상에 대한 공시적 인식과 통시적 인식의 구분에 대한 것도 포함되어 있는데, 이 분야에 대한 논의는 다른 자리에서 하기로 한다.

인 의미 파악을 보류한 채 표기법에 관한 두 원칙을 조화하는 것이라고 하였다. 이어, 이기문(1963)에서는 "소리대로가 대원칙이고 어법에 맞도록은 조건규칙으로서 '소리대로'가 우선적으로 적용하겠다는 뜻"이라고 하였다.

이 이후에 한글맞춤법의 '소리대로'에 대한 연구의 내용은 대체로 두 가지로 이어져 왔다. 하나는 '소리대로'의 표기를 음소적 표기로 보고, '어법에 맞게'의 표기는 형태음소적 표기로 보고 이들의 갈등 내지는 조화로 총칙을 이해하는 것인데, 이희승(1946)이래의 많은 논의는 이러한 해석에서 나온 것이다. 다른 한 방향은 '소리대로'의 의미 해석을 달리함으로써 문제를 해결하고자 한 방향이다. '소리대로'의 의미는 표음주의의 대원칙을 표방하고, 역사적인 변화로 야기된 문제를 해결하기 위한 선언이라는 이익섭(1992)의 일련의 논의와 '소리대로 적는 것은 "발음 기호와 같이 '[ ]' 속에 넣어 적는 그 표기 형태만을 의미하는 것이 아니라 그 말(단어)의 소리를 왜곡되지 않게 그대로 낼 수 있도록 적는다는 것을 의미한다"는 김정남(2008)의 논의도 이 계열의 확대로 해석할 수 있다.

2.1. 통례적 해석과 문제의 제기

이러한 선언적인 해석에 이어 이희승, 안병희(1989)에서는 '소리대로 적되'를 '그 발음대로 충실히 적어야 한다는 뜻'으로 해석하고, '어법에 맞도록'은 '문법에 맞도록'으로 해석하고 기본형을 밝혀 적는 것이 이에 해당하는 것으로 설명하고 있는데, 이러한 해석이 그 후 대체적인 통설로 자리잡게 된다. 최근에 송철의(2014)에서도 '소리대로'

를 '현실발음대로'로 해석하고 유사한 해석을 이어나간다.[3]

한편, 2014년 현재 국립국어원의 한글맞춤법 해설에도 다음과 같이 기술되고 있는데, 이는 이희승, 안병희(1989)의 내용을 그대로 수용한 것이다.

표준어를 소리대로 적는다는 것은 표준어의 발음 형태대로 적는다는 뜻이다. 맞춤법이란 주로 음소 문자(音素文字)에 의한 표기 방식을 이른다. 한글은 표음 문자(表音文字)이며 음소 문자다. 따라서 자음과 모음의 결합 형식에 의하여 표준어를 소리대로 표기하는 것이 근본 원칙이다. 예컨대

      구름   나무   하늘   놀다   달리다

따위는 표준어를 소리 나는 대로 적는 형식이다.

그런데 표준어를 소리대로 적는다는 원칙만을 적용하기 어려운 경우도 있다. 예컨대 '꽃(花)'이란 단어는 그 발음 형태가 몇 가지로 나타난다.

(1) [꼬치] — (꽃이) [꼬치] (꽃을) [꼬츨] (꽃에) [꼬체]

(2) [꼰] — (꽃나무) [꼰나무] (꽃놀이) [꼰노리] (꽃망울) [꼰망울]

(3) [꼳] — (꽃과) [꼳꽈] (꽃다발) [꼳따발] (꽃밭) [꼳빧]

이것을 소리대로 적는다면, 그 뜻이 얼른 파악되지 않고, 따라서 독서의 능률이 크게 저하된다. 그리하여 어법에 맞도록 한다는 또 하

---

3) 주시경 선생이 하고자 했던 것은 현실 발음을 고려하여 표기하는 것이 아니고 '음의 이치를 따져 표기법을 혁신'하는 것이었다.

나의 원칙이 붙은 것이다.

　이러한 해석에 대한 문제 제기는 이익섭(1992)에서 이루어진다. '소리대로'가 원칙이고 '어법에 맞게'가 부수적이라는 기존의 해석대로 하면, 한글맞춤법의 선언과 실제적인 처리 사이에 문제점이 있다는 문제점이 이익섭(1992)에서 제기되는 것이다. 즉 현재 사용하고 있는 표기법은 기본형을 밝혀 적는 것이 원칙이고(값+만 →값만, 값+이→값이 등), 기본형을 밝혀 적을 필요가 없을 경우에 (예외적으로) 소리대로 적는데(이쁘다, 더워라 등), 이는 표기법의 규정 즉 '소리대로 적되, 어법에 맞도록'의 표현은 '소리대로'를 기본적인 원칙으로 선언한 것과 상치된다는 것이다.[4] 그리하여 이익섭(1992)에서는 '소리대로'의 의미가 확장된다. 즉 '소리대로'는 두 가지 의미를 가지고 있는데 하나는 표음문자가 기본적으로 가지고 있는 표음적 기능을 다 할 수 있도록 하는 것이고, 다른 하나는 소리와 거리가 멀어진 역사적 표기법의 문제점을 지적하고, 역사적 표기를 현실적 표기로 바꾸라는 선언적인 의미라는 것이다.[5]

　김정남(2008)의 논의도 이 계열에 속한다.

---

4) 이 문제는 이기문(1963)에서 이미 암시되었는데, 그 뒤의 논의가 이를 주목하지 못했다.

5) 이러한 지적은 '소리'라는 존재에 대한 개념적 접근을 하지 못한 면은 있지만, 한글 마춤법의 기본 정신에 상당한 부분 접근한 것이다. 역사적으로 변화하여 그 원형을 밝혀 적을 필요가 없는 것은 '소리대로' 적는다는 것은 기본 정신 중의 하나이기 때문이다. 그런데 이러한 해석에도 문제점이 있기 때문에 몇 년 전부터 다른 생각을 하고 2007년 국어학회에서 구두로 발표를 하였는데, 이제 그것을 조금 더 수정하여 이제 정리하는 것이다.

2.2. '소리'에 대한 새로운 해석

졸고 역시 '소리대로'의 해석을 기존의 해석과 달리 하는 것인데 기본적인 인식은 졸고(2007)의 내용을 이어간다. 졸고(2007)에서는 '소리'를 자연에 있는 그대로의 소리라고 하였는데 이를 보완하여 '자연에 있는 그대로의 소리'라는 개념을 주시경 선생의 본음과 임시음의 이론에 맞추되, 〈한글마춤법통일안〉에서 실제 사용되고 있는 용례를 중심으로 재해석하고자 하는 것이다.

본고에서 밝히고자 하는 내용은 '소리대로'는 소리와 문자를 일치시키기 위해 '본음과 임시음 등 두 가지를 가지고 있는 소리를 존재하고 있는 그대로' 적는 것이고, '어법에 맞도록'의 의미는 '기저형을 밝힐 것은 밝히고 밝히지 말아야 할 것은 밝히지 않는 것으로 음운 현상의 공시적 타당성과 관련된 것임을 밝히고자 하는 것이다.[6]

이를 위하여 전통적으로 국어학에서 '소리'가 어떤 의미로 쓰였는가를 밝히고자 한다.

'소리대로'의 의미를 주시경 선생의 이론에 의해 파악하고, 결론부터 미리 언급하면 '소리대로'는 기저형을 밝혀 표기하라는 것이고, '어법에 맞게'는 기저형을 밝힐 필요가 있는 것은 밝혀 주고, 밝힐 필요가

---

6) 북한의 표기법은 세부적인 사항에서 남과의 표기법과 약간의 차이가 있지만, 기본적인 원칙에서는 남한과 동일하다. 그런데 북한은 1987년 개정에서 총칙을 "조선말맞춤법은 단어에서 뜻을 가지는 매개 부분을 언제나 같게 적는 원칙을 기본으로 하면서 일부 경우 소리나는대로 적거나 관습을 따르는것을 허용한다."라고 하는 것도 '소리대로'와 '어법에 맞게'라는 것의 해석 때문에 실질적인 표기 방식을 이해할 수 있게 수정한 것으로 이해할 수 있다. 물론 이러한 원칙은 우리의 것이기도 한 것이다.

없는 것은 밝히지 않는다'는 것을 의미한다는 것을 밝히고자 한다.

그런데 '소리대로'와 '어법에 맞도록'에 대한 해석이 엇갈리는 가장 기본적인 원인은 '소리'에 대한 개념 규정을 제대로 하지 않았기 때문이다. 이를 위해 본고에서는 통상적으로 사용되는 '소리'의 개념에 대해 검토해 보고, 이어 '한글마춤법통일안'에서 '소리'가 어떻게 사용되고 있는가, 그리고 한글마춤법통일안 제정의 이론적 근거가 되는 주시경 선생은 소리를 어떻게 인식했는가 하는 문제에 대해 알아 보고자 한다.

3. '한글마춤법'에서의 소리의 개념과 층위

3.1. 통상적인 개념

현대의 언어학자들은 서구 언어학에서 언어를 뜻과 소리로 구분하여 무의식적으로 받아들여 '의미'를 제외한 부분을 지칭하는 것으로 받아들이고 있지만, 우리가 일상 생활에서 사용하고 있는 소리의 개념은 이와 사뭇 다르다. 우선 〈표준국어대사전〉에서는 소리의 개념이 다음과 같이 정의되고 있다.

「명사」
「1」물체의 진동에 의하여 생긴 음파가 귀청을 울리어 귀에 들리는 것. ≒음04(音)「2」.

¶ 피리 소리/소리를 줄이다/밖에서 이상한 소리가 난다./강아지가 배가 고픈지 낑낑거리는 소리를 낸다./이따금 밥그릇에 숟갈 부딪히는 소리와, 맹렬히 음식을 씹는 소리 외에는 아무 소리도 들리지 않았다.≪최일남, 거룩한 응달≫

「2」=말01「2」.

¶도대체 무슨 소리를 하는 거야? 알아듣게 얘기해 보자./그런 답답한 소리 좀 그만하고 해결책을 모색해 보자.

「3」사람의 목소리.

¶소리를 지르다/소리를 치다/소리가 너무 크니 조용히 말해라./나는 어쩌면 노인네가 가는귀가 먹었을지도 모른다고 생각했으므로 크게 소리 질렀다.≪최인호, 돌의 초상≫

「4」여론이나 소문.

¶국민의 소리/근거 없는 소리/주민들 사이에 이상한 소리가 돌고 있다./침묵하는 다수의 소리에 귀를 기울여 보라.

「5」『음악』판소리나 잡가 따위를 통틀어 이르는 말. 그는 소리를 잘한다./소리를 한번 해 보아라.

【소리〈석상〉/소릭〈월석〉】

언어학적인 '소리'는 대체로 위의 〈서술 1〉과 관련된 것이고, 나머지의 '소리'는 모두 '뜻'을 제외하지 않는 자연적인 존재 혹은 인위적인 존재로서의 소리를 의미하고 있는 것이다.

3.2. 〈한글마춤법통일안〉의 소리

〈한글마춤법통일안〉에는 '소리'와 관련된 다양한 표현들이 사용되고 있다. 우선 '소리'라는 표현은 '소리, 된소리, 첫소리, 닿소리, 홀소리, 소리대로' 등을 모두 포함하면 71번 나온다. 이외에 '발음대로, 음, 본음, 속음' 등의 표현도 사용되고 있다. '소리대로'의 의미를 파악하기 위해 '발음대로'가 사용된 용례와 비교해 보고, '소리'가 지칭하는 언어학적 단위를 살펴보기로 한다. 우선 '발음대로'와 '소리대로'가 지칭하는 내용의 차이로 그 의미가 다르게 사용되고 있음를 지적하고, 이어 '소리대로'의 소리에 의해 지칭되고 있는 언어학적 범위에 대해 논의하기로 한다.

3.2.1. '발음대로'와 '소리대로'

가. 발음대로

'발음대로' 혹은 '발음에 따라'가 규정에 나타나는 것은 43항, 44항 그리고 51항 등 세 항에서 나타난다.

 (1) '발음대로'의 예
 제43항 '랴 려 료 류 리 례'의 자음이 두음으로 올적에는 '야 여 요 유 이 예'로 적는다.
 제44항 '라 로 루 르 래 뢰'의 자음이 두음으로 올적에는 발음대로 '나 노 누 느 내 뇌'로 적는다.
 제51항 현행 자전에 아무 속음 규정이 없으되, 본음과 속음으로 읽는것은 그 발음대로 적는다.

이에 의하면 두음법칙에 의해 어두에서 'ㄹ' 등이 제 음가대로 실현되지 못할 경우 실제 발음대로 표기한다는 것이 43항(예 양심(良心) 역사(歷史) 요리(料理) 유수(流水) 이화(李花) 예의(禮義) 과 44항(낙원(樂園) 노인(老人) 누각(樓閣))이고, 본음이든 속음이든 실제 발음되고 있으면 그 발음대로 즉 소리나는 대로 적는다는 것이 51항이다.(예: 본음 당분(糖粉) 팔월(八月) 목근(木槿) 속음 : 사탕(砂糖) 파일(八日) 모과(木瓜))

〈한글마춤법통일안〉에 사용되고 있는 '발음대로'의 의미는 '실제 발음하는 대로' 혹은 '소리 나는 대로'의 의미가 되는 것이다.

나. '소리대로'의 의미

'발음대로'와 구분되어 사용되는 '소리대로'의 의미는 무엇일까? 〈한글마춤법통일안〉에 '소리대로'의 예는 23항, 31항, 53항, 57항, 59항 등에서 나타난다. 이러한 예들을 위의 '발음대로'와 비교하면 확연히 차이나는 것을 알 수 있다. 위의 '발음대로'는 기본형 내지는 본래의 음이 공시적으로 사용되고 있지만, 특수한 음운론적 상황에서 표면적으로 실현되고 있는 변이형을 지칭하는 것이고, 아래의 '소리대로'의 '소리'는 기본형 내지는 원형의 형태가 변화하였거나 그 어원을 밝힐 필요가 없을 정도로 변화한 소리로서, 이들의 경우 '소리대로' 적는다는 것이다. 이때의 '소리대로'는 '소리나는 대로'와 결과적으로 동일한 소리가 되지만,[7] 실질적인 의미는 전혀 다르다. '발음대로의

---

7) '개'라는 형태소는 환경에 따라 변화하지 않기 때문에, 기저형과 표면형이 일치하는 경우이고, 음소적 표기를 해도 '개'이고, 형태음소적 표기를 해도 '개'이다. 그리고 이것의 발음은 본음대로 해도 [개]이고, 임시음대로 해도 [개]이다. 물론 이러한 경우에는 본음과 임시음을 구분할 필요가 없다.

표기'는 '변이음을 표기에 반영'이라는 의미가 되고, '소리대로 표기'의 의미는 '변화한 기본형을 표기에 반영'의 의미가 되는 것이다.

(1) '소리대로'의 예

제23항 동사의 어간에 '이, 히, 기'가 붙을 적에 어간의 끝 음절의 홀소리가 그 소리를 닮아서 달리 나는 일이 있을지라도 그 원형을 바꾸지 아니한다. (갑을 취하고 을을 버린다.)

예)

갑	을	갑	을
먹이다	멕이다	박이다	백이다
(이하 생략)			

[부기] 이 경우에 둘이 합하야 아주 딴 음절로만 나는 것은 소리대로 적는다. (갑을 취하고 을,병을 버린다.)

예)

갑	을	병
내다	내이다	나이다
깨다	깨이다	까이다
재다	재이다	자이다

제31항 다음과 같은 말은 소리대로 적는다. (갑을 취하고 을을 버린다.)

예)

갑	을	갑	을
좁쌀	조ㅂ쌀	찹쌀	차ㅂ쌀
멥쌀	메ㅂ쌀	햅쌀	해ㅂ쌀

수캐	숫개	암캐	않개
조팝	좋밥	안팎	않밖

제53항 토만이나 또는 토와 명사가 함께 줄어진 것은 소리대로 적는다.
예)

본말	준말	본말	준말
나는	난	나를	날
너는	넌	너를	널
무엇을	무얼	무엇은	무언
조팝	좋밥	안팎	않밖

제57항 다음의 말들은 그 어원적 원형을 밝히지 아니하고 소리대로
적는다. (갑을 취하고 을을 버린다.)
예)

본말	준말	본말	준말
결코	곃고	하마트면	하맣드면
그것은	그건		

제59항 복합명사 사이에 있는 '의'의 _가 줄어지고 ㅣ가 우나 아래
의 홀소리에 섞이여서 날적에는 소리대로 적는다.
예) 쇠고기(소의고기)   달걀(닭의알)

위 23항의 '내다. 깨다. 재다' 등은 모음 축약 현상이 발생하여 이미
새로운 단어로 재구조화되어 버렸기 때문에 변화한 형태의 모습대로
- 소리대로 적는다는 것이고, 31항은 어두에 'ㅂ'계 자음군이 있던 것
이 복합어가 되면서 초성 'ㅂ'이 앞 어간의 말음절로 굳어진 것이거

나, 어간말에 'ㅎ'을 가지고 있는 것이 역시 복합어 등이 되면서 뒤 어
간의 초성에 'ㅎ'을 흔적으로 남긴 것인데, 이들의 변화 과정은 현대
의 공시적인 현상이 아니기 때문에 그 어원을 밝혀 적을 필요가 없어
서 형태가 변화한 모습 그대로 - 소리대로 적는다는 것이다. 53항의
예들은 본말과 준말이 공존하고 있는데, 본말에서 준말로 변화하는
과정 역시 현대의 공시적인 현상으로 설명이 되지 않기 때문에 각각
의 소리를 인정하여 변화한 모습대로 -소리대로 표기하는 것이다. 57
항의 예들도 그 어원적 원형을 밝혀서 실질적인 효용을 찾을 수 없기
때문에 재구조화한 모습 그대로, 59항 역시 그 변화 과정을 설명해서
생기는 대중적인 설득력이 없다고 판단하여 공시적으로 존재하고 있
는 모습 그대로를 인정하여 - 소리대로 표기한다는 것이다.

3.2.2. '소리'가 지칭하는 언어 단위

〈한글마춤법통일안〉에는 '소리'라는 단어가 무려 71번이나 나오는
데, 이들을 검토해 보면 소리가 지칭하는 개념의 범위는 '발음의 영
역'을 넘어선다. 그뿐만 아니라 '어휘는 뜻과 소리를 가진다'라는 할
때의 소리의 개념도 아니다. 즉 어휘의 구성 요소 중 '의미'의 영역을
제외한 '소리'의 개념도 아니다. '발음과 뜻을 가지고 있는 언어 단위'
혹은 '기능과 발음'을 가지고 있는 언어 단위'라는 개념으로 '소리'가
사용되고 있는 것이다. 구체적인 예는 다음과 같다.

가. 파생접미사를 지칭

〈한글마춤법통일안〉의 제9항, 13항, 20항, 21항, 25항 등의 '소리'
는 파생접미사를 지칭한다. 아래의 제9항은 피사동 파생접미사를 지

칭한 것이고, 13항은 '-애, 엄, -애미, -어리, -무, -오' 등의 파생접미
사가 결합하여 동사나 형용사가 명사나 부사로 파생한 예들이고, 제
20항은 파생접미사 '-아, -어' 등이 결합한 예이다. 21항의 부기와 26
항에 나오는 '소리'도 파생접미사를 지칭하는 것이다.

제9항 다음과 같은 동사는 그 어간 아래에 다른 소리가 붙어서 그 뜻
을 바꿀적에 소리가 변하거나 아니하거나를 묻지 아니하고 다 그 원형
을 밝히어 적는다. (갑을 취하고 을을 버린다.)
예)

갑	을	갑	을
맡기다	맛기다	쫓기다	쫏기다
솟구다	소꾸다	갈리다	갈니다
(이하 생략)			

제13항 어간에 ㅣ나 '음' 이외의 소리가 붙어서 타사로 전성할적에
는 그 어간의 원형을 밝히어 적지 아니한다.
예)

마개	주검	무덤	올개미
귀머거리	너무	비로소	갈니다

제20항 어원적 어간에 다른 소리가 붙어서 토로 전성될적에는 그 어
간의 원형을 밝히어 적지 아니한다.
예)

조차	부터	마저

제21항 '하다'가 붙어서 되는 용언의 어원적 어근에 '히'나 '이'가 붙

어서 부사나 명사가 될적에는 그 어원을 밝히어 적는다. (갑을 취하고 을을 버린다.)

예)

갑	을	갑	을
답답히	답다피	답답이	답다비
곰곰이	곰고미	반듯이	반드시
반듯반듯이	반듯반드시		

[부기] '하다'가 붙지 아니하는 어원적 어근에 '히'나 '이'나 또는 다른 소리가 붙어서 부사나 명사로 될적에는 그 어근의 원형을 밝히어 적지 아니한다.

예) 군더더기　오라기

제26항 용언의 어간에 다른 소리가 붙어서 된것이라도 그 뜻이 아주 딴 말로 변한 것은 그 어간의 원형을 밝히어 적지 아니한다.

예) 바치다(納)　드리다(獻)　부치다(寄)　이루다(成)

나. 본음을 지칭

아래 제7항 이하에서는 본래의 소리를 지칭하는 개념으로 '소리'가 사용되고 있다. 제7항은 체언과 조사가 결합할 때에는 연음 현상이나 다른 음운 현상의 적용과 관계없이 기본형 내지는 기저형을 밝혀 적는다는 것이다. 이 조항을 '본래의 소리가 다른 것으로 변하거나 아니하거나를'의 생략으로 보면 '소리'의 개념은 '본음'의 의미가 되는 것이다. 그런데 이 의미를 '발음되는 소리가 원형에서 변하거나 아니거나'로 보면 전혀 다른 의미가 될 수 있는데, 이에 대한 정확한 해석은 28항의 예에서 구할 수 있다.

제7항 체언과 토가 어우를적에는 소리가 변하거나 아니하거나를 물론하고 다 제 원형을 바꾸지 아니한다. (갑을 취하고, 을을 버린다.)
>> 본래의 소리
예)

갑	을	갑	을
곬이	골시	밭이	바치
꽃에	꼬체		

제28항 둘 이상의 품사가 복합할적에는 소리가 접변하거나 아니하거나를 물론하고 각각 그 원형을 바꾸지 아니한다.
1. 변하지 아니할적
예) 문안   집안   방안   독안   밤알   닭의알
    집오리   물오리   속옷   손아귀   홀아비

단 어원이 불분명할적에는 그 원형을 밝히어 적지 아니한다.
예) 오라비

2. 변할적
예)(1) 닿소리와 닿소리 사이
    밥물   국물   맞먹다   받내다   옆문   젖몸살

(2) 닿소리와 홀소리 '이'(야여요유) 사이 (이 경우에는 아래의 홀소리의 첫 소리로 구개음화한 ㄴ 소리가 덧난다.) (갑을 취하고 을을 버린다.)

예)

갑	을	갑	을
갓양	갓냥	잣엿	잣녇
담요	담뇨	편웆	편늦
밭일	밭닐	앞일	앞닐
집일	집닐	공일	공닐(거저 하는 일)

[부기] 그 웃 품사의 독립한 소리 ㄴ이 변할적에는 변한대로 적되, 두 말을 구별하야 적는다. (갑을 취하고 을을 버린다.)

예)

갑	을	갑	을
할아버지	한아버지	할머니	한어머니

제8절 원사와 접두사[편집]

제32항 접두사와 어근이 어울려서 한 단어를 이룰적에는 소리가 접변하거나 아니하거나 그 각 원형을 바꾸지 아니한다. (갑을 취하고 을을 버린다.)

예)

갑	을	갑	을
짓이긴다	짓니긴다	엇나간다	언나간다
샛노랗다	샌노랗다	싯누렇다	신누렇다

(3) 본음대로

제44항 '라 로 루 르 래 뢰'의 자음이 두음으로 올적에는 발음대로 '나 노 누 느 내 뇌'로 적는다. (갑을 취하고 을을 버린다.)

예)

갑	을	갑	을
낙원(樂園)	락원	노인(老人)	로인
누각(樓閣)	루각	능묘(陵墓)	룽묘
내일(來日)	래일	뇌성(雷聲)	뢰셩

단 단어의 두음 이외의 경우에서는 본음대로 적는다.

예)

쾌락(快樂)	극락(極樂)	부로(父老)	연로(年老)
고루(高樓)	옥루(玉樓)	구릉(丘陵)	강릉(江陵)
거래(去來)	왕래(往來)	지뢰(地雷)	낙뢰(落雷)

또 한자의 대표음은 본음으로 한다.

예) 다락루(樓)

제51항 현행 자전에 아무 속음 규정이 없으되, 본음과 속음으로 읽는것은 그 발음대로 적는다.

예)

본음	속음
당분(糖粉)	사탕(砂糖)
팔월(八月)	파일(八日)
목근(木槿)	모과(木瓜)

3.2.3. 정리

한글마춤법에서의 소리란 대체로 다음과 같은 세 종류의 지칭 영역이 있다.

첫째, '발음대로"와 대립되는 개념으로 사용되었다. 이때의 '소리'란 자연에 실재하고 있는 존재를 지칭하기 위해 사용된 개념이다.

둘째, '현재 존재하고 있는 모습대로'라는 개념으로도 사용되었는데, 이때는 '발음되는 모습 그대로'라는 의미도 가지게 된다. 이러한 유형에 속하는 예들은 '통시적으로 기저형이 변화하여 그 원형을 밝힐 필요가 없는 소리가 없는 소리' 즉 공시적으로 어원을 밝힐 필요가 없는 것은 밝히지 않는다는 의미이다

셋째, 접미사 등 문법 형태소를 지칭하는 개념으로도 사용되었다.

3.3. 주시경 선생의 소리

한글마춤법통일안에 나오는 이러한 '소리대로'의 개념은 바로 주시경 선생의 이론에서 나오는 표현을 그대로 사용한 듯하다. 주시경 선생의 저작에 나오는 소리의 개념을 추적해 보기로 한다.[8]

표기법에 관한 인식의 관건은 종성 표기를 어떻게 할 것인가 하는 문제에서 출발하게 되는데, 이 종성 표기에 대한 새로운 인식은 국문연구의정안에서부터 찾아 볼 수 있으므로,[9] 이에 대해 간단히 당시의

---

8) 훈민정음 창제 후 소리에 대한 인식은 훈민정음을 계승하지도 못하고, 따라 가지도 못한다. 소리 그 자체에 대해 깊이 있게 고민해 본 흔적을 찾을 수 없다. 그래서 소리에 대한 인식을 종성의 표기에서 간접적으로 확인해 볼 수 있는데 이에 대한 인식은 '발음하는 대로' 혹은 '소리나는 대로'만 확인될 뿐이다. 16세기 최세진 선생의 훈몽자회를 비롯하여, 19세기 유희 선생의 언문지에 이르기까지 모두 7개 정도의 종성만 인정하는 것은 '소리나는 대로' 표기하는 당시의 전통을 그대로 반영한 것이고 동시에 소리는 '소리나는' 존재일 따름인 것이다.

9) 국문연구의정안은 잘 알다시피 1907년 7월 학부에 설치한 국어표기법연구 기관이라고 할 수 있다. 1907년 9월에 1차 회의를 한 후 1909년 12월까지 23차례의 회의

자료를 찾아 보고 주시경 선생의 저작에서 그 개념을 추적해 보기로
한다.

3.3.1. 국문연구의정안

개화기 국문의 표기법을 정비하기 위해 설치한 국문연구소에서 당
면한 과제는 다음과 같은 것들이었다.

1. 국문의 연원과 자체 급 발음의 연혁
2. 초성중 ㆁ ㆆ ㅿ ◇ ㅱ ㅸ ㆄ ㅃ 팔자의 복용 당부
3. 초성의 ㄲ ㄸ ㅆ ㅉ ㆅ 육자 병서의 서법 일정
4. 중성중 ㆍ 자 폐지 자 **의 당부
5. 종성의 ㄷ ㅅ 이자 용법 급 ㅈ ㅊ ㅋ ㅌ ㅍ ㅎ 육자도 종성에 통용
   당부
6. 자모의 칠음과 청탁의 구별 여하
7. 사성표의 용부 급 국어음의 고저법
8. 자모의 음독 일정
9. 자순행순의 일정
10. 철자법

이들 과제 중 종성의 표기와 관련된 사항은 제5항인데, 이 제5항에
관련된 결론은 다음과 같다.

끝에 꿋어표기에 관한 국문연구의정안을 내게 된다. 주시경 선생은 30대 초반의
나이(1876년 11월 생)에 이 위원회에 참석하여 1914년 돌아가실 때까지 국어 연
구 및 운동의 중심에 서게 된다.

'ㄷ'자도 근래에는 아래 여섯 자('ㅈ, ㅊ, ㅋ, ㅌ, ㅍ, ㅎ')와 같이 종성에 사용하고 있지 않은 바, 어윤적, 주시경, 윤돈구 네 위원은 통용이 타당하다고 하고, 이능화 위원은 상용과 활용, 비고의 세 종류로 나누어 이 일곱 자는 활용에 속하고, 송기용 위원은 그때그때 기회에 따라 응용하자고 하고 이민응 위원은 함께 비고로 남겨 두자 하고, 지석영 위원은 필요가 없으니 안건을 미루어 놓자고 함.

훈민정음에는 초성의 모든 글자를 함께 종성이 다시 사용했던 것인데, 훈몽자회에 'ㄱ, ㄴ, ㄷ, ㄹ, ㅁ, ㅂ, ㅅ, ㅇ' 여덟 자만 초성과 종성에 두루 사용하고, 그 나머지 여러 글자들은 초성에만 ㅏ 용하는 것으로 구별하였으니, 이를 미루어 생각건대 범문(梵文)의 팔종성의 예를 모방한 듯하나, 훈민정음 예의와 국어음에 위반하였으니 이는 극대한 오류로다.

혹은 현재 사용하는 여덟 자 가운데 'ㄷ' 자도 사용하지 않고, 일곱 자만 사용하여도 이루지 못할 말이 없고, 소래내지 못할 음이 없다고 하지만, 언어를 기록함에 불규칙과 사물을 이름지음에 무정의가 더욱 심하여 문학의 멸렬(滅裂)을 낱낱이 들어 서술하기에 겨를이 없으니 초성의 모든 글자를 원칙에 의하여 단연코 (받침에) 두루 사용함이 정당하도다.

소리가 '소리나는 대로만 존재'하는 것이 아니라는 인식 자체를 국문연구의정안에서 찾아 볼 수 있는 것이다. 겹받침의 사용, 거센소리 등을 받침으로 표기할 지의 여부를 문제삼은 것 자체가 소리에는 표면형 외에 기저형이 존재하고 있다는 인식의 발로인 것이다.

3.3.2. 주시경 선생의 '國語文典音學'

국문연구의정안에 나타났던 주시경 선생의 언어와 문자에 대한 의식은 그 뒤에 지속적으로 발전하게 된다. 일제 감점기 초기의 국어 학술 활동과 교육 실천을 주도하다시피 하는 주시경의 연구는 한글맞춤법 통일안의 기본 정신을 구축하는 데 결정적인 역할을 하게 되는데, 이에 대한 이론적인 근거는 우선 주시경 선생의 〈국어문전음학〉에 나타난다.[10] 관련된 내용을 인용해 보면 다음과 같다.

가. 기본적인 언어관

1.

音은 天地에 自在ᄒᆞᆫ 者라. 故로 何人이든지 能히 加減도 못ᄒᆞ고 變易도 못ᄒᆞᄂᆞ니라.

音은 形象이 無ᄒᆞᆫ 者라. 是以로 形象을 感ᄒᆞᄂᆞᆫ 眼으로는 音을 見치 못ᄒᆞ고 耳로만 廳ᄒᆞᄂᆞ니 耳는 形의 感官이 안이요 無形ᄒᆞᆫ 音의 感官임이니라.

音은 空氣의 波動이니 空氣가 無ᄒᆞ면 音도 無ᄒᆞ니라. 故로 眞空에서는 鍾을 打ᄒᆞ여도 聲이 無ᄒᆞ니라.

(이하 생략, 띄어쓰기와 구두점은 필자가 첨가)

2. 주시경 선생의 '조선어문법'의 첫머리

조선문의 소리

(此는 言語를 記用하는 文字의 音學인 故로 그 規模가 律呂나 物理

---

10) 주시경 선생의 언어관은 많은 부분이 훈민정음에서 나온 듯하다. 문자를 만들면서 인식한 훈민정음의 소리관은 개화기 당시 국문정리 운동을 주도한 주시경 선생의 이론과 서로 통하는 것이다.

의 音學과 不同하되 其理는 一般이니라)

이에 의하면 '소리'란 자연에서 존재하고 있는 실재를 그대로 일컫는 개념이다.

나. 무별성과 유별성의 구분

소리에는 두 가지 종류가 있다는 인식을 주시경 선생은 하게 된다. 소리에는 무별성과 유별성이 있다고 하고, 무별성은 자음과 모음의 분별이 없는 자연계의 소리이고 유별성은 자음과 모음의 구별이 있는 언어음인데, 유별성인 언어음에는 만국 공통의 음과 각국 특성의 음이 있다고 하였다.[11]

다. 소리의 두 모습과 표기법

주시경 선생에 의하면 국어의 소리는 본음과 임시의 음으로 나누어진다. 주시경 선생의 본음이란

ㅁ 이 ㄱ 우에셔는 혹 ㅇ 으로 변ㅎㄴ니 이는 속에셔 이러케 ㅎ는 것이요 자연ㅎ 형셰는 안이니 본음ㄷ로 말ㅎ 수 잇ㄴ니라(국어문법 13)

에서 보듯 '음운론적 환경에 의해 변화하기 이전의 음' 즉 '본래의 형태에서 가지고 있는 음 혹은 본래의 형태대로 발음되는 음' 정도로 해석할 수 있을 것이다.

---

11) 송철의(2010), 17-18쪽 참고.

'본음'과 '임시의 음'이 같이 쓰이고 있는 다음의 기록을 보면

> 百年을 臨時의 音으로는 ㅂ년이라 發ㅎ되 ㅂ년으로 書치 안코 ㅂ년
> 으로 書ㅎ여 本體를 存ㅎ과 如히 ㅅ ㄷ 의 終聲도 我國言語의 本音을
> 依ㅎ여 書ㅎ이 可ㅎ니라(국어문전음학 55)

'본음'이란 교체되기 이전의 음이고, '임시의 음'이란 '음운론적인 환경 때문에 임시적으로 발음되는 음'이라는 것을 알 수 있고, 글을 쓸 때에는 '본음'을 표기하는 것이 기본이라는 것을 알 수 있다.

3.3.3. 소리의 개념/범위

주시경 선생의 소리에 대한 개념을 추론해 볼 수 있는 것은 주시경 선생의 저작에서 여럿 찾아볼 수 있다. 그 중 대표적인 것이 〈말의 소리〉의 시작 부분에 나와 있는 다음의 부분이다.

1. 소리의 남
   몬의 움즉임이니라
2. 소리의 펴어짐
   노의 결이니라
3. 소리의 빗
   그 소리가 나는 몬의 바탕을 따르어 서로 다름이니라
4. 고나
   말의 소리의 늣이니, 입의 짓으로 소리가 다르게 됨을 이름이니라.

주시경 선생의 '몬'은 '일'에 대립되는 개념으로 '물(物)'을 지칭한
다고 하였다.[12] '소리가 난다'는 것은 '물질이 움직여 이 세상에 현현
한다'는 의미로 사용되는 것은 '소리'가 '뜻'을 제외한 '단순히 파동'의
의미를 넘어서는 것이다. 또한 '소리의 빗'이 '사물의 바탕에 따라' 달
라진다는 것은 소리는 사물의 존재라는 개념과 대립되는 개념이 되는
것이다. 이때의 '소리'는 '언어' 혹은 '사물의 이름'이라는 의미에 오히
려 가깝다.

3.3.4. 정리

소리란 자연으로 존재하고 있는 것이고, 이에는 자연의 소리와 인
간의 소리로 구분되고, 인간의 소리는 본음과 임시음이 있다. 그리고
소리라는 그 자체는 존재하고 있는 사물에 대립되는 개념이다.

3.4. 훈민정음에서의 소리

주시경 선생의 소리에 대한 개념은 훈민정음에서 그 뿌리를 찾아
볼 수 있다. 주시경 선생의 〈국어문전음학〉의 앞부분에서 훈민정음에
대한 인용 내지는 해설을 장황하게 부연하고 있는 것도 주시경 선생
의 이론적 뿌리가 훈민정음에 대한 이해에서 출발되었다는 것을 증명
한다고 할 수 있다.

훈민정음에서 '소리'에 가장 가깝게 대응될 수 있는 단어는 '성음

---

12) 국어문법의 기난갈에서 설명하고 있는 내용이다. 이어 '임(임자씨, 명사)의 간략
한 갈래'에서는 '사람, 개, 새, 고기, 나, 너, 우리 하나, 둘' 등은 '몬'의 예에 포함시
키고, '뜻, 사랑, 일, 것, 줄' 등은 '일'의 예로 제시하고 있다.

(聲音)'이다. 성음이 나타나는 몇 예를 보면 다음과 같다. 소리에는 그에 맞는 문자가 있어야 마음대로 운용할 수 있는(아래 1) 것이며, '소리'도 다른 만물과 마찬가지로 음양의 이치를 가지고 있으며(아래 2), 소리의 이치와 문자의 이치는 동일한 것이고, 소리의 이치를 다해서 문자를 만든다(아래 3)고 하였다.

3.4.1. 표기에 관한 언어 이론

가. 소리와 문자의 일체

훈민정음의 창제의 기본적인 취지는 우리말을 제대로 표현할 수 있는 의사소통의 도구를 만드는 것이고, 제자의 원리는 소리의 이치를 밝히는 것이다. 그것은 다음과 같이 정리될 수 있다.

1. 우리나라 말소리가 중국과 달라서 한자(漢字)와는 서로 통하지 않으므로 일반 백성들은 말하고자 하는 바가 있어도 마침내 제 뜻을 펼 수 없는 사람이 많다.(國之語音 異乎中國 與文字 不相流通 故愚民 有所欲言而終不得伸其情者 多矣)

2. 그러므로 사람의 소리[聲音]도 다 음양의 이치가 있는 것인데 생각하건대 사람이 살피지 못할 뿐이다.(故人之聲音 皆有陰陽之理 顧人 不察耳)

3. 이제 정음(正音)을 만들음도 애초부터 슬기로써 마련하고 애씀으로써 찾은 것이 아니라 다만 그 성음을 바탕으로 하여(성음의 원리에

따라서) 그 이치를 다한 것 뿐이다.(今正音之作 初非智營而力索 但因
其聲音而極其理而已 理旣不二 則何得不與天地鬼神同其用也)

문자의 이름을 '훈민정음'의 '음'이라는 개념으로 사용한 것은 그 자
체가 소리와 문자를 일치시킨 것이고, 제자의 기본 원리 역시 소리와
문자의 '理旣不二'이다. 그리고 문자의 모양은 소리를 내는 기관의 모
양을 본뜬 것도 같은 맥락이다.

이러한 세종의 소리에 대한 자연관은 주시경 선생에게 그대로 이어
지고, 이 정신이 기본이 되어 한글맞춤법이 만들어지는 것이다.

나. 기저와 표면의 두 소리

소리에는 두 개가 존재한다는 인식은 훈민정음에서부터 찾아 볼 수
있다. 〈훈민정음〉에서 소리의 두 모습을 인식하고, 이것을 문자 즉 표
기와 일치시키려고 했던 흔적은 종성해에서 볼 수 있다. 관련된 기록
은 다음과 같다.

不淸不濁之字 其聲不厲 故用於終則宜於平上去 全淸次淸全濁之字
其聲爲厲 故用於終則宜於入 所以ㆁㄴㅁㅇㄹㅿ六字爲平上去聲之終
而餘皆爲入聲之終也 然ㄱㆁㄷㄴㅂㅁㅅㄹ八字可足用也 如빗곶爲梨花
영의갗爲狐皮 而ㅅ字可以通用 故只用ㅅ字
〈해석〉
불청불탁(不淸不濁)의 글자는 그 소리가 거세지 않으므로 종성으
로 쓰면 평성, 상성, 거성에 마땅하고, 전청(全淸), 차청(次淸), 전탁(全
濁)의 글자는 그 소리가 거세므로 종성으로 쓰면 입성에 마땅하다. 그

러므로 ㅇㄴㅁㄹㅿ의 여섯 자는 평성, 상성, 거성의 종성이 되고 그 나머지는 모두 입성의 종성이 된다. 그러나 ㄱㅇㄷㄴㅂㅁㅅㄹ 여덟 자만으로 쓰기에 족하다. 예를 들면 이화(梨花)가 빗곶이 되고 호피(狐皮)가 엿의갗이 되건만 ㅅ자로 통용할 수 있기 때문에 오직 ㅅ자만 쓴다.

평성, 상성, 거성이 입성과 대립되는 한 부류를 이룬다는 기술은 잘못된 부분이다. 평성과 상성, 거성 등은 서로 성조의 높낮이로써 대립되는 것이지만, 입성은 대립되는 성질이 다른 장단이기 때문에 평성, 상성, 거성 등과 동시에 한 부류를 이룰 수 있는 것이다. 훈민정음 예의에 나오는 글자로 예를 들어 '國(국), 挹(습)'은 '거성이면서 입성'이고, '딣윗'의 '윗'은 '평성이면서 입성'이고, 'ㄴ갑고'의 '갑'은 '상성이면서 입성'이다. 이러한 기술의 오류에도 불구하고 우리가 주목하고자 하는 것은 不淸不濁之字와 全淸次淸全濁之字가 모두 종성에 사용될 수 있다는 기술과 실질적으로 '빗곶, 엿의갗'처럼 표기되고 있다는 사실 자체이다. 물론 이들의 표기를 'ㅅ자로 통용할 수 있기 때문에 오직 ㅅ자만 쓴다.'라고 했지만 기본형을 밝혀 표기했다는 사실 자체가 중요한 의미를 가지는 것이다.

'엿의 갗' '곶' 등을 인식하고서 'ㅅ'으로 통용할 수 있다고 한 것은 기본형에 대한 인식과 실제 소리나는 것을 구분한 것이다. 이 역시 '본래의 ㅿ, ㅊ, ㅈ 등과 실제 소리나는 'ㅅ'을 구분하여 인식한 소산이다. 이러한 표기의 선택은 주시경 선생에 와서 완전히 달라지지만, 소리에는 두 가지가 있다는 인식 자체는 주시경 선생에게 그대로 이

어지는 것이다.[13)

3.4.2. 이론적인 문제들

훈민정음에서 이러한 문제가 제기될 수 있었던 것은 세종 혹은 당대 언어학에 관련했던 학자들이 소리에 대한 심오한 이론을 구축하고 있었기 때문이다. 그 이론적인 밑바탕에는 다음의 것들이 흐르고 있다.

가. 음양과 오행을 가진 실재로서의 소리

소리는 단순한 소리가 아니라 다른 모든 존재들과 같이 음양과 오행을 가지고 있는 본질적인 존재이고, 상황에 따라 변화하는 실재체이다.

훈민정음에 의하면 존재하는 모든 것은 음양 오행을 가진다. 소리 역시 음양 오행을 가진다. 그리하여 소리는 자음과 모음으로 나누어지고 모음은 음양을 가지고 자음은 오행을 가진다. 모음은 그 결합하는 관계에 따라 양모음과 음모음으로 구분되고, 자음은 조음 위치에 따라 오행으로 구분된다.[14)

나. 구성 요소 즉 자질로 분석되는 구성체로서의 소리

인간의 언어 단위 중에서 독립적으로 발화될 수 있는 최소의 단위를 음절이라고 한다. 음절을 구성하고 있는 요소를 음소라고 한다. 그

---

13) 표기 방식의 선택에 있어서 세종은 표면형으로, 주시경 선생은 기본형으로 갈라진다. 그러나 소리에는 본래 가지고 있는 것과 실제적으로 발음되는 것의 두 가지가 있다는 것을 두 사람이 공통적으로 인식한 것이다.
14) 자연적인 실재로서의 '소리'라는 인식은 주시경 선생의 언어관에 그대로 이어진다.

리고 음소를 발화할 수 있게 하는 조음 기관의 위치나 방법 등을 자질이라고 한다. 언어의 발음에 직접 관여되는 조음 기관은 성문, 목젖, 혀와 입술 등이다. 이들의 다양한 기관들의 상이한 작용이 동시적으로 실현되어 다양한 소리를 만들어내는 것이다. 자음은 성문의 개폐 정도, 목젖의 비강 폐쇄 여부, 다양한 혀 위치의 입천장 혹은 치조에의 접근, 입술의 폐쇄 여부 등에 의해 그 종류가 결정되는데 이들 조음 위치와 조음 방식을 자질이라고 부르는 것이다. 모음은 혀의 앞뒤 위치와 아래위의 위치(입이 벌어지는 정도) 입술의 모양 등에 의해 다양한 모음이 만들어지는데 이를 역시 자질이라고 부른다.

　세종은 구체적으로 발화되는 최소의 소리 단위인 음절을 인식하고, 이를 세 개의 구성요소로 분리한다. 초성, 중성, 종성이 그것이다. 초성과 종성은 따로 만들지 않고 이미 만들어진 초성을 종성에 다시 사용한다. 세종이 초성을 만드는 과정은 철저히 조음기관을 관찰한 결과이다. 그 내용은 제자해에 나와 있는 그대로다.[15] 이들 조음되는 위치 자체가 훈민정음 제자에서 자질로 작용한다. 그리고 조음방식에 따라 청탁으로 구분한다. 이들 초성의 자질은 당시 중국 성운학의 지식을 그대로 활용한다. 조음 위치를 '아설순치후'로 나누고, 조음 방식을 '청탁'으로 나누는 것이 그것이다. 반면에 모음의 자질은 완전히 독창적으로 설정된다. 모음의 조음에 있어서 혀의 위치나 개구도에 관련해서는 '축(縮)'이라는 자질을 설정하고, 입술의 모양과 관련해서는 '장(長)'과 '축(蹙)'의 자질을 설정한다.

---

15) 아음 ㄱ은 혀뿌리가 목구멍을 폐쇄하는 모양, 설음 ㄴ은 혀가 윗잇몸에 닿는 모양, 순음 ㅁ은 입의 모양, 치음 ㅅ은 이의 모양, 후음 ㅇ은 목구멍의 모양을 각각 상형하였다.

주시경 선생에 이르면 훈민정음의 사고를 그대로 잇는 것이 있는가 하면 사뭇 바뀌는 부분이 있다. 소리를 '홋'과 '거듭'으로 구분하는 것이 훈민정음과 비슷한 발상이다. 무표적이거나 기본적인 글자를 '홋소리'라 지칭하고, 기본글자가 'ㅋ, ㅌ, ㅍ, ㅊ'처럼 축약되거나, 'ㄺ, ㄲ'처럼 두 글자로 나타나는 것은 '거듭소리'가 되는 것이다.[16] 그런데 훈민정음에서는 '음가'의 관찰에 의해 소리와 문자를 일치시키려고 했으나 주시경 선생은 문자의 모양 중심으로 분류를 하는 것이다.

다. 구성요소에 의한 대립 관계로 존재하는 소리

존재하는 모든 것은 개별적으로 존재하는 것이 아니라 다른 것과의 관계속에서 존재한다. 인간이 발화하는 개개 소리도 다른 소리와의 관계속에서 존재한다. 소리와 소리의 관계에 대해 이론적으로 정리한 것은 20세기 초반 당시 최고의 언어학자 중의 한 사람이었던 트루베츠코이에 의해 정리된다. 이 용어를 빌어 훈민정음에 나타나는 대립 관계를 조금 정리해 보면 다음과 같다.

〈양면적 대립관계〉

양면적 대립관계란 공유하는 자질의 총량이 두 항 사이에만 나타나는 대립관계를 말한다. 적나라하게 표현하면 전체적인 체계에서 가장 가까운 두 항이 양면적 대립관계를 이루는 것이다. 훈민정음에 의하면 'ㆍ'와 'ㅏ'의 관계 및 'ㅡ'와 'ㅓ'의 관계는 양면적 대립관계에 해

---

16) 주시경 선생이 '소리'를 분류한 것은 '음가'에 의한 분류가 아니고, '문자'에 의한 분류이다.

당한다. 무표항 '·'와 '—'에 '구장(口長)'이라는 자질이 더해져 'ㅏ'와 'ㅓ'가 되는 것이다. '·'와 'ㅗ'의 관계 및 '—'와 'ㅜ'의 관계도 동일하다. 무표항 '·'와 '—'에 '구축(口蹙)'이라는 자질이 더해져 'ㅗ'와 'ㅜ'가 되는 것이다. 앞에서 본 'ㄱ : ㄲ = ㅂ : ㅃ = ㅅ : ㅆ = ㄷ = ㄸ = ㅈ : ㅉ'의 관계는 양면적 대립관계를 구성하기도 한다. 무표음 'ㄱ, ㅂ, ㅅ, ㄷ, ㅈ' 등에 '응(凝)'이라는 자질이 더해져 'ㄲ, ㅃ, ㅆ, ㄸ, ㅉ' 등이 되는 것이다.

〈비례적 대립관계〉

비례적 대립관계란 동일한 관계가 다른 항들 사이에서도 존재할 때 그러한 대립관계를 비례적 대립관계라고 한다. 훈민정음에서 '· : ㅗ'의 관계는 '— : ㅜ'의 관계와 같고 '· : ㅏ'의 관계는 '— : ㅓ'의 관계와 같다. 즉 '· : ㅗ = — : ㅜ'의 관계가 성립하고, '· : ㅏ = — : ㅓ'의 관계가 성립한다. 자음의 경우도 동일하다. 소리의 세기에 따라 획을 더했기 때문에 'ㄱ 대 ㅋ'의 관계는 'ㅂ 대 ㅍ', 'ㄷ 대 ㅌ', 'ㅈ 대 ㅊ'의 관계와 동일하다. 즉 'ㄱ : ㅋ = ㅂ : ㅍ = ㄷ : ㅌ = ㅈ : ㅊ'의 관계가 성립되는 것이다. 또한 같은 소리를 더해 소리가 '응(凝)기는' 관계인 'ㄱ 대 ㄲ, ㅂ 대 ㅃ, ㅅ 대 ㅆ, ㄷ 대 ㄸ, ㅈ 대 ㅉ'의 관계 또한 동일하다. 'ㄱ : ㄲ = ㅂ : ㅃ = ㅅ : ㅆ = ㄷ = ㄸ = ㅈ : ㅉ'의 관계가 성립하는 것이다.

〈등차적 대립관계〉

등차적 대립관계란 자질의 있고 없음이 아니라 그 정도에 의해 차이가 나는 대립항들의 관계를 일컫는 말이다. 훈민정음에서 'ㅣ : — :

、'의 관계는 등치적 대립관계에 해당한다. 'ㅣ'는 혀가 '불축(不縮)'하고, 'ㅡ'는 '소축(小縮)'하고, '、'는 '축(縮)'한다는 개념은 하나의 기준에 의하고, 그 기준의 정도 차이에 의해 음소가 달라진다는 것이다.

〈가중화대립관계〉

가중화대립관계란 특정한 위치에서 대립되던 두 음소가 다른 위치에서 변별력을 가지지 못하고 중화되는 관계를 말한다. 훈민정음의 종성해에서 초성에 사용되는 자음을 종성에 다시 쓰되, 'ㄱ, ㆁ, ㄴ, ㄷ, ㅁ, ㅂ, ㅅ, ㄹ' 등 8개 소리만 사용하기로 한 것은 거센소리는 평음으로 중화하고, 'ㅿ, ㅈ, ㅊ' 등은 종성의 위치에서 중화된다는 것을 파악했기 때문에 가능한 기술이다.[17]

3.4.3. 정리

음소의 구성성분인 소리의 자질을 파악하고, 이 자질들에 의한 음

---

17) 세종은 조음기관을 관찰하고 소리의 자질을 파악하고 이에 의한 소리의 관계를 훈민정음의 창제에 그대로 활용하였다 그래서 문자의 모양을 주의깊게 살피면 그 발음의 관계를 이해할 수 있다. 우선 자음에 있어서 같은 획을 공유하고 있으면 조음되는 위치가 동일하다. 'ㅁ'을 공유하고 있는 'ㅁ, ㅂ, ㅍ, ㅃ' 등은 모두 입술이 닫혔다는 열리면서 발음이 되는 공통점을 가지고 있다. 'ㄱ'을 공유하고 있는 'ㄱ, ㅋ, ㄲ' 등은 모두 혀의 뒷부분이 입천장의 뒤쪽 연구개를 막았다가 열리면서 나는 소리가 된다. 'ㄴ'의 모양을 공유하고 있는 'ㄴ, ㄷ, ㅌ, ㄸ' 등은 모두 혀의 앞부분이 윗잇몸에 닿았다가 나는 소리가 된다. 하나의 글자와 겹친 글자의 관계는 평음대 된소리의 관계가 된다. ㄱ : ㄲ 의 관계는 평음 대 된소리의 관계이고, 이는 ㅂ : ㅃ, ㅅ : ㅆ, ㄷ : ㄸ, ㅈ : ㅉ의 관계와 모두 같다. 평음에 획이 더해 지면 거센소리가 된다. 'ㄱ'에 획이 더해진 'ㅋ'은 거센소리가 되고, 'ㄷ'에 획이 더해진 'ㅌ'은 거센소리가 된다. 평음 대 거센소리의 관계는 'ㅂ : ㅍ, ㅈ : ㅊ'의 관계도 모두 동일하다.

소의 관계에 대한 인식은 서구의 언어학에서는 20세기에 들어와서의 일이다. 인도의 음성학을 받아들여 발전시킨 중국의 성운학은 한 음절을 성모와 운모로 나누고 초성 자음인 성모를 조음위치에 따라 '아설순치후'로 구분하고 조음 방식에 따라 '청탁(淸濁)'으로 구분하고, 성운을 '등'과 '호'로 구분한 정도이다. 세종은 중국 성운학의 개념 중 자음을 조음위치와 조음방식으로 나누는 것은 그대로 수용하고, 중국의 성운학에 없던 모음의 자질 혀의 움직임과 입의 움직임을 반영한 모음-의 자질을 설정하게 된다. 그리고 이러한 자질에 의해 음소들이 관계속에서 존재함을 밝히고, 이를 훈민정음의 창제에 활용하고, 이 과정이 훈민정음 해례에 담겨 있는 것이다.

자질의 파악에 있어서 세종이 선택한 분류 방법은 다분법적이다. 때로는 2분법을 선택하기도 하고, 때로는 3분법을 선택하기도 하고, 때로는 5분법을 선택하는 것이다. 이러한 세종의 분류 방식은 촘스키의 선택했던 분류 방식 '존재하는 대립항의 상대적 위치에 의한 이분법'이 아니고, 촘스키의 방식과 촘스티 이후에 '존재 그 자체의 있음'을 선택하는 입자음운론적인 방식을 혼합한 방식이다.

그리고 소리는 본래의 소리와 실제 발음되는 소리의 두 가지 종류가 있다는 인식은 종성해에서 찾아 볼 수 있는 인식이다.

이러한 세종의 천재성 때문에 세종의 언어학이 후대에 이어질 수는 없었겠지만, 세종의 소리에 대한 인식은 서구 20세기 구조언어학과 생성언어학의 기본 인식을 그대로 보여주고 있는 15세기 세계 최고의 소리학이었다고 평가할 수 있는 것이다.

3.5. 세종과 주시경 선생의 대비

소리들의 자질을 찾아내고, 그 자질에 의한 소리들의 관계를 파악한 세종은 훈민정음 창제 정신을 바탕으로 표기의 문제를 고민하게 된다. 당시의 언어관과 고민은 주시경 선생에게 전해져 한글맞춤의 기본적인 원리가 되는데 그 과정에 나타나는 공통점과 차이점을 정리하면 다음과 같다.

3.5.1. 기본적인 인식의 공통점

첫째, '소리'에 대한 기본적인 인식은 세종과 주시경 선생이 동일하다. '소리'는 자연적으로 존재하는 그 자체이다. 소리는 천지만물과 더불어 음양과 오행을 가지고 있는 자연적인 존재인 것이다. 소리를 표기하는 문자의 이치는 소리의 이치와 동일해야 하고 표기 역시 이와 마찬가지이다. 한글맞춤법에서의 '소리'란 바로 이러한 개념이고, 표준국어대사전에 실려 있는 소리의 종류도 바로 이것을 반영한 것이다.

둘째, 소리에는 두 종류가 있다는 인식도 동일하다. 훈민정음에서 '엿의 갗' 종류의 표기가 나오고 용비어천가에 '곳, 깊고' 등의 표기가 나오는 것은 소리에 두 종류가 있었다는 인식의 발로이다. 훈민정음에서는 별다른 언급이 없지만 주시경 선생은 이를(혹은 이러한 유형을 확대하여) '본음, 임시음'으로 구분하여 불렀다.

3.5.2. 표기 방식의 상이한 선택

셋째, 구체적인 표기 방법의 선택에서는 세종과 주시경 선생이 달

라진다. 소리에는 발음되는 양상에 초점을 맞추는 '음절'이라는 부분
과 뜻에 초점을 맞추는 '형태소'라는 두 면이 있는데, 세종은 앞의 예
들을 '엿의 갓, 곳, 깁고' 등과 같이 표면적으로 발음되는 음절의 존
재와 동일하게 하는 표기를 선택하지만, 주시경 선생은 표기에서 본
음을 밝혀 그 형태소의 기저형과 동일하게 하는 표기 즉 'ㅇㅕ 여△의
갗, 곳, 깊고' 등과 같은 표기 방식을 선택하는 것이다. 한글맞춤법은
세종의 방식과 주시경 방식이 혼합된 것이다.(이에 대해서는 다른 자
리에서 논하기로 한다.)

3.5.3. 서구언어학과의 개념 차이

서구 언어학은 20세기 중반기까지 언어의 구성 성분 중 뜻의 부분
을 제외한 소리에 관한 연구에 집중하였다. 서구 언어학의 특성상 '소
리' 그 자체에 관해 한국식의 의미 부여를 한 흔적은 없다. 그러나 연
구의 대상이 소리 그 자체였기 때문에 이에 대한 분석 내지는 종합의
과정에서 새로운 이론이 발전하게 된다.

19세기말 역사비교 언어학에서는 소리가 변화를 하는데, 그 변화
에는 규칙이 존재한다고 하였다. 그리고 구조언어학에서는 이들 소리
가 관계속에서 존재하는데, 투루베츠코이에 의하면 그 관계는 전체
체계에서의 관계와 두 항 사이의 관계로 나누어지는데 양면적 대립관
계과 다면적 대립관계의 구분이 그것이다.

이러한 인식을 하면서 이들에 의해 존재하고 있는 소리는 변별적인
기능을 수행하는 것과 변별적인 기능을 수행하지 못하는 것이 있다는
것을 구별하게 된다. 음성적인 소리와 음운적인 소리로 구분되게 된
다. 이들 소리는 그것을 구성하고 있는 자질로 분석된다.

20세기 후반기에 이르러 소리는 음소의 차원에서가 아니라 자질의 차원에서 변별적인 것과 비변별적인 것이 구분되고, 기저와 표면으로 구분되는 두 소리가 대립을 이루게 된다.

주시경 선생의 본음과 변이음은 얼핏보아 N. Chomsky의 기저형과 표면형과 흡사하다. 언어의 형태는 본래의 형태와 음을 가지고 있는데, 이들을 기저형이라고 이름붙이는 것은 흡사하다. 주시경 선생의 본음과 변이음은 표면적으로 드러나는 소리인 반면에 촘스키의 기저형은 겉으로 드러나지 않는 소리이다. 본음은 실제로 존재하는 본래의 소리 내지는 기본이 되는 소리이고, 변이음은 실제로 존재하지만 특이한 환경에서 임시적으로 실현되는 소리이다.[18] 기저형은 이면에 존재하는 소리이고 표면형은 실제로 존재하는 소리이다.

N. Chomsky의 기저형은 선천적으로 타고 나는 언어습득기제에 의해 언어를 배우면서 자연스럽게 취득한 형태이다. 이 형태의 결정은 표면형의 도출 과정을 설명할 수 있는 타당한 형태가 되어야 하고, 그 과정에 추상성의 정도가 문제로 대두될 수 있지만, 그리고 이 층위의 설정은 한 형태소의 표면적인 이형태가 서로서로 변이의 과정을 설명

---

18) 한글마춤법 통일안의 제정에 관여했던 사람들이 후에 한글맞춤법에 대한 해설서를 쓰면서 '소리'라는 개념을 왜 제대로 포착하지 못했을까 하는 것은 중대한 의문의 하나이다. 주시경 선생의 소리는 본음과 임시음을 그 하위 체계로 가지고 있는 다음과 같은 다른 층위의 소리로 인식했지만

존재의 층위　　　소리

실존의 층위　　본음　　임시음

주시경 이후의 학자들은 이러한 층위를 인식하지 못하고, '뜻'과 대립되는 존재로서의 '소리'만 인식했기 때문이라고 추정된다.

할 수 없기 때문에 '표면형과 다른 층위' 즉 기저형을 설정하여 설명한다. 층위의 구분 역시 주시경 선생이 서구 언어학과 다른 점이다.[19)

4. 결론 : 소리의 본질과 실존

한글맞춤법에 나오는 개념의 규정을 정확하게 하는 것은 대상이나 사물에 대한 잘못된 인식을 바로 잡는다는 의미와 함께, 당시 주시경 선생의 학문이나 세종의 학문을 바로 이해하여 언어학사적인 위치를 제대로 파악하는 것과도 직결되는 것이다.

4.1. 소리의 본질

소리는 두 측면의 본질을 가지고 있다. 하나는 생체적으로 물리적으로 그리고 청각적으로 존재하는 것이고, 다른 하나는 인간의 정신 작용에 의해 언어적으로 존재하는 것이다. 소리란 생리적 존재이면서 물리적 존재이고 동시에 인지적 존재이기도 한 것이다.

생리적인 존재란 뇌세포의 명령을 전달받은 조음기관이 공기의 흐름을 방해하기 위해 움직인다는 의미이고, 물리적으로 소리란 조음기관에 의해 변동된 소리의 진동에 의해 에너지가 전달되는 파동을 의미하고, 인지적으로 소리란 인간의 머리 속에 저장되어 있는 인간의 언어를 지칭하는 것이다.

---

19) 본질과 실존에 대한 구분된 인식과 논의도 주시경 언어학에서는 찾아볼 수 없다.

소리가 만들어지는 과정은 과히 창조적 융합의 과정이다. 허파와 성문 그리고 목젖 그리고 혀와 입술이 그리고 이러한 조음 기관을 둘러싸고 있는 근육들도 순차적으로 혹은 동시적으로 작용하여 인간이 공통적으로 인식할 수 있는 보편성을 가지면서 동시에 똑같은 소리는 절대 내지 않는 개별성을 가진 소리를 창조해 내는 것이다. 이러한 소리 자체를 인지하는 과정 그리고 그것이 뇌의 신경 세포에 저장되는 과정 혹은 저장되어 있는 관계망 등은 아직 수수께끼 그 자체일 정도로 신비스러운 것이다.

이렇게 소리는 자연적으로 존재하는 것이다. 훈민정음에서의 소리나 주시경 선생의 소리는 자연적으로 존재하고 있는 그 자체를 지칭한 것이다.

4.2. 소리의 실존

소리는 현실 세계에서 본래의 소리대로 존재할 수도 있고, 임시의 음대로 나타날 수도 있고, 다른 것과 결합되면서 변형되어 섞이어 존재할 수도 있다.

한글맞춤법의 '소리대로 적되'라는 의미는 존재하고 있는 소리의 본질과 실존을 그대로 나타나게 한다는 의미이다. 이를 위한 방법이 '어법에 맞게'이다. 다시 말해 '소리대로 적되'는 기본적인 원칙을 선언한 것이고, '어법에 맞게'는 구체적인 방법을 표시한 것이다. 이는 서로 대립하거나 충돌하는 것이 아니라 '원칙과 방법'의 상보적인 관계로 존재하는 것이다. 여기서의 '소리'는 '본래의 소리'와 '임시의 소리'를 모두 포괄하는 개념이다. '본래의 소리와 임시의 소리' 중 어느

것을 표가할 것인가 하는 문제의 해결책이 .'어법에 따라' 적는다는
것이다. 이때의 '어법에 따라' 적는다는 것은 공시적 규칙으로 설명할
수 있는 것은 기저형을 밝혀 적고, 공시적 규칙으로 설명할 수 없는
것은 소리나는 대로 적는다는 것을 의미한다.(당시의 학자들이 본 공
시성과 통시성에 대해서는 별고를 준비 중이다.) 서구의 생성음운론
이 나오기 훨씬 이전에 생성음운론적인 사고로 한글맞춤법통일안을
만든 것이다.

소리에는 본음과 임시의 음이 있다는 사실을 적극적으로 수용하면
한글맞춤법의 총칙 '소리대로'의 표기는 본음 혹은 임시의 음 중 선택
하여 표기한다는 의미도 될 수 있고, 주시경 선생의 주장을 적극적으
로 수용하면 '본음을 밝혀 적는다'는 의미도 될 수 있다.

다시 말하면 자연에 있는 소리를 적는다는 선언적인 의미이거나,
형태음소적인 표기를 한다는 의미이거나 둘 중의 하나가 되는 것이
다. 전자를 택할 경우 '어법에 맞게'라는 의미는 공시적 규칙의 타당
성 여부로 둘 중 하나를 선택하는 것이고, 후자를 택할 경우 음소적
표기법을 수용하여 두 원칙의 조화를 꾀하기 위해 어법에 따른다는
의미가 된다.

어느 경우이든 한글맞춤법의 표기 원리가 음소 내지는 형태소의 교
체를 공시적인 규칙으로 설명할 수 있는 것은 그 본음(기본형 내지는
기저형)대로 적고, 공시적인 규칙으로 설명할 수 없는 것은 소리나는
대로 적는다는 것에는 변함이 없다.(이에 대한 구체적인 논의는 다른
자리로 미룬다.)

제3부
한국어의 표기

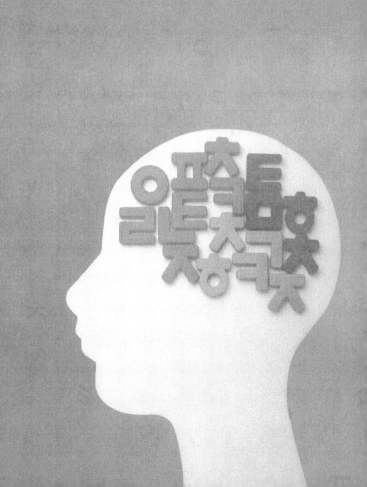

표기법의 이해

표기법이란 청각적인 존재인 소리를 시각적인 존재인 문자로 표기하는 방식이다. 여기에는 전통적으로 세 가지가 언급되어 왔다. 형태음소적 표기, 음소적 표기, 역사적 표기 등이 그것이다. 형태음소적 표기는 형태론적으로 보면 형태소의 기저형 내지는 기본형을 밝혀 적는 표기이고, 음운론적으로는 기저음소를 표기하는 것이다. 그리고 음소적 표기는 형태론적으로 보면 이형태가 있을 경우 이형태를 그대로 표기하는 방식이고 음운론적으로는 발음되는 표면음소대로 표기하는 방식이다. 그리고 역사적 표기는 관습적으로 표기해 오던 방식을 그대로 따르는 표기이다. 예를 들어 '꽃'과 '잎'이 합해져 복합어가 되는 경우 '꽃잎'으로 표기하는 것은 형대음소적 표기이고, '꼰닙'으로 표기하는 것은 음소적 표기이고, '내'와 '가'가 합해져 복합어가 되는 경우 '냇가'로 표기하는 것은 관습적 표기이다.

그런데 이들 용어에 나오는 '음소'의 경우 기저음소를 지칭할 수도

있고 표면 음소를 지칭할 수도 있고, '형태음소'란 언어학적 단위는
인정하는 학자도 있고 그렇지 않은 학자도 있기 때문에 용어의 오해
가 있는 것이다. 그래서 표기법은 음운론적인 문제와 가장 밀접한 관
계를 가지고 있으므로 음운론적인 단위의 용어를 빌어 '기저형 표기,
표면형 표기'로 대체하여 사용하고자 한다.

1. 말과 글의 공통점과 차이점

말과 글의 평상적인 개념은 '말'은 입과 귀를 통해 의사 소통의 도
구로 사용하고, '글'은 손과 눈으로 의사 소통의 도구로 사용하기 때
문에 이들을 대등한 위치에서 구분하기도 하지만, 말은 인간의 가장
천부적인 능력인 동시에 인간을 인간답게 하는 가장 큰 특징이고, 글
은 말의 단점을 보완하기 위해 후천적으로 개발한 것이기 때문에 말
을 큰 개념으로 잡고 둘을 구분하기도 한다. 이때는 주로 '입말'과 '글
말'이란 표현으로 구분하기도 한다.사용하는 용어도 전자를 음성언어
혹은 구두언어(구어)라 표현하기도 하고,[1] 후자를 서사언어, 문자언
어(문어)라 표현하기도 한다.[2]

1.1. 공통점

이 책에서는 전통적인 고유어로 말과 글이라는 단어로 표현하고자

---

1) 영어에서 사용하는 spoken language, speech 등을 번역한 것이다.
2) 이 역시 영어의 written language, writing 등을 번역한 것이다.

한다. 말과 글은 기본적으로 많은 공통성을 가진다. 공통성 중에서 가장 중요한 것은 뇌의 정신작용과 상호 작용하면서 정신 작용을 구체화하고 명확하게 하고 정확하게 만들어 주는 기능이다. 애매모호하던 정신 작용이 말과 글로 표현되면서 그 내용이 가다듬어지고 정확하고 논리적으로 보완되는 것이다.

이들은 정보 전달의 기능에서도 공통성을 가진다. 한 개인이 가지고 있는 정보를 다른 사람에게 전달하여 정보를 공유하고, 정보를 재창조하게 하는 기능을 수행하는 것이다. 그리하여 정보를 공유하는 사람끼리 언어공동체로서 동일한 하나의 문화권을 형성하게 되고, 이 문화를 다음 세대에 전달하는 문화적 전승의 기능도 공유하고 있는 것이다.

이들은 또한 사회적인 보편성과 개인적인 차별성으로 공통적으로 가진다. 말은 음운규칙, 규칙에 내재된 원리, 이에 대한 제약 등을 보편적으로 가지고, 글은 표기규칙, 표기의 원리, 이에 대한 제약 등은 사회적인 약속으로 공유한다. 그러면서 말이 개인적인 음색과 개인 화법을 가지듯이 글은 개인적인 글씨체로 개인 문체나 필체를 가지게 된다.

이들은 서로가 영향을 주기도 하고 받기도 하는 상호 작용의 기능도 가지고 있다. 말(입말)에 의해 글(글말)이 변화하기도 한다. 즉 말이 변화하면 표기법이나 맞춤법을 변화 시켜 글을 말에 일치시키고자 하는 것은 말에 의한 글의 변화가 발생하는 것이다 반면에 글에 의해 말이 변화하기도 한다. 흔히 말하는 철자식 발음은 철자 혹은 표기에 의해 발음이 변화하는 모습을 보여주기도 하는 것이다.

1.2. 차이점

인간의 정신 작용은 겉으로 표현될 때 그것은 신체적 행동이나 시각적 기호 청각적 음성으로 나타난다. 말과 글의 차이점은 바로 여기서 출발한다.

말은 인간의 천부적인 선험성에 의한 것이고, 글은 인간의 후천적인 창조성에 의한 것이다. 말은 청각과 조음기관을 이용하고, 글은 시각과 손을 이용한다. 말은 급속하게 감쇄하지만 글은 반영구적이다. 말은 음파가 갈 수 있는 한계 안에서만 작용하는 한계를 가지지만, 글은 그러한 한계를 가지지 않는다.

이외에 말과 글의 차이점을 존재의 기본적인 성격과 존재하고 있는 양상으로 구분하여 정리해 보면 다음과 같다.

	말	글
기본 성격	소리(발음)와 의미의 결합	표기(문자)와 의미의 결합
	청각적(조음-청각-인지) 기능	시각적(서사-시각-인지) 기능
	음소와 운소, 억양, 강세 등으로 구성	자소, 특수 문자, 구두점, 띄어쓰기 등으로 구성
	음운 규칙에 의해 발음	표기 규칙에 따라 표기
존재 양상	시간 의존적(시간소요)	공간 의존적(공간 소요)
	동태적	정태적
	일시적	영구적
	음성 차원의 다양성	필체의 다양성

〈매체의 발달로 인한 말과 글의 접근〉

말과 글은 공통적인 기능 외에 생겨 나면서부터 가지고 있는 이질성 때문에 서로 다른 기능과 성격을 가지고 있지만, 최근의 컴퓨터 발달은 이 차이를 무색하게 하고 있다. 컴퓨터 등 통신매체의 혁신적인 발달로 인해 음성 언어와 문자 언어는 그 발생의 기원과 관련된 차이점 외에는 거의 대동소이해지게 된 것이다. 특히 문자언어를 음성 언어로 바로 전화하거나, 음성 언어를 문자로 바로 전사하는 프로그램이 계속 개발되고 있기 때문에, 미래에 대한 정확한 예측은 어렵지만, 그 차이가 없어지고 있는 것만은 사실이다.

2. 표기법의 유형과 소리의 존재 양상

2.1. 소리의 존재 양상

인간이 내는 소리는 길이의 단위에 따라 여러 가지로 나누어지는데, 표기와 관련하여 최고로 큰 단위는 단어인 듯하다. 단어는 그보다 더 작은 단위로 나누어질 수 있는데, 뜻을 나타내는 형태소와 발음하는 단위인 음절로 나누어질 수 있다. 형태소와 음절은 그 구성 성분으로 음소를 가지고 있고, 음소는 기저형과 표면형의 두 가지를 가지고 있다.

표기와 관련된 소리의 단위는 기저형과 표면형, 음절, 형태소, 단어 등이 되는 셈이다.

2.2. 표기의 유형

가. 표의적 표기와 표음적 표기

모든 문자는 읽히는 소리가 있고 그 문자가 지칭하는 의미가 있지만, 낱낱의 문자가 담당하는 주된 기능이 의미이냐 소리냐에 따라 표의 문자와 표음 문자로 구분한다. '木(목), 水(수), 川(천)'처럼 문자 하나하나가 개별적인 뜻을 나타낼 때 표의 문자라 하고, '사람, 하늘, 나무'처럼 'ㅅ, ㅏ, ㄹ, ㅁ' 등은 개개의 문자가 의미를 가지는 것이 아니고 소리만을 나타낸다. 이러한 문자를 표음 문자라고 한다.

표기를 하는 방법에는 이러한 문자의 기능에서 유래한 용어로 표의적 표기와 표음적 표기라는 말을 사용한다. 의미를 중심으로 형태소를 구분하여 표기하는 방법을 표의적 표기라 하고 음절이나 음소가 실제 발음되는 대로 표기하는 방식을 표음적 표기라고 한다.

나. 연철과 분철 그리고 혼철

받침을 가지고 있는 형태소가 모음으로 시작되는 형태소와 결합하게 되면 받침의 위치에 있던 자음이 뒷음절의 초성으로 발음되는 연음 현상이 발생하게 된다. 이러한 현상이 발생하면 발음되는 대로 표기할 수 도 있고, 형태소를 고정시켜 표기할 수도 있겠다. 전자를 연철 표기라 하고(예: 먹+고 → 먹고, 먹+으니 → 머그니, 먹+어서 → 머거서, 밥+도 → 밥도, 밥+이 → 바비, 밥+을 → 바블 등), 후자를 분철 표기라 한다.(예: 먹+고 → 먹고, 먹+으니 → 먹으니, 먹+어서 → 먹어서, 밥+도 → 밥도, 밥+이 → 밥이, 밥+을 → 밥을 등) 전자는 발음과 표기를 가깝게 하기 위한 표기 방식이고 후자는 형태소를 고정시켜 의미 파악이 쉽도록 하는 표기 방식이다.

이 두 방식을 절충하는 방식이 있다. 선행하는 어간의 말자음을 표기에 반영하고 실제 발음되는 양상도 표기에 반영하는 형식으로, 선행하는 형태소의 받침이 받침으로도 표기되면서 모음으로 시작되는 후행하는 형태소의 초성으로 중복되어 표기되는 방식을 중철(重綴) 표기라 한다.(예 : 먹+고 → 먹고, 먹+으니 → 먹그니, 먹+어서 → 먹거서, 밥+도 → 밥도, 밥+이 → 밥비, 밥+을 → 밥블 등)

다. 음소적 표기와 형태음소적 표기

말이란 기저형과 표면형이라는 두 면을 가진다. '값'이라는 단어는 '값만, 값도, 값이'에서 보듯이 [감], [갑], [갑씨]이라는 세 종류의 표면형을 가지고 있다. 세 종류의 표면형은 '값'이라는 기저형이 실질적인 상황에서 드러나는 모습이다. 이때 기저형을 밝혀 적은 표기를 형태음소적 표기라 해 왔고, 표면형대로 적는 표기를 음소적 표기라 해 왔다.

한글맞춤법의 예를 들면 [감만], [갑또], [갑씨]로 조음되는 것을 '값만, 값도, 값이'라고 표기하는 것은 형태음소적 표기라 해 왔고, '죽+엄 → 주검, 덥+어라 → 더워라'로 표기하는 것을 음소적 표기라 해 왔다.

2.3. 표기의 실제와 표기법 연습

표기법이 변이형을 반영하면 기저형 파악이 어렵다. 터어키의 음절 말 무성음화의 표기가 이에 해당된다. 반면에 철자법을 고정시키면

음소와 문자의 일 대 일 대응이 안된다. 영어 등 많은 언어의 표기가 이러하다. 한편 두 유형을 절충하면 원칙과 현실을 이해하기 어려운 면이 생긴다. 한국어의 표기법이 이에 해당된다.

표의주의적 표기는 형태음소적, 분철 표기가 기본이고, 표음주의적 표기는 음소적, 연철 표기가 기본이지만, 반드시 이들이 1:1로 대응되는 것은 아니다. 표기법을 이해하기 위해 한국어의 표기를 대상으로 경우의 수를 나누어 제시하면 다음과 같다.

(1) 사람 + 을
사람을 : 형태음소적 표기이자 음소적 표기 : 분철
사라믈 : 형태음소적 표기이자 음소적 표기 : 연철

(2) 값 + 없 + 이
값없이 : 형태음소적 표기, 분철 표기
가법씨 : 음소적 표기, 연철 표기
갑없이 : 음소적 표기, 분철 표기

(3) 묻 + 음
물음 : 음소적 표기, 분철
무름 : 음소적 표기, 연철
묻음 : 형태음소적 표기, 분철
무듬 : 형태음소적 표기, 연철

(4) 가 + 았 + 다
'가+았+다'의 표의주의적 표기는 '가았다', 표음주의적 표기는 '갇따'

'갔다'는 표의주의와 표음주의의 절충, 형태음소적 표기, 분철과 연철은 해당 없음.

(5) 내+ㅅ+가'의 경우

'내ㅅ가' : 표의주의적 표기, 형태음소적 표기

'냇가'의 경우는 표의주의와 표음주의의 절충이자 형태음소적 표기,

'내가'는 변형된 표의주의, 부분적 형태음소적 표기,

'낻까'는 표음주의적 표기이자 음소적 표기

3. 국어 표기법의 변화

문자의 제작에 관한 한 인류사에서 그 유례를 찾아 볼 수 없는 대업을 이룩한 세종은 한자 내지는 한문 그리고 차자 표기 등과의 관련 속에서 표기 방법을 어떻게 할 것인가 하는 문제를 고민한다. 국어 표기법에 관한 고민은 이때부터 시작되었다고 볼 수 있으므로 세종 당시의 표기법에 대해 간략하게 언급하고 표기법의 변화를 보기로 한다.

3.1. 세종 당시의 표기법

세종 당시의 표기법은 훈민정음 이라는 책에 나타나 있으므로 이를 중심으로 살피되, 표기법에서 쟁점이 될 수 있는 몇 사항 중심으로 살피기로 한다.

첫째는 창제한 문자를 음절 단위로 모아서 표기하되(초중종삼성합이성자(初中終三聲合而成字))' 초성은 중성의 위쪽이나 왼쪽에 있

고, 중성 중 누워 있는 모양을 하고 있는 것(예 : ㅡ, ㅗ, ㅜ, ㅛ, ㅠ 등)은 초성의 아래에 표기하고,(그, 고, 구, 교, 규 등) 서 있는 모양을 하고 있는 모음(ㅣ, ㅏ, ㅓ, ㅑ, ㅕ 등)은 초성의 오른쪽에 두고(기, 가, 거, 갸, 겨) 종성은 초성 중성의 아래에 둔다.(감, 곰, 길, 굴)

둘째 초성이나 종성에서 병서하는 글자는 나란히 쓰고(ᄶᅡ, ᄠᅳᆮ, ᄡᅳᆷ, 홁, ᄃᆞᇌᄣᅢ) 연서하는 글자는 아래위로 쓴다(ᄫ)

셋째, 종성의 문자는 '종성부용초성(終聲復用初聲)'이라 하여 종성 글자를 따로 만들지 않고 초성 글자를 다시 쓰되 8자만 상용한다. 'ㄱ ㆁ ㄷ ㄴ ㅂ ㅁ ㅅ ㄹ 八字可足用也'라고 규정하였다. 그래서 '빗곶(梨花), 엿의갗(狐皮)'에서의 종성 'ㅅ ㅈ ㅿ ㅊ'은 그 본래의 소리가 'ㅅ, ㅈ, ㅿ, ㅊ' 등이지만 'ㅅ'으로 통용한다는 것이다. 기본형대로 적는 것이 아니고 종성 위치에서 실제 발음되는 8종성만을 표기에 사용한다. 결국 음소적 표기를 규정한 맞춤법인 것이다.

넷째, ≪훈민정음≫ 자체에는 규정되어 있지는 않았으나 당시의 문헌 자료를 보면 앞 형태소의 끝 자음이 모음으로 시작되는 형태소와 결합할 경우에는 뒷형태소의 초성으로 연음된다. 이는 체언의 곡용과 용언의 활용에서 차이가 나지 않는다. 예를 들어, '일후미(名), 업스니라(無)' 등에서 동일한다. 이러한 연철 현상은 '사교미(釋)' 등과 같이 체언형과 조사와의 경계에서도 마찬가지였다.[3]

3) 세종 당시의 문헌에 분철하는 몇 가지 경우가 있다. 한자어의 경우에 그 한자어의 독음 뒤에서는 연철 표기를 하지 않았다.(예 : 法법에, 法법身신이, 德득을), 'ㄱ'이 탈락한 위치에서는 연펄 표기를 하지 않았다.(예 : 놀애, 몰애 등)', 그리고 'ㄴ, ㅁ' 등은 연음되지 않는 경우가 있었다.(예 : 안아, 삼아 등)

이로써 후대에 맞춤법을 정할 때 쟁점이 되었던 부분만을 정리하면 '훈민정음 창제 당시에서 8종성법의 음소적 표기를 채택하였고, 연철 표기를 하였다.'와 같이 된다.[4]

3.2. 연철에서 혼철로 그리고 분철로

훈민정음 창제 당시에는 연철이 대세를 이루는 표기였다. 그런데 16세기에 오면 분철표기가 점점 늘어나 16세기 말엽 교정청(校正廳)에서 간행한 ≪소학언해 小學諺解≫ 등에서는 특히 체언의 경우 오히려 우세하게 되었다. '눈물이, 집이' 등과 같이 체언의 곡용에서나 '갈아, 먹임이' 등과 같이 용언의 활용에서도 분철이 나타난다. 16세기 이후로 등장한 또 하나의 특징은 중철(重綴) 표기의 등장이다. 예를 들어, '옷슬, 옷시' 등과 같은 표기인데 어휘 형태소의 모양을 고정시켜 주면서 실질적인 발음 형태도 고려한 것으로 연철과 분철을 동시에 적용한 표기이다. 이와 다른 또 하나의 표기는 격음 등으로 재음소화하여 이를 표기에 반영하는 것이다. 18세기 후기에 등장한 표기의 하나로 '밑, 닢' 등의 격음을 평음과 'ㅎ'으로 재음소화하여 '밋흐로, 닙흐로' 등으로 표기하는 것이다. 18세기 후반에 나온 무어연행록을 살펴 보면 이러한 표기가 모두 뒤섞여 나온다는 것을 볼 수 있다.

앞뒤히(2:82) 앞뒤흐로(2:82)

앞은(5:148)

---

4) 연철 및 8종성의 예외적인 문헌으로 ≪용비어천가≫와 ≪월인천강지곡≫이 있다. 여기에는 '곶, 깊고'라는 표현이 나타난다.

아픠로(5:99) 아픠로브터(5:114) 아푼(3:5)
압히셧던(1:16) 압히(1:30)

19세기에 이르면 분철표기가 차츰 확대되는 경향을 보인다. 체언 어간과 용언 어간을 가리지 않고 분철로 표기되는 경향이 일반화되는 것이다. 이는 의미 단위인 어휘 형태소를 인식하고 이를 문법 형태소와 구분하여 표기하고자 하는 문법 의식이 지속적으로 확대되었다고 할 수 있는 것이다.

3.3. 음소적 표기에서 형태음소적 표기로

훈민정음의 창제 후 세종이 선택한 표기법은 음소적 표기였다. 말의 기본형 내지는 기저형을 밝혀 적는 것이 아니라 발음하는 음소의 모양대로 적는 음소적 표기였다. 그리고 이 이후 근대국어에 와서 기초적인 형태음소적 표기가 가미되기는 하였지만 사회 전반적인 약속에 의한 것이 아니었고 필사자의 개인적인 취향이나 능력에 따라 표기가 다양한 모습을 보였던 것이다.

개화기인 1894년에 한문 대신에 국문을 公文으로 한다는 공문식 (고종의 칙령 제1호)이 공표되자 우리 사회의 전반적인 현상으로 우리 말과 글을 일치시키고자 하는 언문일치 운동이 시작되었다. 1896년 서재필이 순 우리 글로 된 〈독닙신문〉을 창간할 즈음 우리말의 표기를 어떻게 할 것인가 하는 문제가 국가 전체의 문제로 대두되게 되었다.

이 즈음 주시경 선생은 우리 글의 종성에 초성 글자 모두를 사용하자고 주장하고, 1907년에 설립된 국문연구소의 위원으로 활동하다가 1909년에 연구한 결과를 〈국문연구의정안〉으로 제출하게 되는데, 그는 여기서 기존에 사용하던 받침 'ㄱ, ㄴ, ㄹ, ㅅ, ㅁ, ㅇ, ㅂ' 외에 'ㄷ, ㅈ, ㅊ, ㅋ, ㅌ, ㅍ, ㅎ'도 사용하여 형태음소적 표기법을 할 것을 요구하였다.

그러나 1910년 나라를 빼앗기자 〈국문연구의정안〉은 논의도 제대로 되지 못한 채 폐기되는 처지가 되었고, 일제는 〈 보통학교용 언문철자법 〉(1912)에서 아래의 인용문에서 보듯 '발음대로의 서법을 취'하여 음소적 표기법을 표기법의 기본 성격으로 삼았다.

> 정격(政格)인 현대(現代) 경성어(京城語)를 표준(標準)으로 하되 가급적(可及的) 종래(從來) 관용(慣用)의 용법(用法)을 취(取)하야 발음(發音)대로의 서법(書法)을 취(取)함.

이에 대한 반대 의견이 많자, 1930년 조선총독부가 언문철자법을 개정하였는데, 그 주된 내용 중의 하나는 다음과 같아서 형태음소적 표기법을 기본으로 채택하는 듯했다.[5]

> "終聲은 從來 使用하던 ㄱㄴㄹㅁ ㅂㅅ래쾌 ㄹ 以外에 ㄷㅌㅈㅊㅍㄲ ㄳㄵㄾㄿㅄ을 加함"

그러나 이 철자법도 형태음소적인 표기법이라는 인식을 제대로 하

---

5) 아래에 제시하는 두 인용문은 네이버에 실려 있는 '민족문화대백과사전'의 '한글맞춤법' 항목에 나오는 내용이다

지 못했기 때문에 음소적 표기법을 기본으로 하고, 형태음소적 표기법을 보충하는 수준의 표기법이었다.

> "언문철자법(諺文綴字法)은 순잡(純雜)한 조선어(朝鮮語)와 한자음(漢字音)과를 불문(不問)하고 발음(發音)대로 표기(標記)함을 원칙(原則)으로 함. 단(但) 필요(必要)에 응(應)하여 약간(若干)의 예외(例外)를 설(設)함."

3.4. 한글맞춤법의 표기법

1933년에 완성된 〈한글마춤법통일안〉은 소위 두 원칙의 절충을 꾀하고 있다. 형태음소적 표기법과 음소적 표기법의 절충을 꾀하고 있고, 분철과 연철의 절충을 꾀하고 있다. 다음과 같이 표기의 원칙이 절충되고 있는 것이다.

첫째, 형태음소적 표기법을 원칙으로 하고, 음소적 표기법을 예외적으로 허용한다.
둘째, 분철을 기본으로 하고 연철을 예외적으로 허용한다.
셋째, 음소적 표기법과 연철을 허용하는 것은 어원을 밝힐 필요가 없는 경우이다.

이러한 원칙의 절충은 음운 규칙의 공시적 타당성에 관한 고민에서 나온 것으로 판단되는데, 그에 관한 논의는 이 책의 제9장을 참고하기 바란다.

한글맞춤법의 실제

여기에서 다루는 한글맞춤법은 〈문교부 고시 제88-1 호(1988. 1. 19.)〉에 의한 것이고 그 목차는 다음과 같다. 이 장에서 다루는 것은 제4장까지이다. 문장부호는 부록에서 다루고 〈제5장 띄어쓰기〉와 〈제6장 그밖의 것〉은 〈제4부 심화과제〉에서 다룬다.

한글 맞춤법의 목차

제1장 총 칙

제1항 한글 맞춤법은 표준어를 소리대로 적되, 어법에
맞도록 함을 원칙으로 한다.

1. 총칙

1.1. 한글맞춤법의 원칙

한글 맞춤법의 기본적인 원칙을 밝힌 것이다. 한글맞춤법의 대상
은 표준어이고, 원칙은 '소리대로'적는 것이고, 구체적인 방법은 '어
법에 맞도록'한다는 것이다. 대상을 표준어라고 한 것은 한국인들의
문자 생활은 표준어를 기준으로 한다는 것이고, '소리대로' 적는 것은
'소리'와 '표기된 문자'가 일치되도록 한다는 것이고, '어법에 맞도록'
한다는 것은 '소리의 법칙에 맞도록'이라는 뜻으로 해석할 수 있는데,
이 의미는 소리의 두 형태 즉 기저형과 표면형 중 어떤 것을 밝혀 적
느냐 하는 문제는 현대한국어의 공시적인 규칙에 맞도록 한다는 뜻이
다.

인간이 내는 소리(말, 언어)를 글(문자)로 표기한다는 것은 청각적
인 존재를 시각적인 존재로 전환하는 것인데, 이에 대한 한글맞춤법
의 기본적인 원칙은 소리와 문자가 일치하도록 한다는 것이다.

그런데 소리라는 것은 두 가지의 속성을 가지고 있어서 쉽게 판단하
기 어려운 경우가 생기는 것이다. 몇 가지 예를 제시해 보기로 하다.

(1) '꽃(花)'이란 단어의 말음 기저형 'ㅊ'은 뒤에 무엇이 오는가에 따라 최소한 세 종류의 다양한 발음 형태를 가진다. ㉠처럼 모음이 이 어질 경우에는 'ㅊ'이 제 음가대로 조음되고, ㉡처럼 단독으로 사용되 거나 자음이 이어질 경우에는 음절말에서 중화나 폐쇄음화를 일으켜 'ㄷ'으로 실현되고, ㉢처럼 뒤에 비음이 이어질 경우에는 동화현상을 일으켜 'ㅁ'으로 실현된다.

㉠ [꽃] — /꽃+이/→ [꼬치], /꽃+을/→[꼬츨], /꽃+에/ → [꼬체]

㉡ [꼳] — /꽃/ → [꼳], /꽃+과/→ [꼳꽈], /꽃+밭/ → [꼳빧]

㉢ [꼰] — [꽃+만/ → [꼰만], /꽃+나무/ → [꼰나무]

(2) '값'이라는 단어의 말음 기저형 'ㅄ' 역시 뒤에 오는 음소의 종류 에 따라 최소한 세 종류의 다양한 발음 형태를 가지게 된다. ㉠처럼 모 음이 이어질 경우에는 'ㅂ'과 'ㅅ'이 다 조음되고, ㉡ 처럼 단독으로 사 용되거나 자음이 이어질 경우에는 자음군 간소화현사을 일으켜 'ㅂ' 만 실현되고, ㉢처럼 뒤에 비음이 이어질 경우에는 동화현상을 일으켜 'ㄴ'으로 실현된다.

㉠ [갑씨] — /값+이/→ [갑씨], /값+을/→[갑쓸]

㉡ [갑] — /값/ → [갑], /값+도/→ [갑또], /값+싼/ → [갑싼], /값+ 어치/ → [가버치]

㉢ [감] — [값+만/ → [감만], /값+나가다/ → [감나가다]

(3) 한편 '덥-'이라는 동사는 뒤에 모음이 오느냐 아니면 자음이 오 느냐에 따라 두 종류의 발음을 가진다.

㉠ [덥] — /덥+고/→ [덥꼬], /덥+지/→[덥찌]
㉡ [더우] — /덥+으면/→ [더우면], /덥+엇/ → [더워서]

(4) 용언 '살-'은 아주 상이한 현상을 보인다. 어간 말음에 'ㄹ'을 가
지고 있는 동사는 후행하는 자음의 종류에 두 종류의 발음을 가진다.

㉠ [살] — /살+고/→ [살고], /살+지/→[살지], /살+면/ → [살면]
㉡ [사] — /살+는/→ [사는],

　이처럼 하나의 기저형이 다양한 표면형으로 나타나는 일은 흔히 있
을 수 있는 일이기 때문에 '소리대로' 적고자 할 때 쉽게 결정되는 일
이 아니기 때문에 그 방법이 필요한데 그것이 '어법에 맞도록'이란 표
현으로 나타나는 것이다. 어법(語法)이란 언어의 법칙 내지는 규칙으
로 이해할 수 있는데, '어법에 맞도록' 한다는 것은, 결국 '언어의 법
칙이나 규칙에 맞도록' 한다는 뜻이 되고, 이것은 기저형을 밝혀 적을
것이나 아니면 표면형대로 적을 것인가 하는 문제는 '현재의 어법에
맞도록' 한다는 것이고, '현재의 어법에 맞도록' 한다는 것은 '현재의
공시적인 규칙으로 설명할 수 있는 것은 기저형을 밝혀 주고, 현재의
공시적인 규칙으로 설명하기 어려운 것은 이미 통시적 규칙이므로 그
기저형을 밝히지 않고 표면형대로 적는다는 것을 의미하는 것이다.
　위의 (1)이나 (2)에서 나타나는 음절 말음의 중화 내지는 평음화,
자음군 간소화, 비음화 등은 현대국어에서 살아 있는 규칙이기 때문
에 한국어를 모국어로 사용하는 사람이면 누구에게나 당연히 예견될
수 있는 공시적인 현상인 반면에, (3)이나 (4)에 나타나는 'ㅂ'과 'w'

의 교체 그리고 'ㄴ' 앞에서의 'ㄹ' 탈락은, 아래의 예에서 보듯이 동일
한 환경에서 그러한 현상을 보이지 않는 예들이 존재하기 때문에 예
측이 불가능한 것이다.

  ㉠ [잡] — /잡+아서/→ [자바서], /잡+으면/→[자브면]
  ㉡ [하늘] — /하늘+나라/→ [하늘라라]
  [하느] — /하늘+님/→ [하느님]

 이렇듯 '어법에 맞도록' 한다는 개념은, 공시적인 규칙이어서 예측
될 수 있는 것은 기저형을 밝혀 적고, 공시적인 현상이 아니기 때문에
예측이 불가능한 것은 소리나는 표면형대로 적는다는 것을 의미하는
것이다.

제2항 문장의 각 단어는 띄어씀을 원칙으로 한다.

1.2. 띄어쓰기

 우리말을 표기함에 있어서는 '띄어 쓰는' 것을 전제로 하고, 그 단
위를 단어로 한다는 원칙을 천명한 것이다. 언어의 단위는 자질, 음
소, 음절, 형태소, 단어, 구, 절, 문장 등 다양하게 나타나는데, 우리말
의 띄어 쓰는 단위는 '단어'를 원칙으로 하고 경우에 따라 예외를 인
정한다는 의미가 되는 것이다. 이에 대해서는 뒤의 〈제6장〉에서 따로
논의하도록 한다.

제3항 외래어는 '외래어 표기법'에 따라 적는다.

1.3. 외래어 표기

한글맞춤법은 '표준어'를 대상으로 하는 것이고, 표준어의 구성은 고유어, 한자어[1], 외래어 등이 되므로, 한글맞춤법에서 외래어를 다루는 것이 당연할 것이다. 그러나 외국어가 외래어로 정착되는 과정에 그 음가를 고려하여 한글로 표기하는 방법은 각 언어가 지닌 특질에 따라 달라질 수 있기 때문에 외래어 표기법을 따로 정하고, 본 규정에서는 제외하기로 한 것이다.(외래어 표기법은 1986년 1월 7일 문교부 고시)

제2장 자모

제4항 한글 자모의 수는 스물넉 자로 하고, 그 순서와 이름은 다음과 같이 정한다.

ㄱ(기역)　　ㄴ(니은)　　ㄷ(디귿)　　ㄹ(리을)
ㅁ(미음)　　ㅂ(비읍)　　ㅅ(시옷)　　ㅇ(이응)

---

1) 한자어도 엄밀히 말하면 외래어이지만, 우리말에 들어온 지 너무 오래되어 외래어처럼 인식하지 않는 경향이 많기 때문에 이렇게 표현했을 것이다. 어종에 따라 어휘를 분류한다면 고유어, 외래어(한자외래어, 그외외래어) 등으로 나눌 수도 있을 것이다.

ㅈ(지읒)   ㅊ(치읓)   ㅋ(키읔)   ㅌ(티읕)

ㅍ(피읖)   ㅎ(히읗)

ㅏ(아)   ㅑ(야)   ㅓ(어)   ㅕ(여)

ㅗ(오)   ㅛ(요)   ㅜ(우)   ㅠ(유)

ㅡ(으)   ㅣ(이)

[붙임 1] 위의 자모로써 적을 수 없는 소리는 두 개 이상
의 자모를 어울러서 적되, 그 순서와 이름은 다음과
같이 정한다.

ㄲ(쌍기역)   ㄸ(쌍디귿)   ㅃ(쌍비읍)

ㅆ(쌍시옷)   ㅉ(쌍지읒)

ㅐ(애)   ㅒ(얘)   ㅔ(에)   ㅖ(예)

ㅘ(와)   ㅙ(왜)   ㅚ(외)   ㅝ(워)

ㅞ(웨)   ㅟ(위)   ㅢ(의)

[붙임 2] 사전에 올릴 적의 자모 순서는 다음과 같이 정
한다.

자음: ㄱ ㄲ ㄴ ㄷ ㄸ ㄹ ㅁ ㅂ ㅃ ㅅ ㅆ
      ㅇ ㅈ ㅉ ㅊ ㅋ ㅌ ㅍ ㅎ

모음: ㅏ ㅐ ㅑ ㅒ ㅓ ㅔ ㅕ ㅖ ㅗ ㅘ ㅙ
      ㅚ ㅛ ㅜ ㅝ ㅞ ㅟ ㅠ ㅡ ㅢ ㅣ

2. 자모

2.1. 자모의 수

한글 자모의 수와 순서 및 이름은 제시한 것인데, 그 내용은 1933년 당시의 통일안(한글마춤법통일안)과 동일하게 하였다.

한글 자모의 숫자를 24자로 한 것은 현재의 언어체계와 맞지 않는 부분이 많이 있지만, 전통적인 관습에 따라 그리고 문자의 모양에 따라 그렇게 한 것이다. 즉 한글은 15세기 훈민정음을 창제할 당시에 28자를 창제하고, 창제한 글자를 병서, 연서, 합자한 글자들과 구분하였는데, 1933년 한글마춤법통일안을 만들 때 창제자에서 소멸한 글자 4자를 빼고 24자로 한 것이다. 창제한 후 600년 가까이 세월이 흐르면서 언어가 변화하여 문자의 모양과 음가가 일치하지 않는 경우가 아래의 예처럼 발생하였지만

> ㉠ 두 개의 문자이면서 하나의 소리가 된 것 - 24자에서 제외
> 'ㄲ, ㄸ, ㅃ, ㅆ, ㅉ' 등 병서자들
> 'ㅐ, ㅔ' 등 'ㅏ, ㅓ'에 'ㅣ'가 합쳐서 만들어진 글자들
> ㉡ 하나의 문자이면서 두 개의 소리인 것 - 24자에 포함
> 'ㅑ, ㅕ, ㅛ, ㅠ' 등 창제자이지만 이중모음인 글자들

전통적인 표현의 관례를 존중하여 24자로 한 것이다.

2.2. 자모의 순서

한글 자모의 순서는 훈민정음 창제 후 다양한 학자들에 의해 다양

한 방식으로 제시되었는데, 기본적인 기준점은 조음 위치와 조음 방식의 조합을 어떻게 할 것인가 하는 문제였다. 현재 우리 맞춤법에서 채택하고 있는 자음의 순서는 조음 방식에 따라 우선 분류를 하고, 조음 위치에 따라 배열을 하면서 다시 조음 방식이나 문자의 모양을 고려한 것이다. 자음은 유기음과 유기음 아닌 것을 분류하여 유기음이 뒤에 배열된다. 평음 등은 조음위치에 따라 '아설순치후'로 배열되면서 문자 모양이 간단하고 소리가 약한 'ㄴ, ㅁ' 등이 'ㄷ, ㅂ' 보다 앞서게 되는 것이다.

〈평음 등〉ㄱ(아음) ㄴ, ㄷ, ㄹ(설음) ㅁ, ㅂ(순음), ㅅ(치음),
　　　　ㅇ(후음)
〈편법적 존재〉ㅈ, ㅊ
〈유기음 등〉ㅋ(아음) ㅌ(설음) ㅍ(순음) ㅎ(후음)

모음의 순서는 모음의 자질(모음을 발음할 때 작용하는 발음의 특징 – 개구도, 혀의 위칭, 원순성 등)을 고려하여 배열하게 되는데, 가장 먼저 고려되는 변수는 혀의 앞뒤 위치이다. 후설 모음을 먼저 하고 전설 모음을 뒤로 한다. 그래서 'ㅣ'가 가장 뒤가 된다. 후설 모음 중에는 평순 모음이 원순 모음보다 우선한다. 그래서 'ㅏ, ㅓ'가 'ㅗ, ㅜ' 보다 앞선다. 원순성이 동일할 경우에는 개구도가 큰 것이 우선된다. 그래서 'ㅏ'가 'ㅓ'보다 앞서고, 'ㅗ'가 'ㅜ'보다 앞선다. 동일한 음을 공유할 경우 단모음이 이중모음보다 앞선다. 그래서 'ㅏ, ㅓ, ㅗ, ㅜ' 등이 'ㅑ, ㅕ, ㅛ, ㅠ' 보다 앞선다. 이러한 순서 매김의 뒤안길에 있던 'ㅡ'는 'ㅣ' 앞에 배치하게 되어 다음과 같은 순서가 되는 것이다.

ㅏ(아)   ㅑ(야)   ㅓ(어)   ㅕ(여)   ㅗ(오)

ㅛ(요)   ㅜ(우)   ㅠ(유)   ㅡ(으)   ㅣ(이)

훈민정음을 창제할 때 글자 이름을 어떻게 했을까 하는 문제는 지금도 풀리지 않는 수수께끼인데, 현재 사용하고 있는 자모의 이름은 최세진 선생의 훈몽자회에 유래한다. 최세진 선생은 한글 자모의 음가를 설명하기 위해 예를 들면 자모 'ㄴ'은 '尼(니)'자의 처음 나는 소리이자, '隱(은)'자의 마지막에 나는 소리라는 것을 설명하기 위해 한자 예를 들었던 것이다. 초성을 설명하기 위해서는 'ㅣ' 앞에 해당 초성이 오는 소리를 예로 들고, 종성을 설명하기 위해서는 'ㅡ' 모음 뒤에 해당 종성이 오는 소리를 예로 들었던 것이다. 그런데 한자에 '윽, 은, 읏' 등의 음을 가진 글자가 없어서 '役(역). 末(말 - 귿), 衣(의 - 옷)' 등을 편법으로 동원했던 것이다. 이것이 현재 그대로 자모 이름으로 굳어져서 그대로 통용되고 있는 것이다. 'ㄱ, ㄷ, ㅅ'도 나머지 글자의 경우처럼 '기윽, 디은, 시읏'으로 하는 것이 자음 이름의 체계상 당연하겠으나, 언제부터인지 모르지만 오랜 동안 사용해온 관용을 존중하여 '기역, 디귿, 시옷'으로 한 것이다.

〈붙임 1〉은 관례를 존중하여 한글 자모를 24자로 하였기 때문에 이 외에 실제 사용되고 있는 글자들 포함하기 위한 것이다. 문자의 모양에 있어서 두 개 자모를 어우른 글자인 자음 'ㄲ, ㄸ, ㅃ, ㅆ, ㅉ' 등의 5개와 모음 'ㅐ, ㅒ, ㅔ, ㅖ, ㅘ, ㅚ, ㅝ, ㅟ, ㅢ' 등 9개를 포함하고, 세 개 자모를 어우른 글자인 모음 'ㅙ, ㅞ' 등 2개를 나열한 것이다.

〈붙임 2〉는 원항에서 제시한 24자와 〈붙임 1〉에서 제시한 16개를 합하여 그 순서를 정한 것이다. 이는 이들을 한꺼번에 순서 배열을 해야 하는 필요가 있는 사전 등의 편찬을 위해 그 순서를 정한 것이다. 자음의 배열 순서는 각자병서로 되어 있는 된소리를 해당되는 평음뒤에 배열하였다. 모음의 경우 문자 모양이 공통되는 해당 모음의 사이에 둔다. 즉 'ㅘ, ㅙ, ㅚ' 등은 공통되는 모양을 가지고 있는 'ㅗ'와 'ㅛ'의 사이에 둔다. 동일하게 'ㅝ, ㅞ, ㅟ' 등은 이들과 공통적인 모양을 가지고 있는 'ㅜ'와 'ㅠ'의 사이에 둔다. 이들 사이에 있는 모음들은 공통적인 요소 'ㅗ, ㅜ' 등을 제외한 모양이 기존의 순서에 있는 차례를 따르게 된다. 단 '예, 애' 등은 'ㅕ, ㅑ' 등에 'ㅣ'를 더한 모양이기 때문에 'ㅕ, ㅑ' 등의 뒤에 온다. 그래서 위와 같은 순서가 되는 것이다.

ㅏ ㅐ ㅑ ㅒ ㅓ ㅔ ㅕ ㅖ
ㅗ ㅘ ㅙ ㅚ ㅛ ㅜ ㅝ ㅞ ㅟ ㅠ
ㅡ ㅢ ㅣ

받침 글자 특히 겹받침 글자들의 차례가 언급되지 않았는데, 그 순서는 이미 만들어진 순서를 응용하는 것이다. 받침글자의 자모 순서는 기본적으로 초성 자모의 순서를 따른다. 겹받침일 경우 그 순서는 앞에 있는 자음의 순서에 따라 우선 배열하여, 'ㄱ, ㄲ, ㄳ' 등이 'ㄴ'보다 앞서고, 선행하는 자음이 동일할 경우 후행하는 자모의 초성 배열 순서에 따라 'ㄹ, ㄺ, ㄻ, ㄼ, ㄽ, ㄾ, ㄿ, ㅀ'이 되는 것이다. 그리하여 그 순서는 다음과 같다.

ㄱ ㄲ ㄳ ㄴ ㄵ ㄶ ㄷ ㄹ ㄻ ㄼ ㄽ ㄾ ㄿ ㅀ
ㅁ ㅂ ㅄ ㅅ ㅆ ㅇ ㅈ ㅊ ㅋ ㅌ ㅍ ㅎ

제3장 소리에 관한 것

제1절 된소리

제5항 한 단어 안에서 뚜렷한 까닭 없이 나는 된소리는
다음 음절의 첫소리를 된소리로 적는다.

1. 두 모음 사이에서 나는 된소리

소쩍새	어깨	오빠	으뜸
아끼다	기쁘다	깨끗하다	어떠하다
해쓱하다	가끔	거꾸로	부썩
어찌	이따금		

2. 'ㄴ, ㄹ, ㅁ, ㅇ' 받침 뒤에서 나는 된소리

산뜻하다	잔뜩	살짝	훨씬
담뿍	움찔	몽땅	엉뚱하다

다만, 'ㄱ, ㅂ' 받침 뒤에서 나는 된소리는, 같은 음절이
나 비슷한 음절이 겹쳐 나는 경우가 아니면 된소리로
적지 아니한다.

| 국수 | 깍두기 | 딱지 | 색시 |
| 싹둑(~싹둑) | 법석 | 갑자기 | 몹시 |

3. 소리 변화의 표기

3.1. 된소리의 표기

된소리로 조음하고 있는 어휘들을 발음하고 있는 그대로 된소리로 적을 것인가 아니면 평음으로 적을 것인가 하는 문제를 다룬 것이다. 이 항에 해당되는 어휘들은 고유어만이 대상이 된다. 예를 들어 한자어 '發達(발달)'을 [발딸]이라고 발음한다고 해서 이를 어떻게 적을 것인가 하는 문제는 여기에 해당되지 않는다.

한국어에서 가장 복잡한 현상 중의 하나가 된소리 현상인데, 본 항의 취지는 예측될 수 없는 된소리 발음은 현상 그대로 된소리로 표기하고, 예측될 수 있는 된소리 현상은 평음이 된소리로 변화하는 음운 현상으로 받아들이자는 취지다. 즉 모음과 모음 사이에서 평음은 유성화된 평음으로 조음될 것이 예측되고, 'ㄴ, ㄹ, ㅁ, ㅇ' 등 비음이나 유음 뒤에 오는 자음 역시 유성화된 평음으로 조음되는 것이 일반적인 예측이 될 것이다. 그런데 이들 뒤에서 된소리로 조음되는 것이 있으면 이것은 발음나는 그대로 표기하자는 것이다. 반면에 'ㄱ, ㅂ' 뒤에 평음이 올 경우 한국어에서는 뒤에 오는 평폐쇄음은 무조건 된소리로 조음되기 때문에 평음으로 표기하더라도 된소리로 조음하게 되어 있으니까 이들은 평음으로 표기한다는 것이다.

이들 중에는 역사적인 문제가 제기될 수 있는 것이 있다. 예를 들어 '어깨'의 옛 형태는 '엇개'였고, '기쁘다. 미쁘다, 슬프다' 등의 이전 형태는 '깃브다, 믿브다, 슳브다' 등이었으므로, 이들의 이전 형태를 고려하는 표기가 문제로 제기될 수 있는데, 그러한 현상은 현대국어의 공시적인 현상으로 받아들이기 어렵기 때문에 현대국어의 '어법에 맞게' 소리나는 대로 표기하는 것이다.

제2절 구개음화

제6항 'ㄷ, ㅌ' 받침 뒤에 종속적 관계를 가진 '-이(-)'나 '-히-'가 올 적에는, 그 'ㄷ, ㅌ'이 'ㅈ, ㅊ'으로 소리나더라도 'ㄷ, ㅌ'으로 적는다.(ㄱ을 취하고, ㄴ을 버림.)

ㄱ	ㄴ	ㄱ	ㄴ
맏이	마지	핥이다	할치다
해돋이	해도지	걷히다	거치다
굳이	구지	닫히다	다치다
같이	가치	묻히다	무치다
끝이	끄치		

3.2. 구개음화 현상과 표기

현대국어에서 구개음화는 대단히 복잡한 양상을 보이고 있다. 표준

말을 사용하는 중부 방언의 경우 'ㄷ' 구개음화가 실현되는데 아주 복
잡한 양상을 보이고 있다. 남부 방언에서는 아래의 예처럼 'ㅎ'을 'ㅅ'
으로 발음하는 'ㅎ' 구개음화가 있는가 하면, 'ㄱ'을 'ㅈ'을 발음하는
'ㄱ' 구개음화도 있는 반면, 북부 방언 특히 평안도 지역에서는 구개
음화가 전혀 실현되지 않는다.

ㄱ 형님 → 성님,　　　흉악하다 → 슝악하다
　흉보다→ 슝보다　　향→ 상
ㄴ 길다 → 질다　　　길 → 질
　김 → 짐　　　겨드랑 → 저드랑

서울을 중심으로 하는 중부 방언에서는 'ㄷ, ㅌ'이 'ㅈ, ㅊ'으로 변
화하는 'ㄷ' 구개음화가 실현되는 지역인데, 이것의 실현 양상이 사뭇
복잡하다. 아래의 예 ㉠처럼 형태소 내부에서 실현되지 않고, ㉡처럼
복합어를 이룰 경우에도 구개음화는 실현되지 않고 'ㄴ' 첨가 현상이
발생하여 비음동화 현상이 발생한다. 반면에, ㉢처럼 명사에 주격조
사 'ㅣ'나 공통격 조사 '이랑'이 결합할 경우에는 구개음화가 발생하
고, 또한 ㉣처럼 명사 파생접미사 'ㅣ' 가 결합할 경우나 ㉤처럼 부사
파생접미사가 결합할 경우 그리고 ㉥처럼 피사동 접미사 '히'가 결합
할 경우에도 발생한다.

ㄱ /디디다/ → [디디다]　　/견디다/ → [견디다]
　/느티나무/ →[느티나무],　/불티/ → [불티]
ㄴ /밭일/→ [반닐]　　/끝일/→ [끈닐]

/밭이랑/ → [반니랑]

ⓒ /밭+이/→ [바치]   /끝+이/→ [끄치]

/밭+이랑/ → /바치랑/

ⓒ /해돋+이/ → [해도지]   /미닫+이/ → [미다지]

ⓒ /같+이/→ [가치]   /굳+이/ → [구지]

ⓑ /묻+히+다/ → [무치다]   /닫+히+다/ → [다치다]

반면 북부 방언 특히 평안도 지역에서는 구개음화가 실현되지 않는다.(방언에 따라 구개음화의 종류 및 실현 여부가 다르다)

한국어에서 체언이나 용언이 문장 속에서 하나의 구성성분이 되기 위해서는, 개념을 나타내는 형태소(이를 실질 형태소라 하기도 한다.)인 체언이나 용언의 어간에 후행하여 문법적 관계를 나타내는 형태소(이를 형식 형태소라 하기도 한다)인 조사, 어미 등이 결합하여야 한다. 그리고 모든 언어가 그러하듯이 하나의 형태소는 다른 형태소와 결합하여 새로운 단어를 만들기도 하는데, 그 중 어근의 앞이나 뒤에 붙어서 새로운 단어를 만드는 것을 접사라고 한다.

이 항에서의 '종속적 관계'란, 문장 성분을 구성하는 어미나 조사 등이 실질 형태소에 종속되어 있다는 것과 단어 구성에 있어서 접사는 어근에 종속되어 있는 관계라는 것을 포괄한 것이다.

현대국어 표준말에서 구개음화는 조사, 부사나 명사 파생 접미사, 피사동 접미사 등에서만 발생한다는 것을 명시한 것이다.

제3절 'ㄷ' 소리 받침

제7항 'ㄷ' 소리로 나는 받침 중에서 'ㄷ'으로 적을 근거
가 없는 것은 'ㅅ'으로 적는다.

덧저고리	돗자리	엇셈	웃어른	핫옷
무릇	사뭇	얼핏	자칫하면	
뭇[衆]	옛	첫	헛	

3.3. 받침 'ㄷ' 소리의 표기

현대한국어의 초성의 위치에서 조음되는 자음은 모두 19개가 되는
데, 받침 즉 음절말이나 단어말에서는 대체로 7개의 소리 즉 'ㄱ, ㅇ,
ㄷ, ㄴ, ㅂ, ㅁ, ㄹ' 등이 조음된다. 연구개와 윗잇몸, 입술 등의 위치에
서 평음과 비음 등 6개가 조음되고, 유음이 보태져 7개가 되는 것이다.

이 중 음절말의 위치에서 'ㄷ'으로 조음되는 자음은 'ㅅ, ㅆ, ㅈ, ㅊ,
ㅌ' 등이다. 이들 자음들이 어휘의 종성에 있을 경우 모음으로 시작되
는 형식 형태소와 결합될 경우에는 제 소리값대로 뒤 음절의 첫소리로
연음되지만, 비음이나 유음을 제외한 자음의 앞에서 음절의 말음으로
조음되거나 단어의 끝에서 조음될 때는 모두 [ㄷ]으로 발음된다.

'ㄷ'으로 적을 근거가 없는 것이란, 그 형태소가 'ㄷ' 받침을 가지고
있다는 것을 확인할 수 없는 경우를 말한다. 복합어나 파생어의 앞 성
분을 이루면서 'ㄷ'을 발음되는 예들 중 '걷-잡다(고추를 걷어 바구니

에 담았다.), 곧-장(곧이어 뉴스가 방송됩니다.), 낟-가리(낟알이 붙은 곡식을 쌓은 더미), 돋-보다(도두 보다)' 등은 본래 'ㄷ' 받침을 가지고 있는 것으로 확인되고, '사흘-날, 숟-가락' 등은 '사흘, 밥 한 술' 등으로 'ㄹ'과 교체를 이루는 'ㄷ'으로 확인할 수 있는 것이다. 한편 '반짇-고리'의 경우 '바늘+질 +ㅅ + 고리'로 그 어원을 추정할 수 있어서 남아 있는 'ㅅ'이 속격 조사의 'ㅅ'일 가능성이 있지만, 여기서는 'ㄹ'과 관련된 것으로 보았다.

국립국어원의 해설에 나오는 '갓-스물, 걸핏-하면, 그-까짓, 기껏, 놋-그릇, 덧-셈, 빗장, 삿대, 숫-접다, 자칫, 짓-밟다, 풋-고추, 햇-곡식' 등의 예들은 그 어원 등에서 'ㄷ'이었다는 것을 확인할 수 없기 때문에 'ㅅ'으로 적는 것이다.

'ㄷ'으로 소리나는데 'ㄷ'으로 적지 않고, 'ㅅ'으로 적는 이유는 본래 어원이 'ㄷ'인 것과 구분하는 의미도 있고, 본래 어원이 'ㅅ'인 것도 상당할 뿐만 아니라, 표기의 오랜 관례 상 이들을 'ㅅ'으로 표기해 왔기 때문이다.

한편, 사전에서 '밭-'형으로 다루고 있는 '밭벽, 밭부모, 밭사돈, 밭상제, 밭어버이, 밭쪽, 밭상제, 밭걸이' 등은 '밖'의 어원이 '밧ㄱ'인 것을 고려하고 역사적인 표기를 고려하면 'ㅅ'으로 적는 것이 옳은 일이겠으나 현대국어에서 사용되고 있는 '바깥'과의 연관성을 살리기 위하여 '밭-'형을 취하기로 한 것이다.

제4절 모 음

제8항 '계, 례, 몌, 폐, 혜'의 'ㅖ'는 'ㅔ'로 소리나는 경우
가 있더라도 'ㅖ'로 적는다.(ㄱ을 취하고, ㄴ을 버림.)

ㄱ	ㄴ	ㄱ	ㄴ
계수(桂樹)	게수	혜택(惠澤)	헤택
사례(謝禮)	사레	계집	게집
연몌(連袂)	연메	핑계	핑게
폐품(廢品)	페품	계시다	게시다

다만, 다음 말은 본음대로 적는다.

　　게송(偈頌)　　　게시판(揭示板)　　　휴게실(休憩室)

3.4. 모음의 발음과 표기

이중모음 'ㅖ'가 초성에 자음이 있는 경우인 '계, 례, 몌, 폐, 혜' 등
은 현대국어에서 반모음이 탈락하여 [게, 레, 메, 페, 헤] 등으로 발음
되고 있다. 이중모음 '예'는 초성 자음이 없을 경우에만 이중모음으로
조음되고, 초성 자음이 있을 경우에는 활음(혹은 반모음) 탈락 현상
이 발생하여 단모음 [ㅔ]로 발음되고 있는 것이다. (표준 발음법 제5
항 다만 2 참조.)

이들을 발음나는 대로 표기한다면 단모음 'ㅔ'로 표기하는 방안을
강구할 수도 있겠으나, 오래 동안 써 오던 관례를 존중하고 또 언중들

이 '예' 형태를 인식하고 있기 때문에 이전에 써 오던 그대로 'ㅖ'로 적기로 하였다.

〈다만〉에서 따로 제시하고 있는 것은 당연한 상황이지만, 언중들이 혼란을 일으킬 소지가 있기 때문에 덧붙여 놓은 것이다. 즉, 한자 '偈, 揭, 憩' 등은 본래의 음이 'ㅖ'이기 때문에 'ㅖ'로 적기로 하였다는 것은 언급할 필요가 없지만, 혼란의 소지를 막기 위해 따로 언급하고 있는 것이다. 따라서 '게구(偈句), 게기(揭記), 게방(揭榜), 게양(揭揚), 게재(揭載), 게판(揭板), 게류(憩流), 게식(憩息), 게제(偈諦), 게휴(憩休)' 등도 '게'로 적는 것이다.

위의 예들은 한자어이기 때문에 본래의 음을 유지한다는 취지가 있으나, 고유어로 인식되는 '으레, 케케묵다' 등은 표준어 규정(제10항)에서 단모음화한 형태를 표준어로 취하였으므로, '으레, 케케묵다'로 적는다.

제9항 '의'나, 자음을 첫소리로 가지고 있는 음절의 'ㅢ'는 'ㅣ'로 소리나는 경우가 있더라도 'ㅢ'로 적는다.(ㄱ을 취하고, ㄴ을 버림.)

ㄱ	ㄴ	ㄱ	ㄴ
의의(意義)	의이	닝큼	닝큼
본의(本義)	본이	띄어쓰기	띠어쓰기
무늬[紋]	무니	씌어	씨어
보늬	보니	틔어	티어
오늬	오니	희망(希望)	히망

하늬바람	하니바람	희다	히다
닐리리	닐리리	유희(遊戱)	유히

3.5. 모음 '의'의 발음과 표기

음운론적인 환경에 따라 다양하게 발음되는 '의'의 표기 방안을 정한 것이다.

표준 발음법(제1절 된소리 제5항 다만 3, 4)에 의하면

① 자음을 첫소리로 가지고 있는 음절의 'ㅢ'는 [ㅣ]로 발음하고,

닐리리	닝큼	무늬	띄어쓰기	씌어
틔어	희어	희떱다	희망	유희

② 단어의 첫음절 이외의 '의'는 [이]로, 조사 '의'는 [에]로 발음할 수 있다.

주의[주의/주이]   협의[혀븨/혀비]

우리의[우리의/우리에]   강의의[강 의의/강 이에]

라고 규정하였다.[2] 종래 'ㅢ'로 표기되던 것의 다양한 발음을 현실

---

2) 규정 자체가 문제점을 가지고 있다. 첫음절 이외의 'ㅢ'는 'ㅣ'로 발음할 수 있고, 초성이 있는 'ㅢ'는 'ㅣ'로 발음한다고 되어 있어, 초성이 있는 첫음절의 'ㅢ'는 'ㅣ'로 발음하고, 둘째음절 이하의 'ㅢ'는 'ㅢ' 혹은 'ㅣ'로 발음할 수 있는 것으로 해석될 수 있기 때문이다.

적으로 인정하면서 보수성을 지니고 있는 표기법에서는 이전의 형태
를 유지하기로 한 것이다.

　그런데 ①에 나열된 예들은 각각 다른 사정이 있는데, 이를 부연하
면 다음과 같다. '띠어(←뜨이어), 씌어(←쓰이어), 틔어(←트이어)'
등은 본래 동사에 'ㅡ'가 있던 것인데 이에 'ㅣ'가 결합하여 줄어든 형
태이므로 그 어원을 살려 'ㅢ'로 적는 것이다. 본래 '듸, 긔' 등이었던
것은 '디, 기'로 변화한 형태를 적고 있는데(예: 어듸, 드듸다. 느틔나
무, 이긔다. 긔별 등) 유독 '희'만은 이전 형태를 유지하고 있는데, 그
이유는 이 어휘들의 역사성과 관행성을 고려한 것이다. '희-'의 경우
본래 어형이 'ㅎㅣ-'였고, 이들이 '하얗-'와 관련을 맺고 있는 사정을
고려하여 '희'로 표기하는 것이다. '희'가 필요하면 다른 어휘에서도
살려둘 수 있으므로 본래 '희'를 가지고 있던 어휘들은 두루 관행대로
표기하는 것이다.

　한편, '늴리리, 닁큼, 무늬, 보늬, 하늬바람' 등의 경우는, '늬'의 첫소
리 'ㄴ'의 실제적인 발음을 고려한 표기이다. 'ㄴ'은 'ㄹ'과 같이 뒤에
구개성 활음(ㅑ, ㅕ, ㅛ, ㅠ 등의 첫소리)이나 모음 'ㅣ'와 결합하면 구
개음으로 조음되는데 '늴리리, 무늬' 등의 '늬'는 구개음화하지 않는
'ㄴ', 곧 치경음(齒莖音) [n]으로 조음되고 있는 것이다. 이러한 발음
상의 차이를 고려하여 그 발음 형태는 [니]를 인정하면서도, 재래의
형식대로 '늬'로 적는 것이다.

제5절 두음 법칙

제10항 한자음 '녀, 뇨, 뉴, 니'가 단어 첫머리에 올 적에는, 두음 법칙에 따라 '여, 요, 유, 이'로 적는다.(ㄱ을 취하고, ㄴ을 버림.)

ㄱ	ㄴ	ㄱ	ㄴ
여자(女子)	녀자	유대(紐帶)	뉴대
연세(年歲)	년세	이토(泥土)	니토
요소(尿素)	뇨소	익명(匿名)	닉명

다만, 다음과 같은 의존 명사에서는 '냐, 녀' 음을 인정한다.

냥(兩)   냥쭝(兩-)   년(年)(몇 년)

[붙임 1] 단어의 첫머리 이외의 경우에는 본음대로 적는다.

남녀(男女) 당뇨(糖尿) 결뉴(結紐) 은닉(隱匿)

[붙임 2] 접두사처럼 쓰이는 한자가 붙어서 된 말이나 합성어에서, 뒷말의 첫소리가 'ㄴ' 소리로 나더라도 두음 법칙에 따라 적는다.

신여성(新女性)   공염불(空念佛)
남존여비(男尊女卑)

[붙임 3] 둘 이상의 단어로 이루어진 고유 명사를 붙여
쓰는 경우에도 붙임 2에 준하여 적는다.
한국여자대학   대한요소비료회사

3.6. 두음법칙과 표기

서울말에서는 한자어와 고유어에서 두음법칙이 존재하고 있기 때
문에 이를 표기에 그대로 반영한 것이다. 즉 한글맞춤법은 형태소를
밝혀 적기도 하고, 소리나는 대로 적기도 하는데 이 규정은 소리나는
대로 적는 대표적인 규정이다. 그러면서 두음법칙이 한번 적용되면
표기의 일관성을 유지하기 위해 적용된 모습의 일관성을 유지하려고
한 규정이다.

3.6.1. 한자음 '녀, 뇨, 뉴, 니' 등의 표기

한자음에서 본음이 '녀, 뇨, 뉴, 니'인 것은 단어의 처음 위치에서
'ㄴ'이 탈락하여 '여, 요, 유, 이'로 발음되기 때문에 그 형태대로 적고,
어두의 위치가 아닐 경우에는 본래의 음대로 적는다.

〈예 다시〉 연도(年度)/오년(午年),   양산(量産)/열량(熱量)
요도(尿道)/비료(肥料)   요리(料理)/재료(材料)
육일(六日)/오륙(五六)   율사(律師)/법률(法律)
이승(尼僧)/비구니(比丘尼)   익사(溺死)/탐닉(耽溺)

다만, 그 앞에 수식어가 항상 존재하는 의존 명사들인 '냥(←兩), 냥

쭝(←兩-), 년(年)' 등은 어두에 사용되는 경우가 없기 때문에 두음법
칙이 적용되지 않는 것이다.

> 금 한 냥
> 은 두 냥쭝
> 십 년

주의해야 할 것은 한자어 '년(年)'이 국어에 수용되어 다양한 용법
과 기능으로 사용되고 있다는 점이다. 위의 예 '십 년'처럼 구성을 이
루는 것은 의존명사로 사용된 것이지만, 그렇지 않은 경우도 있다는
점이다. 즉 '연 3회'처럼 어두에 사용되어 '한 해 (동안)'란 뜻을 표시
하는 경우엔 독립된 명사나 부사가 되므로 이 경우에는 두음 법칙이
적용된다.

한편, 고유어에서도 발화상 어두의 위치에 오지 못하는 의존 명사
에는 당연히 두음 법칙이 적용되지 않는다.

> 녀석(고얀 녀석)   년(괘씸한 년)
> 님(바느질 실 한 님)   닢(엽전 한 닢, 가마니 두 닢)

〈붙임 2〉와 〈붙임 3〉은 표기의 일관성을 유지하기 위한 것이다. '여
성(女性), 염불(念佛). 여비(女卑)' 처럼 두음법칙이 적용된 후에는
여기에 '신여성(新女性), 공염불(空念佛), 남존여비(男尊女卑)'처럼
앞에 결합하는 무엇이 있다 하더라도 표기의 일관성을 위해 두음법칙

이 적용된 형태대로 표기하는 것이다. '여자, 요소'가 독립적으로 사용되는 형태이기 때문에 그 앞에 새로운 요소가 첨가되어 '한국여자대학 대한요소비료회사'처럼 사용되어도 독립적으로 사용되던 형태의 일관성을 유지하는 것이다.

'접두사처럼 쓰이는 한자'란, 그 뒤에 오는 요소가 독립적인 성격을 가지고 있다는 의미이다. 신여성은 '신+여성'으로 분석될 수 있기 때문에 두음법칙이 적용되는 것이다. 반면에 '신년도, 구년도' 등은 '신년 + 도, 구년+도'로 분석되기 때문에 두음법칙이 적용되지 않고, 그 발음도 [신년도, 구 년도]가 되는 것이다. 만약 '구년도'의 단어 분석이 '구 + 연도'가 되면 그 발음이 '구연도'가 될 것이다. 그것은 '구+여성'의 발음이 [구여성]이 되는 현상과 동일하다.

제11항 한자음 '랴, 려, 례, 료, 류, 리'가 단어의 첫머리에 올 적에는, 두음 법칙에 따라 '야, 여, 예, 요, 유, 이'로 적는다.(ㄱ을 취하고, ㄴ을 버림.)

ㄱ	ㄴ	ㄱ	ㄴ
양심(良心)	량심	용궁(龍宮)	룡궁
역사(歷史)	력사	유행(流行)	류행
예의(禮儀)	례의	이발(理髮)	리발

다만, 다음과 같은 의존 명사는 본음대로 적는다.
리(里): 몇 리냐?   리(理): 그럴 리가 없다.

[붙임 1] 단어의 첫머리 이외의 경우에는 본음대로 적는다.

개량(改良)	선량(善良)	수력(水力)	협력(協力)
사례(謝禮)	혼례(婚禮)	와룡(臥龍)	쌍룡(雙龍)
하류(下流)	급류(急流)	도리(道理)	진리(眞理)

다만, 모음이나 'ㄴ' 받침 뒤에 이어지는 '렬, 률'은 '열, 율'로 적는다.(ㄱ을 취하고, ㄴ을 버림.)

ㄱ	ㄴ	ㄱ	ㄴ
나열(羅列)	나렬	분열(分裂)	분렬
치열(齒列)	치렬	선열(先烈)	선렬
비열(卑劣)	비렬	진열(陳列)	진렬
규율(規律)	규률	선율(旋律)	선률
비율(比率)	비률	전율(戰慄)	전률
실패율(失敗率)	실패률	백분율(百分率)	백분률

[붙임 2] 외자로 된 이름을 성에 붙여 쓸 경우에도 본음대로 적을 수 있다.

신립(申砬)　　최린(崔麟)　　채륜(蔡倫)　　하륜(河崙)

[붙임 3] 준말에서 본음으로 소리나는 것은 본음대로 적는다.

국련(국제연합)　　　대한교련(대한교육연합회)

[붙임 4] 접두사처럼 쓰이는 한자가 붙어서 된 말이나 합성어에서, 뒷말의 첫소리가 'ㄴ' 또는 'ㄹ' 소리로 나더라도 두음 법칙에 따라 적는다.

역이용(逆利用) 연이율(年利率)
열역학(熱力學) 해외여행(海外旅行)

[붙임 5] 둘 이상의 단어로 이루어진 고유 명사를 붙여 쓰는 경우나 십진법에 따라 쓰는 수(數)도 붙임 4에 준하여 적는다.

서울여관 신흥이발관
육천육백육십육(六千六百六十六)

3.6.2. 한자음 '랴, 려, 례, 료, 류, 리' 등의 표기

어두에서 'ㄹ'을 발음하지 않는 두음법칙 중 초성 'ㄹ'과 'ㅣ' 혹은 전설성 활음 'y'가 선행하는 이중모음이 결합하는 경우 'ㄹ'이 아예 발음되지 않는데 그 경우의 표기를 규정한 조항이다.

이에 해당되는 음절은 '랴, 려, 례, 료, 류, 리' 등인데, 이들이 어두의 위치에 왔을때는 '야, 여, 예, 요, 유, 이' 등으로 적는다는 것이다. 다만, 의존 명사 '량(輛), 리(理, 里, 厘)' 등은 실제적인 발화에서 두음에 오는 경우가 없어서 두음 법칙의 적용을 받지 않으므로 두음 법칙의 표기와 관계없이 본음대로 적는다.

객차(客車) 오십 량(輛) 2푼 5리(厘)

〈붙임 1〉
 단어 첫머리 이외의 경우는 두음 법칙이 적용되지 않으므로, 실제적
으로 발음되거나 한국어의 음운현상으로 예견되는 현상 등이므로 본
음대로 적는다.

 다만, 모음이나 'ㄴ' 받침 뒤에 결합되는 '렬(列, 烈, 裂, 劣), 률(律,
率, 栗, 慄)'은 한국어에서 실제적인 발음 형태가 [나열, 서 열, ……]
이므로, 발음과 표기의 일치를 기하기 위해 '열, 율'로 적는다. 예를 들
어 '羅列, 序列' 등의 실제 발음이 '나열, 서열' 등인데, 이들을 '나렬,
서렬' 등으로 표기할 경우 한국어의 음운현상에서 이들이 '나열, 서
열' 등으로 발음될 수 없기 때문이다. 이러한 현상은 '分列, 前列' 등도
마찬가지이다. 이들의 한국 현실 발음은 [분열] 혹은 [분녈], [전열]
혹은 [전녈] 등인데, 이들은 '분렬, 전렬' 등으로 표기할 경우 이들의
발음은 [불렬], [절렬] 등으로 발음할 것이 예상되기 때문에[3] 표기와
발음의 일치를 위해 '열, 율'로 표기하는 것이다. 이와 관련되는 예들
은 국립국어원의 해설집에 의하면 다음의 것들이 된다.

 나열(羅列) 서열(序列) 분열(分列) 전열(前列) 의열(義烈) 치열(熾
烈) 선열(先烈) 사분오열(四分五裂) 균열(龜裂) 분열(分裂) 비열(卑
劣) 우열(優劣) 천열(賤劣) 규율(規律) 자율(自律) 운율(韻律) 선율
(旋律) 비율(比率) 이율(利率) 백분율(百分率) 외율(煨栗) 조율(棗栗)
전율(戰慄)

---

3) '곤란, 신라'의 발음은 [골란], [실라]가 된다.

한편 '율(率)'의 경우 이를 '그 학교는 올해 율이 세다.'처럼 독립적인 단어로 사용되는 듯이 보이나 이는 '지망률'이나 '비율' 등을 줄여서 사용하는 것이고, '격렬(激烈), 법률(法律)' 등의 발음은 [경열] 혹은 [경녈], [범율] 혹은 [범뉼]이 되기 때문에 '격렬, 법률' 등으로 적는 것이다. 만약 '격열, 법율' 등으로 적을 경우 [겨결], [버뷸] 등의 발음이 예상되기 때문에 실제적인 발음과 표기에 괴리가 생기는 것이다. 또한 '명중률, 합격률'로 표기하더라도 그 발음이 [명중율], [합격율〉합겨율]이 되는 것은 당연히 예견될 수 있는 것이므로 '명중률, 합격률'로 적는다.

〈붙임 2〉는 "첫째 외자로 된 이름일 경우, 둘째 성에 붙여 쓸 경우에, 셋째 본음대로 적을 수 있다."는 조항이다. 이름이 외자가 아니고 두 자 이상일 경우 독립성이 인정되어 두음법칙을 적용하여 적고, 성에 붙이지 않고 띄울 경우 역시 독립성이 인정되어 두음법칙이 적용된 대로 적되, 외자 이름을 성에 붙여쓸 경우 본음대로 적지 않는 것이 원칙이되 본음대로 적을 수 있는 몇 가지를 나열한 것이다. 이것은 역사적인 인물의 명명에서 이미 한국 사람들의 실제 발음이 '申砬[실립]', '崔麟[최린]'처럼 굳어져 있기 때문에 그 발음 형태를 고려하여 표기한 것이다. 만약 두음법칙이 적용된 표기를 하여 '신입, 최인'처럼 표기하면 그 표기에서 실제 발음인 [실립], [최린] 등의 발음이 나올 수 없기 때문이다.

외자가 아닌 '정인(麟)지, 이윤(倫)성' 등은 두음법칙이 적용된 대로 적고, 외자이더라도 본음대로 발음되지 않는 '김용(龍)'의 경우는 '용'으로 표기해야 한다.

〈붙임 3〉

여러 단어로 이루어진 말이 발음될 때와 줄어진 말의 발음이 달라질
때 줄어진 말의 발음을 고려하여 표기하는 조항이다.

국제 연합[국제 여납] →국련(國聯)[궁년]
교육 연합회[교육 여납페]→교련(教聯)[교련]

이러한 현상은 줄어진 단어를 새로운 하나의 단어로 인식하기 때문
에 생기는 현상일 것인데, 현실 발음에 맞추기 위해서 그 표기를 반영
한 것이다.

〈붙임 4〉

독립적으로 사용되어 두음법칙이 적용된 단어에 접두사가 결합하거
나 앞에 어근 등이 결합하여 합성어가 될 경우 이들은 독립적으로 사
용될 당시에 두음법칙이 적용된 형태로 발음되므로 발음과 표기의 일
관성을 위해 두음법칙이 적용된 형태 그대로 표기한다.

몰-이해(沒理解)	과-인산(過燐酸)
가-영수(假領收)	등-용문(登龍門)
불-이행(不履行)	사-육신(死六臣)
생-육신(生六臣)	선-이자(先利子)
소-연방(蘇聯邦)	청-요리(清料理)
수학-여행(修學旅行)	낙화-유수(落花流水)
무실-역행(務實力行)	시조-유취(時調類聚)

선행어의 받침이 'ㄴ'이나 'ㄹ'일 경우 'ㄴ'이나 'ㄹ'이 첨가된 형태로 발음될 수도 있다. 예를 들어 '연이율'은 [연니율] 혹은 [여니률]로 발음될 수 있고, '열역학'은 [여려칵] 혹은 [열려칵]으로 발음될 수 있지만, 이들의 'ㄴ'이나 'ㄹ'의 첨가되는 현상은 예상될 수 있고, 'ㄴ'이나 'ㄹ'이 없는 다른 형태들과 일관성을 유지하기 위해 두음법칙이 적용된 형태로 표기하는 것이다.

그런데 현실 발음이 본음으로 발음하고 있는 것은 본음을 살려 준다.

미-립자(微粒子)	소-립자(素粒子)
수-류탄(手榴彈)	〈총-유탄(銃榴彈)[총뉴탄]〉
파-렴치(破廉恥)	〈몰-염치(沒廉恥)[모렴치]〉

〈붙임 5〉

고유명사나 수의 표기도 일반명사와 동일하게 실제 발음에 따라 두음법칙이 적용된 형태로 표기한다는 것을 언급한 것이다. '육육삼십육(6 6=36)'도 이에 준한다.

다만, '오륙도(五六島), 육륙봉(六六峰)' 등의 2음절에 나타나는 '륙'은 독립적으로 사용되는 위치가 아니기 때문에 본음의 발음하는 대로 표기한다.

제12항 한자음 '라, 래, 로, 뢰, 루, 르'가 단어의 첫머리에 올 적에는, 두음 법칙에 따라 '나, 내, 노, 뇌, 누, 느'로 적는다.(ㄱ을 취하고, ㄴ을 버림.)

ㄱ	ㄴ	ㄱ	ㄴ
낙원(樂園)	락원	뇌성(雷聲)	뢰성
내일(來日)	래일	누각(樓閣)	루각
노인(老人)	로인	능묘(陵墓)	릉묘

[붙임 1] 단어의 첫머리 이외의 경우에는 본음대로 적는다.

쾌락(快樂)   극락(極樂)   거래(去來)   왕래(往來)

부로(父老)   연로(年老)   지뢰(地雷)   낙뢰(落雷)

고루(高樓)   광한루(廣寒樓)

동구릉(東九陵)   가정란(家庭欄)

[붙임 2] 접두사처럼 쓰이는 한자가 붙어서 된 단어는 뒷말을 두음 법칙에 따라 적는다.

내내월(來來月)   상노인(上老人)

중노동(重勞動)   비논리적(非論理的)

3.6.3. 한자음 '라, 래, 로, 뢰, 루, 르'의 표기

두음법칙 중 초성 'ㄹ'이 제11항의 모음과 결합하는 경우 이외의 것을 규정한 것이다. 즉 'ㅣ' 혹은 전설성 활음 'y'가 선행하는 이중모음이 결합하는 경우 이외는 'ㄹ'을 'ㄴ'으로 표기한다는 것이다. 그 경우의 한자음은 '라, 래, 로, 뢰, 루, 르' 등인데 이들 한자가 첫머리에 놓일 때는 '나, 내, 노, 뇌, 누, 느'로 적는다는 것이다.

〈붙임 1〉

단어 첫머리 이외의 경우는 두음 법칙이 적용되지 않으므로, 당연히 본음대로 적는다는 예시를 한 것이다.

'릉(陵)'과 '란(欄)'은 아래의 예처럼 독립적으로 사용되기도 하기에

세종의 능은 어디에 있나
이 난에 너의 의견을 적어라

'능, 난'으로 써야 한다는 의견이 있을 수 있겠는데, '왕릉(王陵), 정릉(貞陵)' 등은 어떤 식으로 표기하든 발음이 [왕능], [정능]이 되지만, '동구릉(東九陵), 태릉(泰陵)'의 경우는 그 발음이 [동구릉], [태릉]으로 되는 것이 정상이기 때문에 표기의 일관성을 위해 '릉'으로 표기하는 것이다.

'란(欄)'의 경우도 동일하다. '답란, 가정란'의 경우에는 'ㄴ'으로 적으나 'ㄹ'로 적으나 동일한 발음이 예상되지만, 모음으로 끝나는 '독자란(讀者欄), 비고란(備考欄)' 등은 [독자란], [비고란]으로 조음되고 있으므로 표기의 일관성을 위해 본음대로 적는 것이다. 이러한 경우의 예들은 다음이 추가될 수 있다.

강릉(江陵) 태릉(泰陵) 서오릉(西五陵)
공란(空欄) 답란(答欄) 투고란(投稿欄)

다만, '릉, 란' 등이 고유어나 외래어와 결합할 경우에는 이들이 어근의 일부를 이루거나 접사로 볼 수 없고 독립된 단어가 결합한 것으

로 보아야 하기 때문에 두음 법칙을 적용하여 적는다.

임금님 능　　사무라이 능
어린이 난　　어머니 난　　가십 난

〈붙임 2〉
독립적으로 사용되어 두음법칙이 적용되는 단어는 그 앞에 접두사
나 다른 단어가 결합하더라도 독립적으로 사용되는 단어와의 일관성
을 위해 두음법칙이 적용된 형태를 그대로 표기한다. 국립국어원의 예
를 옮기면 다음과 같다.

반-나체(半裸體)　　　　실-낙원(失樂園)
중-노인(中老人)　　　　육체-노동(肉體勞動)
부화-뇌동(附和雷同)　　사상-누각(砂上樓閣)
평지-낙상(平地落傷)

한편, '고랭지(高冷地)'는 단어의 구조가 '냉지(冷地)'에 접두가 '고
(高)'가 결합한 것이 아니고, '고랭(高冷)'에 '지(地)'가 결합한 것이기
때문에 '랭(冷)'이 두음법칙이 적용될 상황이 아니다. 그래서 '고-냉
지'로 적지 않고 '고랭-지'로 적는 것이다.

제6절 겹쳐 나는 소리

제13항 한 단어 안에서 같은 음절이나 비슷한 음절이

겹쳐 나는 부분은 같은 글자로 적는다.(ㄱ을 취하고, ㄴ을 버림.)

ㄱ	ㄴ	ㄱ	ㄴ
딱딱	딱닥	꼿꼿하다	꼿곳하다
쌕쌕	쌕색	놀놀하다	놀롤하다
씩씩	씩식	눅눅하다	눙눅하다
똑딱똑딱	똑닥똑닥	밋밋하다	민밋하다
쓱싹쓱싹	쓱삭쓱삭	싹싹하다	싹삭하다
연연불망(戀戀不忘)	연련불망	쌉쌀하다	쌉살하다
유유상종(類類相從)	유류상종	씁쓸하다	씁슬하다
누누이(屢屢-)	누루이	짭짤하다	짭잘하

3.7. 겹쳐나는 소리의 표기

비슷한 음절이 중복되어 하나의 단어를 이룰 때 그 형태를 최대한 동일하게 표기하여 표기상의 통일을 기하기 위한 것이다.

한자어의 경우 '戀戀, 類類, 屢屢' 등은 '연련, 유류, 누루' 등으로 조음하는 것이 일반적인 경우이겠지만, 이들은 '연연[여년], [유유], [누누]' 등으로 조음하고 있기 때문에 발음하는 형태가 예견되게 하기 위해 그대로 표기에 반영한 것이다. 이러한 예에는 '노노법사(老老法師), 요요무문(寥寥無聞), 요요(寥寥)하다' 등도 있다.

한편 1음절 위치에서는 두음법칙을 적용시키고, 2음절의 위치에서는 두음법칙이 적용시키지 않는 것이 한국어의 일반적인 현상인데, 동일한 글자가 반복되어 한 단어를 이루는 위의 예들 외에는 일반적인

현상을 따른다. 동일한 단어가 반복되어 한 단어를 이루면서 음절위치
에 따라 두음법칙의 적용 여부가 다른 몇 예를 옮기면 다음과 같다.

낭랑(朗朗)하다   냉랭(冷冷)하다   녹록(碌碌)하다
늠름(凜凜)하다   연년생(年年生)   염념불망(念念不忘)
역력(歷歷)하다   인린(燐燐)하다   적나라(赤裸裸)하다

제4장 형태에 관한 것

제1절 체언과 조사

제14항 체언은 조사와 구별하여 적는다.

떡이	떡을	떡에	떡도	떡만
손이	손을	손에	손도	손만
팔이	팔을	팔에	팔도	팔만
밤이	밤을	밤에	밤도	밤만
집이	집을	집에	집도	집만
옷이	옷을	옷에	옷도	옷만
콩이	콩을	콩에	콩도	콩만
낮이	낮을	낮에	낮도	낮만
꽃이	꽃을	꽃에	꽃도	꽃만
밭이	밭을	밭에	밭도	밭만
앞이	앞을	앞에	앞도	앞만

밖이	밖을	밖에	밖도	밖만
넋이	넋을	넋에	넋도	넋만
흙이	흙을	흙에	흙도	흙만
삶이	삶을	삶에	삶도	삶만
여덟이	여덟을	여덟에	여덟도	여덟만
곬이	곬을	곬에	곬도	곬만
값이	값을	값에	값도	값만

4. 형태소의 어원 밝히기

이 장은 형태소와 형태소의 연결에서 형태소의 어원을 밝혀 적느냐 아니면 발음하는 음절대로 표기하느냐 하는 문제를 다루고 있다.

4.1. 체언과 조사의 연결

하나의 문장은 주어, 목적어, 서술어로 이루어지는 것이 일반적인데, 주어와 목적어는 체언이 조사와 결합하여 이루어지는 것이다. 체언의 받침 여부와 조사의 초성 자음의 존재 여부에 따라 결합하는 유형을 나누어보면 다음의 네 가지가 된다.

(1) 어말 받침이 없는 체언 + 초성 자음이 있는 조사
(2) 어말 받침이 있는 체언 + 초성 자음이 있는 조사
(3) 어말 받침이 없는 체언 + 초성 자음이 없는 조사
(4) 어말 받침이 있는 체언 + 초성 자음이 없는 조사

위의 네 가지 유형의 어떤 경우에도 체언과 조사의 형태를 독립적이고 일관되게 표기하는 것이 현행 한글맞춤법이 가지고 있는 표기법의 원리이다.

위의 네 가지 유형에서 체언이나 조사의 원형이 변화하지 않는 것은 (1)의 경우인데, 이를 제외하면 받침이 있는 체언에 모음으로 시작하는 조사가 결합하는 (3)의 경우 체언의 말음이 연음되어 뒤 음절의 초성으로 발음되는 것이 일반적인데 실제적인 발음은 그렇게 되더라도 어원을 밝혀 구분하여 표기한다는 것이다.

제2절 어간과 어미

제15항 용언의 어간과 어미는 구별하여 적는다.

먹다	먹고	먹어	먹으니
신다	신고	신어	신으니
믿다	믿고	믿어	믿으니
울다	울고	울어	(우니)
넘다	넘고	넘어	넘으니
입다	입고	입어	입으니
웃다	웃고	웃어	웃으니
찾다	찾고	찾아	찾으니
좇다	좇고	좇아	좇으니
같다	같고	같아	같으니
높다	높고	높아	높으니

좋다	좋고	좋아	좋으니
깎다	깎고	깎아	깎으니
앉다	앉고	앉아	앉으니
많다	많고	많아	많으니
늙다	늙고	늙어	늙으니
젊다	젊고	젊어	젊으니
넓다	넓고	넓어	넓으니
훑다	훑고	훑어	훑으니
읊다	읊고	읊어	읊으니
옳다	옳고	옳아	옳으니
없다	없고	없어	없으니
있다	있고	있어	있으니

[붙임 1] 두 개의 용언이 어울려 한 개의 용언이 될 적에, 앞말의 본뜻이 유지되고 있는 것은 그 원형을 밝히어 적고, 그 본뜻에서 멀어진 것은 밝히어 적지 아니한다.

(1) 앞말의 본뜻이 유지되고 있는 것

넘어지다	늘어나다	늘어지다	돌아가다
되짚어가다	들어가다	떨어지다	벌어지다
엎어지다	접어들다	틀어지다	흩어지다

(2) 본뜻에서 멀어진 것

드러나다   사라지다   쓰러지다

[붙임 2] 종결형에서 사용되는 어미 '- 오'는 '요'로 소
리나는 경우가 있더라도 그 원형을 밝혀 '오'로 적는
다.(ㄱ을 취하고, ㄴ을 버림.)

ㄱ	ㄴ
이것은 책이오.	이것은 책이요.
이리로 오시오.	이리로 오시요.
이것은 책이 아니오.	이것은 책이 아니요.

[붙임 3] 연결형에서 사용되는 '이요'는 '이요'로 적는
다.(ㄱ을 취하고, ㄴ을 버림.)

ㄱ	ㄴ
이것은 책이요, 저것은 붓이요, 또 저것은 먹이다.	이것은 책이오, 저것은 붓이오, 또 저것은 먹이다.

4.2. 어간과 어미의 연결

4.2.1. 어간과 어미는 분철

본항은 체언과 조사를 구별하여 적도록 한 앞의 14항과 마찬가지
로, 실질 형태소인 어간과 형식 형태소인 어미를 각각 분리하여 독립
적으로 표기하도록 한다. 그리하여 실질형태소이든 형식형태소이든

형태소에 대한 고정된 표기를 유지하여 의미의 전달을 쉽게 하도록 한 것이다.

　실질 형태소의 형태를 고정시키고, 형식 형태소인 어미도 모든 어간에 공통적으로 결합하는 통일된 형식을 유지시켜 적기로 한 것이다. 예컨대 어간 형태소 '늙-'에 어미가 결합한 형태를 소리 나는 대로 적는다면,

　　① 늘꼬　　　늘께
　　② 늑찌　　　늑쏘
　　③ 능는　　　능네
　　④ 늘그니　　늘거서

처럼 되어서, 어간의 형태가 어떤 것인지, 어미와의 경계가 어디인지 알아보기가 어려워진다. 이 경우 역시, '늙-고, 늙-지, 늙-는, 늙-으니'처럼 어간과 어미의 형태를 분명히 구별함으로써, 어간이 표시하는 어휘적 의미와 어미가 표시하는 문법적 의미가 쉽게 파악될 수 있는 것이다.

　　꺾[折]　　　　　　　- 는다
　　잊[忘]　　　　　　　- 느냐
　　덮[覆]　　　+　　　- 으니
　　긁[搔]　　　　　　　- 어서
　　읊[咏]　　　　　　　- 도록
　　잃[失]　　　　　　　- 거든

붙임 1.

두 개 용언이 결합하여 하나의 단어로 된 경우, 앞 단어의 본뜻이 유지되고 있는 것은 그 어간의 본 모양을 밝히어 적고, 본뜻에서 멀어진 것은 소리 나는 대로 적는다. '본뜻에서 멀어진 것'이란, 그 단어가 단독으로 쓰일 때 표시되는 어휘적 의미가 제대로 인식되지 못하거나 변화되었음을 말한다. 예시어 중, '늘어나다, 되짚어가다, 접어들다, 틀어지다'는 통일안에서 안 다루어졌던 것을 추가하였다.

(1)의 '늘어나다-늘다[增] 늘어지다-늘다[延] 돌아가다-돌다[回] 들어가다-들다[入] 떨어지다-(밤을) 떨다 벌어지다-(아람이) 벌다 엎어지다-엎다[覆] 틀어지다-틀다[妨] 흩어지다-흩다[散]' 따위는 앞 단어의 본뜻이 유지되고 있는 것이다. '되짚어가다' (및 '되짚어오다')는 '되짚어'라는 단어(부사)가 사전에서 다루어지고 있다. 다만, '넘어지다, 접어들다'의 경우는 그 의미 구조가 좀 모호하긴 하지만, 어원적인 형태를 '넘어-지다', '접어-들다'로 해석하는 관례에 따라 여기서 다룬 것이다.

한편, '돌아가다[歸], 접어들다[移入]' 따위는 예컨대 '산모퉁이를 돌아(서) 간다 우산을 접어(서) 든다.' 같은 형식과는 구별된다.

(2)의 '드러나다, 사라지다, 쓰러지다' 등은 '들다/나다', '살다/지다', '쓸다/지다'처럼 분석되지 않는다. 사전에서는 '(방을) 쓸다'의 피동형은 '쓸리다'로 다루고 있으나, '지다' 결합 형식은 '쓸어지다'(비가 좋으니, 방이 잘 쓸어진다.)로서, '쓰러진다[靡]'와 구별된다. (2)의 규정이 적용되는 단어로는 '나타나다 바라보다 바라지다[坼] 배라먹다[乞食] 부서지다[碎] 불거지다[凸] 부러지다[折] 자라나다[長] 자빠

지다[沛] 토라지다[少濡]' 등도 있다.

붙임 2, 3. 통일안 부록 I 표준말 5에는, 연결형(連結形)이나 종지형(終止形)이나 마찬가지로 '이요'로 한다고 규정되어 있다. 그런데 현행 표기에서는 연결형은 '이요' 종지형은 '이오'로 적고 있어서, 관용 형식을 취한 것이다. 연결형의 경우는, 옛말에서 '이고'의 'ㄱ'이 묵음화(黙音化)하여 '이오'로 굳어진 것이긴 하지만, 다른 단어의 연결형에 '오' 형식이 없으므로(연관시킬 필요가 없으므로), 소리 나는 대로 '요'로 적는 것이다. 그러나 종지형의 경우는, '나도 가오.', '집이 크오.'처럼 모든 용언 어간에 공통적으로 결합하는 형태가 '오'인데, '이-' 뒤에서만 예외적인 형태 '요'를 인정하는 것은 체계 있는 처리가 아니므로, '오'로 적는 것이다.

제16항 어간의 끝음절 모음이 'ㅏ, ㅗ'일 때에는 어미를 '-아'로 적고, 그 밖의 모음일 때에는 '-어'로 적는다.

1. '-아'로 적는 경우

나아	나아도	나아서
막아	막아도	막아서
얇아	얇아도	얇아서
돌아	돌아도	돌아서
보아	보아도	보아서

2. '-어'로 적는 경우

개어	개어도	개어서
겪어	겪어도	겪어서
되어	되어도	되어서
베어	베어도	베어서
쉬어	쉬어도	쉬어서
저어	저어도	저어서
주어	주어도	주어서
피어	피어도	피어서
희어	희어도	희어서

4.2.2. 어미 '아/어'의 표기

한국어의 모음조화와 관련된 것이다. 현대국어에서 한국어의 모음 조화는 의성어나 의태어의 단어 내부에서 일부 지켜지고 있지만 주로 용언어간과 용언 어미가 결합할 때 생기는 현상이다. 한국어의 모음은 그 음감에 따라 양성모음, 음성모음, 중성모음으로 구별되는데, 양성모음은 양성모음끼리 어울리고, 음성모음은 음성모음끼리 어울리는 것이 전형적인 모음조화이다. 용언 어간의 끝 음절 모음이 'ㅏ, ㅗ'일 때는 어미를 양성모음 '아' 계열로 적고, 그 나머지일 때 즉 'ㅐ, ㅓ, ㅚ, ㅜ, ㅟ, ㅡ, ㅢ, ㅣ' 등일 때에는 음성모음 '어' 계열로 적는다. 'ㅐ, ㅚ' 등은 본래 양성모음이고, 'ㅣ' 등은 중성모음인데 어미의 결합에서는 'ㅓ' 모음을 취한다.

현대국어에서는 음성모음과 결합하는 현상이 확산되어 '잡아→[자

버], 막아→[마거], 맑아 →[말거]'로 발음되는 경향이 있으나, 그것은 표준 발음으로는 인정되지 않는다. 단 18항의 'ㅂ' 불규칙 활용어간의 경우 '가깝다, 괴롭다' 등은 어간의 모음이 양성모음 'ㅏ, ㅗ' 이지만 그 활용형이 '가까워, 가까우니,   가까웠다', '괴로워, 괴로우니, 괴로웠다'가 된다.

제17항 어미 뒤에 덧붙는 조사 '- 요'는 '- 요'로 적는다.

읽어	읽어요
참으리	참으리요
좋지	좋지요

4.2.3. 조사 '-요'의 표기

용언의 종결어미 뒤에 붙는 '요'는 높임을 나타내는 후치사 내지는 특수조사가 되는데, 그 형태는 발음되는 대로 '요'로 적는다는 것을 나타낸 것이다. 이는 앞15항의 '-오'와 구별하기 위한 것이다. 15항의 '오'는 '오시오, 아니오'에서 보는 바와 같이 그것이 없으면 문장이 성립될 수 없는 필수적인 성분으로 어말어미이다. 반면 이 항의 '요'는 '읽어+요, 가지+요'처럼 존칭만 나타내지 그것이 없어도 문장이 성립될 수 있는 특수조사이다. 15항의 '-오'는 '가오, 먹으오'에서처럼 [오]로 발음되기도 하고, '하시오, 아니오'에서처럼 [요]로 발음되기도 하지만 후자의 발음은 앞 음절의 'ㅣ' 때문에 순행동화한 것으로 그 기저형이 '오'가 되고, 존칭을 나타내는 특수조사 '요'는 항상 '요'

로 발음되는 것으로 그 기저형 자체가 '요'이다.

후자의 '-요'가 붙은 경우 서법은 변화하지 않는다. 다음과 같이 '가지?, 가나? 가는가?' 등의 의문문 뒤에 '요'가 결합하는 '가지-요? 가나-요? 가는가-요?'처럼 의문문이 되고, 본문의 예처럼 '읽어, 참으리' 등의 명령문이나 평서문에 '요'가 결합하면 '읽어-요, 참으리-요'처럼 명령문이나 평서문이 된다.

제18항 다음과 같은 용언들은 어미가 바뀔 경우, 그 어간이나 어미가 원칙에 벗어나면 벗어나는 대로 적는다.

4.2.4. 불규칙 활용 어간의 표기

이 항의 '다음과 같은 용언들'이란 이 항에서 설명하고자 하는 9가지 종류의 불규칙활용(혹은 변칙활용)을 지칭하는 것이다. 이러한 용언들은 '어미가 바뀔 경우'에 어간의 형태가 고정되지 않고 변화하는 모습을 보이기도 하고, 어미 자체가 변화한 모습으로 나타나기도 하는데, 그렇게 나타나는 경우를 '원칙에 벗어나면'이라고 표현한 것이다. 그리고 그러한 경우 '벗어나는 대로 적는다'라고 표현한 것은 소리나는 대로 적는다는 의미이다. 즉 기본형을 밝혀 적지 않고 소리나는 대로 표기한다는 것이다.

1. 어간의 끝 'ㄹ'이 줄어질 적

갈다: 가니   간   갑니다   가시다   가오

놀다:	노니	논	놉니다	노시다	노오
불다:	부니	분	붑니다	부시다	부오
둥글다:	둥그니	둥근	둥급니다	둥그시다	둥그오
어질다:	어지니	어진	어집니다	어지시다	어지오

[붙임] 다음과 같은 말에서도 'ㄹ'이 준 대로 적는다.

마지못하다   마지않다   (하)다마다   (하)자마자
(하)지 마라   (하)지 마(아)

가. 'ㄹ' 불규칙의 표기

어간 끝 받침 'ㄹ'은 다음과 같은 어미와 결합할 경우에는 정상적으로 'ㄹ'이 발음된다.
  (1) 갈-
  (2) 놀- +고, 게, 지, 도록, 으려면, 으면, 아서(어서)
  (3) 길-

  (1) → 갈고, 갈제, 갈지, 갈도록, 갈려면, 갈면, 갈아서
  (2) → 놀고, 놀게, 놀지, 놀도록, 놀려면, 놀면, 놀아서
  (3) → 길고, 길게, 길지, 길도록, 길려면, 길면, 길어서

그런데, '으'가 선행하는 일련의 다른 어미들과 결합할 경우에는 'ㄹ'이 없는 형태로 발음하고 있는 것이다.

(1) 갈-

(2) 놀- +으니, 은, 읍니다. 으시, 으오

(3) 길-

(1) → 가니, 간, 갑니다, 가시(다), 가오

(2) → 노니, 논, 놉니다, 노시(오), 노오

(3) → 기니, 긴, 깁니다, 기시(오)(?). 기오.

이러한 활용형을 보이는 'ㄹ'는 모두 발음되는 그대로를 표기에 반영하는 것이 이 규정이다. 'ㄹ'을 밝혀 적을 수도 있겠으나 그 경우 체언의 'ㄹ'과 'ㄷ' 불규칙의 'ㄹ'과 표기와 발음에서 혼란이 생길 수 있는 것이다. 즉 체언의 '물, 불+은 →[무른], 부른]'이나 'ㄷ' 불규칙 '묻-問)'의 활용형 '물은[무른] 사람이 누구냐?'와 혼란이 생길 수 있는 것이다. 그래서 표기와 발음의 일관적인 대응관계를 위해서 발음하는 대로 표기하는 것이다.

〈붙임〉은 현대국어에서의 일반적인 쓰임과 달리 통시적인 현상으로 굳어져 있는 것은 굳어진 대로 관용상 사용한다는 것이다. 즉 어간 끝 받침 'ㄹ'은 현대국어에서 'ㄷ, ㅈ' 앞에서 줄지 않는 게 원칙인데, 탈락 규칙이 있던 과거의 흔적이 현재도 사용될 경우 굳어져 쓰이는 형태소를 사용한다는 것이다.

(-다 말다) -다마다   (말지 못하다) 마지못하다

(멀지 않아) 머지않아   (-자 말자) -자마자

등은 그러한 예들이다.

(-지 말아) -지 마(아)　　(-지 말아라) -지 마라

등은 명령문에서 말을 많이 생략한 것인데, 이들 역시 언중에서 많
이 쓰이고 있으므로 인정한 것이다. 그런데 '마라'의 경우 문어체(文
語體) 명령형이나 간접 인용법에서 '말라'로 대체되기도 한다.

2. 어간의 끝 'ㅅ'이 줄어질 적

긋다: 그어　　그으니　　그었다
낫다: 나아　　나으니　　나았다
잇다: 이어　　이으니　　이었다
짓다: 지어　　지으니　　지었다

나. 'ㅅ' 불규칙의 표기

어간 끝 받침 'ㅅ'이 어미의 모음 앞에서 줄어지는 경우, 준 대로 적
는다. 어간 끝에 'ㅅ' 받침을 가진 용언 중, '긋다, 낫다, 붓다, 잇다, 잣
다, 젓다, 짓다' 등이 이에 해당되는데, 이들은 자음으로 시작하는 어
미가 올 경우 자음이 있음이 확인된다.

(1) 긋-
(2) 낫- +고, 게, 는, 다, 더니, 지
(3) 붓-

   (1) → 긋고, 긋게, 긋는, 긋다, 긋더니, 긋지
   (2) → 낫고, 낫게, 낫는, 낫다, 낫더니, 낫지
   (3) → 붓고, 붓게, 붓는, 붓다, 붓더니, 붓지

  반면에 모음으로 시작하는 어미가 올 경우 'ㅅ'은 그 흔적이 없어져 버린다.

   (1) 긋-
   (2) 낫- +으면, 으니, 어라(아라), 았다(었다)
   (3) 붓-

   (1) → 그으면, 그으니, 그어라, 그었다
   (2) → 나으면, 나으니, 나아라, 나았다
   (3) → 부으면, 부으니, 부어라, 부었다

  이들만 있을 경우 'ㅅ'으로 표기해 줄 수도 있으나 항상 'ㅅ'으로 실현되는 '벗다, 빗다, 빼앗다, 솟다, 썻다, 웃다' 등이 있기 때문에 그 구분을 위해 'ㅅ' 받침을 표기하지 않는 것이다.

   (1) 빗-
   (2) 솟- +고, 게, 는, 다, 더니, 지//으면, 으니, 어라
   (3) 썻-

   (1) → 빗고, 빗게, 빗는, 빗다, 빗더니, 빗지//빗으면, 빗으니, 빗어라
   (2) → 솟고, 솟게, 솟는, 솟다, 솟더니, 솟지//솟으면, 솟으니, 솟아라

(3) → 씻고, 씻게, 씻는. 씻다, 씻더니, 씻지//씻으면, 씻으니, 씻어라

만약 이들을 동일하게 '긋으면, 긋으니, 긋어라//빗으면, 빗으니, 빗어라'로 표기할 경우 모음과 모음 사이에서 발음하는 'ㅅ'과 발음하지 않는 'ㅅ'이 예측되지 않는 것이다. 그래서 표기에 따른 발음의 혼란을 피하기 위해 'ㅅ' 불규칙의 경우 발음하는 대로 표기하는 것이다.

3. 어간의 끝 'ㅎ'이 줄어질 적[4]

그렇다:	그러니	그럴	그러면	그러오
까맣다:	까마니	까말	까마면	까마오
동그랗다:	동그라니	동그랄	동그라면	동그라오
퍼렇다:	퍼러니	퍼럴	퍼러면	퍼러오
하얗다:	하야니	하얄	하야면	하야오

다. 'ㅎ' 불규칙의 표기

용언의 어간말에 존재하고 있는 'ㅎ'은 자음으로 시작하는 어미와 결합할 경우 자음과 결합하여 유기음화하는 공통된 모습을 보인다.('ㅅ'은 다른 설명이 필요하지만 여기에 포함해 둔다.)

---

4) 고시본에서 보였던 용례 중 '그럽니다, 까맙니다, 동그랍니다, 퍼럽니다, 하얍니다'는 1994년 12월 16일에 열린 국어 심의회의 결정에 따라 삭제하기로 하였다. '표준어 규정' 제17항이 자음 뒤의 '-습니다'를 표준어로 정함에 따라 '그렇습니다, 까맣습니다, 동그랗습니다, 퍼렇습니다, 하얗습니다'가 표준어가 되는 것과 상충하기 때문이다.

(1) 좋-
(2) 싫--   + 고, 게, 다, 더니, 지, 소
(3) 그렇-

(1) → 조코, 조케, 조타, 조터니, 조치, 조쏘
(2) → 실코, 실케, 실타, 실터니, 실치, 실쏘
(3) → 그러코, 그러케, 그러타, 그러터니, 그러치, 그러쏘

그러나 모음으로 시작하는 어미와 결합할 경우에는 전혀 다른 모습을 보이게 된다.

(1) 좋-
(2) 싫- +으면, 으니, 어라(아라), 았다(었다)
(3) 그렇-

(1) → 조으면, 조으니, 조아라, 조았다
(2) → 시르면, 시르니, 시러라, 시렀다
(3) → 그러면, 그러니, 그래라, 그랬다

'좋-, 싫-'의 경우에는 'ㅎ'만 탈락하는데 비해 '그렇-'의 경우에는 'ㅎ'이 탈락하고, 어미의 첫 모음까지 탈락하는 현상이 발생하는 것이다. 이러한 현상은 어간 끝에 'ㅎ' 받침을 가진 형용사 중 '좋다'를 제외한 모든 단어가 이에 해당되고,

노랗다 – (노랗+네) 노라네　　　　(노랗+은) 노란

　　　　(노랗+으니) 노라니　　　　(노랗+아) 노래

　　　　(노랗+아지다) 노래지다

허옇다 – (허옇+네) 허여네　　　　(허옇+을) 허열

　　　　(허옇+으면) 허여면　　　　(허옇+어) 허예

　　　　(허옇+어지다) 허예지다

‘ㄴㅎ’이나 ‘ㄹㅎ’ 등의 겹자음 가진 형용사 그리고 ‘넣다’ 등의 동사
는 제외된다.

않다 – (않+네) 않으네　　　　　(않+은) 않은

　　　　(않+으니) 않으니　　　　(않+아) 않아

싫다 – (싫+으네) 싫으네　　　　(싫+을) 싫을

　　　　(싫+으면) 싫으면　　　　(싫+어) 싫어

넣다 – (넣+으네) 넣으네　　　　(넣+을) 넣을

　　　　(넣+으면) 넣으면　　　　(넣+어) 넣어

좋다 – (좋+으네) 좋으네　　　　(좋+을) 좋을

　　　　(좋+으면) 좋으면　　　　(좋+어) 좋어

이들을 구분하여 표기하기 위해 규정이 본 항인 것이다.

4. 어간의 끝 ‘ㅜ, ㅡ’가 줄어질 적

푸다:　퍼　　펐다

뜨다:　떠　　떴다

끄다: 꺼   껐다

크다: 커   컸다

담그다: 담가   담갔다

고프다: 고파   고팠다

따르다: 따라   따랐다

바쁘다: 바빠   바빴다

라. 어간말 'ㅜ, ㅡ'의 발음과 표기

어간의 말모음이 모음으로 시작하는 어미와 결합할 때 탈락해 버리는 일련의 예가 있다. 일반적으로 'ㅡ'로 끝나는 모음은 아래 8과 9에 해당되는 단어들 외에는 모음으로 시작하는 어미 앞에서 탈락하게 된다. 그리고 'ㅜ'로 끝나는 동사는 모음이 오면 w로 변화하는 것이 일반적인데, '푸다'는 모음이 탈락하게 된다.

푸다 ‒ (푸+어) 퍼, (푸+어서) 퍼서, (푸+었다) 펐다

바쁘다‒ (바쁘+어) 바빠, (바쁘+ 어도) 바빠도, (바쁘+었다) 바빴다

이들의 활용형은 특이한 현상을 보이는 것이기 때문에 다른 현상을 보이는 것과 구별하기 위해 발음하는 대로 적는 것이다. 'ㅡ'가 줄어지는 단어로는 '르'가 포함되지 않은 모든 단어가 이에 해당된다. '끄다, 담그다, 뜨다, 잠그다, 트다, 가쁘다, 고프다, 기쁘다, 나쁘다, 미쁘다, 바쁘다, 슬프다, 아프다, 예쁘다, 크다' 등이 있다. '르'가 포함된 단어로는 '따르다. 치르다' 만이 이러한 유형이 된다.

따르다 – (따르+아) 따라,   (따르+았다) 따랐다

치르다 – (치르+어) 치러   (치르+었다) 치렀다

5. 어간의 끝 'ㄷ'이 'ㄹ'로 바뀔 적

걷다[步]:   걸어   걸으니   걸었다

듣다[聽]:   들어   들으니   들었다

묻다[問]:   물어   물으니   물었다

싣다[載]:   실어   실으니   실었다

마. 'ㄷ' 불규칙의 발음과 표기

현대국어의 용언 어간말에 존재하고 있는 'ㄷ'은 두 가지 현상을 보여 주고 있다. 즉 자음으로 시작하는 어미와 결합할 경우에는 경음화 현상을 일으키면서 조음 위치 동화를 하는 공통된 모습을 보인다.(조음 위치 동화에 관한 사항은 생략한다.)

(1) 닫-

(2) 묻--   + 고, 게, 다, 더니, 지, 소

(1) → 닫꼬, 닫께, 닫따, 닫떠니, 닫찌, 닫쏘

(2) → 묻꼬, 묻께, 묻따, 묻떠니, 묻찌, 묻쏘

그러나 모음으로 시작하는 어미와 결합할 경우에는 전혀 다른 모습을 보이게 된다.

(1) 닫-

(2) 묻- +으면, 으니, 어라(아라), 았다(었다)

(1) → 다드면, 다드니, 다다라, 다닸다.

(2) → 무르면, 무르니, 무러라, 무렀다.

이러한 현상을 표기에 그대로 반영하여 표기와 발음의 일관성을 꾀하는 것이 본 항이 표기 목적이다.

용언 어간의 끝에 'ㄷ' 받침을 가진 용언 중, '걷다[步], 긷다, 깨닫다, 눋다, 닫다[走], 듣다, 묻다[問], 붇다, 싣다, 일컫다' 등은 불규칙 활용에 해당되고, '걷다[收, 撤], 닫다[閉], 돋다, 뜯다, 묻다[埋], 믿다, 받다, 벋다, 뻗다, 얻다, 곧다, 굳다' 등은 'ㄷ'이 'ㄹ'로 바뀌지 않는 규칙 용언(혹은 정칙 용언)에 해당된다.

6. 어간의 끝 'ㅂ'이 'ㅜ'로 바뀔 적

깁다:	기워	기우니	기웠다
굽다[炙]:	구워	구우니	구웠다
가깝다:	가까워	가까우니	가까웠다
괴롭다:	괴로워	괴로우니	괴로웠다
맵다:	매워	매우니	매웠다
무겁다:	무거워	무거우니	무거웠다
밉다:	미워	미우니	미웠다
쉽다:	쉬워	쉬우니	쉬웠다

다만, '돕 –, 곱 –'과 같은 단음절 어간에 어미 '– 아'가 결합되어 '와'
로 소리나는 것은 '– 와'로 적는다.

돕다[助]: 도와   도와서   도와도   도왔다

곱다[麗]: 고와   고와서   고와도   고왔다

바. 'ㅂ' 불규칙의 발음과 표기

'현대국어의 용언 어간말에 존재하고 있는 'ㄷ, ㅎ'은 두 가지 현상
을 보여 주고 있듯이 'ㅂ'으로 끝난 어간도 두 가지 모습을 보여 준다.
즉 자음으로 시작하는 어미와 결합할 경우에는 경음화 현상을 일으키
면서 조음 위치 동화를 하는 공통된 모습을 보인다.(조음 위치 동화에
관한 사항은 생략한다.)

(1) 잡-

(2) 돕-–   +고, 게, 다, 더니, 지, 소

(1) → 잡꼬, 잡께, 잡따, 잡떠니, 잡찌, 잡쏘

(2) → 돕꼬, 돕께, 돕따, 돕떠니, 돕찌, 돕쏘

그러나 모음으로 시작하는 어미와 결합할 경우에는 전혀 다른 모습
을 보이게 된다.

(1) 잡-

(2) 돕- +으면, 으니, 어라(아라), 았다(었다)

(1) → 자브면, 자브니, 자바라, 자봤다.
(2) → 도우면, 도우니, 도와라, 도왔다.

이러한 현상을 표기에 그대로 반영하여 표기와 발음의 일관성을 꾀하는 것이 본 항목의 목적이다. 즉 어간 끝 받침 'ㅂ'이 모음 앞에서 '우'로 바뀌는 경우에는 바뀐 대로 적고 바뀌지 않는 것은 본래의 모습대로 적는다.

어간 끝에 'ㅂ' 받침을 가진 용언 중, '굽다[炙], 깁다, 눕다, 줍다, 가깝다, 가볍다, 간지럽다, 괴롭다, 그립다, 노엽다, 더럽다, 덥다, 맵다, 메스껍다, 무겁다, 미덥다, 밉다, 사납다, 서럽다, 쉽다, 아니꼽다, 어둡다, 역겹다, 즐겁다, 지겹다, 차갑다, 춥다' 등과, 접미사 '-답다, -롭다, -스럽다'가 결합하여 된 단어들은 'ㅂ'이 '우'로 변화하는 유형에 해당되고, '(손-)꼽다[屈指], 뽑다, 씹다, 업다, 잡다, 접다, 집다, (손이) 곱다, 굽다[曲], 좁다' 등은 'ㅂ' 받침이 '우'로 바뀌지 않는 유형에 속한다.

여기서 주목해야 할 것은 앞 16항의 모음 조화와 관련된 사항이다. 16항에 의하면 어간 말 모음이 'ㅏ, ㅗ'인 경우 'ㅂ' 받침 뒤에서는 어미 '-아(았)'가 결합하여

(가깝+아) 가까와   (가깝+아서) 가까와서
(아름답+아) 아름다와, (아름답+아서) 아름다와서
(괴롭+아) 괴로와도,   (괴롭+아서) 괴로와서

등으로 표기하는 것이 정상이겠으나, 현실적인 발음에서는 다수가

음성모음과 결합한 것으로 발음하고 있기 때문에 현실적인 발음에 가깝게 표기하기 위해 음성모음과 결합한 것으로 하였다.

  (가깝+아) 가까와〉가까워
  (가깝+아서) 가까와서 〉가까워서
  (아름답+아) 아름다와〉아름다워
  (아름답+아서) 아름다와서 〉아름다워서
  (괴롭+아) 괴로와 〉괴로워
  (괴롭+아서) 괴로와서 〉 괴로워서

  단지 아래와 같이 모음이 'ㅗ'인 단음절 어간 뒤에서는 아직 '-아'와 결합한 '와'를 사용하고 있으므로 그 현실을 그대로 표기에 반영하였다.

  돕다 - 도와, 도와라, 도와서, 도와도, 도와야, 도왔다
  곱다 - 고와, 고와서, 고와도, 고와야, 고와야, 고왔다

7. '하다'의 활용에서 어미 '- 아'가 '- 여'로 바뀔 적

  하다: 하여 하여서 하여도 하여라 하였다

사. 'ㅕ' 불규칙
  본 항부터는 어미의 변화와 관련된 것이다. 어간 '하-'는 부사형 어미로 '여'를 취하기 때문에 그 발음의 특수성을 표기에 반영하여 '여'

로 적기로 한 것이다.

8. 어간의 끝음절 '르' 뒤에 오는 어미 '‐어'가 '‐러'로 바뀔 적

이르다[至]: 이르러   이르렀다
노르다: 노르러   노르렀다
누르다: 누르러   누르렀다
푸르다: 푸르러   푸르렀다

아. '러' 불규칙의 표기

전 항에 이어 어미의 양상이 예외적으로 나타나는 것이다. 어간의 끝 음절이 '르'로 나타나는 것은 세 가지 종류로 활용형이 갈라진다. 앞 4항의 '따르다, 치르다'처럼 정칙으로 나타나는 것이 있고, 본 항처럼 어미가 '러'인 것처럼 나타나는 것이 있는데 이러한 용언은 '이르다[至], 노르다, 누르다, 푸르다' 등의 네 가지이다. 이들의 발음을 표기에 그대로 반영한 것이다. '푸르다'를 예로 하여 그 활용형을 보이면 다음과 같다.

(푸르+어) 푸르러   (푸르+어서) 푸르러서
(푸르+었다) 푸르렀다   (푸르+어지다) 푸르러지다

9. 어간의 끝음절 '르'의 '一'가 줄고, 그 뒤에 오는 어미 '‐아/‐어'가 '‐라/‐러'로 바뀔 적

가르다: 갈라 갈랐다	부르다: 불러 불렀다
거르다: 걸러 걸렀다	오르다: 올라 올랐다
구르다: 굴러 굴렀다	이르다: 일러 일렀다
벼르다: 별러 별렀다	지르다: 질러 질렀다

자. '르' 불규칙의 경우

어간 끝 음절 '르' 뒤에 어미 '-어'가 결합할 때의 양상 중 4항과 8항에 이은 세 번째 유형이다. '아/어'가 결합할 때 어간 모음 'ㅡ'가 줄면서 'ㄹㄹ'이 나타난다. 이러한 발음 역시 다른 표기로 예상될 수 있는 것이 아니기 때문에 발음하는 대로 표기에 반영한다.

　　나르다 – (나르+어) 날라 (나르+어서) 날라서 (나르+었다) 날랐다
　　누르다 – (누르+어) 눌러 (누르+어도) 눌러도 (누르+었다) 눌렀다

이러한 유형의 어간들은 피동이나 사동을 나타내는 접미사 '-이'가 결합하는 경우에도 동일한 양상을 보인다. 어간 모음 'ㅡ'가 줄면서 'ㄹ'이 중복되어 'ㄹㄹ'로 나타난다. 이러한 발음 역시 표기에 그대로 반영한다.

　　(누르+이다) 눌리다　(오르+이다) 올리다　(흐르+이다) 흘리다

이 밖에, 특이한 형태의 어미가 결합하는 어휘에는 '오다'가 있다. 이 동사는 명령형에서 '-너라'가 결합하여 '오너라'가 되는 것이다.

제3절 접미사가 붙어서 된 말

제19항 어간에 '- 이'나 '- 음/- ㅁ'이 붙어서 명사로 된
것과 '- 이'나 '- 히'가 붙어서 부사로 된 것은 그 어간
의 원형을 밝히어 적는다.

1. '- 이'가 붙어서 명사로 된 것

길이	깊이	높이	다듬이	땀받이
달맞이	먹이	미닫이	벌이	벼훑이
살림살이	쇠붙이			

2. '- 음/- ㅁ'이 붙어서 명사로 된 것

걸음	묶음	믿음	얼음	엮음
울음	웃음	졸음	죽음	앎
만듦				

3. '- 이'가 붙어서 부사로 된 것

같이	굳이	길이	높이	많이
실없이	좋이	짓궂이		

4. '- 히'가 붙어서 부사로 된 것

밝히	익히	작히

[붙임 2] 접두사처럼 쓰이는 한자가 붙어서 된 말이나 합성어에서, 뒷말의 첫소리가 'ㄴ' 소리로 나더라도 두음 법칙에 따라 적는다.

신여성(新女性)   공염불(空念佛)   남존여비(男尊女卑)

[붙임 3] 둘 이상의 단어로 이루어진 고유 명사를 붙여 쓰는 경우에도 붙임 2에 준하여 적는다.

한국여자대학   대한요소비료회사

'여성, 염불, 여비'라는 단어가 존재하고 있기 때문에 표기 형태를 고정시켜 의미 파악을 쉽게 하기 위해 [신녀성], [공념불], [남존녀비] 등과 같이 발음과 다르지만 표기를 고정시키는 것이다.

다만, 어간에 '-이'나 '-음'이 붙어서 명사로 바뀐 것이라도 그 어간의 뜻과 멀어진 것은 원형을 밝히어 적지 아니한다.

굽도리   다리[髢]   목거리(목병)
무녀리   코끼리   거름(비료)
고름[膿]   노름(도박)

이들은 위의 규정에 예외적인 것으로, 원형을 밝혀 적는 것은 의미 파악을 원활하게 하기 위한 것인데 그렇게 할 이유가 없기 때문에 표면형대로 표기하는 것이다.

(2) 제11항의 아래 붙임들로 동일한 것이다. 발음은 달리 나지만 단어의 형태를 고정시켜 의미 파악을 원활하게 하기위한 표기인 것이다.

[붙임 4] 접두사처럼 쓰이는 한자가 붙어서 된 말이나 합성어에서, 뒷말의 첫소리가 'ㄴ' 또는 'ㄹ' 소리로 나더라도 두음 법칙에 따라 적는다.

역이용(逆利用)　　　연이율(年利率)　　　열역학(熱力學)

해외여행(海外旅行)

[붙임 5] 둘 이상의 단어로 이루어진 고유 명사를 붙여 쓰는 경우나 십진법에 따라 쓰는 수(數)도 붙임 4에 준하여 적는다.

서울여관　　　　　　신흥이발관

육천육백육십육(六千六百六十六)

(3) 의미 파악을 위해 원형을 밝혀 적는다.

파생어 형성과 같은 경우 어근과 접사를 쉽게 구분할 수 있고, 그 의미를 파악하기 위해서는 어근의 어원을 밝혀 적는 것이 필요할 경우, 파생어 형성이 공시적이냐 통시적이냐 하는 논의를 떠나서, 설사 이들의 형성이 통시적이라 하더라도 의미 파악을 위해 원형을 밝혀 적는다. 제21항의 파생어 형성에 관한 규정이 이에 해당한다.

제21항　명사나 혹은 용언의 어간 뒤에 자음으로 시작된 접미사가 붙어서 된 말은 그 명사나 어간의 원형을 밝히어 적는다.

1. 명사 뒤에 자음으로 시작된 접미사가 붙어서 된 것

값지다　홑지다　넋두리　빛깔　옆댕이　잎사귀

2. 어간 뒤에 자음으로 시작된 접미사가 붙어서 된 것

(갚다) 앙갚음 (엮다) 엮음		(솟다) 용솟음
(일컫다) 일컬음	(놀다) 놀음	(막다) 막음
(걷+음) 걸음	(얼+음) 얼음	

3과 4에서 언급되고 있는 부사화 접미사 '-이, -히'도 현대국어에서 비교적 규칙적으로 그리고 널리 여러 어간에 결합하여 부사를 파생시키는 생산성이 인정될 수 있어 기본형을 밝혀 즉 어원을 밝혀 표기한다.

(곧다) 곧이(-듣다)	(없다) 덧없이	(옳다) 옳이
(적다) 적이	(밝다) 밝히	(익다) 익히
(작다) 작히		

〈다만〉은 원형을 밝히느냐 밝히지 않느냐의 기준으로 '의미 유지'를 제시한 것이다. 생산성이 있는 명사화 접미사 '-이, -음'이 결합하였다 하더라도, 그 어간의 본뜻과 멀어진 것은 원형(原形)을 밝힐 필요가 없다고 판정하고 이러한 예들은 소리 나는 대로 적는다는 것을 밝힌 것이다. 예시어들, '굽도리, 다리[髢], 목거리(목병)무녀리, 코끼리, 거름(비료), 고름[膿], 노름(도박)' 등은 '돌(다), 달(다), 걸(다), 열(다), 길(다), 놀(다)' 같은 본래 어간 형태소의 뜻과 무관하므로, '굽돌이, 달이, 목걸이, 문열이, 코길이(코낄이), 곯음, 놀음'처럼 기본형을 밝히지 않고 소리나는 대로 표기하는 것이다. 아래의 예들도 이러한 예에 준하는 것이다.

너비	도리깨	두루마리
목도리	빈털터리	턱거리(언턱거리, 종기)

　여기서 주의할 사항은 표기상의 규약 때문에 발음은 동일한데 표기만 다른 어휘가 생성된다는 점이다. 예를 들면 '거름[肥料] : 걸음(걷+음), 노름[賭博] : 놀음(놀+음), 어름[物界] : 얼음(얼+음)' 등의 동음이의어의 다른 표기가 그 예들이다.

　〈붙임〉은 소리나는 대로 표기하는 예들이다. 특정한 용언 어간에만 결합하는 파생접미사로 두루 쓰이는 생산성이나 규칙성을 인정할 수 없는 예들은 그 원형을 밝히지 않고 소리 나는 대로 적는다.(역시 국어원의 해설 자료를 중심으로 예를 제시한다.)

(1) 명사로 된 것

(꾸짖+웅) 꾸중	(남+어지) 나머지	(눋+웅지) 누룽지
(늙+으막) 늘그막	(돌+앙) 도랑	(돌+으래) 도르래
(동글+아미) 동그라미	(붉+엉이) 불겅이	(뻗+으렁) 뻐드렁니
(옭+아미) 올가미	(짚+앙이) 지팡이	(뚫+에) 코뚜레

(2) 부사로 된 것

(늘+우) 느루	(돋+우) 도두	(돌+오) 도로
(맞+우) 마주	(비뚤+오) 비뚜로	(밟+암) 발밤발밤

(잡+암) 자밤자밤   (줏+엄) 주섬주섬   (넘+어) 너머

(넘+우) 너무   (참+아) 차마

여기서 주의할 사항은 앞에서 본 바와 같은 동음이의어의 생성이다. '넘-'의 활용형 '넘어'와 파생 명사 '너머'는 구별해야 하고, 비슷하게 '참-'의 활용형 '참아'와 파생부사 '차마'는 구별해야 하는 점이다. 예문을 만들어 보면 다음과 같다.

산을 넘어 산 너머에 가서 차마 보지 못할 것을 보고 괴로움을 참아 왔다.

(3) 조사로 된 것

(남+아) 나마   (좇+아) 조차   (붙+어) 부터   (맞+아/어) 마저

동사 '남다, 붙다, 좇다, 맞다(?)'의 부사형 '남아, 붙어, 좇아, 마저'가 특수조사로 변화한 것인데, 의미 변화가 발생하였으므로 어원을 밝히지 않고 소리나는 대로 적는다.

제20항 명사 뒤에 '-이'가 붙어서 된 말은 그 명사의 원형을 밝히어 적는다.

1. 부사로 된 것
   곳곳이   낱낱이   몫몫이   샅샅이

앞앞이　　집집이

2. 명사로 된 것

곰배팔이　　바둑이　　　삼발이　　　　애꾸눈이

육손이　　　절뚝발이/절름발이

[붙임] '- 이' 이외의 모음으로 시작된 접미사가 붙어서
된 말은 그 명사의 원형을 밝히어 적지 아니한다.

꼬락서니　　끄트머리　　모가치　　　바가지

바깥　　　　사타구니　　싸라기　　　이파리

지붕　　　　지푸라기　　짜개

4.3.2. 어원 밝히기(2) – 파생 접미사 '–이'

이 항은 19항에 이어지는 것이다. 19항이 용언어간에 파생접미사
가 붙는 경우라면, 본 항은 명사에 접미사가 결합하는 경우이다. 19항
과 같이 '–이'가 결합하여 명사가 다른 품사로 바뀌거나, 명사라는 품
사를 유지하면서 뜻만 달라지는 경우, '–이'가 공시적인 생산성을 가
지고 있어 본래의 형태를 밝히는 것이 의미 파악에 효율적이기 때문
에 명사의 본 모양을 밝히어 적는다. 본항의 1과 같이 명사가 중복되
면서 '이'가 결합하여 부사화하는 예는 다음과 같다.

간간이　겹겹이　길길이　눈눈이　땀땀이　번번이　사람사람이

옆옆이　줄줄이　참참이　철철이　첩첩이　틈틈이　나날이

다달이　골골샅샅이　　구구절절이　　사사건건이

2와 같이 접미사가 결합했지만 품사는 명사로 그냥 유지되면서 뜻이 달라지지만, 본래의 뜻과 연관성을 가지고 있으므로 본래의 형을 밝혀 적는 예들은 다음과 같다.

각설이　검정이　고리눈이　네눈이　　딸깍발이　　맹문이
생손이　왕눈이　외팔이　　우걱뿔이　퉁방울이　　외톨이

〈붙임〉에서 명사 뒤에 '-이' 이외의 모음으로 시작된 접미사가 결합하여 된 단어의 경우는 본래 명사의 형태를 밝히어 적지 아니하기로 하였는데, 그 이유나 취지는 19항과 같다. 본항에서 나오는 예들의 형태소를 분석해 보면

꼬락서니→ 꼴+악서니　　끄트머리→끝+으머리
모가치→ 몫+아치　　　　바가지→ 박+아지
바깥→밖+앝　　　　　　사타구니→샅+아구니
싸라기→쌀+아기　　　　이파리→잎+아리
지붕→집+웅　　　　　　지푸라기→짚+우라기
짜개→짝+애

등과 같이 된다. 이와 유사한 형태로는 다음의 것을 추가할 수 있다.(예는 국립국어원 해설집에서 따옴)

(골앙) 고랑　　　(굴엉) 구렁　　　(끝으러기) 끄트러기

(목아지) 모가지   (삻애) 사태-고기   (속아지) 소가지
(솥앵) 소댕   (올아기) 오라기   (털억) 터럭

여기서 주의해야 할 것은 '아치'와 '어치'의 구분이다. '아치'는 '몫'에만 결합하여 '모가치'로 사용되고 있어 유일성을 가지고 있으므로 발음하는 대로 '모가치'라고 표기한다. 반면에 '어치'는 '값'과 결합하여 '값어치'를 만들 뿐만 아니라 '한 푼 어치, 두 푼 어치' 등에 두루 사용되고 있고 또 그 성격이 명사적인 기능을 가지고 있기 때문에 '값어치'로 표기하고 [가버치]로 발음하는 것이다.

이와 유사한 것에 '벼슬아치'도 있다. 이 경우의 '-아치'(동냥아치, 장사아치)는 접미사로 다루어지는 것이 일반적이지만 '값어치' 등과 평행을 유지하기 위해 '벼슬아치'로 표기하고 있는 것이다. 본 규정을 적용하고 '아치'를 접미사로 본다면, '벼스라치'로 적어야 할 것이다.

제21항 명사나 혹은 용언의 어간 뒤에 자음으로 시작된 접미사가 붙어서 된 말은 그 명사나 어간의 원형을 밝히어 적는다.

1. 명사 뒤에 자음으로 시작된 접미사가 붙어서 된 것
   값지다   홑지다   넋두리   빛깔   옆댕이   잎사귀

2. 어간 뒤에 자음으로 시작된 접미사가 붙어서 된 것
   낚시   늙정이   덮개   뜯게질

갉작갉작하다　　갉작거리다　　뜯적거리다

뜯적뜯적하다　　굵다랗다　　　굵직하다

깊숙하다　　　　넓적하다　　　높다랗다

늙수그레하다　　얽죽얽죽하다

다만, 다음과 같은 말은 소리대로 적는다.

(1) 겹받침의 끝소리가 드러나지 아니하는 것

할짝거리다　　　널따랗다　　　널찍하다

말끔하다　　　　말쑥하다　　　말짱하다

실쭉하다　　　　실큼하다　　　얄따랗다

얄팍하다　　　　짤따랗다　　　짤막하다

실컷

(2) 어원이 분명하지 아니하거나 본뜻에서 멀어진 것

넙치　　　올무　　　골막하다　　　납작하다

4.3.3. 어원 밝히기(3) - 자음으로 시작되는 접미사

19항과 20항이 모음으로 시작하는 접미사가 결합하였을 경우의 어원밝히기라면 본 항은 자음으로 시작된 접미사가 결합하여 된 단어의 어원밝히기이다. 이들의 어간말 자음은 제 음가대로 발음되지 않지만 모두 본래의 의미가 살아 있기 때문에 의미 파악을 쉽게 하기 위해 명사나 용언 어간의 형태를 밝히어 적는다는 것이다. 이들 외에 대강의 예들을 제시하면 다음과 같다.(이 예들은 국립국어원 해설집에서 따온 것임.)

(값) 값지다　　(꽃) 꽃답다　　(끝) 끝내　　　　(맛) 맛깔스럽다

(멋) 멋지다　　(밑) 밑지다　　(볕) 볕뉘　　　　(부엌) 부엌데기

(빚) 빚이　　　(빛) 빛깔　　　(숯) 숯쟁이　　　(숲) 숲정이

(앞) 앞장(-서다)　　　　　　　(옆) 옆구리　　　(잎) 잎사귀

(흙) 흙질(-하다)　　　　　　　(긁) 긁적거리다, 긁죽거리다

(넓) 넓죽하다　　(높) 높다랗다

(늙) 늙다리, 늙바탕, 늙수그레하다

(묽) 묽숙하다, 묽스그레하다　　(얽) 얽적얽적하다　　(엎) 엎지르다

(읊) 읊조리다

〈다만〉은 소리대로 적는 경우인데, 그 경우를 두 가지로 나누어 들고 있다. (1)은 겹받침의 끝소리가 발음에서 드러나지 않는 경우이다. 여기서 제시되고 있는 예들의 본래 용언은 '핥다, 넓다, 맑다, 싫다, 짧다, 얇다' 등일 것인데 이들의 실제적인 발음이 '할짝거리다, 널따랗다, 널찍하다, 말끔하다, 말쑥하다, 말짱하다, 실쭉하다, 실큼하다, 얄따랗다, 얄팍하다, 짤따랗다, 짤막하다, 실컷'이 되어 뒷자음이 전혀 발음되지 않는 것이다. 이 경우 겹받침을 다 사용하면 발음의 혼동이 발생할 수 있으므로 발음되지 않는 것은 아예 표기에서 제외해 버리는 것이다. 따라서 '굵다랗다, 긁적거리다, 늙수그레하다'와 '넓적하다'처럼 'ㄹㄱ, ㄹㅂ'등으로 표기되어 있으면 'ㄱ, ㅂ'으로 발음하고, '할짝거리다, 말끔하다, 실쭉하다'처럼 적혀 있는 것은 다시 말해 어

간의 형태 '핥-, 맑-, 싫-'을 밝히지 않는 것은 표기 그대로 발음하는
것이다. 뒤집어 표현하면 겹자음 중 뒷자음을 발음하면 어원을 밝혀
주고, 앞자음을 발음하면 발음하는 자음만 표기에 반영하는 것이다.

　가상적인 예를 들어 '넓+적+다리'의 발음이 [넙쩍다리]이면 '넓적
다리'로 표기하고 [널쩍다리]이면 '널쩍다리'로 표기하는 것이다.

　(2)는, 어원이 분명하지 않거나 본뜻에서 멀어진 것은 소리 나는 대
로 적는다는 것이다. '넙치'는 한자어 '광어(廣魚)'와 대응시켜 볼 때
'넓다'와 결부되는 것으로 생각되긴 하지만, 이전에 존재하던 '넙다,
너르다'의 '넙다'와 관련될 수 있어 소리 나는 대로 '넙치'로 적는다.
그리고 '올무'(새나 짐승을 잡는 올가미)나 '골막하다(그릇에 찰락말
락하다)'도 '옭다, 곯다' 등과 어원을 관련지어 연관시키는 것이 쉽지
않으므로 어원을 밝히지 않고 소리나는 대로 표기하는 것이다.

　제22항 용언의 어간에 다음과 같은 접미사들이 붙어서
　이루어진 말들은 그 어간을 밝히어 적는다.

　1. '-기-, -리-, -이-, -히-, -구-, -우-,
　　-추-, -으키-, -이키-, -애-'가 붙는 것
　　　맡기다　　옮기다　　웃기다　　쫓기다　　뚫리다
　　　울리다　　낚이다　　쌓이다　　핥이다　　굳히다
　　　굽히다　　넓히다　　앉히다　　얽히다　　잡히다
　　　돋구다　　솟구다　　돋우다　　갖추다　　곧추다
　　　맞추다　　일으키다　돌이키다　　없애다

다만, '-이-, -히-, -우-'가 붙어서 된 말이라도 본 뜻에서 멀어진 것은 소리대로 적는다.

도리다(칼로 ~)　　드리다(용돈을 ~)　　고치다
바치다(세금을 ~)　부치다(편지를 ~)　　거두다
미루다　　　　　　이루다

2. '-치-, -뜨리-, -트리-'가 붙는 것

놓치다　　덮치다　떠받치다　　받치다　밭치다
부딪치다　뻗치다　엎치다
부딪뜨리다/부딪트리다
쏟뜨리다/쏟트리다　젖뜨리다/젖트리다
찢뜨리다/찢트리다　흩뜨리다/흩트리다

[붙임] '-업-, -읍-, -브-'가 붙어서 된 말은 소리대로 적는다.

미덥다　　　　우습다　　　　미쁘다

4.3.4. 어원 밝히기(4) - 피사동 접미사와 강세 접미사

이 항은 어간에 사동이나 피동 접미사 혹은 강세를 나타내는 접미사가 결합할 경우 그 어원을 밝혀 적는다는 것이다. 사동이나 피동 혹은 강세를 나타낸다는 것을 알기 위해서는 당연히 본래의 어원을 알아야 하므로 어원을 밝히는 것은 당연한 일인데 본 항은 이를 명시적으로 표현한 것이다.

〈1〉은 사동과 피동의 접미사가 결합한 예들이다. 사동이나 피동을 나타내는 접미사가 현대국어에서 공시적으로 생산적이냐 하는 문제는 논란의 소지가 있으나 위의 제시어 중 한 예를 들면 '맡기다, 옮기다' 등은 '맡/기/다, 옮/기/다'로 형태소 분석이 될 수 있고, 각각이 독립적인 의미를 가지고 있으므로 그 어원을 밝혀 주는 것이 의미 파악에 효율적인 것이다. '먹다'의 예를 들면 사동의 형태는 '먹이다'가 되고 피동의 형태는 '먹히다'가 되는데 이들의 어원을 밝히지 않는다면 '머기다'는 '먹다'의 사동형이 되고, '머키다'는 '먹다'의 피동형이 되어 의미 파악에 상당한 어려움이 수반되는 것이다.

나머지의 사피동 접미사는 어근과의 결합에 상당한 제약이 따르지만 의미파악의 원활성을 고려하여 그 어원을 밝혀 주는 것이다.

위에 제시되지 않은 것으로 주의할 것은 '녹다, 썩다'의 사동형이다. 사동 형태로 언중에서 '녹히다. 썩히다'가 흔히 사용되고 있으나 이들의 사동형은 '녹이다. 썩이다'로 표기하기로 되어 있다. 그리고 '돋다'의 경우 '돋우다'와 '돋구다' 등 2개의 사동형이 있는데, '돋우다'는 '위로 끌어 올려 도드라지거나 높아지게 하다.'의 뜻으로 "호롱불의 심지를 돋우다/동생은 발끝을 돋우어 창밖을 내다보았다." 등으로 사용되고, '돋구다'는 '안경의 도수 따위를 더 높게 하다.'의 뜻이다.('돋다' 등의 예는 표준국어대사전에서 옮겼음)

〈다만〉은 어근에 접미사 '-이, -히, -우' 등이 결합한 것으로 어원적인 분석이 가능하지만 이미 어근의 본뜻에서 멀어졌기 때문에, 어근과 접미사의 결합한 것으로 인식되지 않아 '어근+접미사'의 분석이 불가능하거나 불필요한 예들이다. 제시어 '도리다, 드리다, 고치다, 바치다, 부치다, 거두다, 미루다, 이루다' 등은 '돌[廻]+이+다, 들[入]+이+다, 곧[直]+히+다, 받[受]+히+다, 붙[附]+이+다, 걷[撒, 捲]+우+다, 밀[推]+우+다, 일[起]+우+다'로 어원적인 분석은 가능하지만, 그 뜻이 본래 어근의 의미와 멀어져 버렸기 때문에 어원을 밝힐 필요가 없어진 것이다. 그래서 이들은 소리나는 대로 적는다.

〈2〉는 강세의 의미를 가진 접미사가 결합한 경우다. 이들 역시 본래 어근의 형태를 밝혀 주어야 '강세의 대상'이 무엇인지 알 수 있기 때문에 그 어원을 밝혀 표기하는 것이다.

'-뜨리, -트리'는 언중들이 구분없이 두루 사용하고 있기 때문에 둘 다 타당한 표기로 인정한다.

피동 접미사와 강세 접미사의 결합형이 발음이 동일하여 주의할 단어가 '부딪다'이다. 이 단어에 피동접미사 '-히-'가 결합하면 '부딪히다'가 되고 강세 접미사 '-치-'가 결합하면 '부딪치다'가 된다. 강세접미사가 결합한 형태에 다시 피동접미사가 결합하면, 이경우엔 '-이-'가 결합하게 되는데 그 형태는 '부딪치이다'가 된다. 이를 정리하면 다음과 같다.

부딪다(힘있게 마주 닿다, 또는 그리 되게 하다.)
부딪치다('부딪다'의 강세어.)
부딪히다('부딪다'의 피동사. 부딪음을 당하다의 뜻.)
부딪치이다('부딪치다'의 피동사. 부딪침을 당하다의 뜻.)

〈붙임〉은 동사에 형용사 파생접미사가 결합하여 형용사가 된 예들이다. 이들은 본래의 어기나 어근들을 밝힐 수 있으나 현대어에서 생산성을 가지지 못하거나, 혹은 원래의 어근이 소멸하여 어원을 밝힐 필요가 없거나, 또 다른 경우로 음운 변화를 일으켜 어근을 밝힐 수 없게 된 예들이다. '미덥다, 우습다, 미쁘다'는 '(믿다) 믿+업+다, (웃다) 웃+읍+다, (믿다) 믿+브+다, 슬프다(←슳+브+다)'로 어원적인 분석이 가능하지만 그 필요성이 없다고 판정하여 소리나는 대로 적는 것이다. 이와 같은 예에는 '나쁘다(←낮+브+다)'를 추가할 수 있다. '기쁘다(←ㄱㅣㅺ+브+다), 바쁘다(←빛+브+다)' 등은 본래의 어근이 소멸해 버리고 그 자리를 '기뻐하-, 바빠하-' 등이 차지하였다. 그리고 '고프다(←곯+브+다),아프다(←앓+브+다)' 등은 'ㄹ' 탈락이라는 음운 변화를 일으켜 원말과 멀어져 버린 예가 된다.

제23항 '- 하다'나 '- 거리다'가 붙는 어근에 '- 이'가 붙어서 명사가 된 것은 그 원형을 밝히어 적는다.(ㄱ을 취하고, ㄴ을 버림.)

ㄱ	ㄴ	ㄱ	ㄴ
깔쭉이	깔쭈기	살살이	살사리
꿀꿀이	꿀꾸리	쌕쌕이	쌕쌔기
눈깜짝이	눈깜짜기	오뚝이	오뚜기
더펄이	더퍼리	코납작이	코납자기
배불뚝이	배불뚜기	푸석이	푸서기
삐죽이	삐주기	홀쭉이	홀쭈기

[붙임] '- 하다'나 '- 거리다'가 붙을 수 없는 어근에
'- 이'나 또는 다른 모음으로 시작되는 접미사가 붙어
서 명사가 된 것은 그 원형을 밝히어 적지 아니한다.

개구리	귀뚜라미	기러기	깍두기
꽹과리	날라리	누더기	동그라미
두드러기	딱따구리	매미	부스러기
뻐꾸기	얼루기	칼싹두기	

4.3.5. 어원 밝히기(5) – 파생접미사 '–이'의 경우

명사 어근을 밝히느냐 밝히지 않느냐의 기준으로 어느 정도 '널리'
사용되느냐의 여부를 제시한 예들이다.

명사 어근에 접미사 '–하다'나 '–거리다'가 붙어 동사나 형용사로
파생될 수 있는 것은 파생접미사 '이'가 결합했을 경우에도 그 어원을
밝혀 준다는 것이다. 예를 들어 '깜짝'의 경우 '깜짝하다, 깜짝거리다,
깜짝이다' 등이 있으므로 여기에 '이'가 결합한 '깜짝이'도 어원을 밝
혀 모두 같은 어원에서 파생한 것이라는 정보를 제공하고 아울러 형
태를 고정시켜 그 의미파악을 쉽도록 하는 것이다.

이와 같은 예에는 다음의 것들이 추가될 수 있다.

(더펄거리다) 더펄이[輕率人]	(삐죽거리다) 삐죽이[易怒人]
(살살거리다) 살살이[奸人]	(푸석하다) 푸석이[脆物]
(깔쭉거리다) 깔쭉이[銀錢]	(홀쭉하다) 홀쭉이
(꿀꿀거리다) 꿀꿀이	(오뚝하다) 오뚝이

〈붙임〉은 위의 예들과 달리 '-하다'나 '-거리다'가 붙을 수 없는 어근은 '-이'나 또는 다른 모음으로 시작된 접미사가 결합하여 파생되었을 경우 그 어원을 밝혀 줄 실효성이 없다고 판단하여 그 어원을 밝히지 않는 것이다.는다.

제24항 '- 거리다'가 붙을 수 있는 시늉말 어근에 '- 이다'가 붙어서 된 용언은 그 어근을 밝히어 적는다.(ㄱ을 취하고, ㄴ을 버림.)

ㄱ	ㄴ	ㄱ	ㄴ
깜짝이다	깜짜기다	속삭이다	속사기다
꾸벅이다	꾸버기다	숙덕이다	숙더기다
끄덕이다	끄더기다	울먹이다	울머기다
뒤척이다	뒤처기다	움직이다	움지기다
들먹이다	들머기다	지껄이다	지꺼리다
망설이다	망서리다	퍼덕이다	퍼더기다
번득이다	번드기다	허덕이다	허더기다
번쩍이다	번쩌기다	헐떡이다	헐떠기다

4.3.6. 어원 밝히기(6)– '–이다'가 붙는 경우

앞의 항과 연관된 것이다. 예를 들어 '깜짝'이라는 시늉말에 '거리다'가 붙어 '깜짝거리다'도 사용되고, '이다'가 붙어 '깜짝이다'도 있으므로 이들 말과 '깜짝'이라는 말의 연관성을 지어주기 위해 모두 어원을 밝히는 것이다.

이와 같은 예에는 다음의 것들을 추가할 수 있다.

(간질간질) 간질이다, 간질거리다.
(깐족깐족) 깐족이다, 깐족거리다.
(꿈적꿈적) 꿈적이다, 꿈적거리다.
(끈적끈적) 끈적이다, 끈적거리다
(끔적끔적) 끔적이다, 꿈적거리다.
(덜렁덜렁) 덜렁이다, 덜렁거리다.
(덥적덥적) 덥적이다, 덥적거리다.
(뒤적뒤적) 뒤적이다, 뒤적거리다.
(들썩들썩) 들썩이다, 들썩거리다.
(펄럭펄럭) 펄럭이다, 펄럭거리다.
(훌쩍훌쩍) 훌쩍이다, 훌쩍거리다.

제25항 '－하다'가 붙는 어근에 '－히'나 '－이'가 붙어서
부사가 되거나, 부사에 '－이'가 붙어서 뜻을 더하는
경우에는 그 어근이나 부사의 원형을 밝히어 적는다.

1. '－하다'가 붙는 어근에 '－히'나 '－이'가 붙는 경우
   급히 꾸준히 도저히 딱히 어렴풋이 깨끗이

[붙임] '－하다'가 붙지 않는 경우에는 소리대로 적는다.
   갑자기 반드시(꼭) 슬며시

2. 부사에 '-이'가 붙어서 역시 부사가 되는 경우
곰곰이 더욱이 생긋이 오뚝이 일찍이 해죽이

4.3.7. 어원 밝히기(7) – '-이'나 '-히'가 붙는 경우

'-하다'가 붙는 어근이란, '급(急)하다, 꾸준하다, 도저(到底)하다, 딱하다, 어렴풋하다, 깨끗하다'처럼 사용되는데, 이들의 어근 '급, 꾸준, 도저, 딱, 어렴풋, 깨끗' 등에 '-이, -히'가 붙어서 부사가 되었을 경우 그 발음이 '그피, 꾸주니, 도저이, 따키, 어렴푸시, 깨끄시' 등으로 되는데, 이를 발음하는 대로 표기할 경우 접미사 '하다'가 결합했을 경우와 발음은, '그파다, 꾸주나다, 도저하다, 따카다, 어렴푸타다, 깨끄타다' 등으로 되어 이들이 동일한 어원에서 파생되었다는 것을 의식하는 데 혼란이 생길 수 있으므로 어원을 밝혀 적는 것이다. 이러한 유형에는 다음의 것들이 포함된다.

(나란하다) 나란히   (넉넉하다) 넉넉히   (무던하다) 무던히
(속하다) 속히   (뚜렷하다) 뚜렷이   (버젓하다) 버젓이

어근에 규칙적으로 결합하는 부사화 접미사 '-이'나 '-히'는 명사화 접미사 '-이'나 동사나 형용사를 파생시키는 접미사 '-하다', '-이다' 등과 동일하게 그 어근의 어원을 밝혀 적는 것이다.

〈붙임〉은 '-하다'가 붙지 않는 경우는 용언 어간이나 어근으로 사용되는 일이 없어, 어원을 밝힐 실효성이 없고 또한 어근과 접미사로

분석하는 것 자체가 쉽지 않은 일이기 때문에 어원을 밝히지 않고 소리 나는 대로 적는 것이다.

그래서 '-하다'가 붙지 않는 '반드시[필(必)]'는 발음하는 대로 적고, '-하다'가 결합할 수 있는 '반듯하다[正, 直]'는 '반듯이(반듯하게)'로 둘이 구분되는 것이다.

⟨2⟩는 부사 '곰곰, 더욱, 생긋, 오뚝, 일찍, 해죽' 등에 '-이'가 결합하여 그 발음이 '곰고미, 더우기, 생그시, 우뚜기, 일찌기, 해주기' 등으로 되는데 이들의 어원을 밝히지 않을 경우 원래의 부사와 연관성을 인식하기 어렵기 때문에 그 어원을 밝히는 것이다. 이는 부사화 접미사 '-이'가 현대국어에서 아주 생산적으로 나타나기 때문이기도 하다.

제26항 '-하다'나 '-없다'가 붙어서 된 용언은 그 '-하다'나 '-없다'를 밝히어 적는다.

1. '-하다'가 붙어서 용언이 된 것
   딱하다　　숱하다　　착하다　　텁텁하다
   푹하다

2. '-없다'가 붙어서 용언이 된 것
   부질없다　　상없다　　시름없다　　열없다
   하염없다

4.3.8. 어원 밝히기(8) – '–하다'나 '–없다'가 붙는 경우

1. 현대어에서 '–하다'는 어근에 규칙적으로 널리 결합하는 접미사다. 그런데 '딱하다, 숱하다, 착하다, 텁텁하다, 푹하다' 등을 그 발음하는 대로 '따카다, 수타다, 차카다, 텁터파다, 푸카다' 등으로 적을 경우 접미사 '–하다'가 결합하는 것을 인식하기 어렵기 때문에 어근과 접미사를 구분하여 인식하기 위해 어원을 밝혀 적는 것이다. 이러한 유형에는 다음의 예들도 있다.

꽁하다　　　눅눅하다　　단단하다　　멍하다　　　뻔하다
성하다　　　욱하다　　　찜찜하다　　칠칠하다　　털털하다

2. 이 항도 위와 동일하다. 현대어에서 '없다'는 어근에 규칙적으로 널리 결합하는 형식이기 때문에 그 어원을 밝혀 적는 것이다. 이들의 발음 즉 '[부지럽따], [상업따], [시르멉따], [여럽따], [하여멉따]' 등으로 표기할 경우 이들을 어근과 '없다'가 결합한 것으로 인식하기 어렵기 때문에 어근과 '없다'를 분리하여 인식할 수 있게 하기 위하여 어원을 밝혀 적는 것이다.

제4절 합성어 및 접두사가 붙은 말

제27항 둘 이상의 단어가 어울리거나 접두사가 붙어서 이루어진 말은 각각 그 원형을 밝히어 적는다.

국말이	꺾꽂이	꽃잎	끝장
물난리	밑천	부엌일	싫증
옷안	웃옷	젖몸살	첫아들
칼날	팥알	헛웃음	홀아비
홑몸	흙내	값없다	겉늙다
굶주리다	낮잡다	맞먹다	받내다
벋놓다	빗나가다	빛나다	새파랗다
샛노랗다	시꺼멓다	싯누렇다	엇나가다
엎누르다	엿듣다	옻오르다	짓이기다
헛되다			

[붙임 1] 어원은 분명하나 소리만 특이하게 변한 것은 변한 대로 적는다.
  할아버지 할아범

[붙임 2] 어원이 분명하지 아니한 것은 원형을 밝히어 적지 아니한다.

골병	골탕	끌탕	며칠	아재비
오라비	업신여기다	부리나케		

[붙임 3] '이[齒, 虱]'가 합성어나 이에 준하는 말에서 '니' 또는 '리'로 소리날 때에는 '니'로 적는다.

간니	덧니	사랑니	송곳니	앞니
어금니	윗니	젖니	톱니	틀니

가랑니   머릿니

___

4.4.합성어 및 접두 파생어의 표기

합성어란 독립적으로 쓰이는 두 말이 결합하여 한 단어로 된 말이고, 접두사란 독립적으로 쓰이지 못하는 말이 어근과 결합하여 한 단어를 만드는 과정에서 어근의 앞에 붙는 말을 지칭한다. 합성어는 '꽃잎'처럼 명사와 명사가 결합하는 경우도 있고, '값없다'처럼 명사와 동사(형용사 포함)가 결합하는 경우도 있고, '낮잡다'처럼 동사와 동사가 결합하는 경우도 있다. 접두사란 '샛노랗다, 시꺼멓다' 등의 어근 '노랗다, 꺼멓다' 등의 앞에 붙어 있는 '시, 새' 등을 지칭하는 것이다. 이 절에서는 합성어 및 접두 파생어의 표기에 관한 부분을 다룬다.

4.4.1. 합성어 및 접두 파생어 표기의 기본 원칙

합성어 및 접두파생어는 기본적으로 그 어원을 밝혀 적는다. 제27항에서 제시한 단어들은 어근끼리 결합한 합성어와 접두사와 어근이 결합한 파생어가 섞여 있는데, 이를 유형별로 분류하면 다음과 같다.

(1) 두 개의 실질 형태소가 결합한 것(합성어)

〈명사+명사〉 꽃잎 물난리 부엌일 옷안 젖몸살 칼날 팥알 흙내 끝장
　　　　　　밑천 싫증
〈명사+동사〉 값없다 겉늙다 국말이 빛나다 옻오르다
〈동사+동사〉 굶주리다 꺾꽂이 낮잡다 받내다 벋놓다 엎누르다

(2) 접두사가 결합한 것(접두파생어)

〈접두어+명사〉 웃옷 헛웃음 홀몸 홀아비
〈접두어+동사〉 맞먹다 빗나가다 새파랗다 샛노랗다 시꺼멓다
　　　　　　　싯누렇다 엇나가다 엿듣다 짓이기다 헛되다

(1)에서 제시한 몇몇 예들 예를 들면 '끝장, 밑천, 싫증' 등을 합성
어로 볼 수 있느냐 하는 문제가 제기될 수 있는데, 현행 표기법에서는
합성어로 처리하여 표기하는 것이다.

이 항의 의미는 둘 이상의 어근 내지는 단어가 결합하여 합성어를
이루거나, 어근에 접두사가 결합하여 새로운 단어인 파생어를 이룰
때, 그 사이에서 발음 변화가 일어나더라도 본래의 어원을 밝혀 적는
다는 것이다. 예를 들어 명사와 명사가 결합한 [꼰닙](꽃잎), [물랄
리](물난리), [부엉닐](부엌일), [오단](옷안), 명사와 동사가 결합한
[가법따](값없다), [건늑따](겉늙다), [궁마리](국말이), 동사와 동사
가 결합한 [굼주리다](굶주리다), [꺽꼬지](꺽꽂이), 그리고 접두어
가 결합한 [우돋](웃옷), [만먹따](맞먹다) 등을 그 발음하는 대로 표
기할 경우 의미를 파악하는 데 대단한 어려움이 따를 수 있기 때문에
그 원래의 모양을 살려서 표기하는 것이다. 다시 말해 형태소의 어원
내지는 본래의 형태를 밝혀 적어서 그 뜻이 분명히 드러나도록 하는
것이다.

접두사의 사용에 있어서 주의할 것은 '새-/시-, 샛-/싯-'의 구별인
데 이들의 용례를 정리해 보면 다음과 같다.

(1-1) 새까맣다 새빨갛다 새파랗다

(1-2) 시꺼멓다 시뻘겋다 시퍼렇다
(2-1) 샛노랗다
(2-2) 싯누렇다
(3) 새하얗다/샛하얗다 시허옇다

위의 예에서 보는 것처럼 후행하는 모음이 양성모음 '아, 오' 등일 때에는 '새-, 샛-'이 결합하고, 음성모음 '어, 우' 등일 때에는 '시-, 싯-'이 결합한다. 그리고 된소리나 거센소리 앞에는 '새-/시-'를 붙이고, 비음 'ㄴ'으로 시작할 경우에는 '샛-/싯-'을 붙인다. 된소리나 거센소리를 시작되는 말 앞에 '시'와 '새'를 붙이는 것은 발음하는 대로 접두사를 표기한 것이고, 비음으로 시작하는 말 앞에 '샛-/싯-'를 표기하는 것은 그 발음이 [샌노라타], [신누러타]로 되기 때문인데, 이 경우 'ㅅ'을 쓰는 것은 앞에서 나온 제7항의 규정('ㄷ'소리가 나는 데 뚜렷한 이유를 모를 경우에는 'ㅅ'으로 표기한다는 규정) 때문이다. '하얗다'와 '허옇다'에 접두사가 결합할 경우에는 표준국어대사전에 (3)의 형태가 실려 있으므로 이대로 표기해 주면 된다.

〈붙임1〉의 '할아버지, 할아범'은 '한'과 '아버지, 아범'이 결합하였는데, 'ㄴ'이 'ㄹ'로 바뀐 형태다. '큰, 많은'이란 뜻을 표시하던 '한'이 '할'로 바뀐 것이다.

이 규정은, 어원은 분명하지만 소리 자체가 바뀌어 버렸기 때문에 바뀐 대로 적는다. 만약 '한-아버지 한-아범'처럼 그 어원을 밝혀 적으면 현실 발음인 '할아버지, 할아범'과 괴리가 생기는 것이다. '할머니'도 이와 관련된 표기라고 할 수 있다.

〈붙임 2〉의 예들은 어원이 불분명하여 소리나는 대로 표기하는 것이므로 사전적인 뜻을 익혀서 사용하면 된다.

'골병'의 의미는 '속 깊이 든 병, 심한 타격을 받은 손해'이고,

'골탕'의 의미는 '소의 등골이나 머릿골에 녹말을 묻히고 달걀을 씌워, 맑은장국이 끓을 때 넣어 익힌 국'이다.

'끌탕'의 의미는 '속을 끓이는 걱정'이다.

'아재비'는 '아저씨「1」'의 낮춤말고,

'오라비'는 '오라버니'의 낮춤말이다.

'업신여기다'는 '교만한 마음으로 남을 내려다보거나 없는 것과 같이 생각하다.'는 의미이다.

'부리나케'는 '급하고 빠르게'라는 의미다.

이 조항에서 가장 문제가 될 수 있는 것이 '며칠'의 표기인데, 우선 헷갈릴 수 있는 것이 "오늘은 몇 년[면년] 몇 월[며뒬] '며칠'이냐"는 문장에서 '며칠'을 '몇 일'로 표기하기 쉬운 것이다. 그런데 '몇 일'로 표기할 경우 그 발음의 가능성은 '몇 월[며뒬]'과 같이 [며딜]이든가 아니면 '꽃잎[꼰닙]'처럼 [면닐]이 될 수밖에 없는 것이다. 실제적인 발음은 [며칠]이기 때문에 이 발음이 나오기 위해 '며칠'로 표기하는 것이다. '며칠'의 발음이 이렇게 된 것은 '며칠'의 의미와 관련이 있겠는데 이에 대한 역사적인 연구는 다른 자리로 미룬다.

한편, '섣부르다'(솜씨가 설고 어설프다.)도 이 규정에 따라 '서뿌르다'로 적자는 의견이 있었으나, '설다'(경험이 없어 서투르다.)와의 연

관성이 인정되는 구조이므로, 제29항 규정을 적용하여 '(설부르다→) 섣부르다'로 적기로 하였다.

〈붙임 3〉은 합성어 등에서 어근이나 실질 형태소는 본래의 어원을 밝히어 적는 것이 원칙이지만, '이[齒, 虱]'의 경우는 예외로 다른 것이다. '이[齒]'는 옛말에서 '니'였으나, 두음법칙의 발생으로 인해 현대어에서는 '이'로 되어 있다. 따라서 [간니], [덧니]처럼 발음되더라도 표기는 '간이, 덧이'처럼 하는 것이 현행 표기법의 정신에 맞는 것이다. 그런데, '송곳이, 앞이'의 경우 다음과 같은 실제적인 사용에서

　뾰족한 송곳이 납작하게 닳도록
　앞이 없는 사람

복합어로서 '이'의 종류를 의미하는 것인지, 아니면 '송곳, 앞'에 주격조사 '이'가 결합한 것인지 구분할 수 없는 경우가 생기는 것이다. 이러한 혼동을 피하기 위해 '이'만 예외로 두어서 '니'로 표기하는 것이다.

제28항　끝소리가 'ㄹ'인 말과 딴 말이 어울릴 적에 'ㄹ' 소리가 나지 아니하는 것은 아니 나는 대로 적는다.

다달이(달 - 달 - 이)　　따님(딸 - 님)
마되(말 - 되)　　　　　마소(말 - 소)

무자위(물 - 자위)　　바느질(바늘 - 질)

부나비(불 - 나비)　　부삽(불 - 삽)

부손(불 - 손)　　　　소나무(솔 - 나무)

싸전(쌀 - 전)　　　　여닫이(열 - 닫이)

우짖다(울 - 짖다)　　화살(활 - 살)

4.4.2. 'ㄹ'이 탈락하는 합성어의 표기

합성어 등에서 앞 단어의 받침 'ㄹ'이 탈락하여 발음되지 않는 것은 소리나는 대로 적는다. 이러한 표기는 합성어나, 자음으로 시작된 접미사가 결합하여 된 파생어의 경우는 실질 형태소의 어원을 밝히어 적는다는 원칙에 벗어나는 규정이지만, 실제적인 발음의 혼란을 피하기 위해 소리나는 대로 적는 것이다.

국어의 역사에서 'ㄹ'은 'ㄴ, ㄷ, ㅅ, ㅈ, ㅿ' 앞에서 탈락하는 현상이 있었다. 이러한 규칙에 의해 탈락한 단어에는 위에 제시된 것외에도 다음의 예들이 있다.

'ㄴ' 앞 : (날날이)나날이, (물논)무논, (아들님)아드님,

　　　　　(하늘님)하느님

'ㅅ' 앞 : (물수리)무수리, (불삽)부삽

'ㄷ' 앞 : (밀닫이)미닫이, (찰돌)차돌[石英]

'ㅈ' 앞 : (쌀전)싸전, (찰지다)차지다, (불작대기)부작대기

그리고 한자 '불(不)'이 이어지는 초성 'ㄷ, ㅈ' 앞에서 '부'로 읽히는

단어가 더러 있다.

> 'ㄷ'앞 : 부단(不斷), 부당(不當), 부동(不同, 不凍, 不動),
>   부득이(不得已), 부등(不等)
> 'ㅈ'앞 :부적(不適), 부정(不正, 不貞, 不定), 부조리(不條理),
>   부주의(不注意)

그런데 고유어의 'ㄴ, ㅅ, ㄷ, ㅈ' 앞에서 탈락하지 않는 'ㄹ'이 존재하고,

> 'ㄴ' 앞 : 떡갈나무, 물난리, 불놀이, 칼날
> 'ㅅ' 앞 : 물수건, 물새, 글소리
> 'ㄷ' 앞 : 발등, 물동이, 술독
> 'ㅈ' 앞 : 술잔, 물잔, 물지게

한자어에서도 동일한 환경에서 'ㄹ'이 탈락하지 않는 예들이 존재하기 때문에

> 'ㄴ' 앞 : 일념, 의결난
> 'ㅅ' 앞 : 불소치약
> 'ㄷ' 앞 : 갈등, 발달
> 'ㅈ' 앞 : 물질, 발족, 설전음

표기와 발음의 일치를 위해 탈락하는 것은 탈락하는 대로 저고, 탈락하지 않는 것은 원형대로 표기하는 것이다.

제29항 끝소리가 'ㄹ'인 말과 딴 말이 어울릴 적에 'ㄹ'
소리가 'ㄷ' 소리로 나는 것은 'ㄷ'으로 적는다.

반짇고리(바느질~)   사흗날(사흘~)

삼짇날(삼질~)   섣달(설~)

숟가락(술 ~)   이튿날(이틀 ~)

잗주름(잘~)   푿소(풀~)

섣부르다(설~)   잗다듬다(잘~)

잗다랗다(잘~)

4.4.3. 'ㄹ'이 'ㄷ'으로 변한 합성어의 표기

단독으로 사용될 경우에는 'ㄹ'로 나타나는데, 복합어 등에서 'ㄷ'으로 발음되는 것은 현대어에서 그러한 교체 규칙을 설정할 수 없기 때문에 발음하는 대로 표기하는 것이다. 이러한 표기 역시 합성어나, 자음으로 시작된 접미사가 결합하여 된 파생어는 실질 형태소의 본 모양을 밝히어 적는다는 원칙에 벗어나는 규정이지만, 역사적 현상이므로 그대로 인정하는 것이다. 이와 유사한 단어들에는 다음의 것들이 있다.

(나흘날) 나흗날   (잘갈다) 잗갈다   (잘갈리다) 잗갈리다

(잘널다) 잗널다   (잘다랗다) 잗다랗다   (잘타다) 잗타다

제30항 사이시옷은 다음과 같은 경우에 받치어 적는다.

1. 순 우리말로 된 합성어로서 앞말이 모음으로 끝난 경우

(1) 뒷말의 첫소리가 된소리로 나는 것

고랫재	귓밥	나룻배	나뭇가지	냇가
댓가지	뒷갈망	맷돌	머릿기름	모깃불
못자리	바닷가	뱃길	볏가리	부싯돌
선짓국	쇳조각	아랫집	우렁잇속	잇자국
잿더미	조갯살	찻집	쳇바퀴	킷값
핏대	햇볕	혓바늘		

(2) 뒷말의 첫소리 'ㄴ, ㅁ' 앞에서 'ㄴ' 소리가 덧나는 것

멧나물	아랫니	텃마당	아랫마을	뒷머리
잇몸	깻묵	냇물	빗물	

(3) 뒷말의 첫소리 모음 앞에서 'ㄴㄴ' 소리가 덧나는 것

도리깻열	뒷윷	두렛일	뒷일	뒷입맛
베갯잇	욧잇	깻잎	나뭇잎	댓잎

2. 순 우리말과 한자어로 된 합성어로서 앞말이 모음으로 끝난 경우

(1) 뒷말의 첫소리가 된소리로 나는 것

귓병	머릿방	뱃병	봇둑	사잣밥
샛강	아랫방	자릿세	전셋집	찻잔
찻종	촛국	콧병	텃줄	텃세
핏기	햇수	횟가루	횟배	

(2) 뒷말의 첫소리 'ㄴ, ㅁ' 앞에서 'ㄴ' 소리가 덧나는 것

곗날	제삿날	훗날	툇마루	양칫물

(3) 뒷말의 첫소리 모음 앞에서 'ㄴㄴ' 소리가 덧나는 것

가욋일	사삿일	예삿일	훗일

3. 두 음절로 된 다음 한자어

곳간(庫間)	셋방(貰房)	숫자(數字)
찻간(車間)	툇간(退間)	횟수(回數)

4.4.4. 사잇소리의 표기

우리말에서는 복합어에서 사잇소리가 광범위하게 발생하는데, 경우에 따라 그 소리를 표기해 주기도 하고 표기하지 않기도 한다. 'ㅅ'을 표기하는 경우를 나열하면 다음과 같다.

(1) 고유어끼리 결합한 합성어(및 이에 준하는 구조) 또는 고유어와 한자어가 결합한 합성어 중, 앞 단어의 끝모음 뒤가 폐쇄되는 구조로서,

① 뒤 단어의 첫소리 'ㄱ, ㄷ, ㅂ, ㅅ, ㅈ' 등이 된소리로 나는 것
② 폐쇄시키는 음([ㄷ])이 뒤의 'ㄴ, ㅁ'에 동화되어 [ㄴ]으로 발음
　되는 것
③ 뒤 단어의 첫소리로 [ㄴ]이 첨가되면서 폐쇄시키는 음([ㄷ])이
　동화되어 [ㄴㄴ]으로 발음되는 것

　(2) 두 글자(한자어 형태소)로 된 한자어 중, 앞 글자의 모음 뒤에
서 뒤 글자의 첫소리가 된소리로 나는 6개 단어에 사이시옷을 붙여
적기로 한 것이다.
　사이시옷 용법을 이해하기 쉽게 경우의 수로 나누어 설명하면 다음
과 같다.

① 개-구멍, 배-다리, 새-집[鳥巢], 머리-말[序言]
② 개-똥, 보리-쌀, 허리-띠, 개-펄, 배-탈, 허리-춤
③ 개-값, 내-가[川邊], 배-가죽[(腹皮], 새(←사이)-길[間路], 귀-
　병(病), 기(旗)-대, 세(貰)-돈, 화(火)-김
④ 배-놀이[船遊], 코-날[鼻線], 비-물[雨水], 이-몸[齒齦], 무시
　(無市)-날, 보(洑)-물, 패(牌)-말
⑤ 깨-잎, 나무-잎, 뒤-윷, 허드레-일, 가외(加外)-일, 보(洑)-일
⑥ 고-간(庫間), 세-방(貰房), 수-자(數字), 차-간(車間), 퇴-간(退
　間), 회-수(回數)
에서, ① ⑤는 모두 합성어이며, ⑥은 이에 준하는 한자어다. 그런데
①의 경우는, 앞 단어의 끝이 폐쇄되는 구조가 아니므로, 사이시옷
을 붙이지 않는다.

②의 경우는, 뒤 단어의 첫소리가 된소리나 거센소리이므로, 역시 사이시옷을 붙이지 않는다.

③의 경우는, 앞 단어의 끝이 폐쇄되면서 뒤 단어의 첫소리가 경음화하여 [갣 깝, 낻 까]로 발음되므로, 사이시옷을 붙이어

갯값, 냇가, 뱃가죽, 샛길 귓병, 깃대, 셋돈, 횃김 으로 적는다.

④의 경우는, 앞 단어의 끝이 폐쇄되면서 자음 동화 현상(ㄷ+ㄴ→ㄴ+ㄴ, ㄷ+ㅁ→ㄴ+ㅁ)이 일어나 [밴노리, 빈물]로 발음되므로, 사이시옷을 붙이어

뱃놀이, 콧날, 빗물, 잇몸 무싯날, 봇물, 팻말 로 적는다. '팻말, 푯말'은, 한자어 '패(牌), 표(標)'에 '말(말뚝)'(옛말에서 'ㅎ' 곡용어)이 결합된 형태이므로, 2의 규정을 적용하여 '팻말, 푯말'로 적는 것이다.

⑤의 경우는, 앞 단어 끝이 폐쇄되면서 뒤 단어의 첫소리로 [ㄴ]음이 첨가되고, 동시에 동화 현상이 일어나 [깬닙→깬닙, 나묻닙→나문닙]으로 발음되므로, 사이시옷을 붙이어 '깻잎, 나뭇잎, 뒷윷, 허드렛일, 가욋일, 봇일' 로 적는다.

⑥의 경우는, 한자어에는 사이시옷을 붙이지 않는 것을 원칙으로 하되, 이 6개 단어만은

'곳간 , 셋방, 숫자, 찻간, 툇간, 횟수'로 적는다.

이 1설명에 따르면, '내과(內科), 이과(理科), 총무과(總務課), 장미과(薔薇科)' 등은 3에서 다루어진 6개 이외의 한자어이므로 사이시옷을 붙이지 않으며, '나리-과(科), 말선두리-과(科)' 등은, '과'가 비교

적 독립성이 약한 형태소이긴 하지만, 앞의 고유어와의 사이에 경계
가 인식되는 구조이므로, 2의 규정을 적용하여 '나릿과, 말선두릿과'
로 적는 것이다.

한편, 2 (1)의 예시어 '찻잔, 찻종'에서의 '차'가 순 우리말이냐 하는
의문이 있을 수 있겠으나, 예로부터 '茶' 자의 새김[訓]이 '차'였으므
로, 한자어 '다(茶)'와 구별한 것으로 해석된다.

제31항 두 말이 어울릴 적에 'ㅂ' 소리나 'ㅎ' 소리가 덧
나는 것은 소리대로 적는다.

1. 'ㅂ' 소리가 덧나는 것

댑싸리(대ㅂ싸리)	멥쌀(메ㅂ쌀)	볍씨(벼ㅂ씨)
입때(이ㅂ때)	입쌀(이ㅂ쌀)	접때(저ㅂ때)
좁쌀(조ㅂ쌀)	햅쌀(해ㅂ쌀)	

2. 'ㅎ' 소리가 덧나는 것

머리카락(머리ㅎ가락)	살코기(살ㅎ고기)
수캐(수ㅎ개)	수컷(수ㅎ것)
수탉(수ㅎ닭)	안팎(안ㅎ밖)
암캐(암ㅎ개)	암컷(암ㅎ것)
암탉(암ㅎ닭)	

4.4.5. 'ㅂ'이나 'ㅎ'이 덧나는 경우의 표기

(1)항에서 제시되고 있는 '싸리[莉], 쌀[米], 씨[種], 때[時]' 등은 본래 단어의 첫머리가 'ㅂ' 음으로 시작하는 자음군을 가지고 있었다. 즉 중세국어의 문헌에 의하면 이들은 'ᄡ리, ᄡ, ᄡㅣ, ᄢ' 등이었다. 어두 자음군으로 조음되던 시절에 이들의 앞에 모음으로 끝나는 접사나 어근이 결합할 경우(예를 들면 'ᄡ+리'의 경우), 두 자음 중 선행하는 'ㅂ'이 앞 음절의 말음이 되고 남은 'ㅅ, ㄷ' 등은 된소리가 된 것이다. 어두 자음군이 소멸한 현대국어의 시점에서 보면 'ㅂ'이 덧나는 것처럼 보이지만 실질적으로는 이전에 있던 자음이 그 흔적으로 남아 조음되는 것이다. 이런 단어로는 '냅뜨다(내+ᄠ다), 부릅뜨다(부르+ᄠ다), 칩떠보다(치+ᅥ보다), 휩싸다(휘+ᄡ다), 휩쓸다(휘+ᄡ다)' 등도 있다. 어두에 'ㅂ'으로 시작하지 않는 단어와 결합하는 '내치다(내+치다), 부르짖다(부르+짖다), 부르쥐다(부르+쥐다), 치잡다(치+잡다), 휘두르다(휘+드르다), 휘감다(휘+감다), 휘두르다(휘+드르다)' 등에서는 'ㅂ'이 나타나지 않는다. 나타나는 경우와 나타나지 않는 경우를 현대국어에서 규칙으로 설명할 수 없기 때문에 다들 소리나는 대로 표기한다.

(2)항에서 제시되고 있는 말들은 옛날에 'ㅎ'을 종성으로 가지고 있던 단어들이다. 이들이 단독으로 사용될 경우에는 'ㅎ'이 나타나지 않고 조사와 어울릴 적에 나타나기 때문에 'ㅎ' 곡용어라고 부르기도 하였다. 15세기에 'ㅎ' 곡용이었던 단어들은 80여개가 되는데 그 중 복합어를 형성하여 그 흔적을 남기고 있는 예들을 이 항에서 제시한 것이다. 여기서 제시되고 있는 단어가 '머리[頭], 살[肌], 수[雄], 암[雌],

안[內]' 등인데 이들이 '머맇, 샇, 숳, 앟, 않' 등이었을 때 복합어를 형
성하여 '머리카락(머맇+가락), 살코기(샇+고기), 수캐(숳+개), 수컷
(숳+것), 수탉(숳+닭), 안팎(앟+밖), 암캐(않+개), 암컷(않+것), 암탉
(않+닭)' 등이 된 것이다. 이들 역시 이러한 단어 이외에서 사용되는
'머리, 살, 암수, 안' 등과 관련하여 규칙으로 설명할 수 없기 때문에
각각을 소리나는 대로 표기하는 것이다.

'암-'과 '수-'가 결합하여 이전의 'ㅎ'을 발음하고 있는 단어에는, 표
준어 규정(제7항 다만)에서 다음의 예들을 추가하고 있다.

수캉아지,	수캐,	수컷,	수키와,	수탉,	수탕나귀
수톨쩌귀,	수퇘지,	수평아리,	암캉아지,	암캐,	암컷,
암키와,	암탉,	암탕나귀,	암톨쩌귀,	암퇘지,	암평아리

제5절 준 말

제32항 단어의 끝모음이 줄어지고 자음만 남은 것은 그
앞의 음절에 받침으로 적는다.[5]

(본말)	(준말)
기러기야	기럭아

---

5) 고시본에서 보였던 '온갖, 온가지' 중 '온가지'는 '표준어 규정' 제14항에서 비표준
  어로 처리하였으므로 삭제하였다.

어제그저께	엊그저께
어제저녁	엊저녁
가지고, 가지지	갖고, 갖지
디디고, 디디지	딛고, 딛지

4.5. 준말의 표기

4.5.1. 단어의 끝모음이 줄 경우

단어 또는 어간의 끝음절 모음이 줄어지고 자음만 남는 경우, 그 자음을 앞 음절의 받침으로 올려붙여 적는다. 곧, 실질 형태소가 줄어진 경우에는 줄어진 형태를 밝히어 적는 것이니, '어제그저께'에서 '어제'의 'ㅔ'가 준 형태는 '엊'으로, '가지고'에서 '가지'의 'ㅣ'가 준 형태는 '갖'으로 적는 것이다.

그런데 줄어지는 음절의 첫소리 자음이 올라붙지 않고 받침소리가 올라붙는 형식도 있다.

바둑-장기→박장기 어긋-매끼다→엇매끼다 바깥-벽→밭벽 바깥-사돈→밭사돈 이 규정을 적용하면, '아기야'에서 '아기'의 'ㅣ'가 줄면 '악아'가 된다. 그러나 일반적으로 '아가, 이리 오너라.'처럼 표현하는 형식에서의 '아가'는 '아가야'에서의 '야'가 줄어진 형태로 설명될 수 있다.

제33항 체언과 조사가 어울려 줄어지는 경우에는 준 대로 적는다.

(본말)	(준말)
그것은	그건
그것이	그게
그것으로	그걸로
나는	난
나를	날
너는	넌
너를	널
무엇을	뭣을/무얼/뭘
무엇이	뭣이/무에

4.5.2. 체언과 조사가 줄 경우

체언과 조사가 결합할 때 어떤 음이 줄어지거나 음절의 수가 줄어지는 것은, 이러한 양상을 보이는 체언과 조사가 한정되어 있고 그 줄어드는 양태가 현대국어의 규칙으로 설명할 수 없는 것이기 때문에, 본래의 형태대로 발음하는 것은 기본형을 밝혀 적고, 줄어서 소리나는 것은 소리나는 대로 표기한다.

이러한 모양을 보이는 유형은 대체로 다음과 같다.

(1) 지시형용사 '이, 그, 저'와 관련있는 것

(그 애→걔)   그 애는→걔는→걘, 그 애를→걔를→걜

(이 애→얘)   이 애는→얘는→얜, 이 애를→얘를→얠

(저 애→쟤)   저 애는→쟤는→쟨, 저 애를→쟤를→쟬

그리로→글로, 이리로→일로, 저리로→절로, 조리로→졸로

그것으로→그걸로, 이것으로→이걸로, 저것으로→저걸로

'그 애는'의 경우 '그 애는'으로 표기할 수도 있고, '걔는' 혹은 '걘'으로 표기할 수도 있다.

(2) 지시대명사 '이것, 그것, 저것'과 관련있는 것.

그것+이 → 그게   저것+이 → 저게   이것+이 → 이게

그것+을 → 그걸   저것+을→ 저걸   이것+을 → 이걸

그것+으로→ 그거로/그걸로   저것+으로→ 저거로/저걸로

이것+으로→이거로/이걸로

이 경우 역시 '그것으로, 그거로, 그걸로' 등의 표기가 다 가능하다.

(3) 의문대명사 '무엇'과 관련있는 것

무엇+이 → 뭣이/무에 무엇+을 → 무얼

무엇+으로 → 무어로/무얼로

이들 역시 본래의 형태와 준 형태 모두가 가능한 표기이다.

(4) 인칭대명사 '나, 너, 저'와 관련있는 것

나+는→ 난 나+를→ 날

너+는→ 넌 너+를→ 널

저+는→ 전 저+를→ 절

이들이 줄어드는 양상은 대체로 체언의 말 모음이 줄거나 체언의 말 'ㅅ'이 줄거나 조사의 앞부분 '으'가 줄면서 생기는 현상이다.

제34항 모음 'ㅏ, ㅓ'로 끝난 어간에 '-아/-어, -았-/-었-'이 어울릴 적에는 준 대로 적는다.

(본말)	(준말)	(본말)	(준말)
가아	가	가았다	갔다
나아	나	나았다	났다
타아	타	타았다	탔다
서어	서	서었다	섰다
켜어	켜	었다	켰다
펴어	펴	펴었다	폈다

[붙임 1] 'ㅐ, ㅔ' 뒤에 '-어, -었-'이 어울려 줄 적에는 준 대로 적는다.

(본말)	(준말)	(본말)	(준말)
개어	개	개었다	갰다
내어	내	내었다	냈다
베어	베	베었다	벴다
세어	세	세었다	셌다

[붙임 2] '하여'가 한 음절로 줄어서 '해'로 될 적에는 준 대로 적는다.

(본말)	(준말)	(본말)	(준말)
하여	해	하였다	했다
더하여	더해	더하였다	더했다
흔하여	흔해	흔하였다	흔했다

4.5.3. 모음 'ㅏ, ㅓ'에 모음 '-아, -어'가 결합하는 경우

동일한 모음이 중복될 때 하나의 모음이 줄어드는 경우의 표기를 규정한 것이다. 즉 모음 'ㅏ, ㅓ'로 끝나는 어간에 어미 '-아/-어'가 붙어 같은 모음이 연이어지게 될 때에는 '아/어'가 줄어지게 된다. '-았/-었'이 붙는 형식에서는 '아/어'가 줄어지고 'ㅆ'만 남게 된다. 본 항의 규정은 '어울릴 적에는 준 대로 적는다'로 되어 있으므로 본래의 모양 '가아'는 표기하지 않고 '가'로만 표기하는 것이다.

가+아 → 가   가+아서 → 가서   가+아도 → 가도   가+았다 → 갔다
서+아 → 서   서+아서 → 서서   서+아도 → 서도   서+었다 → 섰다
나가+아 → 나가   나가+아서 → 나가서
나가+아도 → 나가도   나가+았다 → 나갔다.
건너어→건너   건너어서→건너서
건너어도→건너도   건너었다→건넜다

다만, 'ㅅ' 불규칙 용언의 어간에서 'ㅅ'이 줄어져 어간의 '아/어'와

어미의 '아/어'가 만날 경우에는 '아/어'가 줄어지지 않는다. 이 경우에는 줄어지지 않는 형태대로 표기한다.

> (낫다) 나아(낫+아), 나아서(낫+아서), 나아도(낫+아도),
>   나았다(낫+았다)
> (젓다) 저어(젓+어), 저어서(젓+어서), 저어도(젓+어도),
>   저었다(젓+었다)

그래서 이들이 들어간 문장 '노을 너무 저어 상처가 나서 약을 타바른 후 다 나았다'로 표기된다.

제시어 '켜, 펴' 등은 이중모음 '여'를 가지고 있는 단어인데, 이중모음 '여'는 활음(혹은 반모음)과 '어'의 결합이므로 '어'와 동일한 모습을 보인다

〈붙임 1〉은 어간 끝모음 'ㅐ, ㅔ' 뒤에 '-어, -었'이 붙을 때에도 '아/어' 뒤에 붙은 것과 같이 '어'가 줄어지기도 하고 줄지 않기도 하는데 이의 표기를 규정한 것이다.

> 매+어 → 매   매+어라 → 매라   매+었다 → 맸다
> 떼+어 → 떼   떼+어라 → 떼라   떼+었다 → 뗐다

이 경우에는 본래 형태대로 표기할 수도 있고, 준 대로 표기할 수도 있다. 즉 '매어'로 표기할 수도 있고 '매'로 표기할 수도 있다. 규정에

'줄 적에는'으로 되어 있기 때문이다.

한편, 어간 모음 'ㅏ' 뒤에 피사동 접미사 '-이'가 결합하여 'ㅐ'로 줄어지는 경우에는, '어'가 줄어지지 않는다.

(짜+이+)　　짜+이+어도 → 째어도　　짜+이+었다 → 째었다

(파+이+)　　파+이+어도 → 패어도　　파+이+었다 → 패었다.

피사동접미사 '이'가 앞어간의 모음 'ㅏ'와 결합하여 '애'가 된 후 어미의 '어'와 결합할 경우에는 어미의 '어'가 줄지 않아, '째었다, 패었다'로 표기해야 하고 실질적인 발음에서는 반모음이 첨가되는 현상을 보이게 된다.

째었다 [째였다]　　　패었다[패였다]

그런데 여기서 주의할 것은 축약에 의해서 만들어진 '애'와 본래의 '애'가 다른 양상을 보인다는 점이다. '패다'의 경우, 첫째 동사 '파-'(구멍을 파다)에 피동접미사 '이'가 결합한 경우 '파+이'인 경우 ①과 본래의 동사 '패-'(사람을 피멍이 들도록 패다)의 경우 '패-+'인 ②인 경우는 서로 다른 양상을 보인다.

① (파+이+)　파+이+어도 → 패어도　　파+이+었다 → 패었다.

② (패+)　　패+어도 → 패도　　패+었다 → 팼다

'째다'의 경우도 동일한다.

① (짜+이+)   짜+이+어도 → 째어도   째+이+었다 → 째었다.

② (째+)   째+어도 → 째도   째+었다 → 쨌다

〈붙임 2〉는 특이한 활용형을 보이는 '하다'에 대한 규정이다. '하-'는 이른바 '여' 불규칙 용언으로 '-아'가 결합하면 '하여'로 된다. 이것이 줄어진 형태는 '해'로 되는데 이렇게 발음되는 과정은 현대국어에서 규칙으로 설명할 수 없으므로 모두 소리나는 대로 적는다.

하여→해   하여라→해라   하여서→해서   하였다→했다

제35항 모음 'ㅗ, ㅜ'로 끝난 어간에 '- 아/- 어, - 았 -/- 었 -'이 어울려 'ㅘ/ㅝ, 왔/웠'으로 될 적에는 준 대로 적는다.

(본말)	(준말)	(본말)	(준말)
꼬아	꽈	꼬았다	꽜다
보아	봐	보았다	봤다
쏘아	쏴	쏘았다	쐈다
두어	둬	두었다	뒀다
쑤어	쒀	쑤었다	쒔다
주어	줘	주었다	줬다

[붙임 1] '놓아'가 '놔'로 줄 적에는 준 대로 적는다.

[붙임 2] '긔' 뒤에 '- 어, - 었 -'이 어울려 '괘, 쌨'으로
될 적에도 준 대로 적는다.

(본말)	(준말)	(본말)	(준말)
괴어	괘	괴었다	괬다
되어	돼	되었다	됐다
뵈어	봬	뵈었다	뵀다
쇠어	쇄	쇠었다	쇘다
쐬어	쐐	쐬었다	쐤다

4.5.4. 모음 'ㅗ, ㅜ'에 모음 '–아, –어'가 결합한 경우

어간 말모음 'ㅗ, ㅜ'가 어미의 두음 '-아/어'를 만나 원순성 활음으
로 변하면서 음절 수가 줄어드는 현상에 대한 표기이다. 이것은 일어
날 수도 있고 일어나지 않을 수도 있으므로, 본말과 준말을 모두 표기
에서 인정한 것이다. 그래서 줄지 않을 경우에는 '오아'나 '우어'로 적
고 줄 경우에는 'ㅘ/ㅝ'로 적는다.

보+아 → 보아/봐   보+아도 → 보아도/봐도
보+았다 → 보았다/봤다
추+어 → 추어/춰   추+어서 → 추어서/춰서
추+었다 → 추었다/췄다

여기서 주의할 것은 '오다'와 '푸다'이다. 앞의 제18항 4에서 다루어

진 '푸다'는 활용할 때 '우'가 탈락하는 불규칙 용언이므로 '푸+어'는 '퍼'로 표기하고 활음화하지 않는다. 그리고 '오다'의 경우는 '오+아'의 경우 '오아'로는 표기하지 않고 '와'로 표기한다.

〈붙임 1〉은 'ㅎ' 규칙 용언 중 특이한 형식을 인정한 것이다. 'ㅎ'을 종성으로 가지고 있는 어간들은 불규칙과 규칙으로 구분되는데 '그렇-, 이렇-' 등은 불규칙 활용으로 '그런, 이런, 그래서, 이래서' 등이 되고, 정칙 용언들은 '좋으니, 좋아서, 넣으니, 넣었다' 등이 된다. 그런데 '놓-'의 활용형은 다음과 같아서

놓+아 → 놓아[노아]/놔[놔]
놓+아서 → 놓아서[노아서]/놔서[놔서]

이를 표기에 그대로 반영해 주는 것이다.

〈붙임 2〉는 어간말 모음 'ㅚ' 뒤에 '-어'가 붙을 경우의 표기이다. 현대국어에서 '외'와 '왜'의 발음이 구분되지 않지만 문자의 모양에서 '외'는 두 글자가 겹친 것이고 '왜'는 세 개의 글자가 겹친 것이므로 '외+어'의 표기는 '왜'로 하는 것이다.

되+어 → 돼 되+어서 → 돼서 되+어야 → 돼야 되+었다 → 됐다
죄+어 → 좨 죄+어서 → 좨서 죄+어야 → 좨야 죄+었다 → 좼다
쬐+어 → 쫴 쬐+어서 → 쫴서 쬐+어야 → 쫴야 쬐+었다 → 쫬다

여기서 주의할 것은 자음으로 시작하지 않는 '외다'이다. 이 단어는 '어'와 결합하여 '외+어 → 왜, 외+어도 → 왜도, 외+었다 → 왰다' 등이 되지 않으므로 '외어, 외어도, 외었다' 등으로 표기해야 한다.

제36항 'ㅣ' 뒤에 '-어'가 와서 'ㅕ'로 줄 적에는 준 대로 적는다.

(본말)	(준말)	(본말)	(준말)
가지어	가져	가지었다	가졌다
견디어	견뎌	견디었다	견뎠다
다니어	다녀	다니었다	다녔다
막히어	막혀	막히었다	막혔다
버티어	버텨	버티었다	버텼다
치이어	치여	치이었다	치였다

4.5.5. 모음 '이'에 모음 '-어'가 결합하는 경우

앞의 항이 '오/우' 등이 원순성 활음을 형성하는 경우라면, 이 항은 전설성 활음을 형성하여 음절이 줄어드는 경우이다. 즉 모음 '이'가 활음 y가 되면서 한 음절이 줄고 이중모음이 만들어지는 경우이다. 이 들은 '줄 적에는'으로 표현되어 있으므로 둘 다를 인정하는 경우이다. '가지+어'는 '가지어'로 표기해도 되고 '가져'로 표기해도 된다. 이러한 현상은 접미사 '-이, -히, -기, -리, -으키, -이키' 뒤에 '-어'가 붙은 경우도 동일하다.

녹+이+어 → 녹이어/녹여   업+히+어 → 입히어/업혀
굶+기+어 → 굶기어/굶겨   날+리+어야 → 날리어야/날려야
일+으키+어 → 일으키어/일으켜   돌+이키+어 → 돌이키어/돌이켜

제37항 'ㅏ, ㅕ, ㅗ, ㅜ, ㅡ'로 끝난 어간에 '- 이 -'가 와서
각각 'ㅐ, ㅖ, ㅚ, ㅟ, ㅢ'로 줄 적에는 준 대로 적는다.

(본말)	(준말)	(본말)	(준말)
싸이다	쌔다	누이다	뉘다
펴이다	폐다	뜨이다	띄다
보이다	뵈다	쓰이다	씌다

4.5.6. 모음에 '이'가 결합하여 준 경우

앞 36항이 '이'가 뒤에 오는 모음과 결합하여 이중모음을 형성하는
것이라면, 이 항은 선행하는 모음과 결합하여 단모음 내지는 이중모
음을 형성하는 경우이다. 즉 어간 끝모음 'ㅏ, ㅕ, ㅗ, ㅜ, ㅡ' 와 후행
하는 '-이'가 결합하여 'ㅐ, ㅖ, ㅚ, ㅟ, ㅢ'로 줄어지는 것은 'ㅐ, ㅖ, ㅚ,
ㅟ, ㅢ'로 적는다는 것이다. 이도 물론 '줄 적에는'으로 표현되어 있으
므로 준 형식과 본래 형식을 모두 인정하는 것이다. 제시어 외에 다음
의 예들도 여기에 포함된다.

까이다[被孵] → 까이다/깨다   켜이다[被鋸] → 켜이다/켸다
쏘이다 → 쏘이다/쐬다   꾸이다[現夢] → 꾸이다/뀌다

트이다 → 트이다/틔다

또, '아이, 사이' 등의 명사나 형용사화 접미사 '-스럽(다)'에 부사화 접미사 '-이'가 결합한 만들어진 '스러이'가 '-스레'로 줄어지는 경우도 이와 유사하다.

아이 → 아이/애   사이 → 사이/새
새삼스러이 → 새삼스레   천연스러이→천연스레

한편, '놓이다'가 '뇌다'로 줄어지는 경우도 '뇌다'로 적어, '놓이다'와 '뇌다'가 둘다 허용된다. 물론 이들은 양쪽의 발음을 다 수용하여 그대로 표기에 반영하는 것이다.

제38항 'ㅏ, ㅗ, ㅜ, ㅡ' 뒤에 '- 이어'가 어울려 줄어질 적에는 준 대로 적는다.

(본말)	(준말)		(본말)	(준말)	
싸이어	쌔어	싸여	뜨이어	띄어	
보이어	뵈어	보여	쓰이어	씌어	쓰여
쏘이어	쐬어	쏘여	트이어	틔어	트여
누이어	뉘어	누여			

4.5.7. 모음에 '이어'가 결합하는 경우

'이'의 앞과 뒤에 모음이 올 경우 '이'는 선행하는 모음과 결합할 수도 있고 후행하는 모음과 결합할 수도 있는데, 두 가지 경우를 다 인정한 것이다. 예를 들어 '아+이+어'의 연결이 있을 경우 '이'가 앞의 모음과 결합하여 '애어'가 되는 것도 인정하고 뒤의 모음과 결합하여 '하여'가 되는 것도 인정한 것이다. 이 항도 '줄 적에는'으로 표현되어 있으므로 '싸+이+어'의 경우 '싸이어, 쌔어, 싸여' 등 세 가지의 발음이 허용되는 셈이다. 이러한 예들에는 다음의 것들이 추가될 수 있다.

까+이+어 → 까이어/깨어/까여　꼬+이+어 → 꼬이어/꾀어/꼬여

누+이+어 → 누이어/뉘어/누여　쓰+이+어 → 쓰이어/씌어/쓰여

트+이+어 → 트이어/틔어/트여

뜨+이+어 → 뜨이어/띄어/뜨여(눈이)

여기서 주의할 단어는 '(눈을) 뜨다'와 '(사이가) 뜨다'이다. 이들의 피동형은 '뜨이다'로 동일하지만 그 활용 양상을 달리한다. '(눈이) 뜨이어 (잘 보인다)'는 '뜨이어, 띄어, 뜨여'가 되지만, '(사이를) 뜨이어 (쓴다)'는 '띄어'로만 줄어드는 것이다.

특기할 사항은 '놓-'의 피동형이다. 이는 '놓이다'가 되는데 이 형태에 '어'가 결합한 것은 '놓이어, 놓여'가 되고, '놓이다'의 준말 '뇌다'에 '어'가 결합한 것은 '뇌어'로 적는다는 점이다.

그리고 피동형 '이'와 '우'가 두 개 겹쳐 있는 경우에 '이'는 선행하는 어간에만 결합할 수 있다.

뜨+이우+다 → 띄우다 쓰+이우+다 → 씌우다

트+이우+다 → 틔우다

제39항 어미 '-지' 뒤에 '않-'이 어울려 '-잖-'이 될 적
과 '-하지' 뒤에 '않-'이 어울려 '-찮-'이 될 적에는
준 대로 적는다.

(본말)	(준말)	(본말)	(준말)
그렇지 않은	그렇잖은	만만하지 않다	만만찮다
적지 않은	적잖은	변변하지 않다	변변찮다

4.5.8. '잖, 찮'으로 주는 경우

앞에 나온 제36항의 규정을 적용하면, '-지 않-'이나 '-치 않-'이
어울려 줄 적에는 이중모음이 형성되어 '잖, 챦'이 된다. 그러나 표준
발음법에 의하면 'ㅈ'이나 'ㅊ' 뒤에서는 'ㅑ, ㅕ ㅛ ㅠ' 등의 발음이
'ㅏ, ㅓ, ㅗ, ㅜ' 등이 되므로 현실적인 발음대로 표기하는 것이다. 이러
한 예에는 다음의 것들이 추가될 수 있다.

(깔밋하지 않다→)깔밋잖다   (깨끗하지 않다→)깨끗잖다

(남부럽지 않다→)남부럽잖다   (의젓하지 않다→)의젓잖다

(대단하지 않다→)대단찮다   (만만하지 않다→)만만찮다

(시원하지 않다→)시원찮다   (무심하지 않다→)무심찮다

(편안하지 않다→)편안찮다   (두렵지 않다→)두렵잖다

(많지 않다→)많잖다	(예사롭지 않다→)예사롭잖다
(의롭지 않다→)의롭잖다	(성실하지 않다→)성실찮다
(심심하지 않다→)심심찮다	(평범하지 않다→)평범찮다
(허술하지 않다→)허술찮다	

줄어진 형태에 다시 '-지 않-'이 결합하여 줄어지는 것은 위 예들에 준하여 표기한다.

(귀찮지 않다→)귀찮잖다　　　(점잖지 않다→)점잖잖다

이 예들은 모두 '줄 적에는'에 해당되므로, 본래의 형태로 표기해도 되고, 준 대로 표기해도 된다.

제40항 어간의 끝음절 '하'의 'ㅏ'가 줄고 'ㅎ'이 다음 음절의 첫소리와 어울려 거센소리로 될 적에는 거센소리로 적는다.

(본말)	(준말)	(본말)	(준말)
간편하게	간편케	다정하다	다정타
연구하도록	연구토록	정결하다	정결타
가하다	가타	흔하다	흔타

[붙임 1] 'ㅎ'이 어간의 끝소리로 굳어진 것은 받침으로 적는다.

않다	않고	않지	않든지
그렇다	그렇고	그렇지	그렇든지
아무렇다	아무렇고	아무렇지	아무렇든지
어떻다	어떻고	어떻지	어떻든지
이렇다	이렇고	이렇지	이렇든지
저렇다	저렇고	저렇지	저렇든지

[붙임 2] 어간의 끝음절 '하'가 아주 줄 적에는 준 대로 적는다.

(본말)	(준말)
거북하지	거북지
넉넉하지 않다	넉넉지 않다
생각하건대	생각건대
못하지 않다	못지않다
생각하다 못해	생각다 못해
섭섭하지 않다	섭섭지 않다
깨끗하지 않다	깨끗지 않다
익숙하지 않다	익숙지 않다

[붙임 3] 다음과 같은 부사는 소리대로 적는다.

결단코	결코	기필코	무심코
아무튼	요컨대	정녕코	필연코
하마터면	하여튼	한사코	

4.5.9. 접사 '하-'가 줄어드는 경우

한국어에서 접미사 '-하다'는 아주 높은 생산성을 가지고 있어서 거의 모든 명사 어근에 결합하여 동사를 파생시키고, 부사와 결합하여 동사를 파생시키기도 한다. 그런데 파생된 후에는 다양한 양상을 보이게 된다. 첫째는 파생된 본래의 형태대로 사용되는 것이고(예: '거북하다, 아니하다' 등), 둘째는 모음 'ㅏ'가 탈락하고 남은 'ㅎ'이 어미와 결합하여 거센소리를 만들기도 하고(예 : '간편케' 등), 셋째는 어간의 일부를 형성하기도 하고(예: '않-' 등), 넷째 '하' 자체가 탈락해 버리기도 한다.(예: '거북지' 등)

이렇게 모음 'ㅏ'의 탈락하는 현상이나 접사 '하-'의 탈락하는 현상 등은 현대국어에서 규칙적으로 설명할 수 있는 것이 아니기 때문에 모두 발음하는 대로 표기한다. 그런데 이러한 발음은 대체적인 경향이 있다. 모음의 뒤와 'ㄴ, ㅁ, ㅇ' 등 비음, 'ㄹ' 유음 등 울림소리뒤에는 어미와 결합하여 거센소리로 발음되고, 'ㄱ, ㄷ, ㅂ, ㅅ' 등 안울림소리 뒤에서는 '하'가 통째로 빠져서 후행하는 어미가 된소리로 조음된다. 그리고 지시형용사로 파생된 경우에는 어간의 형태가 재구조화된다. 40항의 본 내용은 '아' 탈락 후 남은 'ㅎ'이 어미의 초성과 거센소리를 형성하는 경우이고, 〈붙임 1〉과 〈붙임 2〉는 각각의 경우를 기술한 것이다.

본항의 내용과 관련된 다음의 예들을 더 추가할 수 있다.

가(可)하다 → 가타   부(否)하다 → 부타
무능하다→무능타   부지런하다→부지런타
아니하다→아니타   감탄하게→감탄케

달성하게→달성케	실망하게→실망케
당(當)하지→당치	무심하지→무심치
허송하지→허송치	분발하도록→분발토록
실천하도록→실천토록	추진하도록→추진토록
결근하고자→결근코자	달성하고자→달성코자
사임하고자→사임코자	청하건대→청컨대
회상하건대→회상컨대	

〈붙임 1〉은 어간의 재구조화가 일어난 경우이다. '하'에서 준 'ㅎ'이 어간의 끝소리로 굳어진 예이다. 이들은 대체로 지시 형용사(指示形容詞) '이러하다, 그러하다, 저러하다, 어떠하다, 아무러하다' 등이 줄어서 '이렇다, 그렇다, 저렇다, 어떻다, 아무렇다'가 되고, '아니하다'가 줄어서 '않다'로 된 것이다.

〈붙임 2〉는 어간의 끝음절 '하'가 통째로 줄어진 형태인데, 이런 현상은 받침이 안울림소리일 때 발생한다.

갑갑하지 않다 → 갑갑지 않다	깨끗하지 않다 → 깨끗지 않다
넉넉하지 않다 → 넉넉지 않다	답답하지 않다 → 답답지 않다
못하지 않다 → 못지 않다	생각하다 못하여→생각다 못해
생각하건대 → 생각건대	익숙하지 못하다→익숙지 못하다

〈붙임 3〉은 부사로 전성된 것들인데 이들은 어원을 밝힐 필요가 없어서 발음되는 대로 표기하는 것이다. 앞의 제19항에서 'ㅣ'로 파생된

부사가 아닐 경우 어원을 밝히지 않는 것과 동일한 것이다.

거센소리 표기와 관련하여 주의할 것 중의 하나가 '도록'과 '토록'의 구분이다. '도록'은 "앞의 내용이 뒤에서 가리키는 사태의 목적이나 결과, 방식, 정도 따위가 됨을 나타내는 연결 어미"이고, '토록'은 "앞 말이 나타내는 정도나 수량에 다 차기까지라는 뜻을 나타내는 보조 사"로서 몇몇의 명사하고만 결합한다. '이토록, 그토록, 저토록, 열흘 토록, 종일토록, 영원토록, 평생토록' 등은 원래의 형태가 '토록'이기 때문에 당연히 소리 나는 대로 적는다.(표준국어대사전에서 사용되는 예를 옮겨 보면 다음과 같다.)

〈도록〉연결어미 나무가 잘 자라도록 거름을 주었다./손님이 편히 주무시도록 조용히 하여야 한다./아이들이 길을 안전하게 건널 수 있도록 보살펴야 한다./철수는 눈만 뜨면 신이 다 닳도록 돌아다녀요./학생들은 밤이 새도록까지 토론을 계속하였다.

〈토록〉보조사. 그는 평생토록 신념을 잃지 않고 살았다./중국에는 사람이 그토록 많은가?/그들은 종일토록 일하였다./우리는 영원토록 함께하기로 했다.

한글맞춤법의 공시론과 통시론 [1]

1. 서론

본고는 한글맞춤법 총칙 제1항의 표현 속에 내재된 언어학적 이론 특히 음운론적 이론 내지는 개념을 밝혀내기 위한 것으로 박창원 (2016)에 이어지는 것이다. 박창원(2016)에서는 '소리대로'의 개념을 '소리'라는 개념에 대한 전통적인 인식과 관련하여 논의한 것이고, 이제 '어법'의 의미를 밝히고자 하는 것이다.

필자는 졸고(2016)에서 "한글맞춤법의 '소리대로 적되'의 의미는 존재하고 있는 소리의 본질과 실존을 그대로 나타나게 한다는 의미"라는 것을 논의하고, 이러한 언어관은 주시경 선생의 언어관에 의거한 것이고, 또한 주시경 선생의 언어관은 훈민정음의 언어관에서 기

---

1) 이 글은 〈이화어문논집〉 제40호에 실린 필자의 글 "한글맞춤법 총칙 제1항의 음운론(2) – '어법'으로 표출된 공시태와 통시태"를 옮긴 것이다.

원된 것이라는 논의를 하였다. 그리고 '어법에 맞게'는 기본형을 밝힐 것인지 아니면 밝히지 않을 것인지에 대한 방법론적인 개념일 것이라는 추정을 하였다.

　본고의 문제 제기는 한글맞춤법 총칙 제1항의 규정과 규범에서 실제 서술하고 있는 내용이 맞지 않는다는 것에서 출발한다. 지금까지 한글맞춤법 총칙 제1항에 대한 해설 및 논의는 '소리대로는 음소적 표기법을 의미하는 것이고, 어법에 맞게는 형태음소적 표기법을 의미하는 것'이라는 전제에서 출발하였다. 이러한 해석에는 문제가 있다는 인식은 이익섭(1992)에서 먼저 이루어졌다. '소리대로'가 원칙이고 '어법에 맞게'가 부수적이라는 기존의 해석대로 하면, 한글맞춤법의 선언과 실제적인 규정 사이에 문제점이 발생한다는 것이 이익섭(1992)에서 제기되는 것이다. 즉 현재 사용하고 있는 표기법은 기본형을 밝혀 적는 것이 원칙이고(값+만 →값만, 값+이→값이 등), 기본형을 밝혀 적을 필요가 없을 경우에 (예외적으로) 소리대로 적는데(이쁘다, 더워라 등), 이는 표기법의 규정 즉 '소리대로 적되, 어법에 맞도록'의 표현은 '소리대로'를 기본적인 원칙으로 선언한 것인데 이들은 서로 상치된다는 것이다.[2] 그리하여 이익섭(1992)에서는 '소리대로'의 의미가 확장된다. 즉 '소리대로'는 두 가지 의미를 가지고 있는데 하나는 표음문자가 기본적으로 가지고 있는 표음적 기능을 다할 수 있도록 하는 것이고, 다른 하나는 소리와 거리가 멀어진 역사적 표기법의 문제점을 지적하고, 역사적 표기를 현실적 표기로 바꾸라는

---

2) 이 문제는 이기문(1963)에서 이미 암시되었는데, 그 뒤의 논의가 이를 주목하지 못했다.

선언적인 의미라는 것이다.[3]

이익섭(1992)의 문제 제기를 정당하게 수용하는 것이 본고의 기본적인 입장인데, 문제는 이익섭(1992)의 새로운 해석에 의해 한글맞춤법 제1항의 선언적 원칙과 규정의 실제적 기술과는 괴리가 해결되지 않고 여전히 존재한다는 것이다. 다시말해 '표음적 기능 + 역사적 변화 수용을 받아들이는 표기'와 '기본형을 밝혀 적는 형태론적 표기' 중 어느 것이 한글맞춤법의 기본정신인가 하면, 한글맞춤법은 후자를 기본으로 하고 예외적으로 혹은 선택적으로 전자를 받아들이고 있기 때문에, 음소적 표기를 원칙으로 한다는 표기 원칙에 대한 선언적인 표현과 형태음소적인 표기를 우선으로 하는 실제적인 규범의 조항과는 여전히 일치하지 않는 점이 그대로인 것이다.

이러한 문제는 '소리대로'를 음소적 표기로 해석하고, '어법에 맞게'를 형태음소적 표기라고 해석해 온 기존의 해석이 잘못 되었기 때문에 야기된 문제이므로, 문제 해결을 위해서는 해석 자체를 근본적으로 수정해야 한다는 것이 본고의 생각이다. 필자는 졸고(2016)에서 한글맞춤법의 기본적인 원리는 주시경 선생의 이론에서 나온 것으로 논의하고 한글맞춤법의 소리를 다음과 같은 것으로 인식하였다.

소리란 자연으로 존재하고 있는 것이고, 이에는 자연의 소리와 인간의 소리로 구분되고, 인간의 소리는 본음과 임시음이 있다. 그리고 소리 그 자체는 존재하고 있는 사물에 필수적인 한 양상이다.[4]

---

3) 이 부분은 이해의 편의를 위해 박창원(2016)에서 관련된 내용을 그대로 옮겨 온 것이다.
4) 주시경 선생이 사용하는 '소리'라는 단어에 대해 졸고(2016)에서 내린 개념 정의

이 논의를 이어받아 본고는 '어법'이란 개념은 '본음과 임시음을 구분해서 사용하는 법칙'으로 정의내리고, 이 법칙이란 '음운 현상이 현재의 공시적인 규칙에 의한 것이냐, 통시적인 규칙에 의한 것이냐 하는 것을 구분하는 원칙'이고, '어법에 맞게'는 '본음으로 표기할 것인가 아니면 임시음으로 표기할 것인가 하는 문제를 판가름하게 하는 방법 내지는 규칙을 정하고 그에 맞게' 표기하는 방법으로 해석하는 것이다.

본고의 제2장에서는 공시적 현상과 통시적 현상을 구분하는 인식의 기초에 대해 약간의 예를 제시하며 논의하기로 한다. 그리고 제3장에서는 한글맞춤법에 나타나는 실제적인 예를 구분하여 논의하기로 한다. 그리고 제4장에서는 정리하면서 맺기로 한다.

2. 공시성과 통시성

2.1. 공시태와 통시태의 구분

가. 개념

공시와 통시에 관한 개념 설정 및 구분은 20세기 초반 소쉬르가 정립하였는데, 이후 이에 관한 용어는 공시성과 통시성, 공시태와 통시태, 공시적 규칙(혹은 현상)과 통시적 규칙(혹은 현상) 등으로 다양하게 사용되고 있다. 그러나 그 개념 차이는 대동소이하고, 기본적인 개

이다.

넘은 공시와 통시를 어떻게 이해하느냐 하는 문제에 달려 있다. 학자
들마다 다양하게 사용되고 있는 용어의 개념을 정확하게 통일하기도
어렵고, 공시와 통시에 대한 개념 규정을 명확하게 정립하는 것도 쉬
운 일이 아니기에, 본고에서는 본고의 논지 전개를 위한 필요에 의해
다음과 같은 개념으로 사용하고자 한다.[5)]

　　현재 존재하는 모든 형태는 공시태이고, 과거에 존재했던 것은 모두
　　통시태이다.

이에 의하면 '집, 사람, 덥고, 더워, 웃음' 등은 모두 공시태이고, '마
ᅀᆞᆷ, 도ᄫᅡ, 뿀, 빨, 슳, 이, 더품' 등은 통시태이다. 통시태는 음소의 변화
에 의해 통시태로 된 것도 있고, 어휘의 변화로 인해 통시태로 된 것
도 있다. '더품'은 후자에 속하는 경우이고, 나머지는 모두 전자에 의
한 경우이다.

　현재 존재하고 있는 공시태의 구성은 통시적인 규칙에 의한 것과
공시적 규칙에 의한 것으로 나누어 볼 수 있다. '마, 도ᄫᅡ' 등이 '마음,
도와' 등으로 되는 것은 'ᄝ, ᅀ, ᄫ' 등의 통시적 변화에 의한 것이고,
'값'이 '갑, 감, 갑ㅆ' 등의 변이형을 가지는 것은 공시적 변화에 의한
것이다. 그런데 공시적 규칙에 의한 두 개 이상의 공시태는 두 경우로
나누어 볼 수 있다. 하나는 신형과 구형이 공시적으로 공존하여 변화

---

5) 통시에 대립하여 공시라는 개념을 처음 정립하는 소쉬르에서는 '시간의 흐름 속에
　변화하는 모습'과 '시간의 흐름과 무관하게 특정한 시기의 정체된 모습' 정도의 의
　미로 통시와 공시가 사용되었는데, 요즘 한국어학계에서는 '과거의 모습'과 '현재
　의 모습'의 개념으로 통시와 공시를 많이 사용하고 있다. 본고에서는 대체로 이에
　따라 용어를 사용한다.

의 규칙이 공시성을 가지는 경우이고, 다른 하나는 하나의 기저형에서 두 개 이상의 교체적 변이형을 가지는데 이 규칙이 통시성을 가지는 경우이다. 이러한 개념 구분에 대해서 약간의 상론을 하기로 한다.

나. 구분의 기준점

소쉬르가 언어의 존재를 공시태와 통시태로 나누고 이 개념이 언어학에서 폭넓게 수용되고, 촘스키가 언어를 기저형과 표면형으로 나누는 이분법적인 인식이 언어학의 보편적인 인식이 된 후, 기저형 설정의 기준 문제와 규칙의 공시성 문제는 언어학의 가장 중요한 두 문제였다. 즉 언어의 기저형 설정에 어느 정도의 추상성을 인정할 것인가, 공시적인 현상과 통시적인 현상을 어떻게 구분할 것인가 하는 문제는 음운론에서 해결해야 할 과제 중의 가장 기본적인 문제들이었다.

개화기에 우리 어문에 관한 규범을 새로 만드는 과정에서 기저형을 밝혀 적을 것인가 아니면 소리대로 적을 것인가 하는 문제는 위와 관련된 문제로서 규범 제정에서 가장 핵심적인 문제 중의 하나였다.

공시와 통시에 관한 우리의 기본적인 생각은 '현재 존재하는 모든 것은 통시적 누적물로서 존재하는 공시적 존재'라는 것이다. 예를 들어 '집'은 수천 년전에 만들어진 단어이지만 지금 사용하고 있는 공시태이고, '좋다'는 구개음화 이후 대략 300여년 전에 만들어져 지금 사용하고 있는 공시태이고, '라디오'는 사용하기 시작한 지 100년 내외밖에 안된 외래어로 현재 한국어 공시태의 일부이고, 번개팅은 수 년 전에 만들어진 신조어로 현재 흔히 사용되고 있는 공시태이다. 현재 사용하고 있는 모든 것은, 어떤 것은 수천수만 년에 만들어지고 어떤 것은 수 백년 전에 만들어지고 어떤 것은 수십 년 전에 만들어졌지만,

지금 같이 사용하고 있는 공시적인 것이다.

변화를 입은 형과 변화를 입기 전의 형태가 한 시기에 공존하고 있다면 예를 들어 단일한 형태의 형태소가 다른 형태의 형태소로 변화하고 있다면, 즉 언중이 상황에 따라 '삼촌'이라고 했다가 '삼춘'이라고 했다가 하는 식으로 두 형태가 지금 자유스럽게 사용되고 있다면 이 두 형태 역시 공시태이다. 그러면 이 두 형태를 동시에 사용하고 있다고 해서 두 형태에게 똑같은 자격을 부여할 수 있느냐 하면 답은 그렇지 않을 것이다. 특별한 예외가 없는 한 '삼춘'은 남고 '삼촌'은 사라질 것이기 때문이다.[6] 그래서 이러한 두 형을 '구형과 신형' 혹은 '본래형과 개신형' 혹은 '과거형과 미래형' 등으로 구분할 수 있을 것이다.

여기서 제기되는 문제는 그러면 이러한 두 형태를 다 공시론에서 처리해야 하는가 하는 문제일 것인데, 답은 오히려 간단하다. '이것은'과 이것의 준말 '이건'은 다 공시태이기 때문에 현재 존재하는 공시태는 공시론에서 다루는 것을 원칙으로 하되, 통시적인 규칙에 의한 것과 공시적인 규칙에 의한 것을 구분하여 공시적인 규칙에 의한 것만을 공시적인 현상으로 받아들이는 것이다. 즉 현재 존재한다고 하여 모두 현재에서 설명하는 것이 아니고 때로는 통시적인 결과로 존재를 이해하고 때로는 공시적인 현상 내지는 과정으로 이해하는 것이다.

결론적으로 말하면 공시태 중 공시적인 규칙에 의한 것만을 공시론

---

6) 물론 일시적인 유행어나 은어처럼 생겼던 것은 잠시 사용되다가 없어지기도 하겠지만, 일반 대다수의 사람에게 정상적으로 발생하는 음운현상에 의한 것이라면 신형이 살아남게 되는 것은 당연한 현상일 것이다.

에서 다루는 것이다. 그리하여 A형과 B형이 신형과 구형이든, 혹은 A
형과 B형이 기저형과 변이형 혹은 교체형의 관계이든, 그 도출 과정
이 공시적인 규칙에 의한 것이면 공시적인 현상으로 다루고 그것이
통시적인 규칙에 의한 것이면 통시적인 현상으로 다루는 것이다. 이
관계를 몇 가지 경우의 수로 나누어 설명하면 다음과 같다.

2.2. 공시적인 관계

본고에서 논의하는 공시적인 관계란, 두 어형이 공시적인 규칙에
의해 변화의 과정이 설명될 수 있는 관계를 말한다. 이러한 관계에 있
는 두 어형의 관계는 다음의 것들이다.

가. 구형과 (개)신형

'삼춘'은 '삼촌'의 개신형이고, '애기'는 '아기'의 개신형이며, '예쁘
다'는 '예쁘다'의 개신형이라는 것을 안다. 이들이 한 지역에서 공존
하여 사용되는 경우가 있다면[7] 이들은 그 지역에서 공시적인 '오→
우' 규칙, 움라우트 규칙, 원순모음화 규칙 등에 의한 것으로 인정하
고 공시적인 현상으로 다루어야 할 것이다.

---

7) 이러한 가정 자체가 성립되는 경우를 찾는 것은 쉽지 않을 것이다. 신형과 구형의
상이한 두 형태가 동일한 화자에게서 동시에 사용된다는 것은 기대하기 쉽지 않은
것이다. 그런데 동일한 지역에서 화자에 따라 신형과 구형이 공존하는 것은 흔히
볼 수 있는 일이다. 본고에서 사용하는 것은 논리적인 가능성을 고려한 경우의 수
이다.

공시태(구형-현재의 상태) ─────▶ 공시태(신형-현재의 상태)

↑

공시적 규칙

나. 기저형과 표면형

표면적으로 나타나는 '갑, 감, 갑씨' 등은 기저형 '값'의 공시적 변이형이라는 것을 우리는 안다. 비음화 규칙, 자음군 간소화 규칙 등은 현대국어에서 흔히 볼 수 있는 공시적 현상이기 때문이다. 이들은 당연히 공시적 규칙으로 처리되어야 할 것이다.

공시태(기저형) ─────▶ 공시태(변이형 혹은 교체형)

↑

공시적 규칙

다. 본디말과 준말(1) ─ 공시적 현상

시간적인 절약과 표현의 효과성을 위해 준말은 광범위하게 사용된다. '옥상에서 떨어진 메주'를 '옥떨메'로 줄이거나 '해가 갈수록 당당하고 화사하게'를 '해당화'로 줄이는 것은 구 내지는 절을 단어 차원으로 줄이는 것이고, '국정 농단'을 '국농'으로 줄이거나 '중앙정보부'를 '중정'으로 줄이는 것은 구나 단어의 긴 음절 수를 짧은 음절의 단어 차원으로 줄이는 것이다. '이기어'나 '보아라'를 '이겨'나 '봐라'로 줄이는 것은 음소를 변화시켜 음절 수를 줄이는 것이다 이러한 현상은 앞의 경우와 동일하게 공시적으로 처리되어야 할 것이다.

공시태(기저형) ─────────→ 공시태(변이형 혹은 교체형)

↑

공시적 규칙

2.3. 통시적인 관계

본고에서 논의하는 통시적인 관계란, 두 어형이 공시적인 규칙에 의해 변화의 과정이 설명될 수 없는 관계를 말한다. 이러한 관계에 있는 두 어형의 관계는 다음의 것들이다.

가. 본디말과 준말(2) – 통시적 현상

위와 다른 경우는 준말 '이건'과 본디말 '이것은'의 공존일 것이다. 둘다 공시적으로 존재하는 것은 맞지만, '이것'의 어간말 'ㅅ'이 탈락하는 규칙을 공시적인 것이라고 할 수는 없을 것이다. 이렇듯 공시적인 규칙으로 다룰 수 없는 것은 통시적인 현상으로 처리하는 것이다.

공시태(현재의 형태) ─────────→ 공시태(현재의 형태)

↑

통시적 규칙

나. 기저형의 변화(1) – 단일 기저형

역사적인 변화와 함께 기저형이 변화했는데, 이전 기저형의 시기에 만들어진 파생어나 복합어가 있을 경우 이를 새로운 기저형에서 설명

하는 것은 불가능하다. 예를 들어 옛날에 'ㅎ' 종성체언이었던 '않, 숳'
등이 당시에 만들었던 복합어 '암캐, 수캐' 등은 변화한 '암, 수'로부터
설명할 수 없는 것이다. '암, 수' 등과 '암캐, 수캐' 등이 모두 공시태인
것은 자명한 사실이다.

공시태(현재의 형태) ─────────▶ 공시태(현재의 형태)

↑

통시적 규칙

다. 기저형의 변화(2) – 쌍형 기저형

이전의 체계에서 만들어진 교체형이 본래 기저형의 소멸로 인해 새
로운 기저형이 되는 경우이다. 둘 이상의 형태가 존재하고 있는데 하
나의 형태에서 다른 형태가 도출될 수 없기 때문에 두 어형이 모두 기
저형이 되는 경우이다. 옛날 'ㅸ'이 있던 시절에 교체를 보이던 '덥고,
더ㅓ' 등이 'ㅸ'의 소멸 후 '덥고, 더워'로 교체를 보이는데 이들은 하
나의 교체형에서 다른 교체형이 설명될 수 없기 때문에 각각이 기저
형으로 설정되고, 이들의 관계는 통시적 관계가 되는 것이다.

교체형(현재의 형태) ← 기저형 → 교체형(현재의 형태)

↓ (이전 기저형 소멸) ↓

기저형(현재의 상태) 〈통시적 관계〉 기저형(현재의 상태)

라. 정리

현재의 공시적 과정으로 설명할 수 없는 이러한 현상을 다시 정리

하면, 기저형이 변화했지만 변화하기 이전의 형태를 파생어나 복합어 등에 남기고 있거나 기본말에서 준말이 발생했는데 중간에 발생한 규칙은 사라졌지만 두 말이 다 사용되고 있는 경우 등에 나타나는 현상 인데, 이 과정은 다음과 같이 도식화해 볼 수 있다.

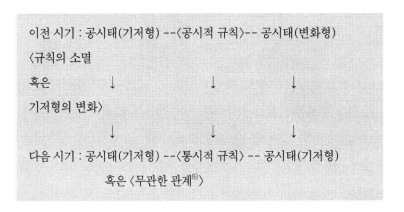

이전 시기에 공시적 규칙에 의해 공시태(기저형)와 공시태(변화형)의 관계에 있던 것이 공시태(기저형)와 공시태(기저형)의 관계로 바뀌면서 둘 사이에 존재했던 규칙은 통시적인 규칙으로 변화하게 되는 것이다. 다시 말해 두 어형이 모두 공시적으로 존재하고 있는데, 그에 관련되는 규칙은 통시적인 규칙으로 변화하게 되는 것이다. 앞에서 예로 들었던 것을 다시 옮기면, '앓, 개미' 등이 기저형으로 존재할 때 '암캐미'가 만들어지는 규칙은 공시적이었는데, '앓'이 '암'으로

___

8) 기저형 내지는 표면형 중 하나가 변하거나 둘다 변화하여 두 변이형 내지는 표면형의 관계를 연관지을 수 없을 때 이를 '무관한 관계'라 하였다. 예를 들어 '이르고, 일러'의 예가 될 것이다. 통시적 규칙으로 연관지을 수 있는 것보다 더 먼 관계 정도로 이해하는 되겠다.

변화한 후에는 '암캐미'는 이전 체계의 흔적이 되는 것이고, '돕–'으로 존재할 당시에는 '돕고, 바 ' 등으로 교체하는 규칙이 공시적인데 '병'이 없어지고 난 뒤에는 이들 어휘의 교체는 공시적인 것이 되지 못하는 것이다. 비슷하게 '이것은'이 '이건'으로 되는 것은 만들어질 당시에는 공시적이었지만 'ㅅ' 탈락 규칙 등을 설정할 수 없는 시기에는 준말이 만들어지는 현상은 통시적인 것이다.[9]

교체형을 보이는 경우도 역시 비슷하다. '값만→[감만]'으로 발음되는 현상에 적용된 자음군 간소화 규칙, 비음 동화 규칙 등은 현대국어에서 공시적인 규칙에 의해 도출된 공시태이고, [갑]으로 발음되는 형태에 적용된 받침법칙도 현대국어의 공시적인 규칙에 의해 도출된 공시태이다. 그리고 '덥고, 더워'로 교체를 보이는 두 형식 모두 현대국어에서 사용되고 있는 공시태이다. 그런데 두 개의 교체형을 만드는 규칙이 공시적인가 아니면 통시적인가 하는 문제는 교체형이 공시태라는 사실과 별개의 문제이다. 교체를 보이는 둘 이상의 형태를 단일한 기저형으로 설정하느냐 하는 문제와 교체를 보이는 규칙이 공시적인가 하는 문제와 연관되어 공시성을 사안별로 따져 보아야 하는 것이다.[10]

---

9) 준말을 만드는 과정에 대해서는 좀더 정밀한 논의가 필요하지만 여기서는 순수히 음운론적인 음소의 변화 차원에서 언급하는 것이다.

10) 공시적 현상과 통시적 현상의 구분에 대한 논의는 국어음운론에서 제법 심도있게 다루어져 왔다. 초기 생성음운론이 취했던 기저형의 과도한 추상성에 대해 비판적인 논문이 1980년대 중반에 나타나고 이에 대한 이론적인 심화과정이 계속이어지는데 이에 관한 이론적인 검토는 다음에 하기로 한다.

공시론과 통시론에 관련되는 용어 개념의 문제, 구분하는 방법론의 문제 등은 다음의 기회로 미루고, 본고에서는 한글맞춤법에서 기저형으로 표기하기를 규정한 부분과 표면형으로 표기하기를 규정한 부분 그리고 표기의 일관성을 위해 규정한 부분 등으로 정리해 보고자 한다.

3. 한글맞춤법의 공시론과 통시론

3.1. 표기의 네 유형

청각적인 존재인 소리를 시각적인 존재인 문자로 표기하는 방식은 전통적으로 세 가지가 언급되어 왔다. 형태음소적 표기, 음소적 표기, 역사적 표기 등이 그것인데, 형태음소적 표기는 형태론적으로 보면 형태소의 기저형 내지는 기본형을 밝혀 적는 표기이고, 음운론적으로는 기저음소를 표기하는 것이다. 그리고 음소적 표기는 형태론적으로 보면 이형태가 있을 경우 이형태를 그대로 표기하는 방식이고 음운론적으로는 발음되는 표면음소대로 표기하는 방식이다. 그리고 역사적 표기는 관습적으로 표기해 오던 방식을 그대로 따르는 표기이다. 예를 들어 '꽃'과 '잎'이 합해져 복합어가 되는 경우 '꽃잎'으로 표기하는 것은 형대음소적 표기이고, '꼰닙'으로 표기하는 것은 음소적 표기이고, '내'와 '가'가 합해져 복합어가 되는 경우 사잇소리가 발생하는데 이를 'ㅅ'으로 표기하여 '냇가'로 표기하는 것은 역사적 표기이다.[11]

---

11) 사잇소리를 표기하는 'ㅅ'이 본래 사잇소리의 표기가 아니라 속격조사의 표기였

이러한 표기 외에 본고에서 하나 더 추가하고자 하는 것은 표기의
일관성을 유지하는 시각적 표기이다. 문자의 표기는 시각을 통해 인
지하는 의사 소통의 방법이기 때문에 시각적 효과를 위해 표기의 일
관성을 유지하는 것이 필요하다. 이들은 음소적 표기나 형태음소적
표기의 차원을 넘어서기 때문에 새로운 개념이 필요한데 본고에서는
이를 '시각적 표기'라고 명명하고자 한다. 예를 들면 '녀성'은 두음법
칙에 의해 [여성]으로 조음되기 때문에, 이를 표기에 반영하여 '여성'
으로 표기한다. 그런데 이 단어에 접두사 등이 결합하여 [신녀성]으
로 발음되는데도, '신여성'으로 표기하는 것은 이 단어에 대한 표기의
일관성을 유지하기 위해서이다.

그런데 이들 용어에 나오는 '음소'의 경우 기저음소를 지칭할 수도
있고 표면 음소를 지칭할 수도 있고, '형태음소'란 언어학적 단위는
인정하는 학자도 있고 그렇지 않은 학자도 있기 때문에 용어의 오해
가 있는 것이다. 그래서 본고에는 표기법은 음운론적인 문제와 가장
밀접한 관계를 가지고 있으므로 음운론적인 단위의 용어를 빌어 '기
저형 표기, 표면형 표기'로 대체하여 사용하고자 한다.

3.2. 규칙의 공시적 타당성을 인정한 표기들

한글맞춤법에서 규칙의 공시적 타당성을 인정한 예들은 기저형을
밝혀 적는다. 이러한 예들은 다음과 같다.

다는 것은 누구나 알고 있는 사실이다. 속격조사로서의 기능은 하지 못하고 그 음
가는 바뀌었는데 이전의 관습대로 계속 'ㅅ'으로 표기하고 있기 때문에 '관습적
표기'라고 할 수도 있을 것이다.

가. 체언 어간과 용언 어간의 표기

한글맞춤법 제14항은 체언 어간의 기저형을 표기하는 조항이다. 체언 어간이 모음으로 시작하는 조사와 결합할 경우에는 한국어의 음절 구조에 맞게 연음 현상이 발생하고, 형태소의 구조가 한국어의 음절 구조에 맞게 조정 작업이 발생하고(CVC+V→ CV $ CV), 자음으로 시작되는 조사와 결합할 경우에는 자음군 간소화 현상, 평음화 현상 등이 발생하고, 비음으로 시작하는 조사와 결합할 경우에는 비음화 현상이 발생하는데, 이러한 현상은 모두 공시적으로 살아 있는 혹은 공시적 타당성을 가지고 있는 규칙이기 때문에 모두 기저형을 밝혀 적는다. 제14항과 제15항이 이에 해당한다.

제14항 체언은 조사와 구별하여 적는다.

떡이	떡을	떡에	떡도	떡만
손이	손을	손에	손도	손만
팔이	팔을	팔에	팔도	팔만
밤이	밤을	밤에	밤도	밤만
집이	집을	집에	집도	집만
옷이	옷을	옷에	옷도	옷만
콩이	콩을	콩에	콩도	콩만
낮이	낮을	낮에	낮도	낮만
꽃이	꽃을	꽃에	꽃도	꽃만
밭이	밭을	밭에	밭도	밭만
앞이	앞을	앞에	앞도	앞만
밖이	밖을	밖에	밖도	밖만

넋이	넋을	넋에	넋도	넋만
흙이	흙을	흙에	흙도	흙만
삶이	삶을	삶에	삶도	삶만
여덟이	여덟을	여덟에	여덟도	여덟만
곬이	곬을	곬에	곬도	곬만
값이	값을	값에	값도	값만

그리고 제15항은 용언 어간의 기저형을 밝혀 적는다는 규정이다.

제15항 용언의 어간과 어미는 구별하여 적는다.

먹다	먹고	먹어	먹으니
신다	신고	신어	신으니
믿다	믿고	믿어	믿으니
울다	울고	울어	(우니)
넘다	넘고	넘어	넘으니
입다	입고	입어	입으니
웃다	웃고	웃어	웃으니
찾다	찾고	찾아	찾으니
좇다	좇고	좇아	좇으니
같다	같고	같아	같으니
높다	높고	높아	높으니
좋다	좋고	좋아	좋으니
깎다	깎고	깎아	깎으니
앉다	앉고	앉아	앉으니
많다	많고	많아	많으니

늙다	늙고	늙어	늙으니
젊다	젊고	젊어	젊으니
넓다	넓고	넓어	넓으니
훑다	훑고	훑어	훑으니
읊다	읊고	읊어	읊으니
옳다	옳고	옳아	옳으니
없다	없고	없어	없으니
있다	있고	있어	있으니

이에 의하면 한국어의 기저형에 존재하는 받침의 종류를 전부 확인할 수 있다. 즉 체언의 종성에는 홑받침으로 평음 'ㄱ, ㄴ, ㄹ, ㅁ, ㅂ, ㅅ, ㅇ, ㅈ' 등이 존재하고, 거센소리 'ㅊ, ㅌ, ㅍ' 등이 존재하고[12], 된소리에는 'ㄲ'만 존재하고, 겹받침에는 'ㄳ, ㄺ, ㄻ, ㄼ, ㄽ, ㅄ' 등이 있음을 알 수 있다. 그리고 용언의 종성에는 평음으로 'ㄱ, ㄴ, ㄷ, ㄹ. ㅁ, ㅂ, ㅅ, ㅈ' 등이 있고, 거센소리에는 'ㅊ, ㅌ, ㅍ' 등이 있고, 체언어간에는 없는 'ㅎ'이 있으며, 체언 어간과 동일하게 된소리로는 'ㅃ, ㄸ, ㅉ' 등은 존재하지 않고 'ㄲ' 만이 공통적으로 존재하고 'ㅆ'이 존재한다. 겹받침으로는 'ㄴ'이 앞서는 것으로는 'ㄵ, ㄶ' 등이 있고, 'ㄹ'이 앞서는 것으로는 'ㄺ, ㄻ, ㄼ, ㄾ, ㄿ, ㅀ' 등이 있고, 그 외에 'ㅄ'이 있다.

이들은 모음으로 시작되는 조사가 어미가 올 경우 제 음가대로 모두 조음되지만, 자음으로 시작되는 조사나 어미가 올 경우 제 음가대로 조음되지 못하고 중화 현상이나 자음군 간소화 현상을 경험하게

---

12) 'ㅋ'이 빠졌음. '부엌, 동녘' 등

된다. 그 후 후행하는 자음의 종류에 따라 조음 위치의 동화나 조음 방식의 동화를 경험하게 된다. 예를 들어 '값만'의 경우 'ㅅ'이 탈락하는 자음군간소화 현상을 경험한 후 선행하는 'ㅂ'이 후행하는 'ㅁ'의 영향을 받아 비음 'ㅁ'으로 조음되는 것이다.

이러한 현상은 한국인이면 누구나 예상할 수 있는 발음으로 당연히 그렇게 조음할 수밖에 없는 것이다. 자음군간소화의 경우 'ㄱ'이나 'ㅂ' 등의 조음 위치에서 발음되는 자음들이 자음군을 이룰 경우 'ㄺ, ㄻ, ㄼ, ㄿ, ㄳ, ㅄ' 등은 특별한 경우가 아니면 'ㅂ, ㄱ' 등이 살아남고 다른 자음이 탈락한다.[13] 'ㄹ'이나 'ㄴ' 등이 비슷한 조음 위치의 자음들과 자음군을 이루는 'ㄾ, ㄵ' 등의 경우 선행하는 'ㄴ'이나 'ㄹ'이 살아남는다. 이러한 현상은 한국어를 모국어로 사용하는 한국인의 경우 특별한 연습이나 의식없이 자연스럽게 습득하여 발음하는 현상이다. 즉 현재 공시적인 규칙으로 설명할 수 있는 것이다. 그래서 이들은 기저형을 밝혀 적는다.

〈소결론〉 이들의 발음에서 생기는 현상들 즉 받침의 중화 현상, 겹받침의 간소화 현상, 비음 동화 현상 등은 공시적 규칙으로 인정하고 있는 것이다.

나. 'ㄷ' 구개음화와 관련된 표기

국어에 존재하고 있는 'ㄷ' 구개음화 규칙은 현대국어의 공시성을 인정할 수 있으므로 본래의 'ㄷ'과 'ㅌ' 등을 밝혀 적는다. 제6항이 이

---

13) 자음군간소화 현상은 화자나 지역에 따라 심한 편차가 있다.

에 해당한다.

제6항 'ㄷ, ㅌ' 받침 뒤에 종속적 관계를 가진 '-이(-)'나 '-히-'가
올 적에는, 그 'ㄷ, ㅌ'이 'ㅈ, ㅊ'으로 소리나더라도 'ㄷ, ㅌ'으로 적는
다.(ㄱ을 취하고, ㄴ을 버림.)

ㄱ	ㄴ	ㄱ	ㄴ
맏이	마지	핥이다	할치다
해돋이	해도지	걷히다	거치다
굳이	구지	닫히다	다치다
같이	가치	묻히다	무치다
끝이	끄치		

이들은 활용이나 곡용하는 다른 형태론적 결합에서 'ㄷ, ㅌ' 등이
제 음가대로 발음되므로 파생의 현상을 공시적인 현상으로 파악하여
기저형을 밝혀 적는 것이다.

〈소결론〉 형태론적인 범주의 제약을 받는 것은 많은 경우 한글맞춤
법에서 소리나는 대로 표기하는데, 구개음화 현상은 공시적 현상으로
판단하여 어원을 밝혀 적는다.

다. 공시성을 인정한 파생어의 표기

현대국어의 파생어 형성에서 공시성을 인정할 수 있는 것은 기저
형을 밝혀 적고, 그렇지 아니한 것은 소리나는 대로 적는다. 제19항과
20항에서 기저형을 밝혀 적는데, 이들은 모두 그러한 파생어 형성을

현대국어의 공시적인 현상 내지는 생산적인 현상으로 파악하기 때문
이다.

제19항 어간에 '- 이'나 '- 음/- ㅁ'이 붙어서 명사로 된 것과 '- 이'
나 '- 히'가 붙어서 부사로 된 것은 그 어간의 원형을 밝히어 적는다.

1. '-이'가 붙어서 명사로 된 것

길이	깊이	높이	다듬이
땀받이	달맞이	먹이	미닫이
벌이	벼훑이	살림살이	쇠붙이

2. '-음/-ㅁ'이 붙어서 명사로 된 것

걸음	묶음	믿음	얼음
엮음	울음	웃음	졸음
죽음	앎	만듦	

3. '-이'가 붙어서 부사로 된 것

같이	굳이	길이	높이
많이	실없이	좋이	짓궂이

4. '-히'가 붙어서 부사로 된 것

밝히	익히	작히

제20항 명사 뒤에 '- 이'가 붙어서 된 말은 그 명사의 원형을 밝히어
적는다.

1. 부사로 된 것

| 곳곳이 | 낱낱이 | 몫몫이 |
| 샅샅이 | 앞앞이 | 집집이 |

2. 명사로 된 것

| 곰배팔이 | 바둑이 | 삼발이 |
| 애꾸눈이 | 육손이 | 절뚝발이/절름발이 |

〈소결론〉 파생접미사 '이'나 '히' 등이 현대국어에서 생산적인 것으로 인정한 것이다. 이러한 현상의 공시성은 새로운 단어의 생성 '도우미' 등에서 확인해 볼 수 있는 것이다. 통신언어 등에서도 확인해 볼 수 있다.

라. 'ㄹㄴ'의 연결(1) – 유음화 현상(1)과 관련된 표기

현대 한국어의 음소 연결에서 'ㄹ' 뒤에는 'ㄴ'과 'ㅎ'을 을 제외한 모든 자음이 올 수 있다.

울긋불긋, 울도 울리, 골무, 달비, 불소, 팔지, 팔촌, 풀통 물풀, 불꽃, 팔찌 팔뚝 풀빵

그런데 뒤에 'ㅎ'이 이어질 경우에는 탈락해 버린다.

끓+어 → [끄러], 칠흙 →[치륵]

한편 'ㄴ' 이 올 경우에는 선행하는 'ㄹ'이 탈락하고 후행하는 'ㄴ'만 발음되든가, 후행하는 'ㄴ'이 'ㄹ'로 동화하여 'ㄹㄹ'로 발음된다.

(1) 소나무, 따님, 하느님
(2) 찰나, 떡갈나무, 불놀이, 물놀이

이 중 (2)와 같은 현상은 공시적인 현상이기 때문에 원형을 밝혀 적는다. 아울러 'ㄹ'과 'ㄴ'이 연이어 표기되어 있을 경우에는 모두 'ㄹㄹ'로 발음한다.

칠 년, 팔 년

새롭게 만들어지는 단어 등에서 후행하는 'ㄴ'은 유음으로 변화하게 되는데, 이는 공시적인 현상이고, 탈락하는 현상은 이미 통시적인 현상인 것이다.

〈소결론〉 'ㄹㄴ'의 연결에서 후행하는 'ㄴ'이 선행하는 'ㄹ'에 동화되어 'ㄹ'이 되는 현상은 공시적인 현상이다. 그래서 원음대로 표기한다. 다만, 복합어 형성에서 발생하는 'ㄹ' 탈락은 공시적인 현상이 아니고 통시적인 현상이다.

마. 'ㄴㄹ'의 연결 – 비음화 현상과 유음화 현상(2)과 관련된 표기

현대국어에서 'ㄴ' 뒤에서 올 수 있는 자음의 제약도 'ㄹ'과 흡사하다. 'ㄹ'과 'ㅎ'을 제외한 모든 자음이 올 수 있는 것이다.

빌고

물도

불고기 쌀독

'ㅎ'이 후행할 경우 'ㅎ'이 탈락해 버리고,

않+아 → [아나]

뒤에 'ㄹ'이 이어질 경우에는 두 가지 현상이 생긴다.

(1) 곤란, 신라, 선량, 혼례, 진리 --
(2) 의견란, 음운론,

(1)처럼 선행하는 'ㄴ'이 'ㄹ'로 변화하여 유음화 현상이 생기거나 (2)처럼 후행하는 'ㄹ'이 'ㄴ'으로 변화하여 비음화 현상이 생기는 것이다. 이것의 구분은 독립된 단어의 존재 여부이다. 즉 '의견'처럼 독립적으로 사용되는 단어가 있을 경우 이것의 형태를 고정시켜 발음하는 것이다. (1)의 '곤', '란', '신', '라'처럼 의존형태소일 경우에는 그 발음의 정체성을 확보할 필요가 없기 때문에 한국어에서 보다 보편적으로 발생하는 역행동화 현상이 발생하고, '의견'처럼 독립적인 기능을 수행하는 단어가 있을 경우에는 이것의 발음을 고정시켜 후행하는 소리가 변화하는 순행동화가 발행하는 것이다.

〈소결론〉 'ㄴ'과 'ㄹ'의 연결에서 발생하는 유음화 현상과 비음화 현상은 모두 공시적인 현상이다. 즉 이들은 환경에 의해 공시적으로 예

측 가능한 현상이다. 이들은 모두 공시적인 현상으로 간주되어 모두
원형을 밝혀 적는다.

3.3. 통시적 규칙에 의한 흔적들

한글맞춤법에서 공시적 규칙으로 인정하지 않는 규칙들 다시 말하
면 과거에 존재했던 통시적 규칙에 의한 것들로 판정되는 것은 표면
형대로 적는다. 그 예들은 다음과 같다.

가. 불규칙 활용 어간의 표기

한글맞춤법에서 공시적인 현상으로 인정하지 않는 대표적인 현상
은 제18항에서 언급하고 있는 소위 불규칙 활용어간들이다.

제18항 다음과 같은 용언들은 어미가 바뀔 경우, 그 어간이나 어미
가 원칙에 벗어나면 벗어나는 대로 적는다.
1. 어간의 끝 'ㄹ'이 줄어질 적

갈다	가니	간
갑니다	가시다	가오

(나머지 예는 생략)
2. 어간의 끝 'ㅅ'이 줄어질 적

긋다	그어	그으니	그었다

(나머지 예는 생략)
3. 어간의 끝 'ㅎ'이 줄어질 적

그렇다:	그러니	그럴

그러면   그러오

(나머지 예는 생략)

4. 어간의 끝 'ㅜ, ㅡ'가 줄어질 적

푸다: 퍼   펐다

뜨다: 떠   떴다

(나머지 예는 생략)

5. 어간의 끝 'ㄷ'이 'ㄹ'로 바뀔 적

걷다[步]:   걸어   걸으니   걸었다

(나머지 예는 생략)

6. 어간의 끝 'ㅂ'이 'ㅜ'로 바뀔 적

깁다: 기워   기우니   기웠다

(나머지 예는 생략)

다만, '돕-, 곱-'과 같은 단음절 어간에 어미 '-아'가 결합되어 '와'로
소리나는 것은 '-와'로 적는다.

돕다[助]   도와   도와서   도와도   도왔다

곱다[麗]   고와   고와서   고와도   고왔다

7. '하다'의 활용에서 어미 '-아'가 '-여'로 바뀔 적

하다: 하여   하여서   하여도

하여라   하였다

8. 어간의 끝음절 '르' 뒤에 오는 어미 '-어'가 '-러'로 바뀔 적

이르다[至]:   이르러   이르렀다

노르다: 노르러   노르렀다

누르다: 누르러   누르렀다

　　푸르다:　　　푸르러　　　　푸르렀다

9. 어간의 끝음절 '르'의 'ㅡ'가 줄고, 그 뒤에 오는 어미 '-아/-어'가
'-라/-러'로 바뀔 적

　　가르다:　　　갈라　　　　갈랐다

　　(나머지 예는 생략)

제2항에서 제6항까지의 예들은 동일한 자음을 가지고 규칙적인 활용을 하는 것이 있기 때문에 변화하는 규칙을 공시적으로 인정할 수 없기 때문이다. 예를 들면 'ㅂ→ㅗ/ㅜ/V_V'와 같은 규칙을 설정할 경우 '잡+아 → [자바]'와 같은 현상을 설명할 수 없기 때문에 변화하는 규칙을 공시적으로 인정하지 않는 것이다. 이렇게 공시적으로 그 규칙성을 인정할 수 없는 경우에는 소리나는 대로 적는다.

제7항에서 제9항은 음운 규칙의 작용으로 변이형이 발생했을 것인데, 그 통시적인 기원이나 과정 자체를 추적하는 것이 어려워, 현대국어의 공시적인 상황으로 받아 들이기 어려운 것들이다. 그래서 이들은 모두 소리나는 대로 적는다.

여기서 문제는 1항과 같은 경우이다. 형태론적 범주에 따라 용언 어간일 경우에는 '살 + 은 → [산]'이 되고, 체언 어간일 경우에는 '살 + 은 → [사른]'이 되어 서로 다른 양상을 보이게 되는데, 즉 형태론적인 범주에 따라 음운현상을 달리하게 되는데 이러한 경우에는 한글맞춤법에서는 소리나는 대로 적는다.

〈소결론〉 한글맞춤법에서 이른바 불규칙 활용 어간은 모두 통시적인 현상으로 간주한다.

나. 통시적인 파생어의 표기

'-이'나 '-음' 이외의 모음으로 시작된 접미사가 붙어서 파생어가
되는 것은 현대국어에서 그 생산성을 인정할 수 없기 때문에 통시적
인 것으로 파악하여 원형을 밝히지 않는다. 제19항과 20항의 파생어
형성이 여기에 해당한다. 이들은 공시적인 현상이 아니기 때문에 소
리나는 대로 적는 예가 된다.

제19항의 [붙임] 어간에 '-이'나 '-음' 이외의 모음으로 시작된 접미
사가 붙어서 다른 품사로 바뀐 것은 그 어간의 원형을 밝히어 적지 아
니한다.

(1) 명사로 바뀐 것

귀머거리	까마귀	너머
뜨더귀	마감	마개
마중	무덤	비렁뱅이
쓰레기	올가미	주검

(2) 부사로 바뀐 것

거뭇거뭇	너무	도로
뜨덤뜨덤	바투	불긋불긋
비로소	오긋오긋	자주
차마		

(3) 조사로 바뀌어 뜻이 달라진 것

나마	부터	조차

제20항의 [붙임] '-이' 이외의 모음으로 시작된 접미사가 붙어서 된 말은 그 명사의 원형을 밝히어 적지 아니한다.

꼬락서니	끄트머리	모가치
바가지	바깥	사타구니
싸라기	이파리	지붕
지푸라기	짜개	

〈소결론〉 현대국어에서 생산적이지 못한 파생어 형성 등은 한글맞춤법에서 모두 통시적인 현상으로 간주한다.

다. 'ㄹㄴ'의 연결(2) – 'ㄹ' 탈락 현상과 관련된 표기

'ㄹ' 탈락 규칙은 역사적으로 보면 아주 광범위한 수준에서 활발하게 발생하였는데, 즉 [+설정성]을 가진 자음들 즉 'ㄷ, ㅅ, ㅈ, ㄴ' 등의 자음 앞에서 탈락하였는데, 현대국어에서는 모두 통시적인 현상으로 그 흔적을 남기는 것이 있다. 한글맞춤법 28항은 이러한 예들을 제시한 것이다.[14]

제28항 끝소리가 'ㄹ'인 말과 딴 말이 어울릴 적에 'ㄹ' 소리가 나지 아니하는 것은 아니 나는 대로 적는다.

다달이(달 - 달 - 이)	따님(딸 - 님)	마되(말 - 되)
마소(말 - 소)	무자위(물 - 자위)	바느질(바늘 - 질)

---

14) 용언 어간의 활용에서 보이는 'ㄹ' 탈락 즉 '울+니→[우니]'와 같은 현상으로 공시적으로 보느냐 아니면 통시적으로 보느냐 하는 문제는 논쟁의 소지가 있다. 이에 대한 자세한 논의는 다음의 기회로 미루어 둔다.

부나비(불 - 나비)　　부삽(불 - 삽)　　　부손(불 - 손)

소나무(솔 - 나무)　　싸전(쌀 - 전)　　　여닫이(열 - 닫이)

우짖다(울 - 짖다)　　화살(활 - 살)

〈소결론〉 이러한 복합어 형성은 이미 공시적인 현상이 아니고, 여기서 생기는 유음 탈락 역시 통시적 현상으로 간주되는 것이다.

3.4. 표기나 현실 발음의 고정을 위한 표기

한글맞춤법은 표기를 위한 기준이기 때문에 소리의 공시론이나 통시론을 떠나서 표기상의 규약 혹은 표기의 일관성을 유지하고, 현실 발음의 혼란 등을 피하기 위한 표기 등이 있다.

가. 현실발음의 혼동을 피하기 위한 것

원형을 벍혀 적을 경우 현실 발음에 혼란을 줄 수 있기 때문에 소리 나는 대로 적는 경우가 있다.

(1) 한글맞춤법 제 10항과 11항 그리고 12항 등 두음법칙에 관련된 것들은 기저형과 표면형의 논의와는 다른 기준이 필요하다.

현실 발음이 어휘에 따라 다르거나

제10항 한자음 '녀, 뇨, 뉴, 니'가 단어 첫머리에 올 적에는, 두음 법칙에 따라 '여, 요, 유, 이'로 적는다. (ㄱ을 취하고, ㄴ을 버림.)

ㄱ	ㄴ	ㄱ	ㄴ
여자(女子)	녀자	유대(紐帶)	뉴대
연세(年歲)	년세	이토(泥土)	니토
요소(尿素)	뇨소	익명(匿名)	닉명

다만, 다음과 같은 의존 명사에서는 '냐, 녀' 음을 인정한다.

냥(兩)　　　냥쭝(兩-)　　　　년(年) (몇 년)

[붙임 1]단어의 첫머리 이외의 경우에는 본음대로 적는다.

　남녀(男女)　　　　　당뇨(糖尿)
　결뉴(結紐)　　　　　은닉(隱匿)

(2) '렬, 률'에 관련된 표기도 발음의 일관성을 위한 것이다.

　다만, 모음이나 'ㄴ' 받침 뒤에 이어지는 '렬, 률'은 '열, 율'로 적는다.(ㄱ을 취하고, ㄴ을 버림.)

ㄱ	ㄴ	ㄱ	ㄴ
나열(羅列)	나렬	분열(分裂)	분렬
치열(齒列)	치렬	선열(先烈)	선렬
비열(卑劣)	비렬	진열(陳列)	진렬
규율(規律)	규률	선율(旋律)	선률
비율(比率)	비률	전율(戰慄)	전률
실패율(失敗率)	실패률	백분율(百分率)	백분률

현대 한국어에서 모음과 모음 사이에 있는 'ㄹ'는 'ㄹ'로 발음된다.

'나렬'로 표기할 경우 [나렬]로 발음하는 것이 기본이다. 그런데 현실
발음은 [나열]이기 때문에 그 발음을 유도하기 위해서 '나열'로 표기
하는 것이다. 그리고 'ㄴ' 뒤에 'ㄹ'이 올 경우 모두 의존형태소일 경
우 이들의 발음은 'ㄹㄹ'이 되는 것이 기본이다. 그래서 '분렬'로 적혀
있으면 그 발음은 [불렬]이 예상되는 것이다. 그런데 현실 발음은 [분
녈] 혹은 [분열]이기 때문에 그 발음을 유도하기 위해 '분열'로 표기
하는 것이다. 즉 현실 발음의 혼돈을 피하기 위해 두음법칙이 적용될
위치는 아니지만 반영된 형태인 '열'을 이용하여 '분열'로 표기하는
것이다.

여기도 혼란을 일으킬 수 있는 것이 'ㅁ'이나 'ㅇ' 뒤에 오는 '렬, 률'
의 경우가 된다. 그런데 문제는 오히려 간단하다. 한국어를 모국어로
사용하는 모든 한국인은 'ㅁ, ㅇ' 뒤에서 'ㄹ'을 조음하지 못하기 때문
에 원형인 'ㄹ'이 있는 형태로 표기하더라도 모두 'ㄹ'이 없는 것으로
발음하기 때문에 즉 발음이 혼란스러울 이유가 없기 때문에 원형을
밝혀 적는 것이다.

명중률 삭감률

'삭감률'과 '삼각율' 중 어느 쪽으로 표기하더라도 그 발음이 같기
때문에 원형을 밝혀 '삭감률'로 표기하는 것이다.

(3) 파생어 형성과 관련된 조항인 제21항의 단서 조항도 발음의 일
관성을 위한 것이다.

아래의 '널'을 '넓'으로 적거나, '말'을 '맑'으로 적는 등 원형을 밝혀

적을 경우 후행하는 'ㄱ'이나 'ㅂ'으로 발음하여 현실 발음과 괴리가
생길 위험성이 있기 때문에 소리나는 대로 적는 것이다.

다만, 다음과 같은 말은 소리대로 적는다.

(1) 겹받침의 끝소리가 드러나지 아니하는 것

할짝거리다	널따랗다	널찍하다	말끔하다
말쑥하다	말짱하다	실쭉하다	실큼하다
얄따랗다	얄팍하다	짤따랗다	짤막하다
실컷			

겹받침 'ㄹㄱ, ㄹㅂ' 등은 발음이 선행자음으로 나기도 하고, 후행자음으
로 나기도 하는데, 위의 예들은 발음이 고정되어 있기 때문에 발음의
일관성을 위해 기본형을 밝히지 않고 소리나는 대로 표기하는 것이
다.

나. 단어의 형태를 고정시키는 것

현재의 공시적인 규칙 여부와는 상관없이, 다양한 음운론적 환경에
서 달리 발음되기도 하는 단어를 의미 파악을 원활하게 하기 위해 하
나의 형태로 단어를 고정시켜 표기하는 경우가 있다.

(1) 두음법칙 제10항의 아래의 붙임들은 단어의 표기 형태를 고정
시키기 위한 것이다.

다만, 어간에 '-이'나 '-음'이 붙어서 명사로 바뀐 것이
라도 그 어간의 뜻과 멀어진 것은 원형을 밝히어 적지
아니한다.

굽도리   다리[髢]   목거리(목병)   무녀리
코끼리   거름(비료)   고름[膿]   노름(도박)

[붙임] 어간에 '-이'나 '-음' 이외의 모음으로 시작된
접미사가 붙어서 다른 품사로 바뀐 것은 그 어간의 원
형을 밝히어 적지 아니한다.

(1) 명사로 바뀐 것

귀머거리   까마귀   너머   뜨더귀   마감
마개   마중   무덤   비렁뱅이   쓰레기
올가미   주검

(2) 부사로 바뀐 것

거뭇거뭇   너무   도로   뜨덤뜨덤   바투
불긋불긋   비로소   오긋오긋   자주   차마

(3) 조사로 바뀌어 뜻이 달라진 것

나마   부터   조차

4.3. 접미 파생어의 표기

어간에 접미사가 결합하여 파생어가 될 경우 접미사의 종류에 따라 어간의 원형을 밝히기도 하고 밝히지 않기도 한다. 여기서는 이 문제를 다룬다.

4.3.1. 어원 밝히기(1) – '–이, –음' 명사 파생과 '–이, –히' 부사 파생

1과 2에서 언급되고 있는 명사화 접미사 '–이, –음'은 현대국어에서 비교적 널리 여러 용언 어간에 결합하여 명사를 파생시키는 생산력을 가지고 있으며, 또 본디 어간 형태소의 뜻이 그대로 유지되고 있으므로 기본형을 밝혀 즉 어원을 밝혀 표기한다.(국립국어원 해설집을 참고하여 예를 제시하면 다음과 같다.)

(굽+이) 굽이	(걸+이) 귀걸이	(밝+이) 귀밝이
(넓다) 넓이	(놀+이) 놀이	(더듬+이) 더듬이
(뚫다) 대뚫이	(받다) 물받이	(뿜다) 물뿜이
(앓다) 배앓이	(놀다) 뱃놀이	(맞다) 손님맞이
(잡다) 손잡이	(막다) 액막이	(닫다) 여닫이
(걸다) 옷걸이	(박다) 점박이	(살다) 하루살이
(돋다) 해돋이	(씻다) 호미씻이 (묻다) 휘묻이	
(넙+이) 넙이	(붙+이)겨레붙이, 쇠붙이, 일가붙이, 피붙이	
(갈다) 갈음(-하다)	(볶다) 고기볶음	
(그을다) 그을음	(모질다) 모질음	(살다) 삶
(섧다) 설움	(솎다) 솎음	(수줍다) 수줍음

낚시	늙정이	덮개	뜯게질
갉작갉작하다	갉작거리다	뜯적거리다	뜯적뜯적하다
굵다랗다	굵직하다	깊숙하다	넓적하다
높다랗다	늙수그레하다	얽죽얽죽하다	

(2) 어원이 분명하지 아니하거나 본뜻에서 멀어진 것

　넙치　　　　올무　　　　골막하다　　　납작하다

　파생어 형성에 있어서 모음으로 시작되는 접사와 자음으로 시작되는 접사를 달리 처리한것처럼 보이는 것인데 실상은 그렇지 않다. 모음으로 시작되는 접사가 결합했을 경우에는 어근의 자음이 연철되었을 뿐이지 그 형태 자체는 표기에 그대로 유지된다. 반면에, 자음으로 시작되는 접사가 결합했을 경우에는 받침 법칙이나 자음군 간소화 등의 영향을 받아 원형 자체가 변화하기 때문에 이를 표기에 반영할 경우 그 어원을 인식할 수 없게 되어 의미 파악에 혼란을 초래하게 된다. 그래서 자음으로 시작되는 접사가 결합할 경우에는 어근의 원형을 표기에 반영하는 것이다. 표기의 일관성을 유지하여 의미 파악에 도움이 되고자 하는 것이다.

3.5. 공시와 통시의 혼란[15]

　존재하는 모든 것에는 한계가 있을 수밖에 없다. 그리고 한계가 있는 한 하나의 존재와 다른 존재의 사이에는 경계가 생기게 마련이다.

---

15) 이에 대해서는 자리를 달리 하여 세세히 논의하기로 한다.

사물이든 사물을 인식하는 인간의 의식이든 모두 마찬가지 현상이다. 본고에서 지금까지 논의해 온 공시와 통시에 관한 논의도 마찬가지이다. 공시적인 현상인지 통시적인 현상인지 구분하기가 애매한 상황은 있게 마련이다. 공시적인 현상에서 통시적인 현상으로 넘어가는 그 순간에는 혹은 공시적인 규칙의 적용 영역이 확산되거나 축소되는 과정에는 이들을 구분하여 논의하기가 애매한 상황이 있는 것이다. 한글맞춤법에서도 이에 관한 고민이 더러 나타난다.

가. 동일 규칙의 공시화와 통시화

이른바 'ㄷ' 구개음화 현상은 형태론적인 범주에 따라 음운 현상이 발생하기도 하고 발생하지 않기도 하는 현상이다. 체언의 곡용(밭+이 → [바치]), 피사동접미사의 결합(닫+히 → [다치]) 등에서는 현대 국어에서 발생하고 있는 공시적 규칙으로 인정하고, 형태소 내부(디디다, 느티나무)나 복합어(끝+일 → [끈닐]) 등에서는 발생하지 않는 통시적인 규칙으로 인정하였다.

나. 발음의 예측성과 규칙 자체의 혼란

발음이 예측 가능한 것은 원형을 밝혀 적는다. 예를 들어 '의견란'과 '곤란'은 발음이 예측 가능하다. 독립적으로 사용되는 '의견'은 발음이 [의견]으로 고정되기 때문에 [의견난]으로 발음되고, 어기이기는 하지만 독립성을 가지지 못한 [곤]과 [란]이 결합하였을 경우에는 독립성의 유지를 고민할 필요가 없기 때문에 역행동화를 일으켜 [골란]으로 조음되는 것이다.

그러나 '떡갈+나무'와 '솔+나무'가 순행 동화를 일으킨 [떡갈라무]

와 'ㄹ' 탈락을 일으킨 [소나무]로 되는 것은 예측 가능한 것이 아니다. 이들 복합어에서 'ㄴ' 앞의 'ㄹ' 탈락은 이미 통시적인 현상이므로 발음하는 대로 표기한다. 그런데 용언의 활용 '살+니?'에서 'ㄹ'이 탈락하는 것은 공시적인 현상이라고 할 수 있다. 그런데 이들은 원형을 밝히지 않고 소리나는 대로 표기한다. 현재의 공시태에 흔적을 남기고 있는 통시적인 규칙과 현재 살아 있는 공시적인 규칙을 구분하여 표기하는 것은 일반 사용자에게 오히려 혼란을 초래할 수 있는 것이다. 그래서 현재의 공시적인 규칙을 과거의 규칙에 의한 형태에 준하여 소리나는 대로 표기하는 것이다.

4. 결론

본고의 내용을 어법의 의미, 표기의 유형, 언어학사적 의미 등으로 나누어 정리하면 다음과 같다.

4.1. '어법'의 의미

한글맞춤법의 '소리대로 적되, 어법에 맞게'라는 표현에서 '소리대로 적되'는 기본적인 원칙을 선언한 것이고, '어법에 맞게'는 구체적인 방법을 표시한 것이다. 이는 서로 충돌하는 것이 아니라 '원칙과 방법'의 관계로 존재하는 것이다. 여기서의 '소리'는 '본래의 소리'와 '임시의 소리'를 모두 포괄하는 개념이다. '본래의 소리와 임시의 소리' 중 어느 것을 표기할 것인가 하는 문제의 해결책이 '어법에 따라'

적는다는 것이다. 이때의 '어법에 따라' 적는다는 것은 공시적 규칙으로 설명할 수 있는 것은 기저형을 밝혀 적고, 공시적 규칙으로 설명할 수 없는 것은 소리나는 대로 적는다는 것을 의미한다.

4.2. 표기의 유형

한글맞춤법에는 네 가지 유형의 표기가 나타난다. 하나는 기저형 표기이고, 다른 하나는 표면형 표기이다. 그리고 나머지는 역사적 표기와 시각적 표기이다. '시각적 표기'는 읽는 이의 편의를 위해 표기의 형태를 고정시키는 것이다.

(가) 기저형 표기 : 체언과 조사의 연결, 용언어간과 어미의 연결 그리고 여기에서 발생하는 음운현상 들, 파생접미사 '-이, -음'의 결합

(나) 표면형 표기 : 불규칙 활용어간, 파생접미사 '-이, -음' 이외의 결합

(다) 역사적 표기 : 사잇소리의 표기

(라) 시각적 표기 : 두음법칙에 적용된 단어의 표기, 일부 파생어의 어원밝히는 표기

4.3. 기저형의 추상성과 공시적 규칙의 타당성

촘스키의 변형생성문법 초기 1960년대에는 아주 추상적인 기저형을 설정했고 후기에는 이에 대한 문제가 제기되었다는 것을 우리는 잘 알고 있다. 그리하여 기저형 설정의 기준으로 (1) 예언력(predictability), (2) 경제성(economy), (3) 동형성(pattern congruity), (4) 수긍 가능성(plausibility) 등이 제기되고, 규칙의 공시성을 확보하기 위해 (1) 분포성, (2) 생산성, (3) 변별자질의 인지성 등등이 제기되었다는 우리는 알고 있다.

20세기 초반기에 한글 표기에 관한 통일안을 만들기 위해 1920년대와 1930년대에 걸쳐 당시의 국어학자들이 했던 고민은 바로 공시성과 통시성을 구분하는 문제였다. 그리하여 공시성을 인정할 수 있는 현상에 의한 것은 기본형을 밝혀 적고, 공시성을 인정할 수 없는 현상에 의한 발화형은 발화형대로(표면형대로) 표기하였다. 서구의 생성음운론이 나오기 훨씬 이전에 생성음운론적인 사고로 한글맞춤법통일안을 만들었다고 하면 지나친 과장일까?

제4부

한글맞춤법의
심화 과제

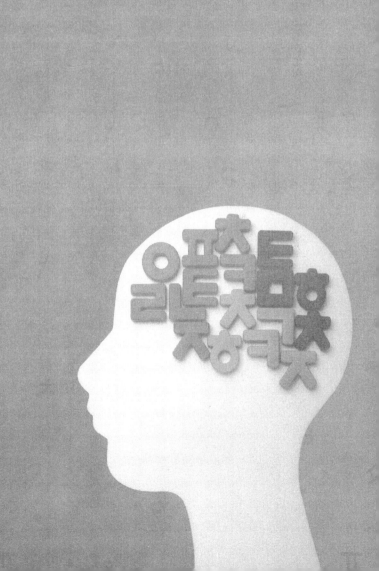

사잇소리의 공시론과 통시론

1. 서론

외국어를 후천적으로 배울 때 처음 시작하는 것이 그 나라의 언어를 기록하는 문자와 더불어 음성 언어를 익히는 것이다.

한국어의 표기와 발음에 차이가 있어 배워서 사용하기 어려운 것 중에 대표적인 것이 평음으로 표기된 것을 된소리로 조음하는 현상이다. 한글맞춤법의 규정 중에 된소리의 표기에 관한 제5항의 "다만, 'ㄱ, ㅂ' 받침 뒤에서 나는 된소리는, 같은 음절이나 비슷한 음절이 겹쳐 나는 경우가 아니면 된소리로 적지 아니한다."라고 하고, 그 예로 '국수, 깍두기, 딱지, 색시, 싹둑(~싹둑), 법석, 갑자기, 몹시' 등을 제시하고 있는 것은 한 개 형태소 내부에 있어서도, 'ㄱ, ㅂ' 받침 뒤는 경음화의 규칙은 정상적인 한국인이라면 이들은 예외없이 된소리로 조음하기 때문에, 즉 한국인의 발음에서는 이들은 충분히 예견될 수 있는 상황이기 때문에 된소리로 적지 아니하고 평음으로 표기하고 있는 것이다.

그런데, '정상적인 한국인의 발음'에서는 충분히 예견될 수 있다 하더라도 이러한 현상은 언어의 보편적인 현상이 아니기 때문에 한국어를 처음 배우는 상황에서는 대단히 어려운 문제가 된다. 즉 된소리를 평음과 구분하여 변별적인 기능을 수행할 수 있게 조음하는 것도 어렵지만, 이들이 된소리로 나는 경우와 나지 않는 경우를 구분하기란 쉬운 일이 아닌 것이다. 더구나 된소리와 평음은 국어에서 음운론적 변별력을 가지고 있기 때문에 '그 개는 [물기]를 좋아한다.'와 '그 개는 [물끼]를 좋아한다.'는 전혀 다른 의미가 되고, '그 사람의 [병쩍](病的) 이력을 아느냐'와 '그 사람의 [병적](兵籍) 이력을 아느냐'는 전혀 다른 질문이 되는 것이다.

이처럼 한국어에서는 된소리의 조음과 평음의 조음이 의미상의 분화에 중요한 역할을 하게 되는 것이다. 이 글은 된소리가 조음되는 경우 중 사잇소리가 발생하는 경우에 한정하여 논의해 보기로 한다.

2. 사잇소리의 발생

독립적으로 사용되던 단어가 결합하여 하나의 단어(합성명사)가 될 때 본래의 두 단어 사이에 없던 소리가 발생하는 경우가 있다. 이를 한국어의 음운을 다루는 학자들이나 일반인들은 '사잇소리가 발생한다'라고 설명한다.

2.1. 고유어의 경우

2.1.1. 두 단어의 결합 – 합성어에서만 발생

단일어일 경우에는 사잇소리가 발생하지 않고, 합성명사일 경우에 한해서 발생한다는 사실은 같은 소리의 연결이면서 사잇소리가 발생 하기도 하고 발생하지 않기도 하는 다음의 예에서 확인할 수 있다.

> 단일어 : 잠자리[잠자리]〈곤충 이름〉
> 복합어 : 잠+자리[잠짜리]〈잠을 자는 자리〉

독립적으로 사용될 수 있는 두 단어가 결합하여 복합어를 형성할 경우에만 발생하고, 체언이 곡용할 경우나 용언이 활용하는 경우 그 리고 파생어를 형성하는 경우에도 사잇소리는 발생하지 않는다.

[곡용에서는 발생하지 않음]
체언이 곡용하는 경우에는 사잇소리가 발생하지 않는다. 조사나 후 치사 중 평음으로 시작하는 '도, 조차, 부터'를 예로 들면 다음과 같다.

> (예) 아기+도→[아기도], 아기+부터→[아기부터], 아기+조차→[아 기조차]
> 무+도→[무도], 무+부터→[무부터], 무+조차→[무조차]
> 살+도→[살도], 살+부터→[살부터], 살+조차→[살조차]
> 감+도→[감도], 감+부터→[감부터], 감+조차→[감조차]
> 안+도→[안도], 안+부터→[안부터], 안+조차→[안조차]

[활용에서는 발생하지 않음]

활용에서도 사잇소리는 발생하지 않는다. 평음으로 시작하는 선어
말어미 '-겠-'이나 어말어미 '-고, -다, -지'를 예로 들면 다음과 같
다.

(예) 가+고→[가고]   가+다→[가다]   가+지→[가지]
     주+고→[주고]   주+다→[주다]   주+지→[주지]
     살+고→[살고]   살+다→[살다]   살+지→[살지]

활용에서 예외적으로 보이는 것이 'ㄴ, ㅁ' 등으로 끝난 용언 어간
들이다.

(예) 삼+고→[삼꼬]   삼+다→[삼따]   삼+지→[삼찌]
     안+고→[안꼬]   안+다→[안따]   안+지→[안찌]

이들은 활용할 때 후행하는 평음을 된소리로 조음하게 하는데 이
들외에 '감-, 숨-' 등이나 '신-' 등 'ㄴ'이나 'ㅁ'으로 끝난 용언 어간은
예외없이 동일한 현상으로 보인다. 이것은 음운론적으로 어떻게 처리
할 것인가 하는 문제는 이 방면의 전문적인 논의로 미루어두고 그 현
상만 지적하기로 한다.

[파생어에서도 발생하지 않음]

피동접미사 '-기', 명사파생접미사 '-기', '-보' 등이 결합할 경우에
도 사잇소리는 발생하지 않는다.

(예)

(-기) 안+기+다→[안기다]   감+기+다→[감기다]

(-기) 울+기→[울기] 살+기→[살기]

     하+기→[하기] 사+기→[사기]

(-보) 울+보→[울보] 잠+보→[잠보]

'ㄴ'이나 'ㅁ'으로 끝난 용언 어간에 '-기'가 결합하여 명사형이 될 때 된소리 현상이 발생하는 것은 용언이 활용하는 경우와 동일하다.

(예) 안+기→[안끼]   삼+기→[삼끼]

[명사형에서도 발생하지 않음]

명사형 '-기'가 결합할 경우에 된소리 현상이 발생하지 않는 것은 파생명사가 형성될 경우와 동일하다.

(예) 살+기→[살기]   울+기→[울기]

    오+기→[오기]   가+기→[가기]

지금까지 사잇소리의 발생은 합성명사일 경우에 한한다는 것을 논의하기 위해 합성명사가 아닌 경우를 살펴 보았다. 그런데, 합성명사라고 하여 사잇소리가 항상 발생하는 것은 아니라는 사실은, 즉 단어의 관계에 따라 사잇소리가 발생하기도 하고, 발생하지 않기도 한다는 사실은 다음의 예에서 확인할 수 있다.

불+고기 → 불고기[불고기]〈불로 구운 고기〉

물+고기 → 물고기[물꼬기]〈물에 사는 고기〉

2.1.2. 관형적 속격 구성에서만 발생

독립된 두 단어가 연결되어 한 단어가 될 때 두 단어의 관계가 내부적으로 동일한 것은 아니다. '손'과 '발'이 결합되어 '손발'이 되는 경우와 '손'과 '등'이 결합되어 '손등'이 되는 경우 두 단어의 관계는 동일하지 않은 것이다. '손발'의 경우는 두 단어가 대등한 위치에서 결합(병렬 구성)한 반면, '손등'의 경우는 앞의 단어가 뒤의 단어를 수식해 주는 관계(관형 구성)가 되는 것이다. 이처럼 두 단어가 대등한 위치로 결합할 경우에는 사잇소리가 발생하지 않는다.(이에 대한 구체적인 예는 뒤에서 설명함)

사잇소리가 발생하는 경우는 앞의 것이 뒤의 것을 수식해 주는 관형적 구성일 때만 발생하는데, 이 경우는 대략 다음의 세 가지로 분류할 수 있다.

[소유주나 기원일 때 발생]

[모음 뒤]　내+가→[낻까]　나무+가지→[나묻까지]

　　　　　손+등→ [손뜽]

['ㄹ' 뒤]　길+가→[길까]　솔+방울→[솔빵울]

　　　　　밀+가루→[밀까루]

['ㅁ' 뒤]　담+벼락→[담뼈락]

['ㄴ' 뒤]　손+등→[손뜽]　손+바닥→[손빠닥]

제10장 사잇소리의 공시론과 통시론 397

['ㅇ' 뒤]　땅+값→[땅깝]　강+바닥→[강빠닥]
　　　　　강+기슭→[강끼슥]

이러한 예들은 현대국어에서 속격 조사 '-의'를 붙여 구로 만들어 볼 수 있는 것들이다. 즉 '내의 가' '길의 가', '담의 벼락', '손의 등', '강의 바닥'처럼 속격 조사 '-의'가 결합할 수 있는 구조인 것이다.

이러한 속격 관계는 이에 한정되지 않는다. 선행하는 단어가 시간이나 장소를 나타낼 때 혹은 목적이나 용도를 나타낼 때에도 기원적으로 속격 관계였다.(이에 대해서는 후술함)

[시간이나 장소를 나타내는 경우에 발생]

선행하는 단어가 뒤에 오는 단어의 시간이나 장소를 나타낼 때에는 사잇소리가 발생하여 뒤에 오는 초성은 된소리로 조음된다.

[모음 뒤]
　(시간)　어제+밤→[어젣빰]　오후+반→[오혿빤]
　(공간)　뒤+집→[뒫찝]
['ㄹ' 뒤]
　(시간)　오늘+밤→[오늘빰]　겨울+잠→[겨울짬]
　(공간)　물+개→[물깨]　　들+개→[들깨]
['ㅁ' 뒤]
　(시간)　밤+잠→[밤짬]　　점심+밥→[점심빱]
　(공간)　봄+비→[봄삐]　　그믐+달→[그믐딸]
['ㄴ' 뒤]
　(시간)　오전+반→[오전빤]
　(공간)　안+방→[안빵]　　산+돼지→[산뙈지]

산+바람→[산빠람]

['ㅇ' 뒤]

(시간)　초승+달→[초승딸]

(공간)　땅+값→[땅깝],

이런 예들과는 다른 현상을 보이는 것들도 있다. '점심 국수, 점심 비빔밥, 가을 단풍, 내일 숙제, 고대 국어, 중세 국어' 등이 그것이다. 이들도 복합어로 볼 수 있는 소지는 있지만 아직 한국인의 언어 인식에 이들이 복합어로 인식되지 않기 때문일 것이다.

[용도나 목표일 때 발생]

선행하는 단어가 뒤에 오는 단어의 용도나 목표 혹은 결과 등을 나타낼 때에는 사잇소리가 발생하여 뒤에 오는 초성은 된소리로 조음된다.

[모음 뒤]　고기+배→[고긴빼]　　공부+방→[공붇빵]

세수+비누→[세순삐누]

['ㄹ' 뒤]　술+잔→[술짠]　　　술+병→[술뼝]

['ㅁ' 뒤]　잠+자리→[잠짜리]　　숨+구멍→[숨꾸멍]

['ㄴ' 뒤]

['ㅇ' 뒤]　구경+감→[구경깜]

용도나 목표를 나타내는 것이라 하더라도 항상 사잇소리가 발생하는 것은 아니다. '사과접시, 과일접시, 화장비누, 노래방' 등에서는 앞의 형태소가 뒤에 오는 형태소의 용도이거나 목표를 나타내는 것이지만 사잇소리가 발생하지 않는다. 이것은 이러한 단어에 대한 언중들

의 인식이 기존의 복합어와 동일하게 인식되지 않거나[1] 기존의 용도
와는 다르게 인식되기[2] 때문일 것이다.

2.1.3. 사잇소리가 발생하지 않는 단어 구성

첫째, 대등 구성일 때

합성어를 이루는 두 단어의 관계가 '-와/과'로 연결될 수 있는 대등
한 관계이거나, '-이라는 -'로 연결될 수 있는 관계 혹은 '-인 -'로 연
결될 수 있는 관계일 때는 사잇소리가 발생하지 않는다.

[모음 뒤] 소+돼지→[소돼지]   막내+동생→[망내동생]

['ㄹ' 뒤] 팔+다리→[팔다리]   물+불→[물불]

　　　　　종달+새→[종달새]

['ㅁ' 뒤]

['ㄴ' 뒤] 손+발→[손발]   논+밭→[논받]

　　　　　눈+바람→[눈바람][3]

['ㅇ' 뒤] 수양+버들→[수양버들]   딱정+벌레→[딱쩡벌레]

위 ['ㄴ' 뒤] 의 예들은 '손과 발'로 대등한 관계를 나타내고, '수양이

---

1) '고깃배'와 '사과접시'는 둘다 앞의 형태소가 용도를 나타내는 것이지만, 그 관계는
　사뭇 다르다. 이에 관한 언중들의 인식이 사잇소리의 발생에 영향을 끼쳤을 것이다.
2) '세숫비누'와 '화장비누'의 경우 그 용도가 동일하지만 '비누'에 대한 인식의 차이
　가 발화에 영향을 끼쳤을 것이다. 그리고 '공부방'과 '노래방'은 그 방의 개념이나
　구조나 다르고, 단어의 관계가 일치하는 것이 아니다. 이러한 인식이 언중들의 발
　화에 영향을 끼쳤을 수가 있다.
3) '눈바람'의 경우 [눈빠람]으로 발음될 수도 있고, [눈바람]으로 발음될 수도 있는
　데, 의미에 차이가 난다. 전자로 발음할 경우에는 '바람과 함께 세게 휘몰아치는
　눈'의 의미가 되고, 후자로 발음될 경우에는 눈과 바람'의 의미가 된다.

라는 버들'과 같이 버들 중에서 그 이름이 '수양'이라는 관계를 나타
내고, '막내인 동생'처럼 그 자격이나 신분을 나타낸다. 이처럼 대등
한 관계일 경우 사잇소리가 발생하지 않는다.

둘째, 유정물이 속격인 관형 구성일 때

속격적인 구성에서는 사잇소리가 발생하는 것이 일반적이지만, 관
형적인 구실을 하는 체언이 유정물인 경우에는 사잇소리가 발생하지
않는다.[4]

[모음 뒤]	개+고기→[개고기]	개+구멍→[개구멍]
	개미+집→[개미집]	새우+등→[새우등]
	개+다리→[개다리]	
['ㄹ' 뒤]	말+고기→[말고기]	말+발굽→[말발굽]
['ㅁ' 뒤]	범가+죽→[범가죽]	곰+가죽→[곰가죽]
['ㄴ' 뒤]		
['ㅇ' 뒤]	형+집→[형집]	동생+집→[동생집]

셋째, 비속격적 관형 구성일 때

관형적 구성이라고 하여 모두 사잇소리가 발생하는 것은 아니다.
앞의 형태소가 뒤에 오는 형태소의 형상이나 재료 혹은 수단이나 방
법 등일 때에는 속격 관계가 형성되지 않으므로 사잇소리가 발생하지

---

4) 그 원인은 사잇소리의 기원과 관련된다. 사잇소리의 기원이 되는 속격 조사가 옛날
에는 '-의/이'와 'ㅅ'로 구분되었는데, 그 당시에 유정물인 경우에는 속격 조사가 '-
의/이'와 결합했기 때문이다. 이에 대해서는 뒤에서 언급한다.

않는다.

(1) 형상이나 재료를 나타낼 때는 발생하지 않음

합성어를 이루는 두 단어 중 앞의 단어가 뒤에 오는 단어의 형상을 나타내거나 재료를 나타낼 때 사잇소리는 발생하지 않는다.

[모음 뒤]	종이+배→[종이배]	고기+배→[고기배][5]
	나무+집→[나무집]	고무+신→[고무신]
['ㄹ' 뒤]	줄담배	뿔도장	돌부처
['ㅁ' 뒤]	뱀장어		
['ㄴ' 뒤]	반달	온달	눈사람
['ㅇ' 뒤]	콩밥	콩국	콩비지

'반달'은 '달'의 모양을 나타내는 것이기 때문에 사잇소리가 발생하지 않는다. 반면에 '초승달→[초승딸], 그믐달→[그믐딸]'이 되는 것은 이러한 관계가 아니다. 이들은 '초승에 뜬 달, 그믐날에 뜬 달' 정도의 의미가 된다. '종이로 만든 배, 나무로 지은 집' 등의 관계로 앞의 단어가 뒤에 오는 단어의 재료를 나타낸다.

(2) 수단이나 방법일 때 발생하지 않음

[모음 뒤]	물레+방아→[물레방아]	
['ㄹ' 뒤]	물+두부→[물두부]	칼+국수→[칼국수]

---

5) [고기배]로 발음되는 경우 '고기라는 배'로 동격 관계가 되거나 '고기의 배'로 유정물이 속격인 관계가 된다. 고기를 잡기 위한 배가 되는 경우에는 '고깃배'가 된다.

불+고기→[불고기] 불+장난→[불장난]

길+동무→[길동무] 말+동무→[말동무]

['ㅁ' 뒤]　　(예 추가)

['ㄴ' 뒤]　　손+수레→[손수레]

['ㅇ' 뒤]　　(예 추가)

2.2. 한자어의 경우

한자어의 경우 사잇소리의 발생은 고유어와 같은 양상을 보이는 것
이 있는가 하면 전혀 다른 양상을 보이기도 한다.

2.2.1. 고유어와 같은 양상을 보이는 경우

첫째, 형태소를 분석할 수 없을 정도로 굳어져서 단일어나 혹은 고
유어처럼 인식되는 것은 사잇소리가 발생하지 않는다. 이 경우는 고
유어의 형태소 내부에서 사잇소리가 발생하지 않는 것과 같은데, 친
숙한 생활용어나 인명, 지명 등이 된소리로 조음되지 않는 것은 이 예
에 해당한다.

예) 생활용어

소비(消費)→[소비]　　　　동서(同壻)→[동서]

비교(比較)→[비교]　　　　지리(地理)→[지리]

가족(家族)→[가족]　　　　주거(住居)→[주거]

예) 지명, 인명

충북(忠北)→[충북]　　　　대전(大田)→[대전]

부산(釜山)→[부산]   동국(東國)→[동국]

배재(培栽)→[배재]

둘째, 두 형태소가 병렬되어 대등한 관계를 나타내는 것도 사잇소리가 발생하지 않는다.(고유어의 병렬적인 구조에서 사잇소리가 발생하지 않는 것과 같다.)

예) 동서(東西)→[동서]   호수(湖水)→[호수]

우마차(牛馬車)→[우마차]

셋째, 두 단어의 관계가 중국어식의 구조를 가지고 있는 것은 사잇소리가 발생하지 않는다.

예) 치수(治水)→[치수]   대미(對美)→[대미]

넷째, 접두사적인 성질을 가지고 있는 것의 뒤에는 사잇소리가 발생하지 않는다.

예) 몰상식(沒常識)→[몰상식]   몰지각(沒知覺)→[몰지각]

몰교섭(沒交涉)→[몰교섭]

반사회(反社會)→[반사회]   반작용(反作用)→[반자용]

반봉건(半封建)→[반봉건]

반설음(半舌音)→[반서름]   반제품(半製品)→[반제품]

반병신(半病身)→[반병신]

비생산(非生産)→[비생산]   비주류(非主流)→[비주류]

비교육(非敎育)→[비교육]

부도덕(不道德)→[부도덕]   부적당(不適當)→[부적당]

불건전(不健全)→[불건전]

다섯째, 한자어가 국어화하면서 접미사적인 성질을 가지고 있는 것으로 변화한 것은 그 앞에서 사잇소리가 발생하지 않는다. 국어에서 접미사로 굳어진 것 중에 대표적인 것으로 '적'을 들 수 있는데 그 예는 다음과 같다.

예) 합리적(合理的)→[함니적]   보수적(保守的)→[보수적]

사회적(社會的)→[사회적]

능동적(能動的)→[능동적]   수동적(受動的)→[수동적]

음성적(陰性的)→[음성적]

일반적(一般的)→[일반적]   방언적(方言的)→[방언적]

봉건적(封建的)→[봉건적]

이 외에 이와 유사한 현상으로 보이는 예를 몇 가지 더 들면 다음과 같다.

(가) 소설가(小說家)→[소설가]   정치가(政治家)→[정치가]

(관) 심의관(審議官)→[시믜관]   당상관(堂上官)→[당상관]

(국) 총무국(總務局)→[총무국]   문화국(文化局)→[무놔국]

(기) 성수기(盛需期)→[성수기]   빙하기(氷河期)→[빙하기]

(기) 선풍기(扇風機)→[선풍기]   비행기(飛行機)→[비행기]

(대) 침대(寢臺)→[침대]   고정대(固定臺)→[고정대]

(반) 수리반(修理班)→[수리반]   정비반(整備班)→[정비반]

(부) 생산부(生産部)→[생산부]   정비부(整備部)→[정비부]

(수) 무리수(無理數)→[무리수]   정수(定數)→[정수]

(어) 고유어(固有語)→[고유어]   일본어(日本語)→[일보너]

(자) 후자(後者)→[후자]   전자(前者)→[전자]

(집) 논문집(論文集)→[논문집]   논집(論集)→[논집]

2.2.2. 고유어와 다른 양상을 보이는 경우

한자어와 국어에 동화되어 고유어와 비슷한 기능을 하는 경우가 많다. 그런데 이 과정에서 한자어는 본래의 의미 기능을 수행하면서 문법적인 기능사가 되는 경우가 많기 때문에 복잡한 양상을 보이는 경우가 많다.

첫째, 음운 조건에 따라 사잇소리 발생

한자어 'ㄹ' 뒤에서는 특이한 현상을 보인다. 'ㄹ' 뒤에서 'ㄷ, ㅈ, ㅅ' 등은 된소리로 조음되고, 'ㄱ, ㅂ' 등은 평음으로 조음되는 것이 일반적이다.

(초성이 'ㄷ'인 경우)

발달→[발딸]   절도→[절도]   절단→[절딴]

(초성이 'ㅈ'인 경우)

발전→[발쩐]   결정→[결쩡]   일절→[일쩔]

(초성이 'ㅅ'인 경우)

일수→[일쑤]   발설→[발썰]   일소→[일쏘]

(초성이 'ㄱ'인 경우)

불굴→[불굴]　　　발굴→[발굴]　　　불구→[불구]
(초성이 'ㅂ'인 경우)
돌발→[돌발]　　　결빙→[결빙]　　　결부→[결부]

둘째, 음절 수에 따라 사잇소리 발생

음절 수에 의해 사잇소리가 발생하는 경우도 있고 그렇지 못한 경우가 있다. 접미사적인 기능을 수행하는 '-적'의 예를 들어 보기로 하자.

사적(史的)→[사적]　　사적(私的)→[사쩍]
공적(公的)→[공쩍]　　병적(病的)→[병쩍]
전적(全的)→[전쩍]　　인적(人的)→[인쩍]
질적(質的)→[질쩍]　　물적(物的)→[물쩍]

이처럼 '-적'의 경우 된소리로 조음되는 경우가 많다. 그런데 이렇게 조음되는 경우는 모두 '적'을 포함해서 2음절로 된 어휘들이다. 음절 수가 긴 단어가 '적'이 결합할 경우 된소리 현상이 나타나지 않는다. 음절 수에 의해 된소리 발생 여부가 결정된다는 것은 다음을 비교해 보면 확연히 드러난다. [6]

(된소리로 발음)　　　　　　(평음으로 발음)
사적(史的)→[사쩍]　　　　역사적(歷史的)→[역싸적]

---

[6] '성(性)'의 경우는 이와 반대되는 양상을 보이는 듯하다. 즉 '이성(理性), 지성(知性), 감성(感性)' 등일 때에는 평음으로 실현되고, '일회성(一回性), 회귀성(回歸性)' 등일 때에서는 된소리로 조음된다. 이것은 앞의 경우 본래의 의미로 사용된 것이고, 뒤의 것은 접미사처럼 사용된 것이다.

공적(公的)→[공쩍]	성공적(成功的)→[성공적]
인적(人的)→[인쩍]	개인적(個人的)→[개인적]
질적(質的)→[질쩍]	물질적(物質的)→[물찔적]

셋째, 의미 분화에 의한 사잇소리 발생

의미가 분화되면서 평음과 된소리로 구분되는 경우가 있다. 그 중의 하나인 '격(格)'의 경우를 제시하면 다음과 같다.

(된소리로 조음)	(평음으로 조음)
주격(主格)→[주격]	자격(資格)→[자격]
대격(對格)→[대격]	가격(價格)→[가격]
성격(性格)→[성격]	규격(規格)→[규격]
인격(人格)→[인격]	골격(骨格)→[골격]

사람의 됨됨이를 나타내거나, 문법용어로 문장 성분을 지칭할 경우에는 된소리 현상이 나타나고, 그 본래의 의미를 나타낼 경우에는 된소리로 사용되지 않는 것이다.[7]

넷째, 조건없이 사잇소리 유발

사용되는 의미와 관계없이 거의 된소리로만 조음되는 몇몇도 있다. '가(價), 과(科), 법(法), 점(點), 자(字)' 등이 그것이다.

---

7) '증(證), 건(件)' 등도 이에 해당한다. '건(件)' 경우 예들은 다음과 같다.
　사건(事件)→[사껀], 용건(用件)→[용껀], 조건(條件)→[조껀], 안건(案件)→[안껀] 등에 대해 물건(物件)→[물건]. 이와 관련된 좀더 구체적인 논의는 송기중(1992) 참고.

(예)

점(點)	관점(觀點)→[관쩜]	결점(缺點)→[결쩜]
	배점(配點)→[밷쩜]	정점(頂點)→[정쩜]
법(法)8)	사법(私法)→[사뻡]	공법(公法)→[공뻡]
	탈법(脫法)→[탈뻡]	물법(物法)→[물뻡]
	행정법(行政法)→[행정뻡]	문법(文法)→[문뻡]
과(科)9)	문과(文科)→[문꽈]	이과(理科)→[이꽈]
	상과(商科)→[상꽈]	전과(前科)→[전꽈]
	문리과(文理科)→[물리꽈]	
가(價)	대가(代價)→[댇까]	정가(定價)→[정까]
	물가(物價)→[물까]	고가(高價)→[곧까]
	저가(低價)→[전까]	
자(字)	문자(文字)→[문짜]	'삼'자(字)→[삼짜]

2.3. 유사한 현상

현대국어의 공시적인 상태에서 보면 'ㅂ'이나 'ㅎ'이 덧나는 것처럼 보이는 것이 있다. 예를 들어 현대국어에서 단일어로 사용될 경우에는 '조'와 '쌀'인데, 이들이 복합어를 이룰 경우에는 '좁쌀'이 되는 것처럼 'ㅂ'이 덧나는 것처럼 보이는 경우가 있다. 비슷하게 '머리'와 '가

---

8) '무법(無法)→[무법], 사법(司法)→[사법]' 등은 사잇소리가 발생하지 않는데, 전자의 경우 국어와 다른 문장 구조이기 때문이고, 후자는 대등한 관계를 이루기 때문이다.

9) '과(科)'의 경우 어두의 위치에서 사용될 경우에도 된소리로 조음할 경우가 많다.

락'으로 사용되는 단일어가 복합어가 될 경우에는 '머리카락'이 되어 'ㅎ'이 덧나는 것처럼 보이는 경우가 있는 것이다. 그런데 이들은 사잇소리가 발생한 것이 아니라 이전에 존재하던 소리의 흔적들이다. 구체적인 내용은 다음과 같다.

2.3.1. 'ㅂ'이 덧나는 경우

현대국어에서 'ㅂ'이 덧나는 것처럼 보이는 예들이 있다.

> (예) {조, 쌀}좁쌀   {해, 쌀} 햅쌀
> {이, 때}입때   {저, 때} 접때

그런데 이들은 사잇소리가 발생한 것이 아니라 '쌀'의 이전 형태가 '뿔'이었는데 이때의 흔적이 현대국어에까지 남아 있는 것이다.

2.3.2. 'ㅎ'이 덧나는 경우

'ㅎ'이 덧나는 것처럼 보이는 것도 역사적인 흔적이다. '암, 수, 머리, 살, 안' 등은 본래 'ㅎ'이 종성으로 존재하던 것들이다. '앓, 숳, 머링, 삻, 않' 등의 형태로 옛날에 사용되었다. 이때 만들어진 복합어들은 'ㅎ'이 이어지는 단어의 첫머리에 그 흔적을 남긴다.

> (예) 앓+개 → 암캐   앓+것 → 암컷
> 숳+닭 → 수탉   숳+것 → 수컷
> 머링+가락 → 머리카락 삻+고기 → 살코기
> 않+ 밖 → 안팎

(비교)

머리+빗 → [머릳삗]   머리+결→[머릳껼]

암+기 →[암끼]   수+기→[숟끼]

안+다리 → [안따리]

예를 들어 '살'이라는 단어와 '고기'라는 단어가 복합어를 이룰 경우에는 '살코기'가 되는데, 이러한 현상이 발생하는 것은 '살'의 이전 형태가 '삻'로 어간말에 'ㅎ'을 가지고 있었기 때문이다. 그런데 사잇소리가 발생하는 것은 통시적으로 설명해야 할 것이다. 즉 'ㅎ' 종성 체언이었을 때 형성된 단어는 격음을 흔적으로 가지고 있고, 'ㅎ'이 소멸하고 난 뒤에 형성된 단어는 그 사이에 사잇소리가 발생한 것이다.

2.3.3. 'ㅎ'이 덧나는 경우

이른바 'ㄹ' 관형형 뒤에서 평음이 된소리로 조음되는 현상이 있다.

(예) 할 것→[할껃]   갈 사람→[갈싸람]

볼거리→[볼꺼리]

이러한 현상은 'ㄹ' 관형형이 본래 그 종성으로 'ㅎ'을 가지고 있었기 때문이다. 이들은 훈민정음을 창제할 당시만 하더라도 '갏 사람' 혹은 '갈 싸람'으로 표기되었다.

2.3.4. 정리

'조'와 '발'의 복합어인 '조발'이 '좁쌀'이 된 것은 음절 구조 조정에 의한 것이다. CV+CCV(V)라는 음절구조를 가지고 있는 단어가 결합하여 하나의 합성어가 되면서 CVC+CV(C)라는 음절 구조가 것이다. 그리고 '살코기'나 가 된 것은 'ㅎ'을 종성으로 가지고 있던 '삻'의 시절에 복합어가 되면서 'ㅎ'과 'ㄱ'의 축약현상이 발생한 것이다. 이른바 'ㄹ' 관형형 뒤에서 된소리 현상이 발생하는 것이 이 형태소가 원래 'ㅎ'을 가지고 있었고, 'ㅎ' 축약 현상과 같이 축약이 발생한 것이다.

3. 사잇소리의 발음과 표기

3.1. 사잇소리의 발음

사잇소리는 앞단어와 뒷단어의 사이에 나는 소리이지만 이것이 중간에서 독립적으로 하나의 음절로 발음될 수 있는 소리가 아니다. 그래서 이것은 앞단어의 음절말로 실현되든가 아니면 뒷단어의 음절초로 실현되게 된다. 사잇소리의 발음은 다음의 세 가지이다.

첫째, 뒷단어의 초성이 거센소리나 된소리일 경우에는 사잇소리가 발생하더라도 실질적인 발음에 영향을 미치지 못한다. 예를 들어 '물+가, 물+길'일 경우에는 사잇소리가 발생하여 'ㄱ'을 된소리로 조음하게 하지만, '물+통'이나 '물+총', '개+꼬리, 말+꼬리' 등에서는 사잇소리가 발생한다 하더라도 실질적인 발음에 영향을 미치지 못한다.

둘째, 뒷단어의 초성이 평음일 경우에는 사잇소리는 뒷단어의 초성을 된소리로 조음하게 한다. 이 경우는 지금까지 보아 온 경우이다.

셋째, 뒷단어의 초성이 비음('ㄴ'이나 'ㅁ')일 경우에는 사잇소리가 비음에 동화되어 'ㄴ' 소리로 조음된다. 예를 들어 '이+몸'이 결합할 경우 두 단어 사이에 사잇소리가 발생하게 되는데 이 사잇소리는 뒤에 오는 'ㅁ'에 동화되어 'ㄴ'으로 발음된다. 그래서 발음으로는 'ㄴ'이 첨가된 것처럼 보인다.

3.2. 사잇소리의 표기

현대국어에서 사잇소리는 'ㅅ'으로 표기한다. 이때 표기된 'ㅅ'을 흔히들 '사이시옷'이라고 부른다. 현대국어에서 사잇소리의 표기는 복잡한 듯하다. '셋방'의 경우에는 사잇소리를 표기하고, '전세방'의 경우에는 사잇소리를 표기하지 않고, '전셋집'의 경우에는 사잇소리를 표기한다. 언뜻 보아 무질서하게도 보이는 현행 사잇소리의 표기법이지만, 사잇소리를 표기하는 원리를 이해하면 이러한 표기도 쉽게 이해될 수 있다. 사잇소리의 표기는 사잇소리가 발생하는 경우에 한하여 그것을 'ㅅ'으로 표기한다. 사잇소리가 발생하지 않거나 발생하더라도 한국인의 음절 구조에 적합하지 않거나 표기할 필요가 없을 경우 사잇소리를 표기하지 않는다. 이에 관한 한글맞춤법의 규정과 그 해설을 우선 제시한다.

3.2.1. 규정과 해설[10]

---

10) 국립국어연구원의 홈페이지에서는 다음과 같이 해설하고 있다.
   사이시옷 용법을 알기 쉽게 설명하면 다음과 같다.
   ① 개-구멍, 배-다리, 새-집(鳥巢), 머리-말(序言)

사이시옷의 표기에 관한 한글맞춤법의 규정은 제30항에 다음과 같이 서술되어 있다.

---

② 개-똥, 보리-쌀, 허리-띠, 개-펄, 배-탈, 허리-춤

③ 개-값, 내-가(川邊), 배-가죽(腹皮), 새(←사이)-길(間路), 귀-병(病), 기(旗)-대, 세(貰)-돈, 화(火)-김

④ 배-놀이(船遊), 코-날(鼻線), 비-물(雨水), 이-몸(齒齦), 무시(無市)-날, 보(洑)-물, 패(牌)-말

⑤ 깨-잎, 나무-잎, 뒤-윷, 허드레-일, 가외(加外)-일, 보(洑)-일

⑥ 고-간(庫間), 세-방(貰房), 수-자(數字), 차-간(車間), 퇴-간(退間), 회-수(回數)

에서, ①~⑤는 모두 합성어이며, ⑥은 이에 준하는 한자어다. 그런데 ①의 경우는, 앞 단어의 끝이 폐쇄되는 구조가 아니므로, 사이시옷을 붙이지 않는다. ②의 경우는, 뒤 단어의 첫소리가 된소리나 거센소리이므로, 역시 사이시옷을 붙이지 않는다. ③의 경우는, 앞 단어의 끝이 폐쇄되면서 뒤 단어의 첫소리가 경음화하여 [갣: 깝, 낻: 까]로 발음되므로, 사이시옷을 붙이어 '갯값, 냇가, 뱃가죽, 샛길, 귓병, 깃대, 셋돈, 홧김'으로 적는다. ④의 경우는, 앞 단어의 끝이 폐쇄되면서 자음 동화 현상(ㄷ+ㄴ→ㄴ+ㄴ, ㄷ+ㅁ→ㄴ+ㅁ)이 일어나 [밴노리, 빈물]로 발음되므로, 사이시옷을 붙이어 '뱃놀이, 콧날, 빗물, 잇몸 무싯날, 봇물, 팻말'로 적는다. '팻말, 푯말'은, 한자어 '패(牌), 표(標)'에 '말(말뚝)'(옛말에서 'ㅎ'곡용어)이 결합된 형태이므로, 2의 규정을 적용하여 '팻말, 푯말'로 적는 것이다. 다만, 한자어 '牌林, 標林'은 '패말, 표말'로 적어야 한다. ⑤의 경우는, 앞 단어 끝이 폐쇄되면서 뒤 단어의 첫소리로 [ㄴ]음이 첨가되고, 동시에 동화 현상이 일어나 '[갣닙→깬닙, 나묻닙→나문닙]'으로 발음되므로, 사이시옷을 붙이어 '깻잎, 나뭇잎, 뒷윷, 허드렛일, 가욋일, 봇일'로 적는다. ⑥의 경우는, 한자어에는 사이시옷을 붙이지 않는 것을 원칙으로 하되, 이 6개 단어만은 '곳간(庫間), 셋방(貰房), 숫자(數字), 찻간(車間), 툇간(退間), 횟수(回數)'로 적는다.

이 설명에 따르면, '내과(內科), 이과(理科), 총무과(總務課), 장미과(薔薇科)' 등은 3에서 다루어진 6개 이외의 한자어이므로 사이시옷을 붙이지 않으며, '나리-과(科), 말선두리-과(科)' 등은, '과'가 비교적 독립성이 약한 형태소이긴 하지만, 앞의 고유어와의 사이에 경계가 인식되는 구조이므로, 2의 규정을 적용하여 '나릿과, 말선두릿과'로 적는 것이다.

한편, 2 (1)의 예시어 '찻잔, 찻종'에서의 '차'가 순 우리말이냐 하는 의문이 있을 수 있겠으나, 예로부터 '茶'자의 새김(訓)이 '차'였으므로, 한자어 '다(茶)'와 구별한 것으로 해석된다

제30항 사이시옷은 다음과 같은 경우에 받치어 적는다.

1. 순 우리말로 된 합성어로서 앞말이 모음으로 끝난 경우
(1) 뒷말의 첫소리가 된소리로 나는 것

고랫재	귓밥	나룻배	나뭇가지	냇가
댓가지	뒷갈망	맷돌	머릿기름	모깃불
못자리	바닷가	뱃길	볏가리	부싯돌
선짓국	쇳조각	아랫집	우렁잇속	잇자국
잿더미	조갯살	찻집	쳇바퀴	킷값
핏대	햇볕	혓바늘		

(2) 뒷말의 첫소리 'ㄴ, ㅁ' 앞에서 'ㄴ' 소리가 덧나는 것

멧나물	아랫니	텃마당	아랫마을	뒷머리
잇몸	깻묵	냇물	빗물	

(3) 뒷말의 첫소리 모음 앞에서 'ㄴㄴ' 소리가 덧나는 것

도리깻열	뒷윷	두렛일	뒷일	뒷입맛
베갯잇	욧잇	깻잎	나뭇잎	댓잎

2. 순 우리말과 한자어로 된 합성어로서 앞말이 모음으로 끝난 경우
(1) 뒷말의 첫소리가 된소리로 나는 것

귓병	머릿방	뱃병	봇둑	사잣밥
샛강	아랫방	자릿세	전셋집	찻잔
찻종	촛국	콧병	탯줄	텃세
핏기	햇수	횟가루	횟배	

(2) 뒷말의 첫소리 'ㄴ, ㅁ' 앞에서 'ㄴ' 소리가 덧나는 것

곗날	제삿날	훗날	툇마루	양칫물

(3) 뒷말의 첫소리 모음 앞에서 'ㄴㄴ' 소리가 덧나는 것

가욋일	사삿일	예삿일	훗일

3. 두 음절로 된 다음 한자어

곳간(庫間)	셋방(貰房)	숫자(數字)
찻간(車間)	툇간(退間)	횟수(回數)

　이들을 보면 사잇소리를 표기하는 경우는 크게 어종에 따라 두 종류로 구분할 수 있다.
　첫째, 고유어끼리 결합한 합성어(및 이에 준하는 구조) 또는 고유

어와 한자어가 결합한 합성어 중, 앞 단어의 끝 모음 뒤가 폐쇄되는 구조로서,

① 뒤 단어의 첫소리 'ㄱ, ㄷ, ㅂ, ㅛ, ㅈ' 등이 된소리로 나는 것
② 폐쇄시키는 음([ㄷ])이 뒤의 'ㄴ, ㅁ'에 동화되어 [ㄴ]으로 발음되는 것
③ 뒤 단어의 첫소리로 [ㄴ]이 첨가되면서 폐쇄시키는 음([ㄷ])이 동화되어 [ㄴㄴ]으로 발음되는 것

둘째, 두 글자(한자어 형태소)로 된 한자어 중, 앞 글자의 모음 뒤에서 뒤 글자의 첫소리가 된소리로 나는 6개 단어에 사이시옷을 붙여 적기로 한 것이다.

3.2.2. 사잇소리의 표기

사잇소리가 발생할 경우 그것의 표기는 'ㅅ'으로 하고 있다. 그런데 사잇소리가 발생한다고 하여 반드시 사이시옷을 표기하는 것은 아니다. 사잇소리가 발생할 경우 현대국어에서는 'ㅅ'으로 표기하기도 하고, 표기하지 않기도 하는 것이다. 사잇소리를 표기할 경우 'ㄷ'으로 표기할 수도 있고, 다른 문자로 표기할 수도 있겠지만 국어사에서 해오던 관례에 의해 'ㅅ'으로 표기하고 있는 것이다.

첫째, 사잇소리를 표기하는 경우

고유어끼리 혹은 고유어와 한자어가 결합한 복합어 중에서, 사잇소리가 발생하는 경우에 한하여, 그리고 앞 형태소의 말음이 모음일 경

우에 한하여 사잇소리를 'ㅅ'으로 표기한다.

　사잇소리의 발생은 (1) '내+가→냇가', '귀+병→귓병', '해+살→햇살' 등과 같이 후행하는 형태소가 된소리로 조음되거나, (2) '배+놀이→[밴놀이]'처럼 'ㄴ' 소리가 덧나는 것처럼 보이거나 (3) '뒤+일→[뒨닐]' 등과 같이 'ㄴ' 소리가 덧나고 선행하는 형태소의 말음에 'ㄴ' 소리가 덧나는 것처럼 보이는 경우이다. 그리고 '내과(內科), 이과(理科), 초점(焦點), 호수(戶數)' 등의 경우 사잇소리가 발생하여 제2음절 위치의 초성을 된소리로 조음하지만, 사잇소리를 표기하지 않는데 이것은 한자어이기 때문이다. 사잇소리의 표기는 고유어와 한자어 혹은 한자어와 고유어로 이루어진 복합어일 경우에 사잇소리를 표기한다.[11]

둘째, 사잇소리를 표기하지 않는 경우

　사잇소리가 발생하더라도 그것을 표기하지 않는 경우가 있다.

　(1) 한자어일 때 6개 외에는 표기하지 않는다. '理科'는 [이꽈]로 발음되지만 '잇과'로 표기하지 않는다.

　(2) 뒤 형태소의 초성이 된소리이거나 거센소리일 때 사잇소리를 표기하지 않는다. '술통'은 사잇소리가 발생하는 환경이지만, 사잇소리를 표기할 실제적인 효과가 없기 때문에 표기하지 않는다.

---

11) 이렇게 하는 이유는 한자어일 경우 가능한 한 그 형태를 단일하게 표기하기 위한 것이다. 예를 들어 '齒科(치과)'와 '齒痛(치통)'의 경우 '칫과'와 '치통'으로 표기하면 동일한 한자에 대해 두 개의 음이 있는 것처럼 보일 수 있으므로 같은 한자는 하나의 음으로 표기하기 위한 효과를 볼 수 있는 것이다.

(3) 앞 형태소의 말음에 종성 자음이 있을 경우 표기하지 않는다. '술+병'의 경우 사잇소리가 발생하지만 종성에 'ㄹㅅ'과 같은 겹자음의 표기를 하지 않기로 한 것이다.

4. 사잇소리의 기원[12)

기원적으로 사잇소리와 속격의 표기는 구분되었다. 고유한 우리글이 없어서 중국의 한자를 빌어 우리말을 표기하던 시절에는 속격의 표기는 '矣'나 '叱'로 표기되었고, 사잇소리는 표기되지 않았다. 훈민정음을 창제한 15세기에 오면 속격의 표기는 '의/ㅇㆎ'로 표기되거나 'ㅅ'으로 표기되었다. '의/ㅇㅣ'는 '矣'를 이어받은 것이고, 'ㅅ'은 '叱'을 이어받은 것이다. 이것의 구분은 유정물이냐 무정물이냐에 따라 구분되는데 유정물일 경우에는 '의/ㅇㅣ'를 사용하고 무정물일 경우에는 'ㅅ'을 사용하였다. 단 유정물이더라도 신분이 높을 경우에는 'ㅅ'을 사용하였다.[13)

4.1. 고대국어

고대국어에 사잇소리가 존재했다는 흔적은 찾아볼 수 없다. 물론 고대국어를 표기한 문자의 특수성으로 인해 사잇소리가 존재했다 하

---

12) 이 부분은 졸고(1997)의 내용을 옮겨 온 것이다.
13) 신분이 높을 경우 일반적인 유정물로 보지 않은 인식이 언어적 표현에 반영되었을 것이다.

더라도 그것을 표기할 방법은 없었을 것이다. 표기 문자의 특수성 때문에 고대국어에 사잇소리가 존재했는지의 여부에 대한 판단은 우회적으로 할 수밖에 없는데, 고대국어에 그것이 존재하지 않았다는 증거는 음절말 자음의 표기 혹은 자음군 간소화 현상 그리고, 사이시옷 표기의 기원이 될 수 있는 '叱'의 사용에서 유추해 볼 수 있다.[14]

고대국어의 음절말 자음의 실현에 대한 판단은 이기문(1972ㄴ, ㅉ. 69)의 "국어 음운사상 가장 특징적인 사실의 하나인 음절말 자음의 내파화가 고대에는 아직 일어나지 않았던 것으로 보인다. 즉 고대국어에서는 'ㅅ, ㅈ'을 비롯한 모은 자음이 음절말 위치에서도 제대로의 음가를 가지고 있었다."라는 진술에 기댈 수 있을 것이다. 음절말 자음의 내파화('미파화나 불파화 혹은 비파화'라는 용어가 정확할 것이다.)가 전제되지 않는 한 음절말 위치 혹은 형태소와 형태소의 연결에서 사잇소리가 발생할 수 없는 것이다. 후대에 사이시옷으로 발달하게 되는 '叱'은 문법형태소를 나타내는 것이었다. 향가에 사용된 '叱'의 용례 중 비교적 그 해독이 투명한 몇 예를 뽑아 보면 다음과 같은데,

(1ㄱ)
蓬次叱巷中宿尸夜音有叱下是(모죽지랑가)
乾達婆矣遊烏隱城叱肹良望良古(혜성가)
心未際叱肹逐內良齊(찬기파랑가)

---

14) 고대국어의 자음군 간소화 현상에 대해서는 현재 논의할 여유가 없기에 다음 기회로 미루기로 한다.

(1ㄴ)

二肹隱吾下於叱古(처용가)

爲內尸等焉國惡大平恨音叱如(안민가)

倭理叱軍置來叱多(혜성가)

(1ㄷ)

倭理叱軍置來叱多(혜성가)

逸烏川理叱磧惡希(찬기파랑가)

蓬次叱巷中宿尸夜音有叱下是(모죽지랑가)

(1)의 '有叱下是, 城叱, 際叱'에 나타나는 '叱'은 15세기의 '이샤리, 잣, ᄀ'에 해당되는 것으로 형태소의 일부분(주로 끝소리)을 나타내기 위한 것이다. (2)의 '下於叱古, 大平恨音叱如, 來叱多'에 나타나는 '叱' 역시 아직 그 기능이 정확히 밝혀진 것은 아니지만, 15세기의 문법형태소 내지는 어휘형태소 'ㅅ 혹은 시'를 나타내기 위한 것이다. (3)의 '倭理叱軍, 川理叱磧惡, 蓬次叱巷'에 나타나는 '叱'은 후대의 사이시옷에 직결되는 것으로 단어와 단어를 연결해 주는 속격 내지는 관형격의 기능을 수행하는 것이다.

'叱'로 표기된 고대국어의 어떤 음소가, 선행하는 음절의 말음을 미파화하고, 경우에 따라서는 후행하는 음절의 초성을 된소리로 조음하게 하는 15세기 사잇소리와는 그 음가와 기원이 달랐다는 점은 여러 가지로 확인해 볼 수 있다. 우선 '叱'의 광운 반절이 '昌栗切'로 성모는 정치음 중 3등운으로 차청자이므로,[15] 이것이 사잇소리인 후두 폐쇄음이나 입성의 표기로 사용될 수 없는 것이다. 운모는 '質'운으

---

15) 정치음의 한국한자음에 대해서는 박창원(1996) 참고.

로 종성은 '설내입성음'인 [t]와 유사한 음으로 조음되었을 것인데 이 것을 차자한 것이라면 여러 가지 문제가 대두된다. 운미로써 폐쇄음 인 종성을 표기하였다는 자체가 일반적인 차자 방식과 차이가 있다.[16] 또한 '叱'의 운미만을 차자하였다는 것을 인정하고, '叱'이 종성에서나 초성에서 동일한 음을 가지고 있었을 것이라는 것을 인정한다면(즉 한 문자는 하나의 음가를 나타낸다는 원칙을 인정한다면), (1)의 '有 叱下是, 城叱, 際叱' 등은 '이다리(혹은 이다리), 잔, 근' 등으로 해독될 수 있을 것이고, 이것이 15세기의 '이샤리, 잣, ㄹ' 등으로 변화하였다 고 보아야 하는데 이것은 언어 변화에 대한 상식적인 판단으로 도저 히 받아들일 수 없는 것이다.

이로써 고대국어에는 사잇소리가 존재하지 않았다는 결론을 내릴 수 있을 것이다.

4.2. 전기 중세국어

전기 중세국어에 사잇소리가 존재했는가의 여부는 13세기에 간행 된 향약구급방의 자료를 검토하여 추론할 수 있을 것이다. 사잇소리 와 관련하여 논의되어온 '叱'의 용례를 뽑아 보면 다음과 같은데,[17]

(2ㄱ)

叱乙根(葛根) 阿叱加伊(草麻子)

---

16) 적어도, 향가에서는 'ㄱ, ㄷ, ㅂ' 등 폐쇄음인 종성을 표기하기 위해 한자의 운미 만을 차자하는 경우가 없다.

17) 이에 대한 해독은 남풍현(1981), 이기문(1972ㄴ, ㅉ. 83-84 참고).

(2ㄴ)

勿叱隱堤阿, 勿叱隱阿背(獨走根), 雞矣碧叱(鷄冠), 齒所叱史如(齒齦)

(2ㄷ)

天叱月乙(括蔞), 山叱水乃立(紫胡), 犬伊刀叱草(白斂), 你叱花(燕脂), 山叱伊賜羅次(郁李)

(2ㄱ)의 '叱'은 후대의 'ㅈ, ㅊ'에 대응될 차자이고, (2ㄴ)의 그것은 후대의 'ㅅ'에 대응될 차자이다. 그리고, (2ㄷ)의 '叱'은 15세기의 속격 'ㅅ' 즉 현대국어의 사이시옷으로 연결될 차자이다. 이들 역시 음차자로서 음성의 동질성을 인정한다면, '叱'의 음가는 13세기 이후에 'ㅈ(ㅊ), , ㅅ'으로 변화할 수 있는 어떤 자음이어야 하지, 선행음을 미파화하고, 경우에 따라서는 후행음절의 초성을 된소리로 조음하게 하는 소리일 수 없는 것이다.

또한 전기중세국어에 음절말 자음이 치음 계열에서 적어도, 'ㅅ, ㅈ, ' 등이 구별되었을 것[18]을 감안하면 음절말의 미파화는 아직 발생하지 않았다고 할 수 있는데, 이것은 위에서 검토한 자료에서 추출되는 결론과 동일하다.

4.3. 후기 중세국어

고대국어나 전기 중세국어에 존재하지 않던 사잇소리는 훈민정음

---

18) 이에 대해서는 이기문(1972ㄱ, ㄴ), 박창원(1987) 참고, 박창원(1987)은 박창원(1996)에 약간 수정하여 재수록되어 있다.

을 창제한 시기보다 약간 앞서서 발생한 것으로 추정된다. 훈민정음을 창제할 당시에 어두 초성이나 어중 초성에 자음군이 존재하는 것은 자음을 외파음으로 조음하던 관습이 부분적으로든 전체적으로든 유지되고 있음을 의미하고, 음절말에 자음군 간소화나 음절말 중화가 진행되고 있다는 사실은 외파적인 조음에서 내파적인 조음으로 진행되고 있었다는 것을 의미하기 때문이다. 예를 들어 15세기 후반기의 국어 자료에 '업도록, 값'이 존재하는 것은 이 시기에 음절말 자음군 간소화가 진행되고 있다는 사실을 보여주는 것이고, 역시 '옜이, 엿이'이 공존하는 것은 음절말 자음 중화가 '옜이'에서 '엿이'로 진행되고 있다는 사실을 말해 주는 것이다.

외파적으로 조음되던 음절말 자음이 불파음 내지는 미파음으로 조음되면서 후행하는 형태소의 초성에 영향을 주게 되고 이것이 사잇소리로 인식되기에 이른 것이다.

미파화가 음절의 말음을 빨리 끝닫음으로써 (훈민정음의 표현에 의하면) 입성으로 조음하게 하는 것이라면 사잇소리의 발생은 음절과 음절 사이에 발생할 것이 기대되는데, 국어에서 주로 논의의 대상이 되는 것은 형태소와 형태소가 연결할 때에 앞 형태소의 말에 발생한 미파화 현상이다. 두 음절 이상으로 된 형태소 내부의 음절말에 미파화가 발생할 경우에는 형태소의 재구조화로 바로 이어지게 된다. 반면에 형태소와 형태소의 연결에서 발생한 선행하는 형태소 말음의 미파화는 후행하는 형태소의 초성에 영향을 미치게 되는데, 이것은 표면적으로 형태소의 초성이 두 개의 변이음을 가지는 것처럼 나타나게 하고, 그리하여 선행하는 형태소와 후행하는 형태소의 사이에 발생하는 이른바 '사잇소리'로 인식되게 하기 때문이다.

이 사잇소리의 음가를 추정할 수 있는 전형적인 예는 훈민정음 언해(1446)의 다음과 같은 예가 될 것이다.

(3)
洪薯ㄱ字쭝, 穰샹ㄱ字쭝
君군ㄷ字쭝, 呑튼ㄷ字쭝
虯끃字쭝, 漂플字쭝,
侵침ㅂ字쭝, 覃땀ㅂ字쭝
快쾡字쭝, 慈쫑字쭝, 虛헝字쭝,

한자음의 종성의 종류에 따라 그에 해당되는 입성으로써 사잇소리를 표기한 것인데, 이들이 각각 제 음가를 가지고 있었다고 볼 수는 없는 것이므로, 선행하는 종성이 입성으로 조음되는 것을 표기한 문자라는 것은 쉽게 짐작할 수 있다. 그리고 이것이 후행음에 어떤 영향을 미쳤는가 하는 문제는, 시기적으로 좀 후대이긴 하지만, 선종영가집언해(1464)의 다음과 같은 표기로 확인해 볼 수 있다.

(4)
伊ㅈ字(선종영가, 하 : 15ㄱ),
祇ㅈ字(선종영가 , 하 : 16ㄴ),
應ㅈ字(선종, 하 : 16ㄴ),
緖ㅈ字(선종영가, 하:93ㄱ),
想샹ㅈ字쭝(선종영가, 하 : 76ㄱ)

위와 같은 예로써 사잇소리는 후행하는 음절의 초성을 된소리로 조음하게 했다는 것을 확인할 수 있다.

〈결론적으로 사잇소리의 음가는 후두 폐쇄음 [ ] 정도로 처리해 두는 것이 가장 무난할 것이다.〉

사잇소리는 다음의 예처럼 선행하는 형태소의 말음이 입성일 경우에는 나타나지 않고,

(5)

業업字쫑, 戌슗字쫑, 挹흡字쫑, 卽즉字쫑,

二싱十씹八밣字쫑 初총發벓聲셩,

스믈여듧字쫑, 입겿, 목소리(이상 훈민정음)

입성이 아닐 경우에만 나타나는데,[19] 그것의 표기는 한자(내지는 한자어)와 고유어가 함께 사용될 경우 위에서 본 것처럼 앞 음절과 뒷 음절의 사이에 표기되기도 하는데,[20] 선행하는 음절의 구조에 따라 후행하는 음절의 초성의 종류에 따라 다양하게 나타난다. 용비어천가

---

19) 다음의 예에서 보듯이 입성이 아닌 소리로 끝난 경우에도 사잇소리가 표기되지 않는 경우가 많이 나타난다.
쇠재(鐵峴, 1:50), 쇠잣(金星, 7:7), 셔블賊臣(5:40), 외셤(孤島, 5:42), 銀鏡(6:43), 달내(達川, 5:42 ; ㄹ 비탈락), 어비아들(7:16), 山미틔(7:41), 셤안해(8:18), 城밧긔(8:19), 君位(9:35), 독소리(9:42), 몰애오개(沙峴, 9:49), 하늘우흿金尺(9:35) 등. '中듕國귁, 文문字쫑, 其끵情쪙(得伸其情)' 등도 이러한 예에 포함시킬 수 있는데, 이들은 '中듕ㄱ國귁, 文문ㄷ字쫑, 其끵情쪙(得伸其情)' 등과 같이 사잇소리의 표기 없이 나타나는 것이다.
20) 이러한 표기에 관한 서술은 훈민정음 해례 합자해에 나오는 "文與諺雜用則 有因字音而補以中終聲者 如孔子ㅣ魯ㅅ사룸之類"라는 규정에 의한 것이다.

(1445)에 나타나는 예를 중심으로 제시해 보면 다음과 같다.[21)]

(6ㄱ) 〈사잇소리 표기〉

西水ㅅᄀᆞᇫ(용, 1:11), 東海ㅅᄀᆞᇫ(1:11), 兄ㄱᄠᅳᆮ(1:13, 10:15)),

몃間ㄷ집(용, 10:43), 英主ㅿ 앒(3:15), 先老ㆆᄠᅳᆮ(2:15),

天子ㅿ ᄆᆞᅀᆞᆷ(9:37), 太子위(10:20), 世子ㅿ 위(10:20),

狄人ㅅ서리(1:6), 野人ㅅ서리(1:6), 嫡子ㅅ긔(10:1),

(6ㄴ) 〈종성 표기〉

즘겟갖(1:11), 오ᄂᆞᇗ날(3:15), 하ᄂᆞᇙᄠᅳᆮ(1:6), 사ᄅᆞᇝᄠᅳᆮ(3:14(15장)),

ᄌᆞ걋긔(4:22), 아ᄃᆞ니ᇝ긔(4:22), 아바니ᇝ뒤헤(5:2), 셔ᄫᅳᆳ별(5:31),

ᄉᆞᄀᆞᄫᆞᆳ軍馬(5:31), 님그ᇟᄆᆞ(5:46), 님그ᇟ말그ᇟ5:47), 하ᄂᆞᆳ별(7:1),

나랏小民(7:16), ᄀᆞᆳᄀᆞ샛百姓(7:38), ᄀᆞᄅᆞᇝᄀᆞᇫ(8:18, 8:19),

하ᄂᆞᇗᄆᆞᅀᆞᆷ(9:36), 나라ᇗ일홈(9:37), ᄉᆞᇝ바올(9:42), ᄂᆞᇈ믈(9:43, 9:44),

어마ᄂᆞᇈ山陵(9:46), 님ᄂᆞᇈ말(10:1), 셔ᄫᅳᆳ뷘길헤(10:1),

님그ᇝ德(10:48), 션ᄣᅢ(善竹, 1 : 47), 바횟방(巖房, 1 : 47),

ᄀᆞᆳᄀᆞ새(7:41),

(6ㄷ) 〈종성 혹은 초성 표기〉

뒷심ᄫᅩᆯ(2:32), 마근심ᄫᅩᆯ골(5 : 27),투ᄭᅵᆺ골(屯兎兒洞, 7:53),

설멧골(所磨洞, 9:28), 바ᄅᆞᇗ우희金塔(9:35)

---

21) 이 예들 중의 다수는 기원적으로 (사잇소리가 발생하게 되는) 복합어가 아니라, 문법 형태소 'ㅅ'이 게재된 구 구조였을 것이다. 그러나 15세기에 이미 사잇소리가 발생한 복합어와 'ㅅ'이 게재된 구 구조는 음운론적으로 구분되지 않는다. 이에 대해서는 뒤에서 설명한다.

이처럼 사잇소리는 종성 표기를 기본으로 하는 것인데, 훈민정음에
는 초성의 표기로 나타나는 경우도 있다.

(6ㄹ) 〈초성 표기〉

니쏘리, 혀쏘리, 엄쏘리, 입시울쏘리 등(훈민정음)

4.4. 사잇소리와 형태소 'ㅅ'의 혼합

음운론적으로 선행하는 형태소의 말음을 미파화하여 때로는 후행
하는 형태소의 초성을 된소리로 조음하게 하는 사잇소리와 혼용되어
인식되고 있는 것이 문법 형태소 'ㅅ'이다.

15세기 문법 형태소 'ㅅ'의 전신은 앞에서 논의한 차자표기의 '叱'
이라는 것에 대해서는 의심의 여지가 없다. 15세기에 이 문법형태소
는 다음에 보는 바와 같이 그 쓰임이 아주 다양하게 나타난다.[22] 종성
에 표기된 'ㅅ'의 예를 보면 다음과 같은데,

(7ㄱ)

것거, 닷가

(7ㄴ)

나못불휘(석상, 6:30ㄴ), 믌가온티(석상, 19:19ㄴ)

---

22) 15세기 문법 형태소 'ㅅ'과 '의/이'는 엄연히 구별된다. 후자는 명사와 명사의 연
결에만 사용되지만, 전자는 명사와 명사의 연결외에 다양한 용례를 찾아 볼 수 있
는 것이다. '모맷病(10:20), ᄀᆞ샛움ㅎ(1:10), 안행움ㅎ(1:10), 府中엣遼吏(7:38),
우횟龍(10:18)' 등에 나타나는 'ㅅ'은 '의/의'로 교체될 수 없는 것이다.

法王ㅅ아둘(석상, 13:15ㄱ), 諸佛ㅅ神力(석상, 13:25ㄴ)

凡夫ㅅ소리(석상, 19:15ㄴ), 畜生ㅅ소리(석상, 19:15ㄴ)

부텻 神通ᄒ신 相(석상, 13:15ㄴ)

세간앳 일훔브튼 것(석상, 9:38ㄱ)

(7ㄷ)

미햿지븨 늘것 活計를 뒤노니(두초, 10 : 14ㄴ)

궁흔길헤늘것ᄧ디오(두초, 14: 15)

正히이無上佛道롤일우려誓願이니(원각, 하:11-5)

(7ㄹ)

前生앳일(석상, 6:9ㄴ), 眞理옛눈(석상, 6:35ㄴ),

부텨와 즁괏말(석상, 6:16ㄴ), 罪와 福괏말(석상, 6:37ㄴ)

世間앳 信티 어려ᄫᆞᆫ 일(석상, 13:27ㄱ)

종종앳 됴흔옷(석상, 9:9ㄴ)

(7ㅁ)

動업닷마리오(월석, 14 : 50ㄱ)

맛닷마리라(금강삼, 3 : 39ㄱ)

衆生濟度ᄒ노랏ᄆᆞᅀᆞ미이시면(금강삼, 2:13ㄱ)

몯일옳갓疑心(월곡, 23)

(7ㅂ)

如來ㅅ 一切 둿논 法(석상, 6:42ㄴ),

如來ㅅ一切 自在혼 神力(석상, 6:42ㄴ)

慈悲ㅅ ᄀᆞᄅ치샤몰 渴望몰야 ᄇᆞᄅᆞᅀᆞ올씨라(금강경, 12ㄱ)

如來ㅅ 相 업슨 理(금강경, 32ㄱ)

(7ㅅ)

眞實ㅅ持經호맷 至極혼道(석상, 19:37ㄴ)

西ㅅ녁(석상, 6:33)

값도ᄉᆞ고(석상, 9:23ㄴ)

위 예 중 (ㄱ)은 형태소의 끝자음이므로 사잇소리와 관련해서는 논의의 여지가 없는 것이다. (ㄴ)은 '명사 + ㅅ + 명사' 혹은 '명사 + ㅅ + X + 명사'의 구조이고, (ㄷ)은 '부동사(어/아) + ㅅ + 명사'의 구조이고, (ㄹ)은 '조사 + ㅅ + 명사' 혹은 '조사 + ㅅ + X + 명사'의 구조이고, (ㅁ)은 '문장 + ㅅ + 명사'의 구조이다. 그리고, (ㅂ)은 내포문에서의 문장 성분을 표기하기 위해 사용된 것이다. 이들 중 사잇소리와 관련해서 논의의 대상이 될 수 있는 것은 (ㄴ)에서 (ㅁ)까지의 'ㅅ'이다. 이들 예에 나타나는 'ㅅ'의 문법적인 기능이 구체적으로 무엇인가 하는 문제는 통사론을 전공하시는 분들에게 넘기지만, 이들이 선행하는 음절 혹은 형태소의 말음을 미파화하는 음운론적인 표기가 아니라 문법적인 기능을 수행하고 있다는 사실은 적어도 명백하다.

문법적인 기능을 수행하는 'ㅅ'의 음가가 '사잇소리'의 음가와 기원적으로 달랐다는 사실은 다음의 예에서 확인해 볼 수 있다.

(8)

짓쏠(석상, 6:14), 짓쑬(월석, 8:98)

뭇결(목우결, 24), 믓꼴훈몽, 상:4)

'집 + ㅅ + 쏠, 믈 + ㅅ + 결'이 '짓쏠, 믓결' 등으로 모음 사이에 존재하는 세 자음 중 첫 자음이 탈락하는 자음군 간소화 현상이 발생한 것인데, 왜 이러한 방향의 자음군 간소화가 발생하는 하는 문제는 음운론적으로 다시 문제가 되겠지만, 자음군 간소화 현상이 발생한다는 사실 자체는 'ㅅ'이 제 음가대로 즉 [s]로 조음되었기 때문에 가능한 것이다. 특히 '믈 + ㅅ + 결'이 '믓결'로 나타나는 현상은 이 사실을 더욱 분명하게 해 준다. 15세기의 국어에서 'ㄹ'은 'ㅅ' 앞에서 탈락하기도 하는 반면, '' 앞에서 'ㄹ'이 탈락하는 일은 없는데, 이것은 문법 형태소 'ㅅ'의 음가가 기원적으로 [s]의 음가를 가지고 있었다는 것을 의미하는 것이다.

그런데, 15세기에 복합어에 게재된 사잇소리와 사이시옷이 이미 구분되지 않았다는 증거는 곳곳에 존재한다.

(9ㄱ)
하늟뜯(용, 1:6), 사룷뜯(용, 3:14(15장)),

(9ㄴ)
믌ᄀᆞᆺ(두초, 7:22), 믌결(능엄경, 1:64), 믌더품(법화, 6:17),
믌돍(두초, 7:2)

(9ㄷ)
다ᄋᆞᆳ업시(능엄, 1:4), 다ᄋᆞᆳ업슨(금강삼, 2:45ㄱ),
슬픐업시(두초, 25:53)

(9ㄱ) '하늜뜯, 사룹뜯' 등의 구조는 본래 구 구조였을 것인데, 'ㅅ'
의 기능 내지는 음가가 변화하여 음운론적으로 사잇소리인 것처럼 인
식되어 '', ㅂ' 등으로 표기된 것이다. (9ㄴ) '믌굿' 등에 나타나는 'ㅅ'
은 문법 형태소라고도 할 수 있고, 사잇소리라고도 할 수 있는 것이
다.(이에 대해서는 뒤에서 수정하기로 한다.) (9ㄷ) '다ᅇᅵᆷ' 등의 유형
에 나타나는 'ㅅ'은 동명사 어미 ' '의 말음 ''의 표기로 사용된 것이
다. 이들 예로써 우선 추론할 수 있는 것은 'ㅅ'과 ''이 동일한 음가를
가지고 있었다는 것이다. 이로써 15세기 사잇소리와 형태소 'ㅅ'의 조
음상 동질성은 확보되는 것이다.

형태소 'ㅅ'과 사잇소리가 공시적으로 동일한 음가를 가졌다는 사
실과 통시적으로 이들의 기원이 달랐을 것이라는 추론을 15세기 '믓
결'과 '믌결'의 공존으로 보완하면 다음과 같다.

'믈'이라는 단어와 '결'이라는 단어가 결합하여 구 구조를 구성하게
될 때, 문법 형태소 'ㅅ'이 관여하게 된다. 즉 '믈 + ㅅ + 결'이라는 구
가 구성되자, '믈'의 종성 'ㄹ'은 후행하는 'ㅅ' 앞에서 탈락하여 '믓결'
이 된다. 15세기 이전에 만들어진 이 구조는 표면형 그대로 15세기에
전달된다. 한편 15세기의 화자들은 '믓'이라는 표면형이 '믈'과 'ㅅ'의
공시적인 기저형에서 도출된 것이라든가 혹은 이전 시기의 '믈 + ㅅ'
에서 변화한 형태라든가 하는 인식을 하지 못하게 된다. 그러자 15세
기 언중들은 '믈'이라는 단어와 '결'이라는 단어로 새로운 복합어를
만들게 되는데,[23] 형태소의 연결에서 발생하는 미파화를 반영하여 그

23) 현대국어의 실제적인 발화에서 '살코기'와 '살고기'는 공존한다. '살코기'는 이전
세대에서 전승된 것이고, '살고기'는 새로이 생성된 복합어다. 현대국어에 사용
되고 있는 '살'과 '고기'의 복합어는 '살코기'가 될 수 없는데, 사용한다는 것은 의

발음에 가깝게 '믌결'로 표기하게 된다. 다시 말해, '믓결'의 'ㅅ'은 이른바 속격의 'ㅅ'이고, '믌결'의 'ㅅ'은 복합어 내부의 형태소 경계에서 발생하는 미파화를 표기한 것이다.

그런데, 여기서 주목할 사항은 '믓결(믈 + ㅅ + 결)'이라는 구 구조와 '믌결(믈 + 결)'이라는 복합어 구조[24)]가 공존하고 있다는 사실 자체이다.

5. 결론

5.1. 본고의 내용은 다음과 같이 요약될 수 있다.

(1) 현대국어에서 사잇소리는 관형적 속격 구성에서 발생한다. 속격 구성은 전통적인 문법을 잇는 것으로 '소유주나 기원', '시간이나 장소', '용도나 목표' 등일 때 이루어진다.

(2) 한자어일 경우 고유어와 사잇소리의 발생이 사뭇 다른 경우가 많다. 이것은 고유어의 단어 구성과 한자어의 단어 구성이 다르기 때문에, 그리고 한자어가 고유어처럼 사용되면서 문법적인 기능을 담당하거나, 의미 분화를 경험하기 때문에 발생하는 것

아스러운 존재가 된다. 그래서 '살고기'라는 복합어를 새로이 만든 것이다. 이전의 문법적인 지식을 필요로 하는 형태를 부담스러워 하여 새로운 어형을 만드는 과정은 동일한 심리에 의한 것이다.

24) 사잇소리는 선행어의 말음(그것이 자음이든 모음이든)을 미파화하는 기능을 수행하는데, 15세기의 모든 복합어에 사잇소리가 개입되는 것은 아니다. 이 문제는 앞으로의 과제로 남겨 두기로 한다.

이다.

(3) 사잇소리의 표기는 두 가지이다. 사잇소리가 발생하더라도 표 기하지 않는 경우와 그것의 실제적인 발음과 관계없이 'ㅅ'으로 표기하는 경우이다. 이렇게 표기하는 이유는 표기상의 효율성 과 관습적인 표기 그리고 '어법에 따라' 표기한다는 것이 어우 러진 결과이다.

(4) 사잇소리의 실제적인 발음은 후행하는 평음을 된소리로 조음 하게 하거나 'ㄴ'으로 실현되는 것이다.

(5) 현대국어의 사잇소리는 통시적으로 문법적인 기능을 수행하던 '속격의 ㅅ'과 사잇소리가 통합된 것이다. 사잇소리는 15세기를 전후하여 발생한 것으로 추정된다.

5.2. 사잇소리의 발생은 한국어의 종성 발음을 미파화하는 문제와 밀접히 관련되어 있고, 띄어쓰기 문제와도 관련되어 있다. 이에 관한 좀더 세밀한 연구는 다음 과제로 남겨 둔다.

제11장

띄어쓰기의 이론과 실제

1. 서론

이 글은 한글맞춤법의 띄어쓰기에 대해 국어학적인 접근을 통해 이 부분에 대한 논의를 새롭게 하기 위한 것이다.

띄어쓰기는 한글맞춤법의 '제1장 총칙'의 제2항에서 '문장의 각 단어는 띄어 씀을 원칙으로 한다.'라고 선언한 후 제5장에서 네 개의 절 (제1절 조사, 제2절 의존명사, 단위를 나타내는 명사 및 열거하는 말 등, 제3절 보조용언, 제4절 제 4 절 고유 명사 및 전문 용어), 10개의 항(제41항부터 제50항까지)으로 설명하고 있다. 총칙의 '단어는 띄어 씀'이라는 표현에서 단어의 내포와 외연이 띄어쓰기와 관련되고, 문법화와 단어화 등 형태론적인 문제나 통사론적인 문제들이 띄어쓰기와 직접 관련이 있다는 것을 알 수 있다.

한글맞춤법에서 '띄어쓰기'를 한다는 것은 '글을 쓸 때' 무조건 띄어

쓰는 것이 아니라, 언어의 일정한 단위에 따라 띄어쓰기도 하고 붙여
쓰기도 한다는 것을 의미한다. 다시 말해 띄어쓰기를 한다는 것은 무
조건 다 띄어쓰기를 하는 것도 아니고 무조건 다 붙여쓰는 것도 아니
라, 일정한 규칙이나 원칙에 따라 띄어쓰기도 하고, 붙여쓰기도 한다
는 것을 의미하는 것이다.

　붙여쓰기도 하고, 띄어쓰기도 하는 표기법의 규정을 정하면서 '띄
어쓰기'라고 표현한 이유는 역사적인 쓰기의 배경과 관련이 있다. 즉
이러한 규정을 만들 당시에는 붙여쓰기를 주로 하고 띄어쓰기를 거의
하지 않았기 때문에, 붙여쓴 문장의 단위를 구분하여 띄어쓰기를 하
기 위한 규정이었기 때문에 '띄어쓰기'라고 한 것이다.

　지금까지 띄어쓰기와 관련된 논의는 크게 세 부류로 정리될 수 있
을 것같다. 하나는 현재의 규정에 맞추어 실제적인 사용을 위해 해
설을 하는 것이고, 둘은 규정의 정신을 살리되 미비한 표현을 수정하
고 보완하여 규정의 완성도를 높이는 것이고, 셋은 현재의 규정 자
체를 수정 보완하여 띄어쓰기 규정을 고치자는 것이다. 첫째의 예로
는 기존의 어문 규정 해설서가 모두 여기에 해당되는데 대표적인 것
은 국립국어원의 해설집이 될 것이다. 두 번째 논의의 대표적인 예로
는 임동훈(2002)이 될 것이고, 세 번째 논의의 대표적인 것은 민현식
(1995)이 될 것이다.

　본고는 첫째의 유형에 가까우면서도, 셋째의 유형에 관한 논의도
동시에 하고자 하는데, 해당 학문 분야의 합의나 동의가 필요한 부분
에 대해서는 문제의 제기만 하기로 한다.

2. 띄어쓰기의 기능과 단위

왜 띄어쓰기를 하는가, 그리고 띄어쓰기를 어떻게 할 것인가 등등
에 관한 질문을 하는 것이 본 장의 목적이다.

2.1. 띄어쓰기의 기능

띄어쓰기의 기능에 대한 최초의 언급은 이희승(1959)일 것이다. 이
희승(1959)에서는 다음과 같은 예를 들고 이러한 문장들이 가지고
있는 중의성은 띄어쓰기로 해결할 수 있다고 하였다.

    (1-1) 나물좀다오
    (1-2) 아버지가방에들어가신다
    (1-3) 오늘밤나무사온다.

각 문장을 가능한 의미 단위로 나누어 보면 (1) 나 물 좀 다오/나물
좀 다오 (2) 아버지가 방에 들어 가신다/ 아버지 가방에 들어 가신다
(3) 오늘밤 나무 사 온다/오늘 밤나무 사온다/오늘밤 나 무사 온다 등
이 될 수 있을 것인데, 이러한 의미의 변별을 위하여 띄어쓰기를 해야
한다는 것이다. 이를 세분하여 다시 논의하면 다음과 같다.

2.1.1. 의미의 명확화

띄어쓰기의 첫 번째 기능은 띄어쓰기를 하지 않았을 때에 생길 수
있는 의미의 혼란을 방지하기 위한 것이다.

(1-1) 두마리만이천원

(1-2) 예수가마귀를 쫓는다.

앞말에 관계되는 조사인지 아니면 뒷말의 어두인지에 따라 그 뜻이 달라질 때, 즉 '두 마리만' '이천원' 하는 것과 '두 마리'가 '만이천원'하는 것을 구분하기 위해 띄어쓰기를 활용하는 것이다.

(2-1) 오빠나간다.

여러 음절로 구성된 형태소일 경우 그 형태소의 일부가 독립적인 형태소가 될 수 있을 경우 띄어쓰기를 하지 않으면 의미의 혼란이 생기게 된다. 즉 '나간다'의 개념과 '나'는 '간다'의 개념이 혼란을 일으킬 수 있기 때문에 이러한 혼란을 막기 위해 띄어쓰기를 활용하는 것이다.

(3-1) 작은아버지, 큰아버지/ 작은 아버지, 큰 아버지

(3-2) 떠난지, 모르는데/ 떠난 지, 모르는 데

(3-1)은 동일한 형태소의 구성인데, 그 뜻이 전혀 다른 경우인데, 이를 구분할 수 있는 방법은 띄어쓰기를 사용하는 것이다. 즉 두 개의 개념이 합해져서 하나의 대상을 나타내는 복합어일 경우에는 붙여쓰고, 두 개의 개념을 나타내는 구일 경우에는 띄어쓰는 것으로 개념을 구분하는 도구로 사용하는 것이다. 즉 붙여 쓸 경우 '아버지의 동생이나 형님'을 지칭하는 개념이 되고, 반면에 띄어쓸 경우 '아버지의 그

무엇이 작거나 크다'는 의미가 되는 것이다. 한편 (3-2)는 동일한 음소 내지는 음절의 연결이지만 형태소 분석에 따라 그 의미가 달라지게 될 때 즉 '떠난지, 모르는데' 등과 같이 붙여 쓸 경우 '지'와 '데'는 어미의 일 부분으로 독립된 의미를 가지지 못하고, 반면에 '떠난 지, 모르는 데' 등과 같이 띄어쓸 경우 전자는 '시기, 시점' 등을 나타내고 후자는 '장소'를 의미하는 불완전명사가 되는 것이다. 이렇게 그 의미가 달라지고 문법적인 기능이 달라지기 때문에, 그것을 표현하기 위해 띄어쓰기를 하는 것이다.[1]

2.1.2. 나열, 수식관계의 명료화

띄어쓰기의 또 하나의 기능은 연속되는 단어들의 관계를 명확하게 하기 위한 것이다.

> (5-1) 새와 개 기르기/ 새 기르기와 개 기르기
> (5-2) 새와 개기르기/
> (5-3) 새기르기와 개기르기

(5-1)에서 '새와 개'가 '기르기'와 떨어져 있을 경우 '기르기'는 '새와 개'에 공통으로 연결되어 '개 기르기'와 '새 기르기'를 줄인 표현이 되는 것이다. (5-2)는 '새'와 '개기르기'를 연결한 것이 된다. (5-3)은

---

1) '만큼', '대로' 등과 같이 의존명사도 되고 다른 품사로도 되는 것 중 다수가 동일한 의미를 가지게 되는데, 이러한 예들은 붙여쓰기를 해도 무방할 것이다. 그러나 비슷한 부류와 동일한 문법론적 처리를 위해서는 띄어쓰기를 선택하는 것이 효과적이다.

'새기르기'나 '개기르기'를 하나의 전문적인 일로 간주하여 전문용어로 처리하는 경우가 될 것이다.

2.1.3. 한계

언어의 표현이란 평면에 2차원적으로 하는 것이기 때문에, 그보다 차원이 높은 언어 혹은 인지의 내용이 제대로 전달되지 못하는 경우가 많다. 이러한 문제 즉 표현 수단으로서 그 자체가 내재적으로 가지고 있는 문제는 해결되지 않는다.

나는 새를 잡았다.

큰아버지는 할아버지의 유언대로 아버지에게 재산을 상속하지 않았다.

앞의 문장은 '날-'이라는 동사 어간에 활용형 '는'이 결합한 것인지 아니면 일인칭대명사 '나'에 조사 '는'이 결합한 것인지 띄어쓰기로는 해결할 수 없고, 뒤의 문장에서는 '할아버지의 유언 내용이 아버지에게 재산을 상속하라는 것인지 하지 말라는 것인지 알 수 없는 것이다. 이렇게 문장의 중의성 내지는 애매성은 여러 가지 차원에서 생길 수 있는데[2], 띄어쓰기는 그 중의 일부를 해결하기 위한 방편인 것이다.

---

2) 문장의 애매성 내지 중의성은 어느 언어에서나 발생할 수 있는 것이다. 영어의 "Flying plane is dangerous."라는 문장에서 'flying'이 동명사가 되느냐 분사가 되느냐에 따라 뜻이 달라지고, 중국어의 '不可不可'는 '不可不 可'가 될 수도 있고 '不可 不可'가 될 수도 있다.

2.2. 띄어쓰기의 단위

잘 알다시피 언어의 단위는 발화의 단위인 음소를 구성하는 자질에서부터 하나의 텍스트에 이르기까지 다양한 단위가 존재한다. 이러한 단위 중 띄어쓰기의 단위로 논의의 대상이 될 수 있는 단위는 음절, 형태소, 단어, 구, 절, 문장, 문단 등이 될 것이다. 그런데 문장이나 문단 등을 하나의 띄어쓰기 단위로 삼는다는 것은 실질적으로 띄어쓰기를 하지 않는다는 것과 동일한 의미가 되므로, 논의의 대상이 될 수 있는 것은 '음절, 형태소, 단어, 구, 절' 등이 될 것이다.

그리하여 띄어쓰기의 유형은 순수히 언어단위별로 할 경우에는 대략 다음의 다섯 가지로 나누어 생각해 볼 수 있다.

가. 음절별로 띄어쓸 경우
나. 형태소별로 띄어쓸 경우
다. 단어별로 띄어쓸 경우
라. 구별로 띄어쓸 경우
마. 절별로 띄어쓸 경우

2.2.1. 음절별 혹은 형태소별 띄어쓰기

그런데, 음절별로 띄어쓰기를 하거나 형태소별로 띄어쓰기를 한다는 것은 띄어쓰기를 하는 의미를 별로 찾을 수 없겠다.

그 사 람 이 밥 을 먹 었 겠 다 .

높 고 푸 른 가 을 하 늘 과 맑 았 다 가 흐 렸 다 가 하 는 여 름 하 늘
을 다 좋 아 한 다

위의 예처럼 음절별로 띄어쓰기를 하는 것은 띄어쓰기를 하지 않고
다 붙여쓰기를 하는 것과 동일한 것이므로, 때로는 띄어쓰고 때로는
붙여쓰는 띄어쓰기의 취지와는 동떨어진 상황이 되기 때문이다.

그 사람 이 밥 을 먹 었 겠 다
높 고 푸르 ㄴ 가을 하늘 과 맑 았 다가 흐리 었 다가 하 는 여름 하늘
을 다 좋 아 하 ㄴ다

위의 예는 형태소별로 띄어쓴 것인데, 이 역시 띄어쓰기를 하는 실
익을 찾기 어렵다. 실질적인 언어 생활 중 쓰기와 읽기에 주로 관여되
는 띄어쓰기가 국어학자들이 학문적인 단위를 찾기 위한 형태소 분석
을 언중들이 할 필요도 없거니와, 일반 언중들은 형태소 분석을 하여
의미 파악을 하는 것이 아니라 직관적으로 상황에 맞게 언어 생활을
하기 때문에 개개 형태소를 의식할 필요가 없기 때문이다.
　형태소별로 띄어쓰기를 했을 경우 가장 큰 문제점은 둘 이상의 형
태소가 발화단위인 하나의 음절로 실현되었을 경우 이를 형태소별로
분리해서 표기해야 되는 상황이 벌어지는데 이것은 띄어쓰기의 효용
성에 있어서 치명적인 결과를 초래하게 되는 것이다.

푸른 〉 푸르 ㄴ
흐렸다가 〉흐리 었 다

한다 〉 하 ㄴ다

위와 같은 띄어쓰기를 했을 경우 눈에 익숙해지면 의미 파악을 하는 데는 도움이 될 수도 있겠는데, 실제적으로 발화하는 단위와는 크게 달라져 버리기 때문에 발화 상황과의 괴리가 발생하는 것이다.

2.2.2. 구별 혹은 절별 띄어쓰기

절의 단위로 띄어쓰기를 한다는 것은 띄어쓰기를 하지 않는 것과 별 차이가 없을 정도로 길어지기 때문에 띄어쓰기의 효과를 누릴 수가 없다. 구의 단위로 띄어쓰기를 하는 것도 비슷한 상황이 된다.

하늘과땅과사람과짐승과생물등모든살아있는것들이
높고푸른가을하늘과맑았다가흐렸다가하는여름하늘을 나는 다좋아
한다

이러한 띄어쓰기는 띄어쓰기를 하지 않는 것과 대동소이한 것으로 굳이 띄어쓰기를 하지 않은 것만 못할 수도 있는 것이다.

구별 띄어쓰기를 했을 경우 가장 심각한 문제는 띄어쓰기에 있어서 정체성을 확보할 수 없다는 점이다.

사람과짐승이
가을하늘이
뛰어서간다.
가다가멈춘다.

위의 예들은 구별로 띄어쓰기를 했을 때 붙여써야 할 것들인데, 이들에 수식어가 붙거나 중간에 다른 요소가 첨가될 경우에는 다음과 같이 띄어쓰기가 된다.

> 살아 있는 사람과 죽어 있는 짐승이
> 내가 좋아하는 가을의 맑은 하늘이
> 뛰어서 가다가 힘들어 천천히 간다.
> 가다가 멈추면 아니 감만 못하다는 소리를 듣고 아예 멈춘다.

수식어가 없을 경우에는 구가 되어 붙여쓰기를 했다가 수식어가 있을 경우에는 절이 되어 띄어쓰기를 하는 경우가 수없이 발생할 수밖에 없는 상황이 되는 것이다.

또한 복합동사 내지는 복합명사와 구의 구분이 되지 않고, 일반명사와 고유명사의 구분이 되지 않으며, 전문용어와 일반용어가 구분되지 않는 현상이 다시 발생하게 되는 것이다. 다시 말해 앞에서 논의했던 띄어쓰기를 함으로써 생기는 의미 구분 등의 편의점이 모두 사라지게 되는 것이다.

> 작은아버지/ 작은 아버지(단어별 띄어쓰기)
> 작은아버지/작은아버지(구나 절에 의한 띄어쓰기)

위와 같이 띄어쓰면 아버지의 동생으로 복합적 개념이지만 하나의 사상을 나타내는 경우와 '아버지'라는 개념과 '체구나 키' 등이 작다는 두 개의 사상을 나타내는 경우 띄어쓰기로 두 경우를 구별할 수 있지만, 구와 절에 따라 띄어쓰기를 할 경우 두 경우 모두 붙이게 되는 것이다.

2.2.3. 결론 – 단어별 띄어쓰기

그리하여 우리의 결론은 "띄어쓰기는 단어별로 하는 것이 가장 합리적이다."라는 결론에 도달하게 되는 것이다. 그러나 단어별로 띄어쓰기를 할 경우 여러 가지 문제가 도사리고 있는데, 이를 위한 해결책의 모색이 필요하다. 우선 다음의 문장을 보자.

> 키가 큰 우리 아버지와 키가 작은 작은아버지는 대륙간탄도유도탄을 개발할 뻔했는데, 무기 개발과 관련된 전 세계적인 협약과 의해 개발을 그만 두고 은퇴를 하였다. 은퇴한 지금은 개기르기와 새기르기를 즐기기도 하고, 고양이와 물고기 기르기를 즐기기도 한다.

이 문장에서 몇 개의 문제를 제기해 보자.

1. 하나의 사물은 하나의 단어로 나타내는데, 기존에 그러한 단어가 없을 경우 여러 개의 단어를 조합하여 하나의 새로운 개념을 나타낼 수 있는데, 그러할 때 즉 하나의 사물을 여러개의 기존 단어로 나타낼 때 띄어쓸 것인가 붙여쓸 것인가 하는 문제가 제기될 수 있다.

문제 1) '대륙간탄도유도탄'을 붙여 쓸 것인가, 띄어 쓸 것인가

2. 둘 이상의 형태소가 합쳐져서 새로운 하나의 문법적인 기능을 하는 문법형태소로 변화해 갈 때 이것을 하나의 형태소로 인정

할 것인가 아닌가 하는 문제가 제기될 수 있다.

문제 2) '-ㄹ 뻔하-'는 붙여 쓸 것인가, 띄어 쓸 것인가

3. 접두사는 단어의 앞에 붙어 새로운 단어를 만드는 것이고, 관형
   사는 다른 단어의 앞에서 뒤에 오는 단어를 수식해 주는 기능을
   하는데, 관형사로 작용하던 것이 뒷단어와 결합하여 한 단어가
   되어버리는 경우가 있는데, 접두사와 관형사를 어떻게 구분할
   것인가

문제 3) '전 세계적'의 '전'은 띄울 것인가 붙일 것인가?

4. 어미와 불완전명사의 구분 – 하였는데
5. 전문용어와 관련 – '개기르기와 새기르기'

3. 단어의 개념과 경계

3.1. 단어의 이해(개념)

단어(word)의 용어는 학문적으로나 현실적으로나 널리 사용되고
있지만, 문법론이나 형태론에서 개념 정의는 쉽게 내리지 못하고 있
는 듯하다. 그러나 띄어쓰기와 관련해서는 비교적 쉽게 정의내릴 수
있다.

단어라는 개념은 음운론, 형태론, 통사론, 의미론 등 언어학의 각 영

역에서 두루 쓰이는 것이기 때문에 이들 각각의 영역을 충족시키는 쪽에서 공통 분모를 추출하면 된다. 즉 음운론에서 보면 단어는 발화되는 최소의 단위(음절) 이상의 것이어야 한다. 의미론적으로 보면 의미를 가지고 있는 최소의 단위(형태소) 이상의 것이어야 한다. 통사론적으로 보면 통사적으로 이동의 단위가 될 수 있는 기능적 자립성을 가지고 있어야 한다. 그리고 형태론적으로 보면 그 내부에 다른 것이 결합할 수 없는 구성적 긴밀성을 가지고 있어야 한다.

최소 발화 단위 이상이어야 하고, 최소 의미 단위 이상이어야 하는 것은 기능적 자립성에 전제되어 있는 것이므로, 단어가 성립할 수 있는 기본적인 요건은 기능적 자립성과 구성적 긴밀성이라고 할 수 있을 것이다. 그리하여 우리는 단어를 다음과 같이 정의하고자 한다.

단어는 기능적 자립성과 구성적 긴밀성을 갖춘 최소의 언어 단위이다.

이렇게 정의를 내렸을 때 해결해야 할 문제점은 '기능적 자립성'과 '구성적 긴밀성'의 경계를 어떻게 구획할 것이며, 구체적으로 한글맞춤법에서 생기는 상황은 어떤 상황인가 하는 점이다.

1. 조사의 처리 문제
2. 불완전명사와 어미, 접사, 후치사 등의 문제
3. 관형사와 접사의 문제
4. 구와 단어의 경계 문제

3.2. 어휘 창조의 한계

문명과 문화의 발달로 인하여 새로운 사물이나 개념이 계속 만들어
지게 되는데, 이때마다 새로운 어휘를 창조하는 것이 바람직한 일이
다. 그러나 기존에 존재하지 않던 새로운 어휘를 계속 만들어간다는
것은 실질적으로 쉬운 일이 아니기 때문에 기존의 어휘를 복합적으
로 사용하여 하나의 단어와 같은 구실을 하게 하기도 한다. 예를 들어
'유도탄'이라는 무기가 있는데 이보다 새로운 성능을 가진 유도탄을
개발했을 때, '유도탄'이라는 기존의 단어를 사용하면서 그 성능을 표
현할 수 있는 용어를 첨가했을 때 예를 들어 '대륙간 탄도 유도탄'이
라는 표현을 했을 때, 새롭게 만든 '하나의 대상'을 기존에 존재하던
'여러 개의 단어'로 표현하게 되는 것이다.

3.3. 외연의 불명확성

전문용어와 일반용어 그리고 고유명사와 일반 명사의 구분 등이 애
매한 경우 혹은 하나의 사물을 지칭하는 고립된 명사가 없어서 두 개
이상의 명사로 하나의 사물을 지칭하는 경우 등은 띄어쓰기에서 아주
곤란한 문제들을 야기시킨다.

3.4. 문법화와 탈문법화

실질형태소가 문법형태소로 전환되고 있거나 그 경계가 불분명할
때 혹은 문법형태소가 독립적인 실질형태소로 변화하고 있을 때, 띄

어쓰기를 어떻게 할 것인지 결정하기 어려운 경우가 생긴다.

4. 띄어쓰기의 실제

4.1. 띄어쓰기의 언어학적 기준

한국어 띄어쓰기의 언어학적 기준이 단어라는 것은 한글맞춤법 총칙 제2항에서 언급하고 있다.

제2항 문장의 각 단어는 띄어 씀을 원칙으로 한다.

4.2. 의존적인 조사와 실사화

4.2.1. 의존적인 조사

품사론적으로 하나의 품사로 분류되지만, 항상 의존적으로 사용되어 독립할 수 없는 것은 붙여 쓰기로 한다. 이에 관련된 조항은 제41항이다.

제41항 조사는 그 앞말에 붙여 쓴다.

꽃이	꽃마저	꽃밖에	꽃에서부터	꽃으로만
꽃이나마	꽃이다	꽃입니다	꽃처럼	어디까지나
거기도	멀리는	웃고만		

이 조항의 예에서 보듯이 '-이'와 같은 격조사도 붙여쓰고, '-마저, -밖에'와 같은 특수조사[3] 등도 붙여쓴다. 그리고 '-에서부터, -으로만, -까지나'처럼 둘 이상의 특수조사가 결합되었을 경우에도 붙여쓴다.

이 항의 예에 나오는 '-이다'의 경우 논자에 따라 문법적인 처리가 다를 수 있겠는데, 띄어쓰기와 관련된 조항의 간소화를 위해 이 항에 포함한 것으로 이해하면 된다.

4.2.2. 조사와 부사의 혼용

특수조사의 띄어쓰기와 관련하여 주의할 것은 의존형태소인 특수조사와 동일한 형태가 독립형태소인 실질형태소로도 사용되는 경우인데 이 경우에는 띄어써야 한다. 한두 예를 보면 다음과 같다.

마저
　　너마저 나를 떠나면 나는 어떻게 사느냐?⟨조사⟩
　　이 물을 마저 마셔라.⟨부사⟩
밖에
　　너밖에 없다.⟨조사⟩
　　밖에 나가 놀아라.. 밖에서도 재미있게 놀아라.⟨체언+조사⟩
보다
　　너보다 잘 난 인간은 없다.⟨조사⟩
　　보다 더 나은 삶을 위해 노력한다.⟨부사⟩

---

3) 논자에 따라 '보조사'로 부르기도 하고, '후치사'라 칭하기도 한다. 물론 다른 용어를 사용할 경우에는 관련되는 영역에도 차이가 있을 수 있는데, 상세한 논의는 하지 않는다.

4.3. 의존 명사와 문법화

4.3.1. 일반적인 의존명사

뒤에 조사가 붙을 수 있고, 주어나 목적어 등 주요한 문장 성분이
될 수 있는 의존명사는 의존적이지만 명사로 처리할 수 있다. 그래서
이들은 띄어쓰게 된다. 이에 관한 규정은 제42항이다.

> 제42항 의존 명사는 띄어 쓴다.
> 아는 것이 힘이다.   나도 할 수 있다.
> 먹을 만큼 먹어라.   아는 이를 만났다.
> 네가 뜻한 바를 알겠다.   그가 떠난 지가 오래다.

총칙 제2항에 의해 당연히 띄어써야 할 것인데, 이러한 규정이 명
시적으로 다시 나오게 된 것은 똑같은 형태와 의미를 가지고 그 문법
적인 기능만 달리 하는 경우가 있기 때문이다. 의존명사 중에는, 그것
이 나타나는 위치가 첫째 동사의 활용형 뒤에만 오거나, 둘째 체언의
뒤에만 오거나 셋째 동사의 활용형 뒤에도 오고 체언의 뒤에도 오는
등 분포를 달리 하게 된다. 각각의 품사적인 처리가 여러 가지 경우로
나누어진다. 첫째, 항상 의존명사로 처리되는 경우가 있다. 둘째, 의존
명사 혹은 보조사(특수조사)로 처리되는 경우도 있다. 그리고 셋째,
의존명사 혹은 어미로 처리되는 경우가 있기에[4] 이들을 구분하기 위
해 위의 규정이 있는 것이다. 세부적으로 논의하면 다음과 같다.

---

4) 학자에 따라 해석이 달라지기도 한다. 특히 접미사 처리 부분에서 그러하다.

(한글맞춤법 제42하에 제시되고 있는 예들을 실현되는 양상에 따라 분류하면 세 유형이 된다. '것'이 하나의 유형이 되고, '수, 이, 바'가 한 유형이 되고, '만큼'이 한 유형이 되고, '지'가 역시 한 유형이 된다. 이를 각각 〈것 유형〉, 〈수 유형〉, 〈만큼 유형〉, 〈지 유형〉으로 부르기로 한다.)

1. 〈것 유형〉 - 의존명사

체언 뒤에도 오고, 용언활용형 뒤에도 오는데 항상 의존명사로 처리되는 유형이다.[5] 이와 유사한 사용을 보이는 것은 다음의 예들이다.

> 것 : 철수 것이든 영희 것이든, 먹는 것이면 다 먹어라.
> 나름 : 책도 책 나름이고, 사람도 사람 나름이다. 성공은 열심히 하기 나름이고, 할 나름이다.
> 나절 : 오후 나절인지 오전 나절인지, 어쨌든 점심 먹을 나절이다.
> 따위 : 그 같은 놈 따위가 행복이니 뭐니 하는 따위의 말을 하다니.
> 때문 : 빚 때문에, 돈이 없기 때문에, 어려울 수밖에 없다는 것을 아는 때문에
> 무렵 : 첫 닭이 우는 무렵부터, 해질 무렵을 지나, 하루의 끝 무렵까지
> 바람 : 구조 조정 바람에 명퇴당하고, 회사를 떠나는 바람에 가정마저 깨어졌다.

---

5) 논자에 따라서는 '동안, 노릇'을 이 유형에 넣기도 하는데, 표준국어대사전에서는 이들을 명사로 처리하고 있다.노릇 : 사람 노릇을 제대로 못하다니 기가 찰 노릇이다.동안 : 방학 동안 여행을 갔는데, 여행을 갔다오는 동안 이 책을 다 읽었다.

적 : 소녀 적이나 어릴 적에는

쪽 : 바다 쪽이든 어느 쪽이든, 파도 소리가 들리는 쪽이 앉고 싶은
쪽이다.

이렇게 사용되는 한자어를 몇 추가하면 다음과 같다.

겸(兼) : 아침 겸 점심을 먹고, 명절도 쉴 겸 친구도 만날 겸 고향으로
떠났다.

등(等) : 이 지도는 강 표지와 산 표지 등이 빠져 있는 등 아주 형편없
는 지도다.

측(側) : 여당 측이나 야당 측이나, 날을 세우는 측이나 날을 가는 측
이나 모두 문제가 있다.

시(時) : 비행 시를 어겼을 시는 문제가 생길 수 있다.

2. 〈수 유형〉 − 의존명사

활용형의 뒤에만 오는 의존명사는 명실상부한 명사적인 기능을 가
진 것이므로 의존명사로 처리하게 되는데, 이와 유사한 예는 다음과
같다.

나위 : 더할 나위가 없다. 생각할 나위도 없다.

따름 : 그냥 좋을 따름이다.

바 : 네가 뜻한 바를 모를 바 아니지만.

분 : 어떤 분이 어느 분이 우리에게 도움을 줄 분인가?

뻔 : 물에 빠질 뻔하였다.

수 : 그럴 수도 있지 뭘, 기다리는 수밖에

이 : 지나가던 이들이 싸우는 이들을 쳐다 보고 있다.

자(者) : 산 자와 죽은 자, 약한 자와 강한 자 모두 인생의 모습이다.

줄 : 새댁이 밥도 지을 줄 모르고, 부모를 모실 줄도 모르고.

즈음[6) : 거의 도착할 즈음에 사고가 생겼다.

3. 〈만큼 유형〉 - 의존명사 혹은 조사

체언 뒤에서는 보조사로 처리되고, 용언활용형 뒤에서는 의존명사로 처리되는 유형인데, 이와 유사한 것에는 다음의 것들이 있다.

뿐 : 책뿐이다/ 좋을 뿐이다.

만큼 : 너만큼/ 할 만큼

대로 : 법대로 주먹대로/ 울고 싶은 대로 울고 웃고 싶은 대로 웃는다.

4. 〈지 유형〉 - 의존명사 혹은 어미

용언활용형 뒤에서는 의존명사로 처리되는데, 다른 부분과 통합되어 문법화의 과정을 경험하면서 어미의 일부분으로 다루어지기도 하는 유형이다. 이에는 다음의 것들이 있다.(*로 이어지는 문장은 불완전명사로 처리되는 것이 포함된 문장이다.)

-ㄴ지 : 얼마나 부지런한지 참으로 대견하다. 떠났는지 안 떠났는지
     모르겠다.

  * 그 사람이 떠난 지 10년이 되었다.

---

6) '즈음'의 준 형태인 '쯤'은 접사로 사용된다. '내일쯤, 모레쯤'

-ㄹ수록 : 높이는 높을수록 좋고, 깊이는 깊을수록 좋다.

　　　　＊이제 더 잘 할 수 있다.

-ㄴ바 : 그는 나의 동창인바 그의 뜻을 잘 알지만, 이미 우리의 뜻이

　　　 결정된바 우리뜻대로 하자.

-는바 : 시험이 곧 실시되는바 모두 자리에 앉을 것.

-던바 : 공사기간 단축을 강요하였던바 인부들은 불만을 가지게 되

　　　 었다.

　　　　＊네가 뜻하는 바를 하되, 우리가 결정한 바에 어긋나면 안된

　　　　 다.

-니만큼 : 학교가 가까우니만큼 천천히 가라.

-리만큼 : 한 걸음도 더 걷지 못하리만큼 지칠 대로 지쳤었다.

　　　　＊ 네가 할 수 있는 만큼만 해라.

-ㄹ뿐더러 : 얼굴이 예쁠뿐더러 공부도 잘 한다.

　　　　＊ 얼굴이 예쁠 뿐만 아니라 공부도 잘 한다.

--ㄹ망정 : 시골에서 살망정, 머리가 나쁠망정 열심히 일해서 잘 살

　　　　 아야겠다.

　　　　＊ 비상금이 있었기에 망정이지, 큰 일 날 뻔했다.

-ㄴ즉(슨) : 변명인즉 그럴 듯하고, 이야긴즉 들을 만하다.

이 외에 체언 뒤에만 결합하는 의존명사의 유형이 있고, 체언 뒤와

용언활용 뒤에 다 결합하는데(분포로 보면 〈만큼 유형〉임) 해석 상
차이가 있는 유형이 있다.

5. 체언 뒤에만 와서 의존 명사로 처리되는 유형에는 다음의 것들
이 있다.

> 딴 : 제 딴에는 잘 했다지만, 내 딴에는 네 딴에는 등을 따질 때가 아
>   니다.
> 등지(等地) : 서울, 부산, 대구, 광주, 대전 등지
> 말(末) : 조선 말에는 고려 말과 신라 말과는 다른 양상을 보인다.
> 외(外) : 필기도구 외에는 모두 치워라.
> 내(內) : 수일 내에 범위 내의 일을 마무리해라.
> 하(下) : 이러한 원칙 하에[7]

6. 체언 뒤에서는 접미사로 처리되고, 용언활용형 뒤에서는 의존명
사로 처리되는 유형이 있다.(이 예들은 표준국어대사전은 항상 의존
명사 처리하고 있다. 아래 예의 표기는 표준국어대사전 방식으로 표
기한 것이다. *표 방식으로 적는 방식은 접미사로 처리할 때의 띄어쓰
기이다.)

> 식 : 농담 식으로 얘기하는 등, 그런 식으로 말하면 문제가 생긴다.
>   * 농담식으로

---

7) 표준국어대사전에서는 '하'를 접미사로 처리하고 그 예로 '식민지하, 원칙하, 지도
   하, 지배하' 등을 제시하고 있다.

차 : 수십 차 방문했는데, 전화가 울리던 차는 막 가려던 차였다.

    * 수십차 방문했다.

중 : 여럿 중에 임신 중인 여자는 여행하는 중이었다.

    * 임신중인 여자

간 : 서울과 부산 간 야간 열차가 빠르든지 느리든지 간에 상관하지

    마라.

    * 서울과 부산간에 다니는 열차

들 : 사과, 배, 감 들

상 : 외관상 아무 문제가 없으므로, 사실상 절차상의 문제다.

이러한 것들은 의존명사이냐, 조사이냐, 접미사이냐 아니면 어미의 일부분이냐 하는 것이 문제로 대두되는데, 이들의 구분은 통사적인 것과 의미적인 것을 고려해야 할 것이다.

4.3.2. 단위를 나타내는 의존명사

수사 뒤에 와서 단위를 나타내는 어휘들 역시 의존적이지만, 격조사가 결합하여 주어나 목적어의 구실을 할 수 있으므로 명사로 처리되어 띄어쓰게 된다.[8]

제43항 단위를 나타내는 명사는 띄어 쓴다.

    한 개   차 한 대 금 서 돈

---

8) 이 규정에는 단서 조항이 붙어 있다. 조항은 다음과 같다. 다만, 순서를 나타내는 경우나 숫자와 어울리어 쓰이는 경우에는 붙여 쓸 수 있다.

    두시 삼십분 오초   제일과   삼학년   육층

    1446년 10월 9일   2대대   16동 502호 제 1 실습실

소 한 마리	옷 한 벌	열 살
조기 한 손	연필 한 자루	버선 한 죽
집 한 채	신 두 켤레	북어 한 쾌

4.3.3. 잇거나 열거하는 의존명사(그리고 부사)

열거하는 말의 끝에 사용되는 등, 등등, 등속, 등지 등은 단독으로 사용되지는 못하지만, 격조사가 바로 결합하여 주어나 서술어의 구실을 할 수 있으므로 의존명사로 처리하여 띄어쓴다. 잇거나 열거하는 말들 사이에 사용되는 어휘들은 품사 결정부터 쉬운 일이 아닌데 '대, 겸' 등은 '대하다, 겸하다' 등의 어휘와 고려하여 불완전명사로 처리하고, 그 어원을 정확히 밝히기 곤란한 '내지'는 부사로 처리하여 모두 띄어쓴다. 단지 '와/과'의 경우 이들과 통사적으로는 같은 구실을 하지만 전통적으로 조사로 처리해 왔으므로 이는 앞말에 붙인다.

관련되는 규정은 제 45항이다.

제45항 두 말을 이어 주거나 열거할 적에 쓰이는 다음의 말들은 띄어 쓴다.

국장 겸 과장	열 내지 스물	청군 대 백군
책상, 걸상 등이 있다.	이사장 및 이사들	사과, 배, 귤 등등
사과, 배 등속	부산, 광주 등지	

4.4. 관형사와 문법화 및 어휘화

관형사는 체언(주로 명사) 앞에 놓여서, 그 체언의 내용을 서술하

거나 지시하면서, 그것을 꾸며 주는 품사이다. 격조사는 당연히 붙을
수 없고, 특수조사도 붙지 않고, 어미 활용도 하지 않는다.

> 새 집에서 순 살코기를 먹었다.
> 이 사람과 저 사람은 한국어 선생이다.
> 일본 사람 세 명이 국수 다섯 그릇을 먹는다.

　관형사의 종류에는 위의 '새, 순'과 같이 명사를 수식하여 명사의
상태를 나타내는 성상관형사, '이, 저'와 같이 어떤 대상을 지시하는
지시관형사, 사람이나 사물의 수를 셀 때 사용하는 수관형사로 나뉜
다. 이들은 독립된 품사이면서, 독립된 문장성분이므로 띄어써야 한
다.
　고유어로 된 성상관형사의 몇 예를 제시하면 다음과 같다.

> 갖은 : 갖은 고생을 다했다.
> 딴 : 딴 사람이 딴 행동을 하니 화가 난다.
> 맨[9] ; 맨 먼저 그 산의 맨 꼭대기에 오른 그녀가 맨 가장자리에 있는
> 　　맨 구석자리에 앉아 있다.
> 옛 : 옛 기억과 옛 추억을 더듬어 옛 고향을 찾았는데, 옛 친구의 옛
> 　　모습은 찾을 길 없네
> 오른 : 오른 다리에 있는 오른 무릎이 아프다.
> 왼 : 오른 손아귀로 왼 손목을 잡았다.

---

9) '맨'은 의미에 따라 관형사가 되기도 하고, 접두사가 되기도 한다. '맨 꼭대기'처럼
　'더할 수 없는 지경이나 경지'의 뜻일 때에는 관형사가 되고, '맨눈'처럼 '그것밖에
　없다는 뜻일 때에는 접사가 된다.

첫[10] : 첫 월급과 같은 첫 경험은 첫 만남과 같이 설레는 것이다.

고유어로 된 지시관형사의 몇 예를 들면 다음과 같다.

이 : 이 시대의 이 노래를 부르는 이 사람들
그 : 참 좋았던 그 시절에 어울리던 그 친구들
저 : 저 주전자는 저 냄비의 모양을 본땄어.
이런, 그런, 저런 : 이런 사연과 그런 사연을 가지고 있는 저런 사람
　　　　　　　　　　　　들
어느, 어떤, 무슨 : 어떤 사람이 무슨 일로 어느 방에 갔느냐?

수관형사의 한두 예를 들면 다음과 같다.

금 서 돈, 네 마리, 다섯 개, 한두 개, 서너 마리
삼 학년, 사 년, 오 남매, 일이 학년, 삼사 학년
몇 개, 몇 사람, 모든 경우, 모든 국민, 여러 권, 여러 사람

이들 외에 한 개의 음절로 된 다음의 한자어들도 관형사로 처리된다.

각(各) : 각 가정에서, 각 개인이, 각자의 책임을 다한다.
귀(貴) : 귀 회사의 무궁한 발전을 빕니다.
동(同) : 동 회사의 동 기관에서 달리 처리하였다.

---

10) '첫째'는 명사나 관형사로 사용된다.

본(本)[11] : 본 문제와 관한 본 변호인의 본뜻은 본 회의에서 본고장과
　　　　　관련된 본계약을 체결하자는 것이다.

전(全) : 전 세계에 있는 전 인류의 책임을 지다.

전(前) : 전 시대에 살았던 전 행정부 장관이 행방불명되었다.

제(諸) : 제 단체의 제 비용과 관련된 제 문제를 해결하자.

　그런데 이들 중 일부는 접두사로 기능하거나, 다른 것과 하나의 명사를 구성하여 어근의 일부를 구성하는 경우가 있다. 이런 경우 이들은 붙여써야 한다.

〈접사로 사용되는 경우〉

맨 : 맨눈인 그는 맨발과 맨주먹으로 맨땅에서 일했다.

귀(貴) : 귀금속을 많이 한 귀공자와 귀부인

본(本)[12] : 본뜻, 본고장, 본회의

접사로 사용되는 한자어를 몇 덧붙이면 다음과 같다.

대(對) : 대미관계 대북한 전략

반(反) : 반정부 운동, 반작용, 반비례

반(半) : 반팔과 반바지 옷을 입는다. 반자동, 반죽음.

---

11) 표준국어대사전에는 '본'이 뜻에 따라 관형사 혹은 접사로 처리되어 있다. "어떤 대상이 말하는 이와 직접 관련되어 있음을 나타내는 말."을 뜻할 때는 관형사로 처리된다. '본 협회, 본 회의, 본 변호인, 본 사건' 등

12) '바탕이 되는'의 의미를 가질 때는 붙여쓴다. 그래서 '본회의'와 같이 붙여쓰면 '중요한 바탕이 되느니 회의'(국회 본회의 등)를 뜻하고, '본 회의'처럼 띄어쓰면 '이번 회의'라는 뜻이 된다.

〈어근을 이루는 경우〉
각각이 어근을 이루는 경우는 붙여 쓴다.

> 각자(各字) : 각자 자기의 문제를 해결한다.
>
> 귀중(貴重) : 귀중한 보석은 귀하게 다뤄야지.
>
> 대등(對等) : 대등한 위치에서 대등하게 행동한다.
>
> 동성(同姓) : 동성이고 동시에 동본인 사람들이다.
>
> 반대(反對) : 반대하는 사람은 손 들어라.
>
> 반수(半睡) : 반수에 빠진 듯한 그의 눈은 오히려 매력적이다.
>
> 본래(本來) : 본래부터 있던 본래의 모습으로 돌아가자.
>
> 본의(本意) : 본의대로 해야지
>
> 전생(全生) : 전생에 맺은 인연처럼 소중하게 산다.
>
> 전체(全體) : 전체를 볼 수 있는 시각을 키운다.
>
> 제반(諸般) : 제반 사항을 논의하자

고유어에서도 하나의 단어로 굳어진 다음의 예들은 붙여 쓴다.

> 옛날   오른손 오른쪽
>
> 왼손 왼쪽   이것, 이때
>
> 그것, 그때   저것
>
> 여러분   며칠

여기서 문제는 접두사인 경우와 관형사인 경우 그리고 어근인 경우를 어떻게 구분할 것인가 하는 문제이다. 그 중 한자어에서 어근의 일부를 이루는 경우는 비교적 구분이 쉽다. 둘 다 의존형태소이기 때문에 문법적으로 앞에 있는 성분이 관형사가 될 수도 없고 접두사도 될 수 없기 때문이다.

접사와 관형사를 구분할 수 있는 기준점을 어떻게 설정할 것인가 하는 것이 문제가 된다. 경우의 수는 대략 다음의 네 가지가 될 것이다.[13]

첫째, 통사적인 차이와 의미적인 차이를 동시에 가지고 있을 경우

둘째, 통사적인 차이만 있을 경우

셋째, 의미적인 차이만 있을 경우

넷째, 통사적으로나 의미적으로나 차이가 없을 경우

4.5. 보조용언과 문법(형태소)화

본용언의 구실을 하던 것이 보조용언이 된다는 것은 실사의 문법화를 의미하는 것이다. 문법화의 과정을 겪으면서 실질형태소의 기능을 가지지 못한 것은 독립적이기도 하면서 의존적이기 때문에 둘 다 허용하기로 하는데 제47항이 여기에 해당된다.

제3절 보조 용언

제47항 보조 용언은 띄어 씀을 원칙으로 하되, 경우에 따라 붙여 씀도 허용한다. (ㄱ을 원칙으로 하고, ㄴ을 허용함.)

ㄱ	ㄴ
불이 꺼져 간다.	불이 꺼져간다.

---

13) 이에 대한 자세한 논의는 다른 자리로 미루어 둔다.

내 힘으로 막아 낸다.	내 힘으로 막아낸다.
어머니를 도와 드린다.	어머니를 도와드린다.
그릇을 깨뜨려 버렸다.	그릇을 깨뜨려버렸다.
비가 올 듯하다.	비가 올듯하다.
그 일은 할 만하다.	그 일은 할만하다.
일이 될 법하다.	일이 될법하다.
비가 올 성싶다.	비가 올성싶다.
잘 아는 척한다.	잘 아는척한다.

4.6. 이전체계의 흔적들

문법화의 과정을 진행하고 있지만, 독립적인 단어로 사용되었을 당시에는 특수조사가 결합할 수도 있겠는데, 이 흔적을 유지하고 있을 경우에는 독립적으로 사용될 당시를 고려하여 띄어쓰기로 한다. 47항의 단서 조항이 여기에 해당된다. 단서 조항에 나타나는 '나다, 보다' 등은 문법화의 과정을 겪고 있어서 독립적인 단어로 보기 어려운 면이 있지만 이전에 독립적인 것으로 사용될 때의 흔적으로 앞말에 조사가 붙는 경우 띄어쓰는 것이다. '듯하다, 체하다' 등도 하나의 단어로 사용되는 것으로 인정되지만 이전체계의 흔적으로 조사가 붙을 경우 이전체계의 모습을 허용하는 것이다. '덤벼들어 보아라'의 경우는 앞말이 복합어로서 길기 때문에 보조 용언을 띄어쓰는 것이다.

다만, 앞말에 조사가 붙거나 앞말이 합성 동사인 경우, 그리고 중간에 조사가 들어갈 적에는 그 뒤에 오는 보조 용언은 띄어 쓴다.

잘도 놀아만 나는구나! 책을 읽어도 보고…(앞말에 조사가 붙은 경우)

네가 덤벼들어 보아라. 강물에 떠내려가 버렸다.(앞말이 합성동사인 경우)

그가 올 듯도 하다. 잘난 체를 한다.(중간에 조사가 들어간 경우)

4.7. 하나의 개념이나 사물을 지칭하는 여러 단어

여러 단어로 구성되어 있는 것은 각각의 단어를 띄어쓰는 것이 원칙이지만, 하나의 개념이나 사물을 지칭하는 것은 붙여쓰기도 한다. 고유명사는 '홍'이라는 성과 '길동'이라는 두 개의 단어로 이루어져 있지만 한 사람을 지칭하는 것이기에 붙여쓰고, 호칭어나 지칭어는 하나의 개념이나 사물을 지칭하는 것이기는 하지만 각각이 가지고 있는 개별성이 크다고 인정하여 띄어쓴다. 건물명 등의 고유명사나 전문 용어 등도 각각의 단어가 독립적인 구실을 할 수도 있지만, 전체를 하나의 개체로 볼 수도 있기 때문에 붙여 쓰는 것을 허용한다.

제 4 절 고유 명사 및 전문 용어

제48항 성과 이름, 성과 호 등은 붙여 쓰고, 이에 덧붙는 호칭어, 관직명 등은 떼어 쓴다.

김양수(金良洙) 서화담(徐花潭)   채영신 씨

최치원 선생   박동식 박사   충무공 이순신 장군

다만, 성과 이름, 성과 호를 분명히 구분할 필요가 있을 경우에는 띄어 쓸 수 있다.

남궁억/남궁 억   독고준/독고 준

황보지봉(皇甫芝峰)/황보 지봉

제49항 성명 이외의 고유 명사는 단어별로 띄어 씀을 원칙으로 하
되, 단위별로 띄어 쓸 수 있다.(ㄱ을 원칙으로 하고, ㄴ을 허
용함.)

ㄱ	ㄴ
대한 중학교	대한중학교
한국 대학교 사범 대학	한국대학교 사범대학

제50항 전문 용어는 단어별로 띄어 씀을 원칙으로 하되, 붙여 쓸 수
있다.
(ㄱ을 원칙으로 하고, ㄴ을 허용함.)

ㄱ	ㄴ
만성 골수성 백혈병	만성골수성백혈병
중거리 탄도 유도탄	중거리탄도유도탄

4.8. 숫자의 띄어쓰기

숫자를 쓸 경우에는 '만'단위로 띄어 쓴다. 즉 '만, 억, 조' 및 '경(京),
해(垓), 자(秭)' 단위로 띄어 쓰는 것이다. '삼천이백사십삼조 칠천팔
백육십칠억 팔천구백이십칠만 육천삼백오십사' 혹은 '3243조 7867
억 8927만 6354'로 적는 것이다. 다만 변조의 위험이 있는 숫자에서
는 붙여 쓰는 것을 관례로 허용한다.

일금: 삼십일만오천육백칠십팔원정.

돈: 일백칠십육만오천원임.

제44항 수를 적을 적에는 '만(萬)' 단위로 띄어 쓴다.

십이억 삼천사백오십육만 칠천팔백구십팔

12억 3456만 7898

4.9. 어휘화

수식하는 관형사와 수식을 받는 명사, 그리고 의미의 연관성이 있는 두 개의 부사가 연이어 날 경우에는 하나의 단어로 인식할 수 있고, 어휘화가 될 가능성 크다. 이러한 관계에 있는 것 중 하나의 음절로 구성되어 있는 것은 붙여 쓰는 것을 하용한다. '그'와 '때'가 합쳐져서 하나의 어휘 '그때'가 될 수 있고, '좀'과 '더'가 결합하여 '좀더'가 되는 것도 마찬가지이다. 이와 같이 하나의 의미 단위가 되어 복합어가 될 가능성이 있는 것은 붙여 쓰기도 하는 것이다.

그러나 복합어가 될 가능성이 낮거나 없는 것 즉 하나의 의미 단위가 되기 어려운 것은 붙여 쓰지 않는다. 예를 들어 부사와 형용사가 연이어 날 경우 '더 큰'의 경우에는 수식어와 피수식어의 구조로 '더 작은, 더 높은' 등의 구조 혹은 '많이 큰, 조금 큰' 등의 구절 구조로 작용할 것이기 때문에 붙여 쓰지 않는다. '더 큰 이 새 책상'의 경우 '더 큰, 큰이, 이새'등으로 붙여 쓸 수 없다. 마찬가지로 의미의 유사성이 없는 것도 붙여 쓰지 않는다. '더 못 간다'의 경우 '더'와 '못'은 붙여 쓸 수 없는 것이다.

제46항 단음절로 된 단어가 연이어 나타날 적에는 붙여 쓸 수 있다.

그때 그곳   좀더 큰 것   이말 저말   한잎 두잎

5. 맺는 말

경계를 허문다는 것은 새로운 경계를 만든다는 것을 의미한다. 그리고 단절되지 않은 연속체는 항상 경계 부분에서 소속이 불분명하여 논란의 소지가 있기 마련이다. 띄어쓰기가 문제가 되는 것은 대부분 경계선 상에 놓여 있기 때문이다.

띄어쓰기에 자신있다고 얘기할 수 있는 사람은 대단히 용기있는 사람이라고 할 수 있을 정도로 어려운 문제들을 내포하고 있다. 그것은 바로 변화하고 있는 문법의 해석 문제와 관련되어 있기 때문이다.

가, 의미 중심으로 할 것인가 아니면 형태 중심으로 할 것인가

나, 통시적으로 변화의 과정에 있는 것을 어떻게 해석할 것인가

다, 형태소 분석을 통합적으로(거시적으로) 할 것인가 분석적으로 (미시적으로) 할 것인가

등등의 문제와 관련된 이론적인 문제는 관련 학계에서 지속적으로 논의되기를 바란다.

한글맞춤법의 '제6장 그밖의 것'

본 장은 〈한글맞춤법 제6장 그밖의 것〉을 다루기 위한 것이다. 한글맞춤법 제6장은 두 말을 구분해서 표기해야 하지만, 표기의 원칙이나 규칙으로 설명하기 어려운 것들을 모아 놓은 것이다. 제51항과 네 56항까지를 하나로 묶어 〈원칙으로 설명하기 어려운 것들〉로 묶고, 제57항을 하나로 하여 설명하고자 한다.

1. 원칙으로 설명하기 어려운 것들

1.1. 접미사 '-이'와 '-히'의 구분

원칙으로 설명하기 어려운 유형의 하나로 접미사 '-이'와 '-히'의 구분에 관한 내용이 제 51항이다.

제51항 부사의 끝음절이 분명히 '이'로만 나는 것은 '-이'로 적고, '히'로만 나거나 '이'나 '히'로 나는 것은 '-히'로 적는다.

1. '이'로만 나는 것

가붓이	깨끗이	나붓이	느긋이	둥긋이
따뜻이	반듯이	버젓이	산뜻이	의젓이
가까이	고이	날카로이	대수로이	번거로이
많이	적이	헛되이	겹겹이	번번이
일일이	집집이	틈틈이		

2. '히'로만 나는 것

극히	급히	딱히	속히	작히
족히	특히	엄격히	정확히	

3. '이, 히'로 나는 것

솔직히	가만히	간편히	나른히	무단히
각별히	소홀히	쓸쓸히	정결히	과감히
꼼꼼히	심히	열심히	급급히	답답히
섭섭히	공평히	능히	당당히	분명히
상당히	조용히	간소히	고요히	도저히

'이'나 '히'로 발음되거나 '히'로만 발음되는 것은 'ㅎ'로 표기하는데 이렇게 표기하는 것은 비교적 간단하게 설명될 수 있으므로 이를 먼저 설명하기로 한다.

(1) '히'로 적는 것는 '-하다'가 붙는 것과 예외적인 것 몇 가지이다.

① '-하다'가 붙는 어근 뒤에는 'ㅅ' 받침을 제외하고 모두 '히'로 적는다.

(파열음 뒤)	극히	딱히	속히	
		급히	답답히	
(비음 뒤)	간편히	나른히	무단히	
		공평히	능히	
		과감히	꼼꼼히	열심히
(모음 뒤)	고요히	도저히		

본항에서 제시된 단어 중, '도저히, 무단히, 속히, 열심히' 등은, '-하다'가 결합한 형태가 널리 사용되지는 않지만, '도저(到底)하다, 무단(無斷)하다, 속(速)하다, 열심(熱心)하다' 등이 사전에서 다루어지고 있다.

② 이외에 '히'가 결합하여 부사를 형성하고 발음이 굳어져 있는 것는 '히'로 표기한다.

익히   특히   작히

'익히'의 뜻과 용례는 다음과 같다.
(뜻) (1) 어떤 일을 여러 번 해 보아서 서투르지 않게.(용례)
¶나의 돈줄은 물론이거니와 그 보수를 받는 날짜까지도 익히 꿰차고 있는 터였다.≪김원우, 짐승의 시간≫/익히 다닌 길이라 어둠 속에

서도 그는 대중으로 더듬어 나갔다.≪유주현, 대한 제국≫

「2」어떤 대상을 자주 보거나 겪어서 처음 대하는 것 같지 않게.¶우리는 익히 알고 지내는 사이다./그의 천재성은 소문으로 익히 들어 알고 있다.

'특히'의 뜻과 용례는 다음과 같다.

(뜻) 보통과 다르게.(용례)

¶특히 퇴근 시간에는 다른 때보다 차가 많이 밀린다./이 문제는 특히 해결하기가 어렵다./나는 과일 중에서도 특히 사과를 좋아한다./그는 더덕구이가 특히 감칠맛 있어서 그것만 해서 밥 한 사발을 비웠다.≪박완서, 오만과 몽상≫/제주 삼읍 중 특히 가뭄이 심한 대정 고을은 아예 보리농사를 파장 보고 말았다는 소문이었다.≪현기영, 변방에 우짖는 새≫

'작히'의 뜻과 용례는 다음과 같다.

(뜻) (주로 의문문에 쓰여)'어찌 조금만큼만', '얼마나'의 뜻으로 희망이나 추측을 나타내는 말. 주로 혼자 느끼거나 묻는 말에 쓰인다. (용례)

¶그렇게 해 주시면 작히 좋겠습니까?/나쁜 놈들이 해코지를 하려 했다니 마님께서 작히 놀라셨습니까?

이외에는 모두 '이'가 결합하는데 그 예들을 분류하면 다음과 같다.(이 예들은 국립국어원의 한글맞춤법 해설을 기초로 하여, 순서를 조정하고 표현을 조금 고치고 예를 한두 가지 첨가한 것이다.)

(2) '이'로 적는 것은 다음의 경우들이다.

① (첩어 또는 준첩어인) 명사에 부사화접미사가 결합하는 경우

간간이	겹겹이	골골샅샅이	곳곳이	길길이
나날이	다달이	땀땀이	몫몫이	번번이
샅샅이	알알이	앞앞이	줄줄이	짬짬이
철철이				

② 'ㅂ' 불규칙 용언에 부사화접미사가 결합하는 경우

가벼이	괴로이	기꺼이	너그러이	부드러이
새로이	쉬이	외로이	즐거이	고이
날카로이	대견스러이			

③ '-하다'가 붙는 어간 중 'ㅅ' 받침으로 끝나는 어간에 부사화접미사가 결합하는 경우

기웃이	나긋나긋이	남짓이	뜨뜻이	버젓이
번듯이	빠듯이	지긋이		

④ '-하다'가 붙지 않는 용언 어간에 부사화 접미사가 결합하는 것

같이	굳이	길이	깊이	높이
많이	실없이	적이	헛되이	

⑤ 부사 뒤(제25항 2 참조.)

곰곰이	더욱이	생긋이	오뚝이	일찍이	히죽이

1.2. 두 가지 발음(속음과 본음)으로 나는 한자어

한자어에서 두 종류의 발음을 인정하는 경우가 제52항과 관련된 것이다.

제52항 한자어에서 본음으로도 나고 속음으로도 나는 것은 각각 그 소리에 따라 적는다.

(본음으로 나는 것)	(속음으로 나는 것)
승낙(承諾)	수락(受諾), 쾌락(快諾), 허락(許諾)
만난(萬難)	곤란(困難), 논란(論難)
안녕(安寧)	의령(宜寧), 회령(會寧)
분노(忿怒)	대로(大怒), 희로애락(喜怒哀樂)
토론(討論)	의논(議論)
오륙십(五六十)	오뉴월, 유월(六月)
목재(木材)	모과(木瓜)
십일(十日)	시방정토(十方淨土), 시왕(十王), 시월(十月)
팔일(八日)	초파일(初八日)

한자가 가지고 있는 본래의 음을 본음이라 하고, 본음이 아니지만 널리 관용으로 사용되는 것을 속음이라 한다. 본음과 달리 현재 많은 사람들이 사용하고 있는 속음은 그 변화의 과정을 설명하기 어려운 경우가 많은데, 그렇다 하더라도 모두 발음하는 대로 표기한다.

본 항에서 제시되고 있는 예들을 다시 정리하면 다음과 같다.

(1) 'ㄴ'에서 변화한 'ㄹ'을 인정해 주는 것

　　승낙(承諾) : 수락(受諾), 쾌락(快諾), 허락(許諾)

　　만난(萬難) : 곤란(困難), 논란(論難)

　　안녕(安寧) : 의령(宜寧), 회령(會寧)

　　분노(忿怒) : 대로(大怒), 희로애락(喜怒哀樂)

이들 한자의 본래 음은 초성에 'ㄴ'을 가지고 있는 '낙(諾), 난(難), 녕(寧), 노怒)' 등이었다. 그런데 여기 예에서처럼 이들이 'ㄹ'을 초성으로 가지고 있는 속음으로 두루 발음되고 있기 때문에 이들을 허용하는 것이다.

아래의 예들도 본음외에 두루 사용되고 있는 음을 표준으로 인정하는 것들이다.

(2) 'ㄹ'에서 변화한 'ㄴ'을 인정해 주는 것

　　토론(討論) : 　　　의논(議論)

　　오륙십(五六十) : 오뉴월,

(3) 'ㄱ'이 탈락한 것을 인정해 주는 것

　　육십(六十) : 유월(六月)

　　목재(木材) : 모과(木瓜)

(4) 'ㅂ'이나 'ㄹ'이 탈락한 것을 인정해 주는 것

　　십일(十日) : 시방정토(十方淨土), 시왕(十王), 시월(十月)

　　팔일(八日) : 초파일(初八日)

이 밖에 불교 용어에서 특이한 음을 가지는 것도 있고,

> 보리(菩提)불교 최고의 이상인 불타 정각의 지혜 : 제공(提供)
> 보시(布施)(자비심으로 남에게 재물이나 불법을 베풂) : 공포(公布)
> 도량(道場)(불도를 닦는 깨끗한 마당) : 도장(道場)

일상 용어에서도 두 개 이상의 음을 가지는 경우가 있다.

> 댁내(宅內)/자택(自宅)　　　모란(牧丹)/단심(丹心)
> 통찰(洞察)/동굴(洞窟)　　　사탕(砂糖), 설탕(雪糖)/당분(糖分)

이들은 모두 현실적으로 널리 쓰이고 있으므로 모두 발음하는 음대로 표기하는 것이다.

1.3. 예사소리로 적는 어미

두 개의 소리 즉 된소리로 나기도 하고 평음으로 나기도 하는 어미 중 평음 즉 예사소리로 적는 경우가 제53항이다.

제53항 다음과 같은 어미는 예사소리로 적는다.(ㄱ을 취하고, ㄴ을 버림.)

ㄱ	ㄴ	ㄱ	ㄴ
- (으)ㄹ거나	-(으)ㄹ꺼나	- (으)ㄹ지니라	- (으)ㄹ찌니라
- (으)ㄹ걸	- (으)ㄹ껄	- (으)ㄹ지라도	- (으)ㄹ찌라도

- (으)ㄹ게	- (으)ㄹ께	- (으)ㄹ지어다	- (으)ㄹ찌어다
- (으)ㄹ세	- (으)ㄹ쎄	- (으)ㄹ지언정	- (으)ㄹ찌언정
- (으)ㄹ세라	- (으)ㄹ쎄라	- (으)ㄹ진대	- (으)ㄹ찐대
- (으)ㄹ수록	- (으)ㄹ쑤록	- (으)ㄹ진저	- (으)ㄹ찐저
- (으)ㄹ시	- (으)ㄹ씨	- 올시다	- 올씨다
- (으)ㄹ지	- (으)ㄹ찌		

다만, 의문을 나타내는 다음 어미들은 된소리로 적는다.

    - (으)ㄹ까?   - (으)ㄹ꼬?   - (스)ㅂ니까?
    - (으)리까?   - (으)ㄹ쏘냐?

된소리로 발음되기도 하고 평음으로 발음되기도 하는 어미 표기의 일관성에 관한 조항이다. 즉 'ㄹ' 뒤에서는 어미의 초성이 된소리로 조음되지만([할꺼나], [할껄], [할찌라도] 등), 그 외의 형식에서는 된소리로 조음되지 않기 때문에, 즉 모음 뒤에서는 평음으로 조음되고([보거나] [마시거나]), 'ㅎ' 뒤에서는 'ㅎ'과 축약하여 거센소리로 조음되고(않거나 → [안커나]), 'ㄴ' 뒤에서는 평음으로 조음되는(많은 걸[걸] 좋은 걸[걸] 간걸[걸], 가는지[지] 오는지[지] 마는지[지]), 어미들은 어미 표기의 일관성을 위해 평음으로 고정시켜 표기하는 것이다.

〈다만〉은 항상 된소리로 소리나는 것은 된소리로 표기해 주기 위한 것이다. 의문형 어미는 'ㄹ' 뒤에서뿐만 아니라 '-나이까 -더이까

-리까 ㅂ니까/-습니까 ㅂ디까/-습디까)처럼 모음 뒤에서도 된소리로 조음된다. 이들의 경우는 평음으로 표기할 이유가 없기 때문에 모두 된소리로 표기하는 것이다.

여기서 주의할 것은 의문형어미 '-ㄴ가'이다. 아래 예에서 보듯이

그게 정말인가 아닌가?
너는 지금 어디가 아픈가?
아버님은 요즘 어디 편찮으신가?

항상 'ㄴ가' 형태로 사용되면서 평음으로 발음되고 있는 것이다. 그래서 이 형태는 'ㄴ가'로 고정된 것으로 보고 발음하는 대로 적는 것이다.

1.4. 된소리로 적는 접미사

된소리로 발음되는 접미사 중에서 된소리로 표기하는 예들은 54항에서 기술하고 있다.

제54항 다음과 같은 접미사는 된소리로 적는다.(ㄱ을 취하고, ㄴ을 버림.)

ㄱ	ㄴ	ㄱ	ㄴ
심부름꾼	심부름군	귀때기	귓대기
익살꾼	익살군	볼때기	볼대기

일꾼	일군	판자때기	판잣대기
장꾼	장군	뒤꿈치	뒷굼치
장난꾼	장난군	팔꿈치	팔굼치
지게꾼	지게군	이마빼기	이맛배기
때깔	땟깔	코빼기	콧배기
빛깔	빛갈	객쩍다	객적다
성깔	성갈	겸연쩍다	겸연적다

(1) 접사 '-꾼'에 대해 표준국어대사전에는 다음과 같이 설명하고 있다. ((일부 명사 뒤에 붙어))

「1」'어떤 일을 전문적으로 하는 사람' 또는 '어떤 일을 잘하는 사람'의 뜻을 더하는 접미사.

¶ 모사꾼/살림꾼/소리꾼/심부름꾼/씨름꾼/장사꾼.

「2」'어떤 일을 습관적으로 하는 사람' 또는 '어떤 일을 즐겨 하는 사람'의 뜻을 더하는 접미사.

¶ 낚시꾼/난봉꾼/노름꾼/말썽꾼/잔소리꾼/주정꾼.

「3」'어떤 일 때문에 모인 사람'의 뜻을 더하는 접미사.

¶ 구경꾼/일꾼/장꾼/제꾼.

「4」'어떤 일을 하는 사람'에 낮잡는 뜻을 더하는 접미사.

¶ 과거꾼/건달꾼/도망꾼/뜨내기꾼/마름꾼/머슴꾼.

「5」'어떤 사물이나 특성을 많이 가진 사람'의 뜻을 더하는 접미사.

¶ 건성꾼/꾀꾼/덜렁꾼/만석꾼/재주꾼/천석꾼.

이 접사는 항상 [꾼]으로만 조음되기 때문에 현실적인 발음대로 된소리로 표기하는 것이다.

(2) 접사 '-깔'에 대해서는 표준국어대사전에는 다음과 같이 설명하고 있다.

> 「접사」((몇몇 명사 뒤에 붙어))
> '상태' 또는 '바탕'의 뜻을 더하는 접미사.
> ¶맛깔/빛깔/성깔.

이 접사 역시 항상 된소리 [깔]로만 조음되기 때문에 현실적인 발음대로 된소리로 표기하는 것이다. 이들외에 '태깔, 색깔' 등도 포함된다.

(3) 접사 '-때기'에 대해서 표준국어대사전에는 다음과 같이 설명하고 있다.

> 「접사」((몇몇 명사 뒤에 붙어)) '비하'의 뜻을 더하는 접미사.
> ¶배때기/귀때기/볼때기/이불때기/송판때기/표때기.

이 접사 역시 항상 된소리로 조음되므로 발음하는 대로 적는다.

(4) 접사 '-꿈치' 역시 항상 [꿈치]로 조음되므로 조음되는 대로 '꿈치'로 적는다.

발꿈치   팔꿈치   발뒤꿈치

(5) '-배기 / -빼기'는 두 가지 발음이 다 있어 혼동하기 쉬운 접사

이다. 우선 표준국어대사전의 설명을 보면 다음과 같이 구분되어 있
는데,

〈배기〉 접사」

「1」((어린아이의 나이를 나타내는 명사구 뒤에 붙어))'그 나이를 먹
은 아이'의 뜻을 더하는 접미사.

¶두 살배기/다섯 살배기.

「2」((몇몇 명사 뒤에 붙어))'그것이 들어 있거나 차 있음'의 뜻을 더
하는 접미사.

¶나이배기.

「3」((몇몇 명사 뒤에 붙어))'그런 물건'의 뜻을 더하는 접미사.

¶공짜배기/대짜배기/진짜배기.

〈빼기〉「접사」((몇몇 명사 뒤에 붙어))

「1」'그런 특성이 있는 사람이나 물건'의 뜻을 더하는 접미사.

¶곱빼기/밥빼기/악착빼기.

「2」'비하'의 뜻을 나타내는 접미사.

¶앍둑빼기/외줄빼기/코빼기.

이 설명을 현실적인 표기에 적용하기는 어렵다. 이것의 구분은 현
실적인 발음이므로 발음을 익혀서 표기에 반영해야 할 것이다.

첫째, [배기]로 발음되는 접사는 '배기'로 적는데 예는 다음의 것들
이다.

귀퉁배기   나이배기   대짜배기   육자배기 (六字-)

주정배기(酒酊-) 포배기   혀짤배기

둘째, [빼기]로 발음되는 접사는 모두 '빼기'로 적는다.

고들빼기	그루빼기	대갈빼기	머리빼기
재빼기 [嶺頂]	곱빼기	과녁빼기	언덕빼기
밥빼기	악착빼기	앍둑빼기	앍작빼기
억척빼기	얽둑빼기	얽빼기	얽적빼기

　여기서 주의할 것은 '뚝배기'와 '학배기[蜻幼蟲]'의 표기이다. '뚝배기'는 "찌개 따위를 끓이거나 설렁탕 따위를 담을 때 쓰는 오지그릇"을 뜻하고, '학배기'는 "잠자리의 애벌레를 이르는 말"이다. 이들은 발음이 [뚝빼기], [학빼기]로 된소리로 조음되지만 평음으로 표기하는데, 그 이유는 이들은 '-배기'라는 접사와 결합한 형태가 아니기 때문이다. 즉 이들은 '뚝+배기'나 '학+배기'로 형태소 분석될 수 있는 복합어가 아니고 하나의 형태소로 구성된 단어이기 때문이다. 형태와 발음이 접사 '-배기'와 유사하지만 전혀 다른 어원이기 때문이다. 이를 평음으로 표기하는 근거는 '한글맞춤법 제5항의 다만 조항이다.

　6) '-적다 / -쩍다' 역시 두 가지의 표기가 다 있어 혼동될 수 있는 접사인데 이들의 구분에 대해 국립국어원 해설집에는 다음과 같이 설명되고 있다.

　첫째, [적다]로 발음되는 경우는 '적다'로 적고,

괘다리적다	괘달머리적다	딴기적다	열퉁적다

　둘째, '적다[少]'의 뜻이 유지되고 있는 합성어의 경우는 '적다'로 적으며,

맛적다(맛이 적어 싱겁다)

셋째, '적다[少]'의 뜻이 없이, [쩍다]로 발음되는 경우는 '쩍다'로 적는다.

맥쩍다   멋쩍다   해망쩍다   행망쩍다

1.5. 구분하기 어려운 말의 단일화

두 가지 이상으로 구분하여 적지만 실제적인 사용에서 구분하기 어려운 말들을 하나의 형태로 통일하여 적는 것은 제55항에서 기술하고 있다.

제55항 두 가지로 구별하여 적던 다음 말들은 한 가지로 적는다.(ㄱ을 취하고, ㄴ을 버림.)

ㄱ	ㄴ
맞추다(입을 맞춘다. 양복을 맞춘다.)	마추다
뻗치다(다리를 뻗친다. 멀리 뻗친다.)	뻐치다

이전에 '마추다'와 '맞추다'를 구분하던 것을 하나로 통일한 것이다. 실질적인 발음에 차이가 없어 구분하여 표기하기가 어렵기 때문에 하나로 통일한 것이다. '맞추다'의 용례는 대채로 다음과 같다.(표준국어대사전에서 발췌하여 옮긴 것이다.)

[1]【…을 …에】【…을 (…과)】(('…과'가 나타나지 않을 때는 여럿임

을 뜻하는 말이 목적어로 온다))

　서로 떨어져 있는 부분을 제자리에 맞게 대어 붙이다.

　¶문짝을 문틀에 맞추다/떨어져 나간 조각들을 제자리에 잘 맞춘 다음에 접착제를 사용하여 붙였더니 새것 같았다.∥깨진 조각을 본체와 맞추어 붙이다/나는 이 많은 부품 중에서 이것을 무엇과 맞추어야 하는지 막막하기만 했다.∥분해했던 부품들을 다시 맞추다/그는 부러진 네 가닥의 뼈를 잡고 그것을 맞추기 시작했다.≪김성일, 비워 둔 자리≫

　[2]【(…과)…을】【…을 (…과)】(('…과'가 나타나지 않을 때는 여럿임을 뜻하는 말이 주어나 목적어로 온다))

　「1」((주로 '보다'와 함께 쓰여))둘 이상의 일정한 대상들을 나란히 놓고 비교하여 살피다.

　¶나는 가장 친한 친구와 답을 맞추어 보았다./여자 친구와 다음 주 일정을 맞추어 보았더니 목요일에만 만날 수 있을 것 같다.∥시험이 끝나면 아이들은 서로 답을 맞추어 보느라고 정신이 없었다./우리들은 다음 달 일정을 맞추어 보고 나서 여행 계획을 짜기로 했다.∥그는 시험지를 정답과 맞추어 보고 나서 흐뭇한 표정을 지었다./김 부장은 물품을 물품 대장과 일일이 맞추어 확인해 보는 일이 주된 업무이다.∥사장은 매일 그날 작성된 장부들을 서로 맞추어 보고 나서 퇴근을 한다./그 형사는 용의자들이 쓴 진술서를 맞추어 보고 나서 누군가 거짓말을 하고 있다고 생각했다.

　「2」서로 어긋남이 없이 조화를 이루다.

　¶다른 부서와 보조를 맞추다/반장 오재철이와 신 참위는 앞뒤로 서서 행군의 자세를 교정해 가며 구령을 불러서 발을 맞추게 한다.≪이기영, 봄≫∥우리는 합숙을 하면서 서로 마음을 맞추었다.∥그는 항상 자신의 의견을 아내의 의견과 맞추려고 노력한다.∥아내는 집 안에 있

는 모든 물건들의 색깔을 서로 잘 어울리게 맞추고 싶어 했다./군인들
은 보초 교대를 하기 전에는 반드시 암호를 맞추어야 한다.

[3]【…을 …에/에게】

「1」어떤 기준이나 정도에 어긋나지 아니하게 하다.

¶원고를 심사 기준에 맞추다/시간에 맞추어 전화를 하다/그는 대
학 선택을 점수보다는 자신의 적성에 맞추기로 했다./어머니는 아버지
에게 맞추어 음식을 하셨다./너희들이 내 노래에 맞추어 가야금을 타
고 해금을 켜라.≪박종화, 금삼의 피≫

「2」어떤 기준에 틀리거나 어긋남이 없이 조정하다.

¶카메라의 초점을 아내에게 맞추다/시곗바늘을 5시에 맞추다/주파
수를 지역 방송에 맞추다/타이머를 30분에 맞추다.

[4]【…을】

「1」일정한 수량이 되게 하다.

¶화투짝을 맞추다/인원을 맞추다.

「2」열이나 차례 따위에 똑바르게 하다.

¶줄을 맞추다/일련번호를 맞추어 정리하다.

「3」다른 사람의 의도나 의향 따위에 맞게 행동하다.

¶비위를 맞추다/그는 아내의 기분을 맞추기 위해 주말마다 영화를
보러 갔다./그녀는 시어머니의 감정을 맞추려고 노력했으나 그 일은
애초부터 불가능한 것이었다./숨을 제대로 쉬면서 살아가려면 그들의
비위를 맞추고 그들의 손발 노릇을 착실하게 하지 않으면 안 되는 것
이다.≪한승원, 해일≫

「4」약속 시간 따위를 넘기지 아니하다.

¶사람들과의 약속 시간을 맞추려면 지금 길을 나서야 한다./나는
그녀와의 약속 시간을 제대로 맞춘 적이 없어서 늘 그녀에게 미안한

마음을 가지고 있다.

「5」일정한 규격의 물건을 만들도록 미리 주문을 하다.

¶구두를 맞추다/안경을 맞추다/양복을 맞추다.

[5]【…에/에게 …을】【(…과)…을】(('…과'가 나타나지 않을 때는 여 럿임을 뜻하는 말이 주어로 온다))

다른 어떤 대상에 닿게 하다.

¶아내에게 입을 맞추다/이 부족은 손님의 코에 자신의 코를 맞추는 것이 고유의 인사법이다./나 같으면 그런 남편만 있으면 그야말로 날 마다 머리를 풀어서 발을 씻고 발바닥에 입을 맞추겠다.≪이광수, 흙≫ //아이는 아버지와 입술을 맞추는 것을 좋아했다./아이가 외계인과 서 로 손가락을 맞추고 있는 모습은 매우 유명한 영화의 한 장면이다.// 그 연인들은 사귄 지가 벌써 일 년이 넘었는데도 아직 입을 맞추지 않 았다고 한다./그 두 꼬마는 서로 손가락을 맞춘 채 무언가를 중얼거렸 다./그는 두 손바닥을 조심스럽게 맞춘 후에 기도를 하기 시작했다.

※ '퀴즈의 답을 맞추다.'는 옳지 않고 '퀴즈의 답을 맞히다.'가 옳은 표현이다. '맞히다'에는 '적중하다'의 의미가 있어서 정답을 골라낸다 는 의미를 가지지만 '맞추다'는 '대상끼리 서로 비교한다.'는 의미를 가 져서 '답안지를 정답과 맞추다.'와 같은 경우에만 쓴다.

'뻗치다' 역시 '뻐치다'와 '뻗치다'로 구분하던 것을 하나로 통일한 것이다. 용례를 옮겨 보면 다음과 같다.

「1」【(…을) …으로】'뻗다「1」'를 강조하여 이르는 말. '벋치다「1」'보다 센 느낌을 준다.

¶물줄기가 위로 시원하게 뻗치는 분수대//덩굴장미가 가지를 이웃

집 담까지 뻗쳤다.

「2」【…으로】'뻗다「2」'를 강조하여 이르는 말. '벋치다「2」'보다 센 느낌을 준다.

¶태백산맥은 남북으로 길게 뻗쳐 있다./장례 행렬은 멀리 오 리 밖까지 뻗치고 있다.

「3」【(…을) …에/에게】【(…을) …으로】'뻗다「3」'를 강조하여 이르는 말. '벋치다「3」'보다 센 느낌을 준다.

¶기운이 온몸에 뻗치다/급진 사상이 젊은이들에게 뻗치다∥젊은 연예인들의 화려함은 방송 매체에 대한 환상을 청소년들에게 급속하게 뻗치는 주된 원인이다.∥태풍이 전 지역으로 뻗쳤다.∥정부는 21세기에 대한 희망과 꿈을 모든 계층으로 뻗칠 수 있는 방안을 고심하고 있다.

「4」【…을】'뻗다「4」'를 강조하여 이르는 말. '벋치다「4」'보다 센 느낌을 준다.

¶그는 사지를 뻗치고 누웠다.

「5」【…을 …에/에게】【…을 …으로】'뻗다「5」'를 강조하여 이르는 말. '벋치다「5」'보다 센 느낌을 준다.

¶두 팔을 나에게 뻗쳐라.∥다리를 문 쪽으로 뻗치다.

1.6. '더'와 '드'의 구분

제56항 '- 더라, - 던'과 '- 든지'는 다음과 같이 적는다.

1. 지난 일을 나타내는 어미는 '- 더라, - 던'으로 적는다.(ㄱ을 취하고, ㄴ을 버림.)

쓰든지 몰라.

2. 물건이나 일의 내용을 가리지 아니하는 뜻을 나타내는 조사와
어미는 '(-)든지'로 적는다.(ㄱ을 취하고, ㄴ을 버림.)

ㄱ	ㄴ
배든지 사과든지 마음대로 먹어라	배던지 사과던지 마음대로 먹어라.
가든지 오든지 마음대로 해라.	가던지 오던지 마음대로 해라.

'더'와 '드'의 구분은 발음과 형태가 비슷하기 때문에 혼란을 일으키
기 쉬운데 이들의 구분은 간단하다. 즉 '과거 회상'이라는 시제를 나
타내는 선어말어미이므로 이러한 뜻이 포함되어 있으면 '더'가 있는
형태를 쓰고 그렇지 않으면 '드' 형을 쓰면 된다. 그런데 어미에 '드'가
사용되는 것은 '든(지)'밖에 없으므로 구체적인 구별은 '던지'와 '든
지'를 구별하면 된다.

(1) 우선 선어말어미 '더'가 결합한 어미를 제시하면 다음과 같다.
　-더구나　　-더구려　　-더구먼　　-더군　　-더냐
　-더니　　　-더니라　　-더니만　　-더라　　-더라도
　-더라면　　-던　　　　-던가　　　-던걸　　-던고
　-던데　　　-던들　　　-던지

(2) '-던(지)'와 '든(지)'의 구분은 다음과 같다.
① '-던'은 선어말어미 '더'에 관형형어미 'ㄴ'이 첨가한 것이고, '-
든'은 '든지'의 생략형이다.

아카시아 흰 꽃이 피던 곳   어렸을 때 놀던 곳
어제 먹던 밥   가든(지) 말든(지) 마음대로 해
많든(지) 적든(지) 관계없다.

② '더'가 포함된 문장은 과거의 사실을 나타내고, '드'가 포함된 문장은 선택을 나타낸다.

그때 먹던지 자던지 생각이 안 난다.
그가 집에 있었던지 없었던지 알 수 없다.
지금 먹든(지) 말든(지) 마음대로 해라
잘했든(지) 못했든(지) 관계없다.

③ '던지'는 선어말어미 '더'에 어말어미 'ㄴ지'가 결합한 것이고, '든지'는 전체가 하나의 선어말어미이다. 그래서 '던지'는 '더+ㄴ지'로 분석될 수 있고, '든지'는 분석될 수 없다. 그래서 '더'는 다른 선어말어미와 대체될 수 있는데 '드'는 그것이 불가능하다.

그때 먹던지 자던지 생각이 안 난다.
→ 그때 먹었는지 잤는지 생각이 안 난다.
그가 집에 있었던지 없었던지 알 수 없다.
→ 그가 집에 있었는지 없었는지 알 수 없다.
지금 먹든(지) 말든(지) 마음대로 해라
→ ?
잘했든(지) 못했든(지) 관계없다.
→ ?

2. 비슷하거나 같은 발음을 달리 표기하는 어휘들

제57항 다음 말들은 각각 구별하여 적는다.

우리말은 유형론적으로 교착어이기 때문에 하나의 어근이나 어간에 다양한 종류의 어미나 접사 등이 결합할 수 있다. 그래서 하나의 형태소가 음운론적인 환경에 따라 다양한 발음을 가지기 일쑤다.

그리고 우리의 한글맞춤법은 형태소의 기본형을 밝히는 것을 원칙으로 하고 있기 때문에 발음과 상이한 표기를 가지는 경우가 많다.

한글맞춤법 제57항은 비슷하거나 동일한 발음이지만, 표기를 달리하는 어휘들을 모아 놓았다. 여기서는 이 예들을 다룬다. 앞의 머리말에서 언급했지만, 여기에 제시되는 뜻풀이와 예문은 거의 대부분 국립국어원의 〈표준국어대사전〉에서 옮겨 온 것이다. 〈표준국어대사전〉에 없는 내용은 저자가 첨가하였다.

2.1. '가름'과 '갈음'

가름	둘로 가름.
갈음	새 책상으로 갈음하였다.

'가름'은 '나누다'라는 뜻을 가진 '가르다'라는 동사의 명사형이고, '갈음'은 '바꾸다'라는 뜻을 가진 '갈다'라는 동사의 명사형이다.

〈가름〉

[뜻] 쪼개거나 나누어 따로따로 되게 하는 일.

¶ 차림새만 봐서는 여자인지 남자인지 가름이 되지 않는다.

〈갈음〉

[뜻] 다른 것으로 바꾸어 대신함.

¶ 갈음옷(일한 뒤나 외출할 때 갈아입는 옷)

〈갈음-하다〉

[뜻] 다른 것으로 바꾸어 대신하다.

¶ 여러분과 여러분 가정에 행운이 가득하기를 기원하는 것으로 치사를 갈음합니다.

2.2. '거름'과 '걸음'

거름	풀을 썩인 거름.
걸음	빠른 걸음.

'거름'은 식물이 잘 자라게 하는 비료의 일종이고, '걸음'은 '걷다'의 명사형이다.

〈거름〉

[뜻] 식물이 잘 자라도록 땅을 기름지게 하기 위하여 주는 물질. 똥, 오줌, 썩은 동식물, 광물질 따위가 있다.

¶ 거름 구덩이/거름을 뿌리다/거름을 치다/거름을 주다/날이 새면

농부들은 일찍부터 밭에 거름을 내고 아낙들은 봄 길쌈에 여념이 없고 소년들은 쇠죽을 쑤고….≪박경리, 토지≫

〈거름-하다〉

[뜻] 거름을 주다.

¶ 칡덩굴을 볼 때 그걸 베어다 거름할 것만 생각하지 말고 달리 더 유용하게 이용할 방법을 궁리해 보라고 했다.≪송기숙, 자랏골의 비가≫ // 농부들은 농번기가 되기 전에 논밭에 거름하느라 여념이 없다.

〈걸음〉

[뜻] 「1」두 발을 번갈아 옮겨 놓는 동작.

¶ 급한 걸음/빠른 걸음으로 걷다/걸음을 재촉하다.

「2」일정한 방향으로 나아가는 움직임.

¶ 걸음을 돌리다/겨울이 빠른 걸음으로 다가온다.

「3」나아가는 기회.

¶ 우체국에 가는 걸음이 있거든 이 편지도 부쳐라.

2.3. '거치다'와 '걷히다'

거치다	영월을 거쳐 왔다.
걷히다	외상값이 잘 걷힌다.

'거치다'는 '지나가다'라는 뜻을 가진 동사이고, '걷히다'는 '거두어 들이다'라는 의미를 가지고 있는 '걷다'의 피동형이다.

〈거치다〉

[뜻] 「1」무엇에 걸리거나 막히다.

¶ 칡덩굴이 발에 거치다.

「2」마음에 거리끼거나 꺼리다.

¶ 가장 어려운 문제를 해결했으니 이제 특별히 거칠 문제는 없다.

「3」오가는 도중에 어디를 지나거나 들르다.

¶ 대구를 거쳐 부산으로 가다.

「4」어떤 과정이나 단계를 겪거나 밟다.

¶ 학생들은 초등학교부터 중학교, 고등학교를 거쳐 대학에 입학하게 된다.

「5」검사하거나 살펴보다.

¶ 일단 기숙사 학생들의 편지는 사감 선생님의 손을 거쳐야 했다./ 가계비는 말할 것 없고 자질구레한 푼돈마저도 할아버지의 손을 거치게끔 돼 있는 것이다.≪황순원, 신들의 주사위≫

〈관용구/속담〉

거칠 것이 없다

「1」일이 순조로워서 막힘이 없다.

¶ 그 행사는 모든 회원이 협조하여 거칠 것이 없이 진행되었다.

「2」사람을 대함에 있어 아무런 거리낌이 없다.

¶ 그는 이제 어떤 사람을 만나더라도 거칠 것이 없는 유능한 영업 사원이 되었다.

〈걷히다〉

[뜻] 「1」'걷다 : 구름이나 안개 따위가 흩어져 없어지다.'의 피동사.

¶ 안개가 걷히다/이제 양털 구름은 말짱히 걷혀 버려 산마루 뒤로 물러앉아 있었다.≪김원일, 불의 제전≫/온기를 받아 뿌옇게 서렸던 등피의 습기가 걷히며 방 안이 밝아 왔다.≪한수산, 유민≫

「2」'걷다 : 비가 그치고 맑게 개다'의 피동사.

¶ 대운동회마저 지나고 나니 웅성대던 고을 거리는 장마 걷힌 뒤인 것처럼 갑자기 쓸쓸해졌다.≪김남천, 대하≫/이윽고 붉게 물들었던 동쪽 하늘이 등황색으로 투명하게 걷히다가 은은하고 맑은 명주 빛으로 아득히 트이면서…. ≪최명희, 혼불≫

2.4. '걷잡다'와 '겉잡다'

걷잡다	걷잡을 수 없는 상태.
겉잡다	겉잡아서 이틀 걸릴 일.

⟨걷잡다⟩

[뜻] 「1」한 방향으로 치우쳐 흘러가는 형세 따위를 붙들어 잡다.

¶ 걷잡을 수 없는 사태/불길이 걷잡을 수 없이 번져 나갔다.

「2」마음을 진정하거나 억제하다.

¶ 걷잡을 수 없이 흐르는 눈물.

⟨겉잡다⟩

[뜻] 겉으로 보고 대강 짐작하여 헤아리다.

¶ 겉잡아도 일주일은 걸릴 일을 하루 만에 다 하라고 하니 일하는 사람들의 원성이 어떨지는 말 안 해도 뻔하지./예산을 대충 겉잡아서 말하지 말고 잘 뽑아 보시오.

2.5. '그러므로'와 '그럼으로'

> 그러므로(그러니까)   그는 부지런하다. 그러므로 잘 산다.
> 그럼으로(써)   그는 열심히 공부한다.
> 그럼으로(써) (그렇게 하는 것으로) 은혜에 보답한다.

'그러므로'는 전체가 하나의 부사이고, '그럼으로'는 '그럼'이라는 명사(형)에 조사 '으로'가 결합한 것이다.

〈그러므로〉

[뜻] 앞의 내용이 뒤의 내용의 이유나 원인, 근거가 될 때 쓰는 접속 부사

¶ 나는 생각한다. 그러므로 존재한다./인간은 말을 한다. 그러므로 동물과 구별된다./아무 책임도 지지 않겠다. 그러므로 아무것도 선택하지 않겠다.≪황석영, 무기의 그늘≫/며느리는 시어머니가 걷던 그 길을 다시 되풀이하게 된다. 그러므로 그 며느리가 시어머니가 되면 또 똑같은 시집살이를 시키게 마련이다.≪이어령, 흙 속에 저 바람 속에≫/마을 안 사람들의 소출을 가늠해 보기도 하는 이날은 그러므로 작은 잔치가 되게 마련이었다.≪한수산, 유민≫

〈그럼으로〉

[뜻] '그럼'이라는 명사에 '으로'라는 조사가 결합한 것으로 수단이나 방법을 나타낼 때 씀.

¶ 아버지의 기대가 열심히 공부하는 것이라는 것을 알기에 창호는 그럼으로(써) 아버지에게 효도하기로 하였다.

2.6. '노름'과 '놀음'

노름	노름판이 벌어졌다.
놀음(놀이)	즐거운 놀음.

'노름'과 '놀음'은 둘다 '놀다'에서 파생된 것인데, 전자는 의미 변화를 일으켰기 때문에 어원을 밝히지 않고 후자는 본래의 의미가 살아 있기 때문에 어원을 밝히고 있는 것이다.

〈노름〉

[뜻]돈이나 재물 따위를 걸고 주사위, 골패, 마작, 화투, 트럼프 따위를 써서 서로 내기를 하는 일.

¶화투 노름/노름에 빠지다/그는 노름으로 전 재산을 날렸다./추 서방은 술과 담배도 별로 즐기지 않았고, 노름 같은 것에는 아예 눈도 돌리지 않는 색시 같은 사람이었다.≪하근찬, 야호≫

〈노름-하다〉

[뜻] 돈이나 재물 따위를 걸고 주사위, 골패, 마작, 화투, 트럼프 따위를 써서 서로 내기를 하다.

¶그는 전문 노름꾼들과 노름하다가 경찰에 붙들렸다.∥동네 어른들은 젊은이들이 노름하는 것을 크게 걱정하셨다./노름하는 친구들이 자리를 가릴 게 있겠나. 아무 데서나 손만 맞으면 하는 거지.≪이기영, 신개지≫

〈놀음〉

[뜻] '놀다'에서 파생한 명사로 일부분의 '놀이'와 같은 뜻으로 쓰인다.

⟨놀이⟩

「1」여러 사람이 모여서 즐겁게 노는 일. 또는 그런 활동.

「2」굿, 풍물, 인형극 따위의 우리나라 전통적인 연희를 통틀어 이르는 말.

「3」일정한 규칙 또는 방법에 따라 노는 일.

「4」봄날에 벌들이 떼를 지어 제집 앞에 나와 날아다니는 일.

관용구/속담

노름 뒤는 대어도 먹는 뒤는 안 댄다

노름하다 보면 따는 수도 있지만 먹는 일은 한없는 일이라서 당해 내지 못하므로 가난한 사람을 먹여 살리기는 어려운 노릇이라는 말.

노름에 미쳐 나면 여편네[처]도 팔아먹는다

사람이 노름에 빠지면 극도로 타락하여 노름 밑천 마련에 수단을 가리지 않음을 비유적으로 이르는 말.

노름은 도깨비 살림

도박의 성패는 도저히 예측할 수 없어 돈이 불어 갈 때에는 알 수 없을 만큼 쉽게 또 크게 늘어남을 비유적으로 이르는 말.

노름은 본전에 망한다

잃은 본전만을 되찾겠다는 마음으로 자꾸 노름을 하다 보면 더욱 깊이 노름에 빠져 헤어나지 못하게 된다는 말.

2.7. '느리다', '늘이다'와 '늘리다'

느리다	진도가 너무 느리다.
늘이다	고무줄을 늘인다.
늘리다	수출량을 더 늘린다.

'느리다'는 시간이 더 걸린다는 의미를 가진 본래의 형용사이고, '늘이다'와 '늘리다'는 '늘다'에서 파생된 것이다.

〈느리다〉
〈뜻〉「1」어떤 동작을 하는 데 걸리는 시간이 길다.
¶ 행동이 느리다/더위에 지친 사람들은 모두 느리게 움직이고 있었다./추위와 굶주림, 피로가 겹쳐 사병들의 동작은 흡사 굼벵이처럼 느리고 우둔하다.≪홍성원, 육이오≫/환영 인파 때문에 보병들은 느리게 때때로 전진을 방해당하면서 긴 시간 동안 행군해 갔다.≪박영한, 머나먼 송바 강≫
「2」어떤 일이 이루어지는 과정이나 기간이 길다.
¶ 진도가 느리다/그 환자는 회복이 느린 편이다./옛날에는 사회의 변화가 비교적 느렸다./행사가 너무 느리게 진행되어서 지루하다.
「3」기세나 형세가 약하거나 밋밋하다.
¶ 느린 산비탈.
「4」성질이 누그러져 야무지지 못하다.
¶ 그는 성미가 느리다.
「5」꼬임새나 짜임새가 성글거나 느슨하다.
¶ 새끼를 느리게 꼬다.

「6」소리가 높지 아니하면서 늘어져 길다.

¶ 멀리서 느린 육자배기가 들린다./이 아가씨, 표정을 풍부하게 해 가지곤 청승스럽도록 느리고 심각하게 그 노랠 불러 주곤 한단 말이야….≪이청준, 조율사≫

「7」『방언』'게으르다'의 방언(평북).

〈늘이다.〉

[뜻]「1」본디보다 더 길게 하다.

¶ 고무줄을 늘이다/엿가락을 늘이다/찬조 연설자가 단상 앞으로 나와 엇비슷한 말들을 엿가락처럼 늘여 되풀이하는 바람에 식이 끝났을 때는 오후 한 시가 넘어 버렸다.≪김원일, 불의 제전≫

「2」선 따위를 연장하여 계속 긋다.

¶ 선분 ㄱㄴ을 늘이면 다른 선분과 만나게 된다.

〈늘리다〉

[뜻]「1」'늘다'의 사동사. ¶ 바짓단을 늘리다.

¶ 학생 수를 늘리다/시험 시간을 30분 늘리다.

¶ 적군은 세력을 늘린 후 다시 침범하였다.

¶ 실력을 늘려서 다음에 다시 도전해 보아라.

¶ 살림을 늘리다/그 집은 알뜰한 며느리가 들어오더니 금세 재산을 늘려 부자가 되었다.

¶ 쉬는 시간을 늘리다

2.8. '다리다'와 '달이다'

다리다	옷을 다린다.
달이다	약을 달인다.

'다리다'는 옷 등을 인두로 문지르다는 의미를 가진 동사이고, '달이다'는 액체에 열을 가하여 액체가 줄어들게 하는 의미를 가진 동사이다.

〈다리다〉

[뜻] 옷이나 천 따위의 주름이나 구김을 펴고 줄을 세우기 위하여 다리미나 인두로 문지르다.

¶ 다리미로 옷을 다리다/바지를 다려 줄을 세우다/다리지 않은 와이셔츠라 온통 구김살이 가 있다./종년이 조복을 다리다가 자 버리는 바람에 그만 깃을 태워 버리지 않았겠나.≪박경리, 토지≫

〈달이다〉

[뜻]「1」액체 따위를 끓여서 진하게 만들다.

¶ 간장을 달이다.

「2」약재 따위에 물을 부어 우러나도록 끓이다.

¶ 보약을 달이다/뜰에서 달이는 구수한 한약 냄새만이 아직도 공복인 필재의 구미를 돋우어 줄 뿐이다.≪정한숙, 고가≫/종심이 방금 달인 차가 바로 그때 딴 찻잎이었던 것이다.≪한무숙, 만남≫

2.9. '다치다', '닫히다'와 '닫치다'

다치다	부주의로 손을 다쳤다.
닫히다	문이 저절로 닫혔다.
닫치다	문을 힘껏 닫쳤다.

'다치다'는 상처를 입다라는 의미를 가진 동사이고, '닫히다'는 '닫다'라는 동사의 피동형이고, '닫치다'는 '닫다'라는 동사의 강세형이다.

〈다치다〉

[뜻]「1」부딪치거나 맞거나 하여 신체에 상처를 입다. 또는 입히게 하다.

¶ 사고로 많은 사람들이 다쳤다.∥넘어져 무릎을 다치다/무거운 짐을 들다가 허리를 다쳤다.

「2」남의 마음이나 체면, 명예에 손상을 끼치다. 또는 끼치게 하다.

¶ 누군가 자존심을 건드리면 마치 자신의 체면이 다치는 듯 생각하는 사람도 있다.∥그는 마치 여인의 그 가지런한 분위기를 다치지 않으려는 듯 조심스럽게 몸을 부스럭거리기 시작했다.≪이청준, 이어도≫

「3」남의 재산에 손해를 끼치다. 또는 끼치게 하다.

¶ 정책의 실수로 기업의 재정이 크게 다치는 경우가 종종 있었다.∥그 지휘관은 전투를 지휘하면서도 수확을 앞둔 논밭을 다치지 않으려고 노력했다

〈닫히다〉」

「1」'닫다'의 피동사.

¶ 성문이 닫혀 있다./열어 놓은 문이 바람에 닫혔다./병뚜껑이 너무 꼭 닫혀서 열 수가 없다.

¶ 지금 시간이면 은행 문이 닫혔을 겁니다.

¶ 무언가 생각을 하는지 그의 입이 굳게 닫혔다./뒷실댁이 바락바락 내질러도 뒷실 어른의 한번 닫힌 입은 조개처럼 다시는 열릴 줄을 모른다.≪김춘복, 쌈짓골≫/한바탕 와글거린 후 처음보다 더 무겁게 말문이 닫힌다. 다시는 아무도 입을 열지 않는다.≪최인훈, 광장≫

〈닫치다〉

[뜻]「1」열린 문짝, 뚜껑, 서랍 따위를 꼭꼭 또는 세게 닫다.

¶ 그는 화가 나서 문을 탁 닫치고 나갔다./문득 급거히 대문을 닫친다. 마치 그 열린 사이로 악마나 들어올 것처럼.≪현진건, 술 권하는 사회≫

「2」입을 굳게 다물다.

¶ 병화는 더 캐어묻고 싶었으나 대답이 탐탁지가 않아서 입을 닫쳐 버렸다.≪염상섭, 삼대≫

2.10. '마치다'와 '맞히다'

| 마치다 | 벌써 일을 마쳤다. |
| 맞히다 | 여러 문제를 더 맞혔다. |

'마치다'는 끝을 내다라는 뜻의 동사이고, '맞히다'는 '맞다'라는 동

사의 사동형이다.

〈마치다〉

[뜻]「1」어떤 일이나 과정, 절차 따위가 끝나다. 또는 그렇게 하다.

¶ 일이 마치면 식당으로 와라./우리는 근무가 마치면 가까운 식당에서 국수를 먹곤 하였다.∥일을 마치다/임기를 마치다/대학을 마치다/목이 메어 말을 채 마치지 못했다.

「2」사람이 생(生)을 더 누리지 못하고 끝내다.

¶ 그는 고향에 돌아가 남은 생을 마치려 했다.

〈맞히다〉

[뜻] '맞다'의 사동사.

¶ 정답을 맞히다/수수께끼에 대한 답을 정확하게 맞히면 상품을 드립니다./나는 열 문제 중에서 겨우 세 개만 맞혀서 자존심이 무척 상했었다.

¶ 화분에 눈을 맞히지 말고 안으로 들여놓아라.∥우산을 갖고 가지 않아서 아이를 비를 맞히고 말았다.

¶ 그렇게 착한 여자에게 바람을 맞히다니 용서할 수 없다.∥할아버지는 할머니를 소박을 맞히고 나서 두고두고 후회하셨다.

¶ 아이의 엉덩이에 주사를 맞히다/꼬마들에게는 주사를 맞히기가 힘들다.∥겁이 많은 아이를 침을 맞히려면 어른이 모범을 보이는 것이 가장 효과적이다.

¶ 화살을 적장의 어깨에 맞히다/그 소년은 나이가 어림에도 불구하고 과녁에 정확히 화살을 맞혔다.∥적장의 어깨를 화살로 맞히다/돌멩이를 넣은 눈덩이로 소녀의 얼굴을 맞히다니 너무 비겁한 짓이다.

2.11. '목거리'와 '목걸이'

목거리	목거리가 덧났다.
목걸이	금 목걸이, 은 목걸이.

'목거리'와 '목걸이'는 둘다 '목걸다'에서 파생된 것인데, 전자는 의미 변화를 일으켜 어원을 밝히지 않고 후자는 의미를 유지하고 있기 때문에 어원을 밝혀 적는다.

〈목거리〉

[뜻] 목이 붓고 아픈 병.

¶ 그는 목거리를 앓고 있다.

〈목걸이〉

[뜻]「1」목에 거는 물건을 통틀어 이르는 말.

「2」귀금속이나 보석 따위로 된 목에 거는 장신구.

¶ 진주 목걸이/그녀의 목에는 조개껍데기로 만든 예쁜 목걸이가 걸려 있었다.

2.12. '바치다', '받치다', '받히다'와 '밭치다'

바치다	나라를 위해 목숨을 바쳤다.
받치다	우산을 받치고 간다. 책받침을 받친다.
받히다	쇠뿔에 받혔다.
밭치다	술을 체에 밭친다.

'바치다'는 '정중하게 드리다'라는 의미를 가진 본래의 동사이고, '받치다'는 '위로 치밀다'라는 의미를 가진 동사이고, '받히다'는 '받다'의 피동형이다. 그리고 '밭치다'는 '밭다'에 강세접미사 '치'가 결합한 것이다.

〈바치다〉

[뜻] [1]

「1」신이나 웃어른에게 정중하게 드리다.

¶ 새로 부임한 군수에게 음식을 만들어 바쳤다./신에게 제물을 바쳐 우리 부락의 안녕을 빌었다./몸소 남문 이십 리 밖의 산천단에 올라가 한라산 산신께 살찐 송아지 하나를 희생하여 바치고 축문을 읽었다.≪현기영, 변방에 우짖는 새≫

「2」반드시 내거나 물어야 할 돈을 가져다주다.

¶관청에 세금을 바치다.

「3」도매상에서 소매상에게 단골로 물품을 대어 주다.

[2] 무엇을 위하여 모든 것을 아낌없이 내놓거나 쓰다.

¶평생을 과학 연구에 몸을 바치다/뼈마디가 가루가 되는 한이 있더라도 이분을 위해서라면 몸과 마음을 바쳐야 된다는 생각뿐이었다.≪유현종, 들불≫

〈받치다〉

[뜻]「1」먹은 것이 잘 소화되지 않고 위로 치밀다.

¶ 아침에 먹은 것이 자꾸 받쳐서 아무래도 점심은 굶어야겠다./아무런 느낌도 없었으나 생목이 울컥 받쳐 올랐다.≪김원일, 불의 제전≫

「2」앉거나 누운 자리가 바닥이 딴딴하게 배기다.

¶ 맨바닥에서 잠을 자려니 등이 받쳐서 잠이 오지 않는다.

「3」화 따위의 심리적 작용이 강하게 일어나다.

¶ 그녀는 감정이 받쳐서 끝내는 울음을 터뜨렸다./놈은 머리끝까지 약이 받쳐 또 총대로 쾅 땅을 찍었다.≪송기숙, 자랏골의 비가≫∥악에 받치다/그는 설움에 받쳐 울음을 터뜨렸다./그전부터 남편의 호기 삼아 하는 말에 저도 덩달아 오기에 받쳐 말은 그렇게 해 왔지만….≪김춘복, 쌈짓골≫/쓸데없이 교만하고 허욕에 받쳐 사람을 대하여 방자하기 이를 데가 없다는 것이지요.≪김주영, 객주≫

「4」어떤 물건의 밑에 다른 물체를 올리거나 대다.

¶ 쟁반에 커피를 받치고 조심조심 걸어오던 그녀의 모습이 아직도 잊히지 않는다./되는대로 뽑은 책을 영민이가 자기 손에 받쳐 줘서 생각보다 빨리 정리할 수 있었다./학생들은 공책에 책받침을 받치고 쓴다.

「5」겉옷의 안에 다른 옷을 입다.

¶ 양복 속에 두꺼운 내복을 받쳐서 입으면 옷맵시가 나지 않는다.

「6」옷의 색깔이나 모양이 조화를 이루도록 함께 하다.

¶ 이 조끼는 무난해서 어떤 셔츠에 받쳐 입어도 다 잘 어울린다./스커트에 받쳐 입을 마땅한 블라우스가 없어 쇼핑을 했다.

「7」『언어』한글로 적을 때 모음 글자 밑에 자음 글자를 붙여 적다.

¶ '가'에 'ㅁ'을 받치면 '감'이 된다.

「8」어떤 일을 잘할 수 있도록 뒷받침해 주다.

¶ 배경 음악이 그 장면을 잘 받쳐 주어서 전체적인 분위기가 훨씬 감동적이었다./그저 평범하기만 한 여인은 친정을 너무 받쳤다. 오라비 김구주를 위하여 움직이다 보니 왕실의 불상사나 국가적 대사건에 끼어들어….≪한무숙, 만남≫

「9」비나 햇빛과 같은 것이 통하지 못하도록 우산이나 양산을 펴 들다.

¶ 아가씨들이 양산을 받쳐 들고 거리를 거닐고 있다.

〈받히다〉

[뜻] '받다'의 피동사.

¶ 마을 이장이 소에게 받혀서 꼼짝을 못한다./휠체어를 탄 여학생이 횡단보도를 건너다 신호등을 무시하고 달려오는 승용차에 받혀 크게 다쳤다.

〈밭치다〉

「1」'밭다'를 강조하여 이르는 말.

¶ 젓국을 밭쳐 놓았다./술을 밭쳤다.

「2」구멍이 뚫린 물건 위에 국수나 야채 따위를 올려 물기를 빼다.

¶ 씻어 놓은 상추를 채반에 밭쳤다./잘 삶은 국수를 찬물에 헹군 후 체에 밭쳐 놓았다.

2.13. '반드시'와 '반듯이'

반드시	약속은 반드시 지켜라.
반듯이	고개를 반듯이 들어라.

'반드시'와 '반듯이'는 둘다 부사로 사용되는데, 전자는 '꼭'이라는 의미를 가지고, 후자는 '바르게'라는 의미를 가진다.

〈반드시〉」

[뜻] 틀림없이 꼭

¶ 반드시 시간에 맞추어 오너라./언행은 반드시 일치해야 한다./인간은 반드시 죽는다./비가 오는 날이면 반드시 허리가 쑤신다./지진이 일어난 뒤에는 반드시 해일이 일어난다.

〈반듯이〉

[뜻]「1」작은 물체, 또는 생각이나 행동 따위가 비뚤어지거나 기울거나 굽지 아니하고 바르게.

¶ 원주댁은 반듯이 몸을 누이고 천장을 향해 누워 있었다.≪한수산, 유민≫/머리단장을 곱게 하여 옥비녀를 반듯이 찌르고 새 옷으로 치레한 화계댁이….≪김원일, 불의 제전≫

「2」생김새가 아담하고 말끔하게.

¶ 원주댁은 참 반듯이 생겼다.

2.14. '부딪치다'와 '부딪히다'

부딪치다	차와 차가 마주 부딪쳤다.
부딪히다	마차가 화물차에 부딪혔다.

'부딪치다'는 '부딪다'에 강세접미사 '치'가 결합한 것이고, '부딪히다'는 '부딪다'에 피동접미사 '히'가 결합한 것이다.

〈부딪치다〉「동사」

[뜻]「1」'부딪다'를 강조하여 이르는 말.

¶ 파도가 바위에 부딪쳤다./모퉁이를 돌다가 팔이 다른 사람에게 부딪쳤다.∥한눈을 팔다가 전봇대에 머리를 부딪쳤다./계란을 그릇 모서리에 부딪쳐 깼다./취객 하나가 그에게 몸을 부딪치며 시비를 걸어 왔다.∥자전거가 빗길에 자동차와 부딪쳤다.∥부엌에서는 그릇들이 부딪치는 소리가 요란했다./골목이 좁아서 지나가는 사람들이 자주 부딪친다.∥지나가는 사람과 몸을 부딪치는 바람에 조금 다쳤다.∥아이들은 서로의 손바닥을 부딪치며 노래를 불렀다.

¶ 윤수는 가슴이 덜컥 내려앉으며 어떤 예감에 꽉 부딪쳤다. "아니 쫓겨오다니! 별안간 그게 웬 소리냐?"≪이기영, 신개지≫∥그러나 그에게 부딪친 현실은 봉건적 사상과 낡은 습관과 타락한 금수 철학이 그의 몸을 싸늘하게 결박하고 있지 않은가.≪이기영, 고향≫

「2」눈길이나 시선 따위가 마주치다.

¶ 김 과장은 무슨 잘못을 저질렀는지 사장과 눈길을 부딪치기를 꺼려했다.∥그 젊은 남녀는 시선을 부딪치며 사랑을 속삭이고 있었다./그 두 사람은 사이가 좋지 않아서 눈길을 부딪치는 것을 원하지 않는다.

「3」뜻하지 않게 어떤 사람을 만나다.

¶나는 학교 정문에서 그와 부딪쳤다.∥그들은 헤어진 지 10년 만에 종로에서 부딪쳤다.

「4」의견이나 생각의 차이로 다른 사람과 대립하는 관계에 놓이다.

¶ 형은 진학 문제로 부모님과 부딪치고는 집을 나가 버렸다.∥그 부부는 사사건건 부딪치더니 결국 이혼하고 말았다.

「5」일이나 업무 관계에 있는 사람을 문제 해결을 위하여 만나다.

¶ 피해자와 직접 부딪치지 말고 보호자와 만나 봐라.∥이 문제는 당사자들끼리 부딪쳐야만 해결이 날 것 같다.

〈부딪히다〉

[뜻] '부딪다'의 피동사.

¶ 파도가 뱃전에 부딪히다/배가 빙산에 부딪혀 가라앉았다./지나가
는 행인에게 부딪혀 뒤로 넘어졌다.//아이는 한눈을 팔다가 선생님과
부딪혔다.//빙판길에서 미끄러져 서로 정면으로 부딪힌 차들이 크게
부서졌다.

¶ 냉혹한 현실에 부딪히다/경제적 난관에 부딪힌 회사는 결국 문을
닫고 말았다.//어려운 문제와 부딪히면 언제든지 도움을 요청해라.

2.15. '부치다'와 '붙이다'

부치다	힘이 부치는 일이다.	편지를 부친다.
	논밭을 부친다.	빈대떡을 부친다.
	식목일에 부치는 글.	회의에 부치는 안건.
	인쇄에 부치는 원고.	
	삼촌 집에 숙식을 부친다.	
붙이다	우표를 붙인다.	책상을 벽에 붙였다.
	흥정을 붙인다.	불을 붙인다.
	감시원을 붙인다.	조건을 붙인다.
	취미를 붙인다.	별명을 붙인다.

기본적인 의미만 지적하면, '부치다'는 '보내다'는 뜻을 가진 동사이
고, '붙이다'는 '붙다'의 사동형이다.

〈부치다〉

「1」편지나 물건 따위를 일정한 수단이나 방법을 써서 상대에게로 보내다.

¶ 편지를 부치다/아들에게 학비와 용돈을 부치다∥편지를 집으로 부치다/짐을 외국으로 부치다/옷을 아들이 사는 기숙사로 부치다/이번에 서울 올라가면 그 돈은 즉시 우편으로 부쳐 드리리다.≪홍성원, 무사와 악사≫

「2」어떤 문제를 다른 곳이나 다른 기회로 넘기어 맡기다.

¶ 안건을 회의에 부치다/임명 동의안을 표결에 부치다/인권 침해 책임자를 재판에 부쳐 처벌하였다./정부는 중요 정책을 국민 투표에 부쳤다.

「3」어떤 일을 거론하거나 문제 삼지 아니하는 상태에 있게 하다.

¶ 회의 내용을 극비에 부치다/여행 계획을 비밀에 부치다/세상에 떠도는 얘기 같은 것 불문에 부치겠다 그러던가요?≪박경리, 토지≫

「4」원고를 인쇄에 넘기다.

¶ 접수된 원고를 편집하여 인쇄에 부쳤다.

「5」마음이나 정 따위를 다른 것에 의지하여 대신 나타내다.

¶ 논개는 길게 한숨을 뿜은 뒤에 진주 망한 한을 시에 부쳐 바람에 날린다.≪박종화, 임진왜란≫

「6」먹고 자는 일을 제집이 아닌 다른 곳에서 하다.

¶ 삼촌 집에 숙식을 부치다/당분간만 밥은 주인 집에다 부쳐 먹기로 교섭했다.≪최정희, 인간사≫/집도 절도 없는 사람이니 다른 데 갈 데 있나. 같이 오자던 사람의 집에 가서 몸을 부치고 있었네.≪홍명희, 임꺽정≫

「7」어떤 행사나 특별한 날에 즈음하여 어떤 의견을 나타내다. 주로 글의 제목이나 부제(副題)에 많이 쓰는 말이다.

¶ 한글날에 부쳐/식목일에 부치는 글/젊은 세대에 부치는 서(書).

〈붙이다〉

[뜻1] '붙다'의 사동사.

¶ 봉투에 우표를 붙이다/메모지를 벽에 덕지덕지 붙이다/난로가 교실 한복판에 있어서 꽤 긴 연통은 이미 그 친구 덕에 온몸이 만신창이로 반창고를 붙이고 있었다.≪박완서, 오만과 몽상≫

¶ 연탄에 불을 붙이다/담뱃불을 붙이다/성냥불을 초 끝에 붙이고 만수향을 피웠다.≪한승원, 해일≫

¶ 계약에 조건을 붙이다/그는 자기가 하는 일에 대해 이유를 꼭 붙여야 직성이 풀린다./왜, 그랬을까, 하얼빈에서 북만주 일대를 더듬어 나가려 했었는데 이런저런 구실을 붙이고 이곳저곳 머뭇거리다가 왜 신징으로 돌아왔을까.≪박경리, 토지≫

¶ 땅에 뿌리를 붙이다.

¶ 본문에 주석을 붙이다/인용을 하면 반드시 그곳에 각주를 붙여야 한다.

¶ 가구를 벽에 붙이다/엄마는 아이를 자기 옆에 딱 붙여 놓고는 주위를 살피기 시작했다./성우는 열을 맞추어 언덕을 하얗게 덮고 있는 수천 개의 묘비에 눈이 질려 잠시 땅에 발을 붙이고 서 있었다.≪이원규, 훈장과 굴레≫ // 그는 자신의 책상을 그녀의 책상과 붙이고 공부를 같이 하고 싶어 했다. // 땅이 부족한 그들은 할 수 없이 집 여러 채를 서로 다닥다닥 붙여서 지을 수밖에 없었다./여순은 두 자 혹은 석 자가량씩 붙여 쓰고는 보이지 않게 지우고 또 새로 쓴다.≪한설야, 황혼≫

¶ 중환자에게 간호사를 붙이다/아이에게 가정 교사를 붙여 주다/

우리는 방문단의 신변 보호를 위해 경호원을 붙이기로 결정했다.

¶ 운동을 해서 다리에 힘을 붙였다./식당에서의 일은 아이에게 음식을 하는 요령을 붙여 주는 역할을 했다.

¶ 순우리말 이름을 수출 상품에 붙이다/사물에 이름을 붙이는 데에 있어서도 우리는 청각적인 이미지를 갖다 쓰는 경우가 많은 것이다.≪이어령, 흙 속에 저 바람 속에≫/여행 철학이란 제목을 붙이고 보니, 제목만은 그럴듯하나 사실 그 내용인즉은 별로 신통치 못하다.≪김진섭, 인생 예찬≫

¶ 공부에 흥미를 붙이다/새로 사귄 친구에게 정을 붙이고 나니 이제는 헤어지고 싶지 않다.∥아이와 정을 붙이고 나니 떨어지기가 싫다.∥부부는 서로 정을 붙이면서 살기 마련이다.

¶ 너희들끼리만 놀지 말고 나를 좀 붙여 줘라./그는 재주가 많으니 우리 일에 붙이면 도움이 될 거야.

¶ 목숨을 붙이기 위해 할 수 있는 일은 다 하였다./하루하루 목숨을 붙이고 산다는 게 정말 지긋지긋하여 죽고 싶은 심정뿐입니다.≪황석영, 어둠의 자식들≫

¶주인과 손님을 흥정을 붙이다/동네 불량배를 다른 지역 불량배와 싸움을 붙였다.∥두 회사를 경쟁을 붙이다/그는 사람들을 시비를 잘 붙이고 목소리 또한 무척 떠들썩하다.

¶암퇘지와 수퇘지를 교미를 붙이다∥튼튼한 놈들끼리 교미를 붙여야 새끼가 튼실하다.

¶누군가 그 남자를 모함하려고 그 남자를 다른 여자와 붙이려고 한 것 같다.∥아무래도 내가 그 두 사람을 붙인 것이 뒤탈이 있을 것 같아 겁이 난다.

[뜻2] 그외

「1」남의 뺨이나 볼기 따위를 세게 때리다.

¶ 상대편의 따귀를 한 대 붙이다.

「2」((주로 '번호', '순서' 따위와 함께 쓰여))큰 소리로 구령을 외치다.　¶ 번호를 붙여서 일렬로 들어간다.

「3」내기를 하는 데 돈을 태워 놓다.

¶ 내기에 1000원을 붙이다.

「4」신체의 일부분을 어느 곳에 대다.

¶ 아랫방의 들창만 열어 놓고 장지문을 닫아건 숙희는 차가운 방바닥에 등을 붙이고 누워 있다.≪박경리, 토지≫/나는 철조망에 얼굴을 붙이고 말뚝에 매인 개와 축사 속에 들어 있는 개들이 혀를 헐떡거리면서 짖는 소리를 듣고 있었다.≪최인호, 미개인≫

「5」『민속』윷놀이에서, 말을 밭에 달다.

¶ 세 번째 말을 붙이다.

「6」말을 걸거나 치근대며 가까이 다가서다.

¶ 옆사람에게 농담을 붙이다/마님은 순제가 나가는 뒷모양을 바라보며 심심하게 앉아 있는 명신이에게 말을 붙이고 마루 끝에 와서 앉는다.≪염상섭, 취우≫/담배를 피우는 불량한 고등학생들이 남자들보다 더욱 불량해 보이는 여고생들에게 수작을 붙이는 희롱을 멀거니 쳐다보았다.≪안정효, 하얀 전쟁≫

「7」기대나 희망을 걸다.

¶ 앞날에 대한 희망을 붙이다/이제 우리는 다 늙었으니 한창 커 가는 아이들에게 희망을 붙이고 사는 것이 큰 낙이다./그것은 그가 마지막으로 소망을 붙이고 다니던 무관 학교까지도 중도에 그만두고 시골집으로 내려오지 않으면 안 되었기 때문이다.≪이기영, 봄≫

2.16. '시키다'와 '식히다'

시키다	일을 시킨다.
식히다	끓인 물을 식힌다.

'시키다'는 '어떤 일을 하게 하다'라는 뜻을 가진 동사이고, '식히다'는 '식다'라는 동사에 사동접미사 '히'가 결합한 것이다.

〈시키다〉

[뜻]「1」어떤 일이나 행동을 하게 하다.

¶ 인부에게 일을 시키다/감사과에 각 과의 감사를 시키다/선생님은 지각한 학생들에게 청소를 시키셨다.∥아버지는 아들에게 할아버지를 편하게 모시도록 시켰다./일꾼들에게 담을 대충대충 쌓지 말고 제대로 쌓도록 시켰다.∥그는 부하들에게 집 주변을 빈틈없이 수색하라고 시켰다./그들은 나쁜 짓을 하라고 시켜도 못할 순박한 사람들이다./돼지 죽통에 무얼 좀 주라고 시켜야겠다고 하면서도 을생의 입에서는 만필이를 부르는 대신 열에 들뜬 신음 소리가 먼저 새어 나왔다.≪한수산, 유민≫∥아버지는 자식들을 험한 농장일을 시키면서 가슴속으로 눈물을 흘리셨다.∥선생님은 아이들을 청소를 하게 시키고 퇴근하셨다./사장은 직원들을 일정량의 회사 상품을 나가서 팔도록 시켰다.∥유괴범은 아이의 부모를 지정된 장소로 돈을 가지고 나오라고 시켰다./감독은 선수들을 운동장을 해 질 때까지 뛰라고 시키고는 자리를 떠났다.

「2」음식 따위를 만들어 오거나 가지고 오도록 주문하다.

¶ 분식집에 식사를 시키다/다방 종업원에게 커피 한 잔을 시키다/

어머니는 중국집에 자장면 두 그릇을 시키셨다./그녀는 종업원에게 맥주 두 병과 안주 하나를 시켰다.

> **관용구/속담**
> 시키는 일 다 하고 죽은 무덤은 없다 =일 다 하고 죽은 무덤 없다.

〈식히다〉

[뜻] '식다'의 사동사.

¶ 끓인 물을 식히다/평상을 깔고 그 위에 앉아서 무덥고 긴 여름밤의 열기를 식히고 있었다.≪최인호, 지구인≫

¶ 열정을 식히다/이글이글 달아오른 분노를 한 바가지의 펌프 물로 식히고 곧장 자리에 들었다.≪박완서, 오만과 몽상≫

¶ 옆에서 술을 따르던 계집애가 가슴이 많이 파인 옷을 흔들어 몸의 땀을 식히며 툴툴거렸다.≪전상국, 아베의 가족≫

2.17. '아름', '알음'과 '앎'

> 아름   세 아름 되는 둘레.
> 알음   전부터 알음이 있는 사이.
> 앎   앎이 힘이다.

'아름'은 '팔'과 관련된 길이의 단위이고, '알음'과 '앎'은 '알다'의 명사형이다.

〈아름〉

[뜻][Ⅰ]두 팔을 둥글게 모아서 만든 둘레.

¶ 또출네는 하늘과 땅을, 온 세상의 초목과 강물을 아름 속으로 품어 넣듯 두 팔을 활짝 벌리어….≪박경리, 토지≫

[Ⅱ]「의존명사」

「1」둘레의 길이를 나타내는 단위.

¶ 두 아름 가까이 되는 느티나무.

「2」두 팔을 둥글게 모아 만든 둘레 안에 들 만한 분량을 세는 단위.

¶ 꽃을 한 아름 사 오다/전날 초저녁 몇 아름이나 되는 장작으로 뜨겁게 달구어졌던 방은 어느새 얼음장처럼 식어 있었다.≪이문열, 그해 겨울≫

관용구/속담

아름이 벌다

「1」두 팔을 벌려 껴안은 둘레의 길이에 넘치다.

¶아름이 벌게 큰 느티나무.

「2」힘에 겹거나 매우 벅차다.

아름이 크다

너그럽게 받아들이는 도량이 크다.

〈알음〉

「1」사람끼리 서로 아는 일.

¶ 그와는 서로 알음이 있는 사이다./얼굴은 진작부터 알음이 있었다./오늘날…재산이란 것도, 따지고 보면 모두가 그 당시에 긁어모았던 돈과 그 무렵 관공서와의 알음을 바탕으로 휴전 후에 부정 도벌과 숯장수를 해서 모은 것이다.≪김춘복, 쌈짓골≫

「2」지식이나 지혜가 있음.

¶ 대불이는 그의 통사정에 마음이 움직여 등짐꾼으로 썼는데 나이 많은 약골인 줄로만 알았더니 알음 있게 일을 잘하였다.≪문순태, 타오르는 강≫

「3」신의 보호나 신이 보호하여 준 보람.

「4」어떤 사정이나 수고에 대하여 알아주는 것.

¶ 진정한 봉사는 다른 사람의 알음을 바라지 않는다.

〈알음-하다〉

[뜻]어떤 일을 알아보거나 맡아보다.

¶ 그의 아들 백량이가 아비 대신으로 도중 일을 알음하다가 인해 아비의 지정을 물려 가지게 되었는데….≪홍명희, 임꺽정≫

〈앎〉[뜻]아는 일.

¶ 앎은 힘이다/나의 믿음이 너의 앎이 되었으리니 이제는 행함이 있어라.≪장용학, 역성 서설≫/대의명분은 뚜렷하나 지배층이 그걸 실천할 성의가 없고 민중은 힘과 앎이 모자란다는 거야.≪최인훈, 회색인≫

2.18. '안치다'와 '앉히다'

안치다	밥을 안친다.
앉히다	윗자리에 앉힌다.

'안치다'는 본래의 동사로서 어떤 일이 닥치거나 음식을 하기 위해 재료를 냄비나 솥 등에 준비하는 것을 이르는 말이고, '앉히다'는 '앉다'의 사동사이다.

〈안치다〉

[뜻]「1」어려운 일이 앞에 밀리다.

¶ 당장 눈앞에 안친 일이 많아 어찌할 바를 모르겠다.

「2」앞으로 와 닥치다.

¶ 언덕에 오르니 전경이 눈에 안쳐 왔다.

「3」밥, 떡, 구이, 찌개 따위를 만들기 위하여 그 재료를 솥이나 냄비 따위에 넣고 불 위에 올리다.

¶ 시루에 떡을 안치다/솥에 고구마를 안쳤다./솥에 쌀을 안치러 부엌으로 갔다./천일네도 소매를 걷고 부엌으로 들어서며 작은 솥에 물을 붓고 가셔 낸 뒤 닭을 안치고 불을 지핀다.≪박경리, 토지≫

〈앉히다〉

[뜻] [1] '앉다'의 사동사.

¶ 아이를 무릎에 앉힌 여자/친구를 의자에 앉혔다./그는 딸을 앞에 앉혀 놓고 잘못을 타일렀다.

¶ 잠자리를 손가락 끝에 앉히다/새를 손 위에 앉히려고 모이를 손바닥에 올려놓고 기다렸다.

¶ 안채를 동남쪽에 먼저 앉히고 사랑채와 행랑채는 동향 쪽에 앉혔다.∥장독대를 북쪽으로 앉히다.

¶ 사장이 자기 아들을 부장 자리에 앉혔다.∥이사회는 만장일치로 그를 사장으로 앉혔다.

¶ 어디에서 놀다 왔는지 금방 갈아입고 나간 옷에 때를 잔뜩 앉히고 왔다.

¶ 배추에 속을 많이 앉히기 위해 거름을 많이 주었다.

¶ 남편은 집에 가만히 앉히고 아내가 일하러 나간다./다 큰 아들을 가만히 앉혀 놓고 늙은 부모가 생계를 맡고 있다.

¶ 사장은 새로운 기계를 공장에 앉혔다.

¶ 그는 책을 읽다가 중요한 것을 여백에 앉히는 습관이 있다./그는 따로 앉힌 내용을 들여다보고 있다.

[2] 버릇을 가르치다.

¶ 자식들에게 일찍 일어나는 습관을 앉히다/아버지는 우리들에게 어릴 때부터 인사하는 버릇을 앉혀 주셨다.

2.19. '어름'과 '얼음'

어름	두 물건의 어름에서 일어난 현상.
얼음	얼음이 얼었다.

'어름'은 명사이고, '얼음'은 '얼다'에서 온 명사이다.

〈어름〉

「1」두 사물의 끝이 맞닿은 자리.

¶ 눈두덩과 광대뼈 어름에 시커먼 멍이 들었다./바닷물과 갯벌이 맞물려 있는 어름에 그물이 설치되어 있었다.

「2」구역과 구역의 경계점.

¶ 지리산은 전라, 충청, 경상도 어름에 있다./한길에서 공장 신축장으로 들어가는 어름에 생긴 포장마차가 둘 있었다.≪황순원, 신들의 주사위≫

「3」시간이나 장소나 사건 따위의 일정한 테두리 안. 또는 그 가까이.

¶ 등교 때나 퇴교 때 같으면 규율부가 나와 있어 연락이 가능했지만 목요일의 오후 세 시 어름은 그러기에도 어중간한 시간이었다.≪이문

열, 변경≫/온통 수릿재 어름이 먼지에 뽀얗게 휩싸이고 있었다.≪황
석영, 폐허, 그리고 맨드라미≫

〈얼음〉

「1」물이 얼어서 굳어진 물질.

¶ 얼음 조각/얼음 박스/얼음이 녹다/얼음을 깨다/얼음을 지치다/
녹지 않고 쌓인 눈이 얼음으로 바뀌다.

「2」몸의 한 부분이 얼어서 신경이 마비된 것.

¶ 이 추위에 얼마나 고생이냐? 손등에 얼음이 들었구나!≪염상섭,
삼대≫/나는 발에 얼음이 박여 놔서 젖은 발을 이렇게 더운 데다 대면
발에 불이 나서 못 견디오.≪송기숙, 녹두 장군≫

관용구/속담

얼음 우에 나막신 신고 다니기

『북』어느 순간에 무슨 변을 당할지 모를 만큼 아주 조심스럽고 위태
로운 행동을 비유적으로 이르는 말.

얼음 굶에 잉어

=새벽바람 사초롱.

얼음에 박 밀 듯

말이나 글을 거침없이 줄줄 내리읽거나 내리외는 모양을 비유적으로
이르는 말.

얼음에 소 탄 것 같다

『북』얼음판 위에서 소를 탔기 때문에 언제 자빠질지 몰라 걱정스러
워서 잠시도 마음을 놓지 못한다는 뜻으로, 어쩔 줄 모르고 쩔쩔매는
모양을 이르는 말.

얼음에 자빠진 쇠 눈깔

눈동자가 흐리멍덩하면서 눈을 크게 뜨고 두리번거리면서 껌벅거리는 모양을 비유적으로 이르는 말. ≒얼음판에 넘어진 황소 눈깔 같다.

2.20. '이따가'와 '있다가'

이따가	이따가 오너라.
있다가	돈은 있다가도 없다.

이 두 어휘의 어원은 같을 것으로 추정된다. '이따가'는 '있+다가'가 하나의 독립된 부사로 굳어진 것이고, '있다가'는 어간 '있-'에 어미 '-다가'가 결합한 것이다.

〈이따가〉

[뜻] 조금 지난 뒤에.

¶ 이따가 갈게./이따가 단둘이 있을 때 얘기하자./동치미는 이따가 입가심할 때나 먹고 곰국 물을 먼저 떠먹어야지.≪박완서, 도시의 흉년≫

〈(있+)다가〉

「1」어떤 동작이나 상태 따위가 중단되고 다른 동작이나 상태로 바뀜을 나타내는 연결 어미.

¶ 여기에 있다가 가라/여기에 앉아 있다가 10분 뒤에 출발해라/10

년 동안 과장이었다가 부장이 된 사람/아이는 공부를 하다가 잠이 들었다./교실이 조용하다가 갑자기 시끄러워졌다./고기를 잡았다가 놓쳤다.

「2」어떤 일을 하는 과정이 다른 일이 이루어지는 원인이나 근거 따위가 됨을 나타내는 연결 어미.

¶ 못을 박다가 손을 다쳤다./놀기만 하다가 낙제했다.

「3」두 가지 이상의 사실이 번갈아 일어남을 나타내는 연결 어미.

¶ 날씨가 덥다가 춥다가 한다./아기가 자다가 깨다가 한다./그녀는 책을 읽으며 울다가 웃다가 시간 가는 줄 몰랐다..

2.21. '저리다'와 '절이다'

저리다	다친 다리가 저린다.
절이다	김장 배추를 절인다.

'저리다'는 손이나 발에 이상이 생긴 현상을 표현하기 위한 본래의 동사이고, '절이다'는 '절다'라는 동사의 사동형이다.

〈저리다〉

[뜻]「1」뼈마디나 몸의 일부가 오래 눌려서 피가 잘 통하지 못하여 감각이 둔하고 아리다.

¶ 나는 수갑을 찬 채로 고개를 푹 숙이고 앉아 있으면서도, 다리가 저리고 아파서 몸을 자주 뒤틀면서 자세를 바로잡곤 하였다.≪황석영, 어둠의 자식들≫

「2」뼈마디나 몸의 일부가 쑥쑥 쑤시듯이 아프다.

¶ 또다시 오늘 새벽의 일이 떠오르며, 뒷머리가 바늘로 후비듯 저려 왔다.≪최인훈, 가면고≫

「3」가슴이나 마음 따위가 못 견딜 정도로 아프다.

¶ 박 초시가 죽기 전날에 떼 지어 몰려가서 창고를 털어 냈던 점촌 과 새끼내 사람들은 괜히들 마음이 저려 초상집엔 얼씬도 하지 않았 다.≪문순태, 타오르는 강≫

〈절이다〉

[뜻] '절다'의 사동사.

¶ 배추를 소금물에 절이다/생선을 소금에 절이다/오이를 식초에 절이다.

2.22. '조리다'와 '졸이다'

| 조리다 | 생선을 조린다. 통조림, 병조림. |
| 졸이다 | 마음을 졸인다. |

'조리다'는 요리하는 방법의 하나를 나타내는 본래의 동사이고, '졸 이다'는 '졸다'라는 동사의 사동형이다.

〈조리다〉

[뜻]고기나 생선, 채소 따위를 양념하여 국물이 거의 없게 바짝 끓이 다.

¶ 생선을 조리다/멸치와 고추를 간장에 조렸다.

〈졸이다〉

[뜻]「1」'졸다'의 사동사.

¶ 찌개를 졸이다/춘추로 장이나 젓국을 졸이거나 두부와 청포묵을 쑬 때, 그리고 엿을 골 때만 한몫한 솥이던 것이다.≪이문구, 관촌 수필≫

「2」속을 태우다시피 초조해하다.

¶ 마음을 졸이다/가슴을 졸이다/앉으락누우락 일어서서 거닐어 보다가, 발랑 나동그라져 보다가, 바작바작 애를 졸이며 간신히 그 낮을 보내고 말았다.≪현진건, 무영탑≫

2.23. '주리다'와 '줄이다'

주리다	여러 날을 주렸다.
줄이다	비용을 줄인다.

'주리다'는 '배를 곯다'라는 뜻을 가진 본래의 동사이고, '줄이다'는 '줄다'의 사동형이다.

〈주리다〉

[뜻]「1」제대로 먹지 못하여 배를 곯다.

¶ 그 먹는 품으로 보아 몹시 배를 주리고 있었다는 것을 알 수 있었다.≪오상원, 잊어버린 에피소드≫

「2」원하는 것을 얻지 못하여 몹시 아쉬워하다.

¶ 모성애에 주린 그는 외손자를 친손자같이 귀애하게 되었다.≪이기영, 봄≫

관용구/속담

주린 개가 뒷간을 바라보고 기뻐한다

누구나 배가 고프면 무엇이고 먹을 수 있는 것만 보아도 기뻐한다는 말.

주린 고양이가 쥐를 만났다

놓칠 수 없는 좋은 기회를 만났다는 말.

주린 귀신 듣는 데 떡 이야기 하기

=귀신 듣는 데 떡 소리 한다.

주린 범의 가재다

=쌍태 낳은 호랑이 하루살이 하나 먹은 셈.

주린 자 달게 먹고 목마른 자 쉬이 마신다

『북』어떤 물건이 절실하게 요구되는 사람에게는 아주 요긴하게 쓰임을 비유적으로 이르는 말.

〈줄이다〉

[뜻]「1」'줄다'의 사동사.

¶ 집을 줄여 이사를 하였다./어머니의 옷을 줄여 동생을 입혔다.

¶ 근무 시간을 줄이다/식사량을 줄이다/과소비를 줄이다.

¶ 소리를 줄이다/피해를 줄이다/압력을 줄이다.

¶ 살림을 줄이다.

「2」말이나 글의 끝에서, 할 말은 많으나 그만하고 마친다는 뜻으로 하는 말.

¶ 추운 겨울 날씨에 안녕하시기를 빌며 이만 줄입니다./하고 싶은 말은 많지만 다음으로 미루고 오늘은 이만 줄인다.

2.24. '하노라고'와 '하느라고'

하노라고	하노라고 한 것이 이 모양이다.
하느라고	공부하느라고 밤을 새웠다.

어미 '-노라고'와 어미 '-느라고'의 차이에 관한 것이다. 전자는 의
도나 의지를 나타내고, 후자는 목적이나 원인을 나타낸다.

〈하노라고〉

[뜻] (예스러운 표현으로) 화자가 자신의 행동에 대한 의도나 의지
를 나타내는 연결 어미.

¶ 하노라고 했는데 마음에 드실지 모르겠습니다.

〈하느라고〉

[뜻] 앞 절의 사태가 뒤 절의 사태에 목적이나 원인이 됨을 나타내는
연결 어미.

¶ 영희는 웃음을 참느라고 딴 데를 보았다./철수는 어제 책을 읽느
라고 밤을 새웠다./먼 길을 오느라고 힘들었겠구나.

2.25. '-느니보다'와 '-는 이보다'

-느니보다(어미)

　나를 찾아오느니보다 집에 있거라.

-는 이보다(의존 명사)

　오는 이가 가는 이보다 많다.

'-느니보다'는 어미 '-느니'에 조사 '보다'가 결합하여 선택을 나타
내고, '-는 이보다'는 관형형 '-는'이 불완전명사 '이'를 수식하는 형
식에 조사 '보다'가 결합하여 비교를 나타낸다.

〈-느니보다〉
[뜻] 앞 절을 선택하기보다는 뒤 절의 사태를 선택함을 나타내는 연
결 어미. 조사 '보다'가 붙을 수 있다.
¶ 이렇게 그냥 앉아 계시느니(보다) 제게 옛날 말씀 좀 해 주시겠습
니까?/타향에서 고생하느니(보다) 고향으로 돌아가자./여기서 이렇게
무작정 대답을 기다리느니(보다) 직접 찾아가서 알아보는 것이 낫겠다.

〈-는 이보다〉
[뜻] '~하는 사람보다'의 뜻이다.
¶ 건전한 사회에서는 일확천금을 노리는 이보다 근면하게 일하는
이가 많고, 비건전한 사회에서는 근면하게 일하는 이보다 일확천금을
노리는 이가 많다.

2.26. '-(으)리만큼'과 '-(으)ㄹ 이만큼'

-(으)리만큼(어미)
  나를 미워하리만큼 그에게 잘못한 일이 없다.
-(으)ㄹ 이만큼(의존 명사)
  찬성할 이도 반대할 이만큼이나 많을것이다.

'-(으)리만큼'은 정도를 나타내는 연결어미이고, '-(으)ㄹ 이만

큼'은 관형형 'ㄹ'이 불완전명사 '이'를 수식하는 구에 '만큼'이라는 조사가 결합한 것이다.

〈-(으)리만큼〉

[뜻] '-ㄹ 정도로'의 뜻을 나타내는 연결 어미.

¶ 한 걸음도 더 걷지 못하리만큼 지쳤었다./길 가는 사람이 걱정을 하리만큼 그의 걸음은 황급하였다.≪현진건, 운수 좋은 날≫/누가 보기에도 창피하리만큼 윤 초시의 입과 눈가장엔 비굴한 표정이 떠돌고….≪김남천, 대하≫

〈-(으)ㄹ 이만큼〉

[뜻] '-ㄹ 사람만큼'의 뜻이다.

¶ 미래에는 한국어를 공부할 이가 영어를 공부할 이만큼 숫자가 되기를 바란다.

2.27. '-(으)러'와 '-(으)려'

| -(으)러(목적) | 공부하러 간다. |
| -(으)려(의도) | 서울 가려 한다. |

'-(으)러'와 '-(으)려'는 둘다 용언 어간에 붙는 연결 어미이다. 전자는 동작의 목적을 나타내고 후자는 의도나 욕망을 나타낸다.

〈-(으)러〉

[뜻] 가거나 오거나 하는 동작의 목적을 나타내는 연결 어미.

¶ 나물 캐러 가자./아저씨는 동네방네 엿을 팔러 다녔다./엄마의 심부름으로 두부를 사러 시장에 갔다.

〈-(으)려〉

[뜻]「1」어떤 행동을 할 의도나 욕망을 가지고 있음을 나타내는 연결 어미.

¶ 그들은 내일 일찍 떠나려 한다./남을 해치려 들다니.

「2」곧 일어날 움직임이나 상태의 변화를 나타내는 연결 어미.

¶ 하늘을 보니 곧 비가 쏟아지려 한다./차가 막 출발하려 한다.

2.28. '- (으)로서'와 '- (으)로써'

-(으)로서(자격)

　사람으로서 그럴 수는 없다.

-(으)로써(수단)

　닭으로써 꿩을 대신했다.

'- (으)로서'와 '- (으)로써'는 둘다 체언에 결합하는 조사이다. 전자는 자격이나 신분을 나타내고, 후자는 수단이나 방법을 나타낸다.

〈-(으)로서〉

「1」지위나 신분 또는 자격을 나타내는 격 조사.

¶ 그것은 교사로서 할 일이 아니다./그는 친구로서는 좋으나, 남편감으로서는 부족한 점이 많다./언니는 아버지의 딸로서 부족함이 없다고 생각했다.

「2」(예스러운 표현으로) 어떤 동작이 일어나거나 시작되는 곳을 나타내는 격 조사.

¶ 이 문제는 너로서 시작되었다.

〈-(으)로써〉

[뜻]「1」어떤 물건의 재료나 원료를 나타내는 격 조사.

¶ 쌀로써 떡을 만든다.

「2」어떤 일의 수단이나 도구를 나타내는 격 조사.

¶ 말로써 천 냥 빚을 갚는다고 한다./꿀로써 단맛을 낸다./대화로써 갈등을 풀 수 있을까?/이제는 눈물로써 호소하는 수밖에 없다.

「3」시간을 셈할 때 셈에 넣는 한계를 나타내는 격 조사.

¶ 고향을 떠난 지 올해로써 20년이 된다./시험을 치는 것이 이로써 일곱 번째가 됩니다.

2.29. '-(으)므로'와 '(-ㅁ, -음)으로(써)'

-(으)므로(어미)
　그가 나를 믿으므로 나도 그를 믿는다.
(-ㅁ, -음)으로(써)(조사)
　그는 믿음으로(써) 산 보람을 느꼈다.

'-(으)므로'는 그 자체가 까닭이나 근거를 나타내는 용언의 어미이고, '(-ㅁ, -음)으로(써)'은 명사형 '-ㅁ, -음' 뒤에 여러 가지의 뜻을 가진 조사 '으로(써)'가 결합한 것이다.

〈-(으)므로〉

[뜻] 까닭이나 근거를 나타내는 연결 어미.

¶ 상대가 너무 힘이 센 선수이므로 조심해야 한다./그는 부지런하므로 성공할 것이다./비가 오므로 외출하지 않았다./그는 수업 시간마다 졸므로 시험 성적이 좋을 리가 없다./선생님은 인격이 높으시므로, 모든 이에게 존경을 받는다.

〈-ㅁ, -음)으로(써)〉

[뜻] '-ㅁ으로(써)'는 '-는 것으로(써)'란 수단 또는 방법의 의미를 나타낸다.

¶ 한 살을 더 먹음으로(써) 서른이 되었다./검찰에 출두함으로(써) 준법정신이 있다는 것이 증명되었다.

〈으로〉

「1」움직임의 방향을 나타내는 격 조사.

¶ 집으로 가는 길/미국으로 여행을 떠나다/나는 광화문으로 발길을 돌렸다.

「2」움직임의 경로를 나타내는 격 조사.

¶ 홍콩으로 해서 미국을 들어갈 예정이다.

「3」변화의 방향을 나타내는 격 조사.

¶ 자식을 훌륭한 사람으로 키우다/그렇게 얌전하던 학생이 말썽꾼으로 변했다./세상이 암흑으로 변했다.

「4」어떤 물건의 재료나 원료를 나타내는 격 조사.

¶ 콩으로 메주를 쑤다/흙으로 그릇을 만들다/얼음으로 빙수를 만들다.

「5」어떤 일의 수단·도구를 나타내는 격 조사.

¶ 톱으로 나무를 베다/붓으로 글씨를 쓰다/약으로 병을 고치다/사진으로 설명을 하다.

「6」어떤 일의 방법이나 방식을 나타내는 격 조사.

「7」어떤 일의 원인이나 이유를 나타내는 격 조사. '말미암아', '인하여', '하여' 등이 뒤따를 때가 있다.

¶ 병으로 죽다/지각으로 벌을 받다/가난으로 말미암아 학교를 중간에 그만두었다.

「8」지위나 신분 또는 자격을 나타내는 격 조사.

¶ 회원으로 가입하다/회장으로 뽑히다/인간으로 어떻게 그럴 수가 있나?

「9」시간을 나타내는 격 조사.

¶ 조석으로 부모님께 문안드리다/모임 날짜를 이달 중순으로 정했다./시험 시간을 한 시간으로 제한했다.

「10」시간을 셈할 때 셈에 넣는 한계를 나타내는 격 조사.

¶ 자동차 면허 시험을 보는 것이 이번으로 일곱 번째가 됩니다.

「11」특정한 동사와 같이 쓰여 대상을 나타내는 격 조사. '하여금'을 뒤따르게 하여 시킴의 대상이 되게 하거나, '더불어'를 뒤따르게 하여 동반의 대상이 되게 한다.

¶ 동생으로 하여금 집안일을 보게 하였다.

「12」((주로 인지나 지각을 나타내는 말과 함께 쓰여))어떤 사물에 대하여 생각하는 바임을 나타내는 격조사.

¶ 조용한 레스토랑쯤으로 여겼는데 입구에서부터 요란한 밴드 소리가 귀청을 찢었다.≪윤후명, 별보다 멀리≫/무슨 소망이나 가질 수 있다면 그것을 유일한 낙으로 삼고 눈앞의 고통을 참을 수도 있으련만….≪이기영, 신개지≫

제5부

한글에 대한 단상들

우리는 세종을 자랑한다

1. 세계가 부러워하는 한글, 그 까닭은?

지금부터 몇 백년 후 지구가 고도산업사회에 접어들고, 외계 생명체와도 교류를 활발히 하게 되어 지구의 대표를 선출해야 하는 상황이 되었다. 너도 나도 다 지구의 대표를 하고자 하는 바 무엇을 기준으로 대표를 선출할 것인가 하는 문제로 인류는 고민하게 되었다. 그때 어느 종족인가가 제안하기를, "인류가 문명을 일으켜 만물의 영장으로 살고 있는 것은 '언어와 문자'가 있기 때문이다. 언어는 인류에게 보편적이고 천부적인 것이니까 문자로써 지구의 대표를 선출하자."고 하였다. 이에 특별히 반대할 명분이 없기에 다들 동의하였다. 그래서 첫 번째 기준 "스스로 만든 문자를 사용하는 종족을 대표로 뽑자."고 하자 지구의 수천의 종족 중 단 두 종족만 남게 되었다. 중국의 한족과 한국의 한족. 다시 두 번째 기준 "사용하는 문자를 누가 언제 어떻게 만들었는지 설명할 수 있는 종족을 대표로 하자." 이에 한국인은 지구를 대표하는 종족이 되었다.

21세기 현재 지구상에는 수많은 문자가 사용되고 있는데, 이중 널리 사용되고 있는 문자는 로마 문자와 키릴 문자이다. 아랍과 인도 그리고 동남아시아 등지에서도 독자적인 문자가 사용되고 있다. 그러나 유네스코(UNESCO)에서 한글의 우수성을 인정하여 1990년부터 문맹 퇴치에 공헌한 이들에게 수여하는 상의 이름을 세종문맹퇴치상(King Sejong Literacy Prize)이라 하고, 세계적인 언어학자 맥콜리(J. McCawley) 교수는 20여 년 동안이나 한글날을 손수 기념하고 있고, 세계적인 문자학자인 영국의 샘슨(G. Sampson) 교수는 "한글이 과학적으로 볼 때 세계에서 가장 훌륭한 글자라는 것은 의심의 여지가 없다고 한다."고 하는 등 세계적인 학자들이 한글을 찬양하고 부러워하고 있다. 그 이유는 무엇일까?

1.1. 누가 언제 만들었는지 알기 때문이다.

조선의 제4대 임금이었던 세종이 재위 25년 12월에 인류의 역사상 최초로 문자 '훈민정음(오늘날의 한글)'을 창제하였다. 그리고, 정인지, 성삼문 등 당시 집현전 학사들로 하여금 훈민정음을 창제한 근거와 원리를 성리학적인 원리와 연관시켜 〈훈민정음〉이라는 책자를 만들게 하였고 세종 28년 9월에 반포한 것이다.

1.2. 어떻게 만들었는지 알기 때문이다.

세종은 인간이 내는 소리를 관찰하고 그 이치를 밝히는 동시에, 당시의 성리학적인 지식을 동원하여 훈민정음을 만든 것이다. 한국인이 외국어를 배울 수 있고, 외국인이 한국어를 배울 수 있는 것은 모든 인간이 비슷한 발음을 하고 생각하는 것도 비슷하기 때문이다. 인간은 기본적으로 입술과 혀를 이용해서 소리를 낸다. 아래쪽에 있는 입술과 혀를 움직여서 위에 있는 입술, 이, 잇몸, 앞쪽 입천장, 뒤쪽 입천장 등에 접근하여 소리를 만드는 것이다. 세종은 이것을 정확하게 관찰하여 소리를 만들었다.

1.3. 제자원리에 의해 문자를 보면 소리의 관계를 예측할 수 있기 때문이다.

초성 중 'ㅁ'의 소리는 두 입술이 붙어서 소리가 나기 때문에 이를 본떠서 만든 것이다. 그리고 입술에서 소리가 나되 'ㅁ'보다 센 소리는 'ㅂ'으로 만들고, 이보다 센 소리는 또 획을 더하여 'ㅍ'을 만들었다. 혀가 위의 잇몸에 닿는 모양으로 'ㄴ'을 만들고 여기에서 나되 이보다 센 소리는 획을 더하여 'ㄷ'으로 만들고, 이보다 더 센 소리는 또 획을 더하여 'ㅌ'을 만들었다. 혀의 뒷부분이 연구개에 닿는 모양으로 'ㄱ'을 만들고, 이보다 센 소리는 획을 더하여 'ㅋ'을 만들었다.

'ㅅ'은 이의 모양을 본뜬 것이다. 이 모양에서 소리에 따라 획을 'ㅈ'과 'ㅊ'을 만들었다. 마지막으로 'ㅇ'은 목구멍의 둥근 모양을 본뜬 것이다. 이 모양에서 'ㆆ', 'ㅎ' 등을 만들었다.

이러한 제자 원리 때문에 같은 모양을 공유하고 있으면 같은 위치에서 발음되고, 소리의 모양이 복잡하면 소리가 세다. 'ㄴ, ㄷ, ㅌ'의 제자 과정을 보이면 다음과 같다.

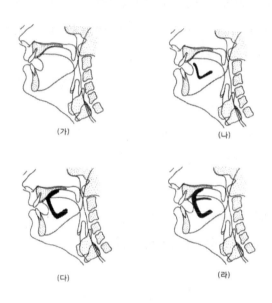

(가)

(나)

(다)

(라)

모음은 기본적으로 하늘(ㆍ), 땅(ㅡ), 사람(ㅣ)을 상형한 것이다. 이 세 글자를 바탕으로 새로운 글자를 만들어 간다. 기본자 중 점의 형태인 'ㆍ'가, 서 있는 모양인 'ㅣ'의 좌우에 결합하여 'ㅏ, ㅓ'를 만들고, 누워 있는 모양인 'ㅡ'의 아래 위에 결합하여 'ㅗ, ㅜ'가 되는 것이다. 여기에 다시 점을 하나씩 더 더하여 'ㅑ, ㅕ, ㅛ, ㅠ' 등이 만들어진다. 이와 달리 선을 한번씩 더하여 만든 것이 'ㅐ, ㅔ, ㅚ, ㅟ'가 된다. 이렇게 이미 만든 글자들을 다시 조합하여 합하여 모음 글자들이 완성되는 것이다. 모음을 만드는 과정은 다음과 같이 나타낼 수 있다.

기본자의 제작 :   ㆍ ㅡ ㅣ

점 하나 + 선 하나 : ㅏ ㅓ ㅗ ㅜ

점 둘 + 선 하나 : ㅑ ㅕ ㅛ ㅠ

점 하나 + 선 둘 : ㅐ ㅔ ㅚ ㅟ

1.4. 현대의 정보화에 아주 적합하기 때문이다.

휴대폰에서 문자를 입력하는 과정은 훈민정음의 창제원리를 활용한 것이다. 자음과 모음을 구분하여 오른손과 왼손으로 번갈아가며 입력하는 것은 입력의 효율성을 극대화할 수 있는 것이다. 그리고 된소리의 입력을 평음의 자리에서 할 수 있는 것은 기억과 효율성을 높혀 주고, 모음의 중복된 조합에 의해 복잡한 모양의 모음을 입력할 수 있는 것도 훈민정음의 제자 원리 그 자체를 응용한 것이다. 이렇듯 문자를 만든 원리가 현대의 정보화에 그대로 활용되는 것은 한글밖에 없는 것이다.

1.5. 한글 창제는 세계 문자사를 새롭게 쓰게 했기 때문이다.

인류가 만든 문자의 역사에서 한글 창제의 의의는 각별하다. 한글의 창제는 일차적으로 고유한 문자가 없던 우리 민족이 독자적인 문자를 가지게 되었다는 의미를 가진다. 이차적으로는 인류의 만든 문자의 역사가 음소문자의 단계를 넘어 자질문자의 단계에 도달했다는 것을 의미한다. 즉 로마 문자나 키릴 문자(그리스 문자) 등의 음소 문자의 단계를 넘어 자질 문자를 인류가 가지게 되었다는 것이다. 마지막으로 훈민정음이라는 책은 인류의 역사상 문자를 누가, 언제, 어떻게 만들었지를 기록해 놓은 유일한 것이다. 인류 역사상 문자 제자의 원리를 기록해 놓은 인류의 유일한 보물인 것이다.

2. 세종은 세계 최고의 언어학자였다.

조선의 제4대 임금인 세종은 어린 시절부터 엄청난 책을 읽었다고 한다. 당시 조선의 통치의 이념이었던 유학의 경전뿐만 아니라 역사 법학 천문 음악 의학 등 다방면의 책을 수십 번씩 읽었다고 한다. "몹시 추울 때나 더울 때에도 밤새 글을 읽어, 나는 그 아이가 병이 날까 두려워 항상 밤에 글 읽는 것을 금하였다. 그런데도 나의 큰 책은 모두 청하여 가져갔다."는 태종의 말바탕이 전할 정도로 책을 많이 읽었다고 한다.

학문을 좋아하던 세종의 이러한 정신은 조선의 제도와 학문, 예술 등 모든 분야에서 새로운 기틀을 마련하게 한다. 세종 2년(1420)에 집현전(集賢殿)을 궁중에 설치하여 학자를 키우고, 학문을 숭상하며 조선 초기 통치자를 보완할 인재를 키웠다. 그리하여 역사, 지리, 정치, 경제, 천문, 도덕, 예의, 문자, 운학, 문학, 종교, 군사, 농사, 의약, 음악 등에 관한 거의 모든 분야에서 각종 저술을 함으로써 조선 전기 문화와 문물의 기초를 닦았다.

이러한 많은 업적 중에서도 세종을 가장 돋보이게 하는 것은 당연히 새로운 문자인 '훈민정음'의 창제인데, 이 문자를 창제할 수 있었던 가장 중요한 요인은 세종의 언어학적인 지식이다. 세종의 언어학적 지식은 당대 세계 최고였다고 할 수 있다.

2.1. 자질의 설정

인간의 언어 단위 중에서 독립적으로 발화될 수 있는 최소의 단위를 음절이라고 한다. 음절을 구성하고 있는 요소를 음소라고 한다. 그리고 음소를 발화할 수 있게 하는 조음 기관의 위치나 방법 등을 자질이라고 한다. 언어의 발음에 직접 관여되는 조음 기관은 성문, 목젖, 혀와 입술 등이다. 이들의 다양한 기관들의 상이한 작용이 동시적으로 실현되어 다양한 소리를 만들어내는 것이다. 자음은 성문의 개폐 정도, 목젖의 비강 폐쇄 여부, 다양한 혀 위치의 입천장 혹은 치조에의 접근, 입술의 폐쇄 여부 등에 의해 그 종류가 결정되는데 이들 조음 위치와 조음 방식을 자질이라고 부르는 것이다. 모음은 혀의 앞뒤 위치와 아래위의 위치(입이 벌어지는 정도) 입술의 모양 등에 의해 다양한 모음이 만들어지는데 이를 역시 자질이라고 부른다.

세종은 구체적으로 발화되는 최소의 소리 단위인 음절을 인식하고, 이를 세 개의 구성요소로 분리한다. 초성, 중성, 종성이 그것이다. 초성과 종성은 따로 만들지 않고 이미 만들어진 초성을 종성에 다시 사용한다. 세종이 초성을 만드는 과정은 철저히 조음기관을 관찰한 결과이다. 그 내용은 제자해에 나와 있는 그대로다.(아음 ㄱ은 혀뿌리가 목구멍을 폐쇄하는 모양, 설음 ㄴ은 혀가 윗잇몸에 닿는 모양, 순음은 ㅁ입의 모양, 치음 ㅅ은 이의 모양, 후음 ㅇ은 목구멍의 모양을 각각 상형하였다.) 이들 조음되는 위치 자체가 훈민정음 제자에서 자질로 작용한다. 그리고 조음방식에 따라 청탁으로 구분한다. 이들 초성의 자질은 당시 중국성운학의 지식을 그대로 활용한다. 조음 위치를 '아 설순치후'로 나누고, 조음 방식을 '청탁'으로 나누는 것이 그것이다. 반면에 모음의 자질은 완전히 독창적으로 설정된다. 모음의 조음에 있어서 혀의 위치나 개구도에 관련해서는 '축(縮)'이라는 자질을 설 정하고, 입술의 모양과 관련해서는 '장(長)'과 '축(蹙)'의 자질을 설 정한다.

2.2. 관계의 인식

존재하는 모든 것은 개별적으로 존재하는 것이 아니라 다른 것과의 관계 속에서 존재한다. 인간이 발화하는 개개 소리도 다른 소리와의 관계 속에서 존재한다. 소리와 소리의 관계에 대해 이론적으로 정리 한 것은 20세기 초반 당시 최고의 언어학자 중의 한 사람이었던 트루 베츠코이에 의해 정리된다. 이 용어를 빌어 훈민정음에 나타나는 대 립관계를 조금 정리해 보면 다음과 같다.

2.3. 양면적 대립관계

양면적 대립관계란 공유하는 자질의 총량이 두 항 사이에만 나타 나는 대립관계를 말한다. 적나라하게 표현하면 전체적인 체계에서 가 장 가까운 두 항이 양면적 대립관계를 이루는 것이다. 훈민정음에 의 하면 'ㆍ'와 'ㅏ'의 관계 및 'ㅡ'와 'ㅓ'의 관계는 양면적 대립관계에 해 당한다. 무표항 'ㆍ'와 'ㅡ'에 '구장(口長)'이라는 자질이 더해져 'ㅏ'와

'ㅓ'가 되는 것이다. 'ㆍ'와 'ㅗ'의 관계 및 'ㅡ'와 'ㅜ'의 관계도 동일하다. 무표항 'ㆍ'와 'ㅡ'에 '구축(口蹙)'이라는 자질이 더해져 'ㅗ'와 'ㅜ'가 되는 것이다. 앞에서 본 'ㄱ : ㄲ = ㅂ : ㅃ = ㅅ : ㅆ = ㄷ = ㄸ = ㅈ : ㅉ'의 관계는 양면적 대립관계를 구성하기도 한다. 무표음 'ㄱ, ㅂ, ㅅ, ㄷ, ㅈ'등에 '응(凝)'이라는 자질이 더해져 'ㄲ, ㅃ, ㅆ, ㄸ, ㅉ' 등이 되는 것이다.

2.4. 비례적 대립관계

비례적 대립관계란 동일한 관계가 다른 항들 사이에서도 존재할 때 그러한 대립관계를 비례적 대립관계라고 한다. 훈민정음에서 'ㆍ : ㅗ'의 관계는 'ㅡ : ㅜ'의 관계와 같고 'ㆍ : ㅏ'의 관계는 'ㅡ : ㅓ'의 관계와 같다. 즉 'ㆍ : ㅗ = ㅡ : ㅜ'의 관계가 성립하고, 'ㆍ : ㅏ = ㅡ : ㅓ'의 관계가 성립한다. 자음의 경우도 동일하다. 소리의 세기에 따라 획을 더했기 때문에 'ㄱ 대 ㅋ'의 관계는 'ㅂ 대 ㅍ', 'ㄷ 대 ㅌ', 'ㅈ 대 ㅊ'의 관계와 동일하다. 즉 'ㄱ : ㅋ = ㅂ : ㅍ = ㄷ : ㅌ = ㅈ : ㅊ'의 관계가 성립되는 것이다. 또한 같은 소리를 더해 소리가 '응(凝)기는' 관계인 'ㄱ 대 ㄲ, ㅂ 대 ㅃ, ㅅ 대 ㅆ, ㄷ 대 ㄸ, ㅈ 대 ㅉ'의 관계 또한 동일하다. 'ㄱ : ㄲ = ㅂ : ㅃ = ㅅ : ㅆ = ㄷ = ㄸ = ㅈ : ㅉ'의 관계가 성립하는 것이다.

5.5. 등차적 대립관계

등차적 대립관계란 자질의 있고 없음이 아니라 그 정도에 의해 차이가 나는 대립항들의 관계를 일컫는 말이다. 훈민정음에서 'ㅣ : ㅡ : ㆍ'의 관계는 등치적 대립관계에 해당한다. 'ㅣ'는 혀가 '불축(不縮)'하고, 'ㅡ'는 '소축(小縮)'하고, 'ㆍ'는 '축(縮)'한다는 개념은 하나의 기준에 의하고, 그 기준의 정도 차이에 의해 음소가 달라진다는 것이다.

2.6. 가중화대립관계

가중화대립관계란 특정한 위치에서 대립되던 두 음소가 다른 위치에서 변별력을 가지지 못하고 중화되는 관계를 말한다. 훈민정음의 종성해에서 초성에 사용되는 자음을 종성에 다시 쓰되, 'ㄱ, ㆁ, ㄴ, ㄷ, ㅁ, ㅂ, ㅅ, ㄹ' 등 8개 소리만 사용하기로 한 것은 거센소리는 평음으로 중화하고, 'ㅿ, ㅈ, ㅊ' 등은 종성의 위치에서 중화된다는 것을 파악했기 때문에 가능한 기술이다.

2.7. 발음의 관계를 제자에 반영

세종은 조음기관을 관찰하고 소리의 자질을 파악하고 이에 의한 소리의 관계를 훈민정음의 창제에 그대로 활용하였다. 그래서 문자의 모양을 주의깊게 살피면 그 발음의 관계를 이해할 수 있다.

우선 자음에 있어서 같은 획을 공유하고 있으면 조음되는 위치가 동일하다. 'ㅁ'을 공유하고 있는 'ㅁ, ㅂ, ㅍ, ㅃ' 등은 모두 입술이 닫혔다는 열리면서 발음이 되는 공통점을 가지고 있다. 'ㄱ'을 공유하고 있는 'ㄱ, ㅋ, ㄲ' 등은 모두 혀의 뒷부분이 입천장의 뒤쪽 연구개를 막았다가 열면서 나는 소리가 된다. 'ㄴ'의 모양을 공유하고 있는 'ㄴ, ㄷ, ㅌ, ㄸ' 등은 모두 혀의 앞부분이 윗잇몸에 닿았다가 나는 소리가 된다.

하나의 글자와 겹친 글자의 관계는 평음대 된소리의 관계가 된다. ㄱ : ㄲ 의 관계는 평음 대 된소리의 관계이고, 이는 ㅂ : ㅃ, ㅅ : ㅆ, ㄷ : ㄸ, ㅈ : ㅉ의 관계와 모두 같다. 평음에 획이 더해 지면 거센소리가 된다. 'ㄱ'에 획이 더해진 'ㅋ'은 거센소리가 되고, 'ㄷ'에 획이 더해진 'ㅌ'은 거센소리가 된다. 평음 대 거센소리의 관계는 'ㅂ : ㅍ, ㅈ : ㅊ' 의 관계도 모두 동일하다.

2.8. 나오는말

음소의 구성성분인 소리의 자질을 파악하고, 이 자질들에 의한 음소의 관계에 대한 인식은 서구의 언어학에서는 20세기에 들어와서의 일이다. 소리를 분류하기 위해 자음의 조음위치를 '아설순치후'로 구분하고 조음 방식을 '청탁'으로 구분하고, 성운을 '등'과 '호'로 구분한 정도이다. 세종은 중국 성운학의 개념 중 자음을 조음위치와 조음방식으로 나누는 것은 그대로 수용하고, 중국의 성운학에 없던 모음의 자질인 혀의 움직임과 입의 움직임을 반영한 모음의 자질을 설정하게 된다. 그리고 이러한 자질에 의해 음소들이 관계속에서 존재함을 밝히고 이를 훈민정음의 창제에 활용하고 이 과정이 훈민정음 해례에 담겨 있는 것이다.

자질의 파악에 있어서 세종이 선택한 분류 방법은 다분법적이다. 때로는 2분법을 선택하기도 하고, 때로는 3분법을 선택하기도 하고,

때로는 5분법을 선택하는 것이다. 이러한 세종의 분류 방식은 촘스키의 존재하는 대립항의 상대적 위치에 의한 이분법이 아니고 존재 그 자체의 '있음'을 선택하는 입자음운론적인 방식이다.

이러한 세종의 천재성 때문에 세종의 언어학이 후대에 이어질 수는 없었겠지만 세종의 언어학은 서구의 20세기 구조언어학을 그대로 반영하고 있는 15세기 세계 최고의 언어학자였음을 보여주고 있는 것이다.

3. 한글맞춤법의 원리는 조화와 균형이다.

3.1. 존재의 두 양상

인간은 존재하는 모든 것을 대체로 이분법적으로 인식한다. 영혼과 육체, 내용과 형식, 양과 질, 음과 양 등 이분법적으로 인식하고 있는 것이다. 그런데 이것은 존재의 실체 그 자체이기도 하다. 인간이 소통하기 위해 사용하는 언어 역시 소리와 의미라는 두 면을 가지고 있고, 소리 역시 '본래의 소리'와 '변화된 소리'의 두 면을 가지고 있다. '값'이라는 본래의 소리와 사용 환경에 따라 발음이 달리 되는 소리 '갑(값이), 갑(값도), 감만(값만)'이라는 두 면을 가지고 있는 것이다.

3.2. 소리와 문자의 조화

한글맞춤법 총칙 제1항 '한글맞춤법은 표준말을 그 소리대로 적되,

어법에 맞도록 한다.'에서 '소리대로' 적는다는 것은 한국인이 내는 소리를 한글이라는 문자로 표기할 경우에는 '소리가 존재하고 있는 모습' 그대로 표기한다는 뜻이다. 이것은 문자로 표기하는 것이 존재하고 있는 소리를 있는 그대로 표기한다는 원칙을 천명한 것이고, 이 뜻은 문자의 표기와 소리의 존재가 조화를 이루게 한다는 의미이다.

그러므로 청각적인 소리를 시각적인 문자로 표기할 경우에는 '본래의 소리'대로 표기할 수도 있고, '변화된 소리'를 변화한 대로 표기할 수도 있다. 예를 들어 앞에서 예를 들었던 '값'의 경우 '값이, 값도, 값만'으로 표기할 수도 있고, '갑씨, 갑도, 감만'으로 표기할 수도 있는 것이다. 다른 예를 들어 '돕-'이 활용하는 경우 '돕고, 돕지, 돕아, 돕으면'으로 표기할 수도 있고, '돕고, 돕지, 도와, 도우면'으로 표기할 수도 있는 것이다.

이 중 어떻게 표기할 것인가 하는 문제를 해결하는 방법이 '어법에 맞게'이다. '어법에 맞게'라는 개념은 본래의 소리대로 표기할 것은 본래의 소리대로 하고, 소리나는 대로 표기할 것은 소리나는 대로 표기하는데 그 기준이 어법에 맞아야 한다는 것이다.

3.3. 표기법의 두 원리

언어가 음성 형식과 의미 내용의 복합체라면, 언어를 문자로 표기하는 방법에는 기본적으로 두 가지의 방식이 있을 수 있다. 음성 형식 위주로 표기할 것이냐 아니면 의미 내용 위주로 표기할 것이냐 하는 것이 그것인데, 우리 문자의 경우 기본적으로 한 음성에 하나의 문자가 대응하게끔 표기하는 음소적 표기와 형태소의 기본형을 밝혀 표기

하는 형태소적 표기로 구분될 수 있다. 흔히 전자를 표음주의적 표기
라 하고 후자를 표의주의적 표기라 한다.

3.4. 언어(음운규칙)와 문자의 조화

/값만/이라는 음소들의 연결을 한국인이 발음할 때 [감만]이라고
발음하거나 [갑만]이라고 발음하는 한국인은 존재하지 않는다. 반면,
[도움]이라고 발음하는 형태소 '돕-'과 '-음'의 연결을 '돕음'이라고
표기했을 경우 한국인은 철자를 의식하여 [도븜/도붐]이라고 발음하
거나 혹은 실제 단어의 뜻을 고려하여 [도움]이라고 발음할 것이다.[1]
전자는 한국어의 음운규칙으로 당연히 예견될 수 있는 것이고, 그래
서 달리 발음될 가능성이 없어서 발음이 혼란될 위험이 없기 때문에
그 기본형을 밝혀 적은 것이다. 반면에 후자는 모음과 모음 사이에
'ㅂ'은 얼마든지 발음될 수 있기 때문에(예: 잡음, 접음 등) 공시적인
음운규칙으로 예견될 수 없는 것이다.(한글맞춤법은 기본적으로 이
러한 원칙에 따랐기 때문에 그러한 예는 많다.)

공시적인 음운규칙으로 설명될 수 있는 것은 형태소적 표기를 하
고, 공시적으로 설명될 수 없는 것은 음소적 표기를 함으로써, 언어
속에 내재되어 있는 규칙과 언어를 표기하는 문자의 표기방법을 조화
시키고자 한 것이 현행 한글맞춤법의 기본정신이 된다.

음소적 표기는 발음하는 대로 즉 표면 구조를 표기하는 것이고 형

---

1) '잇어지는'과 '듣어라'도 동일할 것이다. 철자식 발음을 하여 [이서지는], [드더라]
으로 발음하거나, 문맥상의 의미를 고려하여 [이어지는][드러라]로 조음할 것이
다.

태소적 표기가 기본형 내지는 기저형을 즉 기저구조를 표기에 반영하는 것이라면, 두 원칙은 상반된 결과를 초래하게 되는데 그러면 무엇을 원칙으로 삼고 무엇을 예외로 인정할 것인가.

3.5. 상반된 원칙의 균형

음소적 표기가 그 나름대로의 장단점을 가지고 있고 형태소적 표기역시 그나름대로의 장단점을 가지고 있다면 개별 사항의 표기는 언어를 사용하고 있는 그 시대의 사람들이 결정할 사항이 될 것이다. 그런데 현행 한글맞춤법에서는 두 원칙의 균형을 고려하여 안배한 흔적이 역력하다. 총론에서는 '소리대로 적되, 어법에 맞도록'으로 규정하고, 각론에서는 '어법에 맞추는 것을 원칙으로 하고 소리대로를 예외로' 인정하고 있는 것이다. 두 원칙은 상반된 결과를 가져 오기 때문에 한 쪽의 우위는 다른 쪽의 위축을 초래할 위험성이 있어서 이들의 균형을 유지하기 위한 조치로 이해할 수 있는 것이다.

때로는 음소적 표기를 하고 때로는 형태소적 표기를 한다는 것은 상반된 원칙을 적절히 혼용하는 것인데 이것은 언어현실과의 조화를 꾀하고자 한 것이고 또한 상반된 규칙이 힘의 균형을 유지하는 것은 경쟁적 발전 내지는 논쟁점의 끊임없는 발아 가능성을 의미하는 것이라고 할 수 있을 것이다.

그러면 상반된 두 원칙이 그 지향하는 바가 상반된다고 하여 모든 경우를 다 포괄할 수 있느냐 하는 문제가 제기될 수 있을 것이다.

앞에서 예를 들었던 '냇가', '못하다' 등의 표기는 음소적 표기인가, 아니면 형태소적 표기인가. 이들은 현대의 공시적인 상태에서 볼 때

'ㅅ'으로 표기해야 할 이유를 찾기 어렵다. 그렇다고 하여 다른 문자로 표기하는 것도 마땅하지 않다. 이들을 'ㅅ'으로 표기한 것은 이전부터 해 오던 관습을 존중한 것으로 해석할 수 있다. 이전의 관습적인 표기를 그대로 따르는 것을 역사주의적 표기라고 하는데, 한글 맞춤법에는 형태소적 표기와 음소적 표기 외에 역사주의적 표기를 채택하여 세 원칙이 균형을 이루도록 하고 있는 것이다.

3.6. 마무리하는 말

한글맞춤법에 내재된 원칙은 언어현실과 표기의 부조화를 최대한 줄이고 역사적으로 해 왔던 관습까지 존중하여 언어와 표기 그리고 관습의 조화를 꾀하는 것이다. 이것이 현행 한글 맞춤법의 정신이고 이것이 우리 조상들이 우리에게 물려준 정신문화이자 전통인 것이다.

여기에 하나 덧붙일 사항이 있다. [일찌기]라는 발음하는 우리말을 '일찍이'라고 표기할 것이냐 아니면 '일찌기'라고 표기할 것인가. 어느 쪽으로 하든 그나름대로의 논리를 세울 수 있겠지만, 그 결정과정에서 고려할 첫 번째 사항은 언어현실(그것이 기저형이든 표면형이든)과 조화를 꾀해야 한다는 것이지만 이 조화에 위배되지 않는 한 상반된 두 원칙이 서로 균형을 이룰 수 있는 선에서 결정되어야 한다는 점이다. 이것은 한글맞춤법을 사정할 당시의 사람들이 그때의 상황에 맞추어서 결정할 일일 것인데 조화속에서의 균형은 항상 염두에 두어야 할 것이다.

세종은 왜 한글을 창제하였나

1. 한국인의 문자생활사 개관

한국인의 문자생활사는 발상의 전환 그 자체였다.

똑같은 길이의 작대기 여섯 개를 가지고 정삼각형 네 개를 만들려고 하면 어떻게 해야 할까? 2차원의 평면 위에서 만들려고 하면 영원히 만들지 못할 일이다. 그러나 차원을 달리 하여 3차원의 입체를 생각하여 정사면체를 만든다면 순식간에 만들 수 있는 일이다.

한국인의 문자 생활은 크게 세 가지로 구분된다. 하나는 한자 내지는 한문을 수용하되 그대로 사용한 것이고, 둘은 한자를 수용하되 변용하여 사용한 것이고, 마지막은 새로운 문자를 창제하여 사용한 것이다. 한국인의 문자생활사 중 두 번째와 세 번째의 역사는 발상의 전환에 의한 새로운 역사의 창조였다.

1.1. 한자의 차용과 변용

지금으로부터 약 2,000년 내지 2,500년 전쯤에 인접해 있는 종족의 문자인 한자를 빌어 우리말을 표기하게 된다. 그런데, 한국어와 중국어는 음운, 통사에 있어서 큰 차이를 가지고 있기 때문에 동일한 문자를 사용하더라도 그 표기의 대상인 언어의 차이로 인하여 용법상의 큰 차이를 보인다. 그뿐만 아니라, 한자는 고립어인 중국어의 특징을 반영하여 만들어졌기 때문에 교착어인 한국어를 표기하기에는 부적절한 면이 드러나 한자를 차용한 우리의 조상들은 한자로써 우리말을 표기하기 위해 새로운 용법을 만들게 된다.

한자를 빌어 우리말을 표기한 방식은 대체로 네 가지 즉, 서기체 표기, 향찰체 표기, 이두체 표기, 구결체 표기로 분류해 볼 수 있다. 한자를 수용하여 변용한 표기에서 나타난 특징을 몇 가지 지적하면 다음과 같다.

첫째, 어순을 국어의 어순으로 바꾸었다. 우리말에 해당되는 뜻을 가진 한자를 빌어와 우리말 어순대로 나열하여 사용한 것이다.

둘째, 단어문자인 한자를 빌어와 음절문자식으로 변용하여 표기하였다. 앞에서 예를 든 향가의 첫 네 행의 마지막 글자 '隱, 遣, 都, 古' 등은 각각 우리말의 '은, 고, 도, 고' 등을 표기하기 위해 사용된 것이다. 우리말의 음절을 표기하기 위해 비슷하거나 동일한 음을 가진 한자를 사용하여 문법 형태소를 표기한 것이다.

셋째, 단어문자인 한자를 빌어와 음소문자식으로 변용하여 표기했다는 점이다. 앞에서 예를 든 향가의 4행의 '去內尼叱古'의 '叱'은 15세기 국어 '가느닛고'의 'ㅅ'을 표기하기 위해 사용된 것이고, 5행의

'早隱'의 '隱'은 '이른'의 'ㄴ'을 표기하기 위해 차자된 것이다. 또한 6행에 나타나는 '落尸'의 '尸'는 '딣'의 종성을 표기하기 위해 차자된 것이다.

넷째, 단어문자를 간략하게 하여 위의 세 번째와 같은 기능을 수행하는 문자로 전환했다는 점이다. 위의 구결에 나타나는 '刂, ノ, 尸, 尔, 丷, ㄱ, の, 乙, ㄋ' 등은 각각 그 음이 '이, 호, (으), 곰, ᄒᆞ, (으)ㄴ, ᄃᆞ/돌, (으)ㄹ, 아/애' 등인데, 이들은 '是, 乎, 尸, 爾, 爲, 隱, 入, 乙, 良' 등에서 변용된 것으로 추정되는 것이다.

1.2. 훈민정음의 창제

훈민정음 창제자는 초성자를 제자하기 위해 초성의 '聲'의 '理'에 대한 관찰을 하게 된다. 초성의 '理'를 훈민정음 창제자가 조음위치와 조음방법에 의해 파악했다는 것은 초성의 배열에서부터 나타난다.

제자의 근거를 논하는 기술에서 그 순서를 '牙舌脣齒喉'로 하고 있고, '五行'과 관련하여(夫人之有聲本於五行) 자음을 설명하는 자리에서는 그 순서를 '喉牙舌齒脣'으로 하고 있는 것이다. 전자의 순서는 조음방식과 조음위치를 동시에 고려하고 있는 것을 볼 수 있다. 즉 전체적인 순서에 있어서는 폐쇄음의 순서를 폐쇄음이 아닌 것의 앞에 두고(아설순:치후), 폐쇄음끼리의 순서에 있어서는 폐쇄의 위치가 허파에 가까운 것을 앞선 순서로 하고 있다. 그리고, 폐쇄음이 아닌 것의 순서는 폐쇄음에 가까운 것을 그 순서에 있어서 앞서게 하였다. 이러한 순서가 우연적인 것이 아니라면 초성의 특징이라는 것이, 중성과 대비하면, 바로 폐쇄성에 그 특징이 있다고 관찰하였기 때문이라고 추정되는 것이다. 그리고 후자의 경우 즉 '五行'과 관련한 서술에 있어서는 그 순서를 조음의 위치가 허파에 가까운 것에서부터 설명하고 있다. 이것은 '五行'에 대한 기본적인 인식과 관련되겠지만 조음위치에 대한 정확한 관찰이 선행되어야 가능한 것임은 두말할 나위도 없다.

관찰된 초성의 '理'에 의해 초성의 제자가 이루어지는데, 훈민정음 해례에 나타나는 구체적인 내용은 다음과 같다.

初聲凡十七字 牙音ㄱ象舌根閉喉之形 舌音ㄴ象舌附上齶之形 脣音ㅁ 象口形 齒音ㅅ象齒形 喉音ㅇ象喉形 ㅋ比ㄱ 聲出稍厲故加畵 ㄴ而ㄷ ㄷ 而ㅌ ㅁ而ㅂ ㅂ而ㅍ ㅅ而ㅈ ㅈ而ㅊ ㅇ而ㆆ ㆆ而ㅎ 其因聲加畵之義皆 同 唯ㆁ爲異 半舌音ㄹ半齒音ㅿ 亦象舌齒之形而異其體 無加畵之義焉

1.3. 표기법의 혁신

개화기에서부터 1933년 한글맞춤법통일안이 만들어지기까지 표기법의 개혁을 기하기 위해 토론을 벌이는 과정에서 국어학사적으로는 많은 소득을 가지게 되는데, 방법론 내지는 인식의 전환을 보여 주는 논의들을 몇 가지 정리해 보면 다음과 같다.

1) 언어와 문자(주시경(1908)의 표현에 의하면 '音理와 語式')를 분리하여 인식하였고, 그러면서도 그것의 조화를 주장한 것은 주시경(1908)에서부터다.

2) 언어음에는 표준음과 간음[1](현대 언어학적으로 표현하면 구체 음소와 표면 음성 정도가 될 것이다)이 있다는 인식은 박승빈 (1931)에서부터다.

3) 공시론과 통시론을 구분하는 인식이 실질적인 작업에서 구체적으로 반영되고, 음소의 음절 위치에 대한 인식이 반영되는 것은 신명균(1933)에서부터다.

4) 추상적인 주장 내지는 이론을 제시한 후, 그에 대해 구체적인 증거로 논증을 하는 것도 신명균(1933)에서부터다.

1.4. 한글맞춤법의 의의

음소적 표기가 그 나름대로의 장단점을 가지고 있고, 형태소적 표기 역시 그 나름대로의 장단점을 가지고 있다면, 개별 사항의 표기는 언어를 사용하고 있는 그 시대의 사람들이 결정할 사항이 될 것이다. 그런데 현행 한글맞춤법에서는 두 원칙의 균형을 고려하여 안배한 흔적이 역력하다. 총론에서는 '소리대로 적되, 어법에 맞도록'으로 규정하고, 각론에서는 '어법에 맞추는 것을 원칙으로 하고 소리대로를 예외로' 인정하고 있는 것이다. 두 원칙은 상반된 결과를 가져 오기 때문에 한 쪽의 우위는 다른 쪽의 위축을 초래할 위험성이 있어서 이들의 균형을 유지하기 위한 조치로 이해할 수 있는 것이다.

때로는 음소적 표기를 하고 때로는 형태소적 표기를 한다는 것은

---

1) 주시경의 본음과 이음을 현대 언어학적인 용어와 비교한다면 '형태음소와 변이음' 정도가 될 것이다. 그런데 '병서'에 관한 한 주시경은 그러한 용어를 사용하지 않았다.

상반된 원칙을 적절히 혼용하는 것인데, 이것은 언어현실과의 조화를 꾀하고자 한 것이고, 또한 상반된 규칙이 힘의 균형을 유지하는 것은 경쟁적 발전 내지는 논쟁점의 끊임없는 발아 가능성을 의미하는 것이라고 할 수 있을 것이다.

그러면 상반된 두 원칙이 그 지향하는 바가 상반된다고 하여 모든 경우를 다 포괄할 수 있느냐 하는 문제가 제기될 수 있을 것이다.

'냇가', '못하다' 등의 표기는 음소적 표기인가, 아니면 형태소적 표기인가. 이들은 현대의 공시적인 상태에서 볼 때 'ㅅ'으로 표기해야 할 이유를 찾기 어렵다. 그렇다고하여 다른 문자로 표기하는 것도 마땅하지 않다. 이들을 'ㅅ'으로 표기한 것은 이전부터 해 오던 관습을 존중한 것으로 해석할 수 있다. 이전의 관습적인 표기를 그대로 따르는 것을 역사주의적 표기라고 하는데, 한글 맞춤법에는 형태소적 표기와 음소적 표기 외에 역사주의적 표기를 채택하여 세 원칙이 균형을 이루도록 하고 있는 것이다.

결론적으로 말하면 언어현실과 표기의 부조화를 최대한 줄이고, 역사적으로 해 왔던 관습까지 존중하여, 언어와 표기 그리고 관습의 조화를 꾀하는 것이 현행 한글 맞춤법의 정신이고, 이것이 우리 조상들이 우리에게 물려준 정신문화이자 전통인 것이다.

1.5. 문자생활로 본 문화유산

훈민정음 창제 이전의 문자 차용 시기에 나타나는 '수용과 변용의 정신', 훈민정음(세종 25년)에 나타난 '창조적인 정신', 유 희(1824)와 주시경(1908, 1910, 1914)에 나타난 '혁신적인 사고', 한글파와 정음파가 보여 준 '토론의 장', 한글맞춤법 통일안을 만들 때의 '조화와 균형을 추구하는 정신' – 이것들은 국어의 표기 내지는 국어에 대한 논의와 관련하여 국어학의 선각자들이 후학들에게 물려준 국어학의 전통이고, 크게는 우리 조상들이 우리에게 물려준 정신문화라고 생각된다.

이로써 우리 조상의 문자 생활과 관련된 문화 유산의 교훈적인 의미를 되돌아 보면 다음과 같이 될 것이다.

첫째, 고유의 것이 없을 경우에는 차용(수용)하되, 한국적인 실정에 맞게 변용하라.

둘째, 수용과 변용이 만족스럽지 못할 경우에는 스스로 창조하라.

셋째, 실질적인 운용에 있어서는 그것의 기능을 고려하여 혁신하되 충분한 토론을 거쳐라.

넷째, 실재체의 조화를 꾀하되, 상반된 원리의 균형을 항상 생각하라.

2. 훈민정음 창제 이전의 문자 생활

2.1. 들어가기

훈민정음(혹은 한글)이 창제되기 이전에 우리 조상들은 우리말을 중국 문자인 한자를 빌어 표기했는데(이를 '借字表記'라고 한다), 이 때 한자의 뜻을 빌어 표기하기도 하고, 한자의 음을 빌어 표기하기도 하였다. 예를 들어 주격조사 '-이'를 표기하기 위하여 '이'라는 음을 가지고 있는 '伊'라는 문자로 주격조사를 표기하기도 하였고, '이'라는 뜻을 가지고 있는 '是'라는 문자로 주격조사를 표기하기도 하였다. 또한, '光明理世'라는 뜻을 가진 신라 시조왕을 '赫居世'라 표기하기도 하고 '弗矩內'라고 표기하기도 했는데, 후자는 한자의 음을 빌어 당시의 우리말을 표기한 것이고 전자는 동일한 말을 조금 다른 식으로 즉, 한자의 뜻을 빌리기도 하고 한자의 음을 빌리기도 하는 방식으로 표기한 것이다.

이 글은 한자를 빌어 우리말을 표기하던 방식의 일부에 대해 일반인이나, 전공은 아니지만 필요로 하는 분들을 위해 약간의 이해를 돕기 위해 작성되는 것이다.

2.2. 지금 한글이 없다면

미국에 간 친구와 전자 우편(E-mail)으로 통신을 하고 싶은데 미국에 있는 친구가 한글문서 작성 프로그램을 가지고 있지 못할 때, 그리고 영어로 마음대로 의사소통할 수 있는 상황이 되지 못할 때 어떻게 할 것인가?

"친구야, 오늘은 너의 생일인데, 네가 멀리 떨어져 있으니 선물도 줄 수 없구나."라는 표현을 하고 싶은데 어떻게 표현할 것인가?

영어 단어를 빌어 우리말 순서대로 적으면 이 친구가 알아 들을 수 있을테지. "friend, today your birthday, you far away is, present give cannot." 이런 방법 외에 다른 방법은 없을까? 영어 알파벳을 빌어서 우리말 발음처럼 적어 보면 어떨까? "Chingu-ya, onul-un neo-ui saengil-indae, nei-ga meoli ddeoleocyeo issuni seonmul-to cul su eopskuna." 또 다른 방법은 없을까? 우선 어휘를 표현하는데 조금 세련되게 할 수 없을까? 우리말의 '-도'는 영어를 표현하면 'also'가 되는데, 'seonmul-to'를 'seonmul-also'로 표현해 볼 까. 혹은 문장 전체를 위의 첫 번째 방식과 두 번째 방식을 적당히 섞어서 표현해 볼까?

다음과 같이 결정하여 전자 우편으로 보내자, "Friend-ya, today-un you-ui(혹은 your) birthday-indae, you-ga far away is-ni present-to give-su no-kuna." 친구가 답장을 하기를, "Kurae, thank you-kuna. Soon, meet-gae doigessci."(그래, 고맙구나. 곧, 만나게 되겠지.)

영어의 단어나 철자를 빌어서 표현하지 않고, 한자를 빌어 이러한 방식으로 표현하면 어떻게 될 것인가?

2.3. 차자 표기의 기본방법

한자를 빌어 우리말을 표기하는 방법은 방법상에 조금의 차이가 있을 뿐, 로마 문자 혹은 영어를 빌어 우리말을 표기하는 것과 기본적으로 동일한 것이다. 차자 표기를 이해하기 위해 한자를 빌어 우리말을 표기할 수 있는 방법에 대해 이해를 해보자. 앞에서 예로 들었던 문장의 일부분 즉 '친구야, 오늘은 너의 생일인데'를 한자를 빌어 표기하면 어떻게 어떻게 될까.

'친구'는 한자말이니까 '親舊'를 쓰도록 하자. '야'는 고유어인데 이

에 꼭 맞는 한자를 찾기 어려우니까 '야'라는 음을 가진 한자 즉 '也'
를 쓰자. '오늘'은 이것의 뜻에 해당되는 '今日'을 쓸 수도 있겠고, 음
을 살려서 표기할려면 '오'는 '烏'로 표기할 수 있을텐데 '늘'의 음을
가진 한자어가 없으니까 비슷한 음을 가진 '訥'로써 표기해 보자. 조
사 '-은'의 기능을 가진 한자는 없으니까 이것과 비슷한 음을 가진 한
자 '隱'으로 표기하자. '너'는 동일한 뜻을 가지고, 음도 비슷한 부분을
가진 한자 '汝'로 표기하도록 하자. '-의'는 역시 한자의 뜻으로 해결
할 수는 없으니까 이와 비슷한 음을 가진 '矣'로 표기하도록 하자. '생
일'은 한자말이니까 '生日'을 쓰도록 하고, 지정사 '-이-'는 이와 동일
한 음을 가진 '伊'로 표기할 수도 있겠고, 혹은 뜻이 다르기는 하지만
'이'라는 새김(釋)을 가지고 있는 '是'로써 표기할 수도 있겠다. 'ㄴ데'
의 'ㄴ'은 '隱'으로 표기하고, '데'라는 음을 가진 한자가 없으니까 (현
대의 한자음에서) 비슷한 음을 '待'로 표기해 보자.

이렇게 표기된 것을 정리해 보면, '親舊也 今日(烏訥)隱 汝矣 生日
伊(是)隱待'가 될 것이다.

만약 이것이 고대에 표기된 것이라면, 이것을 어떻게 해독할 것인
가 하는 것이 과제로 등장하게 될 것인데, '親舊, 生日' 등은 한자음 그
대로 읽어도 될 것이고, 한자가 가지고 있는 본래의 의미로 해석해도
될 것이다. '也, 烏訥, 隱, 矣, 伊, 待' 등은 한자의 음으로 읽는 것인데,
이들이 가지고 있는 의미와는 상관없이 동일하거나 비슷한 음만을 빌
어 온 것으로 해석해야 될 것이다. '汝, 今日' 등을 '너, 오늘'로 읽는다
면, 그 뜻으로 해독한 것이고 한자가 가지고 있는 본래의 의미가 살아
있는 것으로 해독한 것이 된다. 그리고, '是'를 '이'로 해독한다면, '是'
의 뜻으로 해독했는데 본래의 뜻과는 무관하게 해독한 결과가 될 것

이다. 이것이 차자 표기 해독의 기본적인 방법이 될 것인데, 각각 ①
音讀 ② 音借(音假) ③ 訓讀 ④ 訓借(假)라고 흔히 이른다.

한자를 빌어 우리말을 표기하는데, 한자의 의미구조나 음운구조가
우리말과 다르기 때문에 그리고 동일한 음을 가진 한자가 많기 때문
에, 하나의 음을 표기하기 위해 여러 문자가 사용될 수도 있겠지만 차
자된 각각의 한자 하나하나는 동일한 음을 나타내는 기호로 사용되
었을 것이다. 즉, '고'라는 음을 표기하기 위해 '古, 告, 故' 등의 한자를
빌어 사용할 수 있지만, '古, 告, 故' 등의 글자가 우리말을 표기하기
위해 사용되었다면 이것은 다른 음이 아닌 '고'를 표기하기 위해 사용
되었을 것이다. 이를 흔히 '1字1音의 원리'라고 한다. 이것은 한자를
빌어 우리말을 표기하는데, 이것이 문자로써 의사소통의 기능을 수행
하기 위한 최소한의 요구조건이라고 할 수 있을 것이다.

한자의 한 글자는 여러 가지로 차자될 수 있고, 또한 한자 한 글자
는 여러 가지의 의미를 가질 수 있다. 그래서 한자의 훈을 빌어 표기
했을 경우 그 해독자가 어떤 의미로 해독할 것인가 하는 것이 난해한
경우가 흔히 생길 수 있다. 그리고, 언어(문자언어이든, 음성언어이
든)의 기본적인 기능은 의미의 전달이기 때문에 한자의 뜻을 빌어 표
현하고자 하는 의미를 전달한 후 다른 해독의 가능성을 막기 위해 혹
은 또 다른 이유 등으로 인해, 뜻을 나타내는 부분을 앞세우고, 그 음
을 나타내는 부분을 뒤에 놓은 식으로 표기하는데, 이를 흔히 '訓主
音從의 원리'라고 한다.

이 외에 차자표기도 국어의 문장을 표기하기 위한 것이고, 향가는
시가의 한 종류이기 때문에 (아직 정확히 그 실체는 알지 못하지만)
고대 국어의 문맥 구조에 맞아야 할 것이고, 고대 시가의 운율 구조에

맞아야 할 것이다. 전자를 '맥락일치의 기준'이라 하고, 후자를 '율조적 기준'라고 한다.

2.4. 마무리

우리말의 구조와 전혀 다른 중국어를 표기하기 위해 만들어진 한자를 사용하여 우리말을 표기하는 데에는 여러 가지 제약과 한계가 있을 수밖에 없기 때문에, 단어 문자이면서 뜻글자인 한자를 다양한 방식으로 변용하게 된다. 즉 음절 문자로 변용하기도 하고 음소 문자로 변용하여 사용하기도 한다. 특히 음소 문자로 변용하여 사용하는 것은 한국어의 음절을 3분하여 인식하는 것에도 영향을 미치게 된다. 이러한 다양한 방식의 변용은 후에 훈민정음을 만드는 데에도 영향을 미치게 된다. 세종의 훈민정음 창제도 우리 민족이 그 이전에 해 오던 문자 생활에서 음절 구분이라는 언어 인식의 암시를 받게 되는 것이다.

3. 훈민정음 창제의 배경(1)
– 조선초기 주변국가의 문자생활 –

3.1. 들어가기

고유한 문자가 없던 시절, 우리 민족은 고립어인 중국어를 표기하기 위해 발달한 문자인 한자를 빌어와 교착어적인 특징을 많이 가지고 있는 우리말을 표기하기 위해 여러 가지 방법을 동원하였는데, 이러한 사정은 우리나라의 주변에 있는 다른 나라들도 비슷하였다. 이에 대해서는 〈훈민정음〉의 '정인지의 서문'에 잘 나타나 있다.

　蓋外國之語 有其聲而無其字 假中國之字以通其用 是猶枘鑿之鉏鋙也 豈能達而無礙乎(대개 (중국 이외의) 외국어는 각자의 소리가 있으나, 그 음을 기록할 문자가 없어서 중국의 글자를 빌어 그 쓰임에 통용하고 있으나, 이것은 마치 둥근 구멍에 모난 자루를 낀 것과 같이 서로 어긋나는 일인데 어찌 능히 통달할 수 있으며 또한 막힘이 없겠는가!)

　이와 달리 중국의 문자를 차용하지 않고 이집트 문자에 기원을 둔 문자가 셈족 등을 거쳐 음소 문자로 발달하면서 동방으로 전래되어 새로운 문자체계로 정립되기도 하였다.

　다른 민족들의 문자 생활 이것은 세종이 새로운 문자를 창제하는 데 중요한 역할을 했을 것인데 이에 대해 간단하게 살펴 보기로 한다.(여기에 인용되는 문자의 모양과 음가는 대체로 http://www.omniglot.com/writing/ 에서 따 온 것임)

3.2. 한자 기원의 문자들

　한반도의 북쪽 만주 일대에는 거란족, 여진족, 서하족, 몽고족 등 여러 민족이 역사의 흐름에 따라 이름을 달리하면서 존재했는데, 이들 중 한자에 기원을 둔 듯한 문자를 서하족, 거란족, 여진족 등이 만들어 사용했는데, 거란족이 사용했던 거란대자의 예를 보자.

〈거란 대자〉

거란족이 요 나라를 건국한 후 10세기 초반에 한자를 변형시킨 대략 3천여자의 문자를 만들어 사용하는데 이를 거란대자라 한다. 이 문자들은 아직 해독이 제대로 되어 있지 않은 상황이지만, 글자의 모양으로 추정하면, 문자의 기원이 한자였으리라는 것은 쉽게 추정할 수 있을 것이다.

3.3. 주변의 음소 문자들

조선 주변의 종족으로서 문자 생활에 관하여 세종에게 많은 영향을 미쳤을 것으로 추정되는 문자는 몽골문자이다. 몽골족은 두 종류의 문자를 개발하여 사용하는데, 몽골문자와 파스파 문자가 그것이다.

문자의 예는 다음과 같다.

〈몽고문자〉

13세기 경 위구르 문자를 모체로 하여 어두와 어중 그리고 어말에 따라 문자 모양을 달리 하는 음소문자이다.

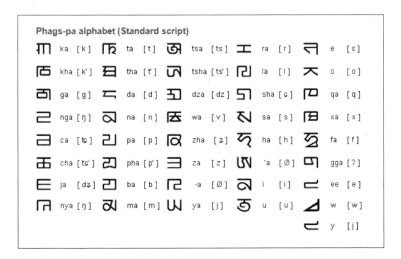

〈八思巴문자〉

파스파[八思巴]가 원(元)나라 세조(世祖) 쿠빌라이의 명을 받아 만든 문자로 훈민정음의 창제와 관련하여 자주 거론되는 문자이다. 몽골족은 이 문자로 몽골어뿐 아니라 중국어, 티베트어, 산스크리트 튀르크어 등을 표기하는 데 사용하였는데, 빨리 사용하는 데 적합하지 않아 별로 보급되지 않았다.

이 예에서 보듯이 이들 문자는 단어의 초성, 중성, 종성이라는 위치를 의식하였고, 네모 반듯한 모양의 음소 문자를 사용했다.

3.4. 마무리

조선의 주변 종족들이 문자를 만들어 사용하는 이러한 상황에 대해 정인지는 그 서문에서 '우리말이 중국과 다르고, 주변 나라들은 다 문자가 있는데 우리만 없어서 세종이 언문 28자를 만들었다'(以本國音韻 與華語雖殊 其牙舌脣齒喉淸濁高下 未嘗不與中國同 列國皆有國音之文 以記國語 獨我國無之 御制諺文字母二十八字)고 하였고 최만리는 반대상소문에서 '제 나라말을 표기하기 위한 문자를 가진 나라는 다 오랑캐들인데 우리가 문자를 만들어 오랑캐와 같이 되려고 하는가'라고 한다.

세종은 당시의 상황을 혁신의 대상으로 삼고 새로운 문자를 만든 반면, 최만리는 당시의 상황을 우리민족이 다른 민족보다 우월한 징표로 인식하고 현상 유지를 주장하였던 것이다.

한글은 계속 발전할 것이다

1. 한글의 위기와 극복

모든 존재는 생겨나면서부터 다른 존재와 생존을 위한 경쟁을 해야 하고, 생존해 있는 동안에는 그 생존 영역 내지는 활동 영역을 넓히기 위해 다른 존재와 처절한 투쟁을 해야 한다. 그러한 경쟁이나 투쟁을 하는 동안 때로는 위축되기도 하고, 때로는 생존 자체의 위협을 느끼기도 하게 된다. 어떤 존재이든 그러한 위기를 극복하지 못하면 소멸하거나 생존 영역이 위축되기 마련이고, 그러한 위기를 제대로 극복하면 그 세력을 널리 펼쳐 융성의 기회를 맞기도 한다.

이번 글에서는 한글의 창제 후 한글이 맞게 되는 위기 상황과 그것의 극복에 대해 논의해 보기로 한다.

1.1. 탄생과 관련된 제1차 위기(세종의 창제)

한글이 맞게 되는 제1차 위기는 그것의 탄생과 관련된다. 잘 알다시피 한글은 세종 25년 12월(1444년 1월)에 완성되는데, 한글이 완성되어 궁안의 신하들에게 공개되자마자 태생적 문제와 관련된 저항에 부딪히게 된다.

기존의 문자를 사용하고 중국의 문물에 대해 가치관을 보유하고자 하는 최만리 등은 보수주의자에 속하고, 새로운 문자를 만들어 새롭게 문자생활을 하고자 하는 세종은 혁신주의자에 속한다.

새로운 문자인 한글은 창제 당시부터 논란의 과제였다. 당시 문자생활에 지장이 없고 사대주의를 내걸었던 조선으로서 한문에 의한 문자 생활에 결정적 타격을 줄 수 있는 새로운 문자의 탄생은 기존의 가치관을 완전히 뒤집는 것이었다. 그리고 새로운 문자는 그 문자로 작성된 문헌이 없기 때문에 문자를 익혀 정신적인 성장을 도모할 수가 없는 한계를 지니고 있었던 것이다. 이러한 생각들은 당시 집현전의 실질적인 책임자였던 최만리와 그를 따르는 선비들의 속칭 최만리 반대상소문에 잘 나타나 있다.

무릇 사공(事功)을 세움에는 가깝고 빠른 것을 귀하게 여기지 않사온데, 국가가 근래에 조치하는 것이 모두 빨리 이루는 것을 힘쓰니, 두렵건대, 정치하는 체제가 아닌가 하옵니다. 만일에 언문은 할 수 없어서 만드는 것이라 한다면, 이것은 풍속을 변하여 바꾸는 큰 일이므로, 마땅히 재상으로부터 아래로는 백료(百僚)에 이르기까지 함께 의논하되, 나라 사람이 모두 옳다 하여도 오히려 선갑(先甲) 후경(後庚)하여 다시 세 번을 더 생각하고, 제왕(帝王)에 질정하여 어그러지지 않고 중국에 상고하여 부끄러움이 없으며, 백세(百世)라도 성인(聖人)을 기다려 의혹됨이 없은 연후라야 이에 시행할 수 있는 것이옵니다. 이제 넓게 여러 사람의 의논을 채택하지도 않고 갑자기 이배(吏輩) 10여 인으로 하여금 가르쳐 익히게 하며, 또 가볍게 옛사람이 이미 이룩한 운서(韻書)를 고치고 근거 없는 언문을 부회(附會)하여 공장(工匠) 수십 인을 모아 각본(刻本)하여서 급하게 널리 반포하려 하시니, 천하 후세의 공의(公議)에 어떠하겠습니까.

제1차 위기의 극복은 보수에 대한 혁신의 승리였다.

1.2. 보급과 관련된 제2차 위기(연산군의 탄압)

한글이 창제되어 궁안에서부터 그 사용이 조금씩 확산되어 가는 도중에 엄청난 위기 상황을 맞게 되는데 그것은 연산군에 의해서이다.

연산군의 외척 신수영이 연산군에게 한글로 작성된 투서 석 장을 보고했다. 그 글 석 장이 다 언문으로 쓰였으나 인명은 다 한자로 쓰였으며, 첫 표면에는 무명장(無名狀)이라 쓰였다.

그 내용은 첫째는, "개금(介今) 덕금(德今) 고온지(古溫知) 등이 함께 모여서 술 마시는데, 개금이 말하기를 '옛 임금은 난시(亂時)일지라도 이토록 사람을 죽이지는 않았는데 지금 우리 임금은 어떤 임금이기에 신하를 파리 머리를 끊듯이 죽이는가. 아아! 어느 때나 이를 분별할까?' 하고, 덕금이 말하기를 '그렇다면 반드시 오래 가지 못하려니와, 무슨 의심이 있으랴.' 하여 말하는 것이 심하였으나 이루 다 기억할 수는 없다. 이런 계집을 일찍이 징계하여 바로잡지 않았으므로 가는 곳마다 말하는 것이다. 만약 이 글을 던져 버리는 자가 있으면, 내가 '개금을 감싸려 한다.'고 상언(上言)하리니, 반드시 화를 입으리라." 하였고,

둘째는, "조방(曺方) 개금 고온지 덕금 등 의녀(醫女)가 개금의 집에 가서 말하기를 '옛 우리 임금은 의리에 어긋나는 일을 하지 않았는데, 지금 우리 임금은 여색에 구별하는 바가 없어, 이제 또한 여기(女妓) 의녀 현수(絃首) 들을 모두 다 점열(點閱)하여 후정(後庭)에 들이려 하니, 우리같은 것도 모두 들어가게 되지 않을까? 국가가 하는 짓 또한 그른데 어찌 신하의 그름을 바로잡을 수 있을까. 아아! 우리 임금이 이렇듯 크게 무도(無道)하다.' 하였으니, 발언한 계집을 크게 징계하여야 옳거늘, 어찌하여 국가가 있으되 이런 계집을 징계하지 않는가? 이런 계집을 능지(凌遲)하고서야 이런 욕을 다시 듣지 않으리라." 하였고,

셋째는, "개금 덕금 고온지 등이 함께 말하기를 '신씨(申氏)가 아니었던들 금년에 사람들의 억울함을 지음이 이토록 극도에 이르겠는가. 어찌하면 신씨의 아비 할아비 아들 손자를 아울러 모조리 없애어 씨를 말릴 수 있을까? 우리 임금이 신하를 많이 죽여서 거둥 때에는 반드시 부끄러운 마음이 있으므로 사족의 아낙을 모조리 쫓는 것이며, 이로 말미암아 제 집의 아내로 삼으려는 것이 아닌가. 어느 때에나 이런 대(代)를 바꿀까?' 하였으니, 이런 계집은 모름지기 징계하여야 한다." 하였다.

愼守英密啓: "曉頭有人稱濟用監正李達所使, 投書于臣家視之, 乃匿名書也." 傳曰: "其召李達." 問之曰: "爾通何書於愼守英乎?" 達曰: "無有." 傳曰: "卽閉都城各門, 令衛將各二員, 部將各四員入直司僕等分守, 禁人出. 且自昌義門至東小門城上, 則已命內官列把矣, 自昌義門,至敦

義門南大門,南山,東大門,東小門城上, 皆令軍士把立, 以防逃逸." 遂辟人
下封書, 其書三張, 皆以諺文書, 而人名則率以漢字書之. 始面題無名狀
三字, 其意則一曰:

介今,德今,古溫知等, 相與會飮介今曰: "古之人君, 雖亂時, 不至如此
殺人, 而今之主上, 何如主上也, 殺臣下如斷蠅頭? 吁嗟乎! 何時別此
也?" 德今曰: "若如此則必不久矣, 何疑之有?" 所言雖甚, 難可盡記. 如
此之女, 未嘗懲而矯之, 故到處言之耳. 若有投棄此書者, 我當上言欲庇
護, 介今必見禍矣. 二曰: 曺方,介今,古溫知,德今等醫女, 到介今家言:
"古之主上則不爲非義, 今之主上於女色無所區別, 今亦女妓,醫女,絃首
等, 竝皆點閱, 將納後庭, 如吾等得無幷入耶? 國家所爲亦非, 其能矯臣
下之非乎? 噫! 主上大無道." 如此發言之女, 大懲可也. 如何有國家, 而
如此之女不懲耶? 如此之女, 凌遲然後, 如此詬言不復聽矣. 三曰: 介今,
德今,古溫知等相與言曰: "若非申氏, 今年作人之冤悶, 至此極耶? 安得
幷申氏父祖子孫, 而盡滅無種耶? 主上多殺臣下, 行幸時必有愧恥之心,
故盡逐士族之妻, 無乃因此, 欲爲自家之妻耶? 何時革此代耶?" 如此之
女須懲之.

이 내용을 간단하게 정리하면 다음과 같다.

(1) 임금이 신하의 목숨을 파리 목숨처럼 여기니 권좌가 오래가지
　　못하리라

(2) 임금이 여자를 가리지 않고 색을 밝혀 기강을 바로 잡을 수 없
　　도록 무도하다

(3) 극악무도한 이 임금의 대가 언제나 바뀔까

　　이에 발끈한 연산군은 도성 문부터 닫아걸었다. 성벽 위에도 내관과
군사를 세워 사람이 빠져나가지 못하도록 했다.(卽閉都城各門 令衛將

各二員 部將各四員 入直司僕等 分守 禁入出 且自昌義門至東小門城上
則 已命內官列把矣 自昌義門至敦義門 南大門 南山 東大門 東小門城上
皆令軍士把立 以防逃逸)

그리고는 다음과 같은 명을 내린다.

전교하기를, "개금 등을 곧 잡아다가 빈청(賓廳)에서 국문(鞫問)하
되, 정승 유순(柳洵) 허침(許琛) 박숭질(朴崇質), 의금부 당상 김감
(金勘) 정미수(鄭眉壽) 김수동(金壽童) 이계남 승지 박열(朴說)과
권균(權鈞)으로 하여금 섞여서 다스리게 하라." 하였는데, 개금 등이
다 모른다고 공초(供招)하였다. 傳曰: "介今等卽拿鞫于賓廳, 令政丞柳
洵、許琛、朴崇質, 義禁府堂上金勘、鄭眉壽、金壽童、李季男, 承旨朴
說、權鈞雜治之." 介今等皆供云: "不知."

범인 색출에 실패하자 연산군은 범인 색출을 닦달한다.

전교하기를, "오늘 안으로 바삐 찾아서 잡되, 그 절목(節目)을 의논
하여 아뢰라." 하였다. 傳曰: "今日內, 急速搜捕, 其節目議啓."

이에 부응한 신하들은 어마어마한 당근과 무시무시한 채찍을 건의
하게 된다.

순 등이 의논하여 아뢰기를, "고발하는 자가 있으면 범인의 재산을
주고 면포(綿布) 5백 필을 상주되, 직첩(職牒)이 있는 자이거든 당상관
(堂上官)으로 올리고, 직첩이 없는 자이거든 정3품의 직첩을 주고, 천

인(賤人)이거든 아주 양인(良人)이 되는 것을 허가하며, 알고도 고발하지 않는 자는 참(斬)하여 재산을 적몰(籍沒)하며, 모의에 참여한 사람이 자수하거든 죄를 면하소서." 하였다. 洵等議啓曰: "有告者給犯人財産, 賞縣布五百匹. 有職者陞堂上官, 無職者授正三品職. 賤人永許爲良, 知而不告者斬, 籍沒財産. 參謀人自首者免罪."【원전】13 집 647 면

① 연산 10년 7월 20일

연이은 닦달에도 불구하고, 범인 색출에 실패하자 이 날에는 다음과 같은 명을 내린다.

"지금부터는 한글(언문)을 가르치지도 말고, 배우지도 말라. 또 이미 배운자는 그것을 행하거나 사용해서는 안된다. 한글을 아는 모든 자는 漢城五部예(가) 적고(摘告)할 것을 명한다. 그것을 알면서 고지하지 않는 자는 그 이웃과 같이 벌한다.(今後諺文勿教勿學 已學者亦令不得行用. 凡知諺文者 令漢城五部 摘告. 其知而不告者, 幷隣人罪之 – 연산군일기 54권 31쪽 상)"

"언문을 알고 쓸 수 있는 자는 모두 글을 쓰게 하여 모두 그 필적을 대조하라.(且諺文者 摘發 令一一書之 與封下書 憑考 – 연산군일기 54권 31쪽 하)"

② 연산 10년 7월 22일

이어서 다음과 같은 명령을 다시 내린다.

"한글을 행용한 자는 기훼제서율로써, 그것을 알면서 고지하지 않은

자는 제서유위론(제서유위율)으로써, 단죄한다. 조정, 사대부, 일반 가정집에 소장된 한글책, 구결서는 전부 태워라. 한어를 한글로 번역한 것을 금하는 것도 마찬가지이다.(諺文行用者, 以棄毁制書律, 知而不告者, 以制書有違論斷. 朝士家所藏諺文口訣書冊皆焚之, 如飜譯漢語諺文之類勿禁 – 연산군일기 54권 32쪽)"

이로써 연산군이 내린 명령은 다음의 네 가지로 정리해 볼 수 있는데, 앞의 세 가지는 익명의 투서가 한글로 쓰여졌기 때문에 한글에 대한 보복을 하기 위한 것이고[1], 마지막 네 번째 것은 범인을 색출하기 위한 것이다.

ㄱ 한글 학습 및 사용 금지
ㄴ 한글 해독자 고발
ㄷ 한글 문헌 소각
ㄹ 한글 필체 대조

연산군의 한글 탄압과 관련하여 앞의 ㄱㄴㄷ에 초점을 맞추어 연산군이 한글의 사용과 보급에 결정적인 탄압을 가했다는 주장도 있고(최현배, 이희승 교수 등) ㄹ에 초점을 맞추어 범인 색출을 위한 하나의 방편이지 실질적으로 한글 사용과 보급을 탄압하지 않았다는 주장도 있지만(이숭녕, 강신항 교수 등), 우리는 네 가지 모두에게 똑같은

---

1) 실제적으로 한글 문헌이 얼마나 소각되었는지는 알 수 없지만, 이러한 일련의 조치는 한글에 대한 탄압이라고 할 수밖에 없는 것이고, 동시에 연산군이 군주로서의 자격이 없는 속좁은 인간이었음을 보여주는 것이라 할 수 있다.

비중을 두어 실질적인 한글 탄압과 범인 색출 등이 모두 연산군의 목적이었다고 보고자 한다.

그런데 연산군이 내린 위의 내용들을 미루어 보면 당시 도성 안에서는 언문 즉 한글을 익혀 실제 사용할 수 있는 인구는 그렇게 많지 않았던 것으로 추정할 수 있다.[2] 도성 안의 모든 사람 혹은 대부분의 사람들이 한글을 알고 있었다면 한글을 사용할 수 있는 사람의 명단을 작성한다든가 이들의 필체를 대조한다든가 하는 것은 불가능했을 것이기 때문이다.

어찌되었든 범인의 체포가 늦어지면서 연산군의 심기가 더 불편해지자, 7월 23일에는 언문을 아는 사람을 모두 모아 필체를 대조하지만 범인을 색출하는 데는 실패하고 만다.(命政丞等及義禁府堂上 聚五部中解諺文者 試以書其筆跡 皆大同而不可辯 - 연산군일기 54권 33쪽 하)

③ 그 후

도성 안에서 한글을 아는 자들의 필적을 죄다 모으도록 했고, 투서의 필적과 대조하도록 했으나 필체가 비슷비슷하여 범인을 색출하는 데는 실패하고 말자, 25일에는 언문뿐만이 아니라 한자의 필체까지 조사하여 대조하라는 명령을 내리고 며칠 후에는 이를 실행하기까지 하지만, 범인을 색출하는 데는 실패하고 만다. 이러한 조사가 뜻대로

---

2) 이에 대해 "강신항(1963) 진단학보 24"에서는 다음과 같이 말하고 있다. 연산군은 한성 5부내에 '知諺文者'를 집합시켜 그 필적을 익명서의 그것과 빙고(憑考)시키고 한성내에서 실패로 돌아가자 외부에까지 손을 뻗쳤는데 모두 범인체포에는 실패로 돌아갔다. 그러나 어떻든 '지언문자'를 소집시킬 수 있을 정도로 당시까지 언문이 그렇게 널리 보급되지 않았던 증거가 된다.(한문은 한글로 표기하였음)

되지 않자, 무오사화나 갑자사화 때 자신이 죽이거나 쫓아낸 사람들의 자녀, 종, 친구, 심지어 사돈까지 조사하고, 나중엔 어린 아이와 병자까지 고문했다고 한다. 이런 광기는 1506년 중종반정으로 연산군이 쫓겨나서야 끝나게 된다.

1.3. 존재 자체와 관련된 제3차 위기(일제의 말살 정책)

조선(대한제국)을 강제로 점령한 일본은 초기에는 조선어와 조선어 표기를 위한 정비 사업을 하는 등 구한말에서 하는 문자 정책을 이어가다가 후반기에 오면 성을 새로 만들고 이름을 고치고(창씨개명), 조선어(한국어)는 사용하지 못하게 하는 등 조선어와 조선 민족의 말살 정책을 펼치게 된다. 조선말과 조선글의 말살을 위해 일본이 펼친 정책을 정리하면 다음과 같다.

1. 조선어(한글) 교육 및 사용 금지
2. 한글로 된 신문 및 잡지 폐간 - 조선일보, 동아일보 폐간
3. 조선어학자 박해 - 조선어학회 사건
4. 황국신민서사 암송 강요 및 신사참배 강요
5. 창씨개명(일본식 이름을 쓰도록 함)
6. 내선일체와 일선동조론 세뇌(일본과 조선은 같다, 일본과 조선의 조상은 같다는 의식 강요)

이러한 일본의 정책에 맞서 민족의 정체성을 지키기 위해 우리말과 우리글을 지키고자 하는 운동이 일어나게 되는데, 그 대표적인 것이

조선어학회의 저항 운동이었다.

조선어학회 사건

민족을 말살하기 위한 아주 효과적인 방법은 그 민족이 사용하고 있는 언어와 문자를 없애는 것이다. 일본은 '조선어교육령'으로 조선어의 교육을 한편으로 줄이거나 차단하고, 다른 한편으로, 조선어 사용의 금지를 점차적으로 확산시킨다. 그뿐만 아니라 조선어를 연구하는 학자들에 대한 박해도 겸하게 되는데 이에 대해 간략하게 정리해 보기로 한다.

일본의 침략이 본격화되는 1900년을 전후한 시기에 주시경(周時經)을 중심으로 한글 연구가 확대되었다. 일제 강점기에 들어서서는 민족의 혼을 지켜야 한다는 정신을 바탕으로 더욱 발전하면서, 1921년 12월에는 조선어연구회가 창립되어 한글 연구를 꾸준히 해나갔다. 1929년 10월에는 조선어사전편찬회가 조직되었고, 사전 편찬을 위한 연구로 〈한글맞춤법통일안〉〈표준어사정〉〈외래어표기〉 등 국어의 제반 규칙을 연구 정리하였다. 이러한 연구 결과는 바로 민족 정신을 유지하고 보급하는 교육 운동으로 이어진다. 이렇듯 일제 시대의 우리말 연구는 우리 민족의 정신과 언어를 지켜가는 운동과 맥을 같이 했기 때문에 일제 말기에 들어서면 우리말 연구자를 탄압하고 우리말을 사용하지 못하게 하는 정책이 펼쳐진다. 1936년에 「조선사상범보호관찰령」을 공포하고 1937년에는 수양동우회(修養同友會) 회원을, 1938년에는 흥업구락부(興業俱樂部) 회원들을 검거하였다. 1941년에는 '조선사상범 예방 구금령(拘禁令)'을 공표하여 민족운동이나 민족계몽운동을 하는 한국인을 마음대로 구속할 수 있도록 하였다.

　이러한 상황에서 1942년 10월부터 일제의 민족말살정책에 맞서 우리말과 글을 지키기 위해 필사의 노력을 다했던 조선어학회 회원 및 관련 인물을 일제가 검거해 재판에 회부한 '조선어학회 사건'이 발생하게 된다. 그에 대한 사항을 민족문화대백과에서 옮기면 다음과 같다.

　이러한 시대적 배경 속에서 함흥영생고등여학교(咸興永生高等女學校) 학생 박영옥(朴英玉)이 기차 안에서 친구들과 한국말로 대화하다가 조선인 경찰관인 야스다(安田稔, 安正默)에게 발각되어 취조를 받게 된 사건이 벌어졌다.

　일본 경찰은 취조 결과 여학생들에게 민족주의 감화를 준 사람이 서울에서 사전 편찬을 하고 있는 정태진(丁泰鎭)임을 파악하였다. 같은 해 9월 5일에 정태진을 연행, 취조해 조선어학회가 민족주의단체로서 독립운동을 목적으로 하고 있다는 억지 자백을 받아냈다.

　이로써 일제는 3 1운동 후 부활한 한글운동을 폐지하고, 조선민족 노예화에 방해가 되는 단체를 해산시키고 나아가 조선 최고의 지식인들을 모두 검거할 수 있는 꼬투리를 잡게 되었다.

　같은 해 10월 1일, 첫 번째로 이중화(李重華) 장지영(張志暎) 최현배(崔鉉培) 등 11명이 서울에서 구속되어 다음날 함경남도 홍원으로 압송되었다. 이를 시작으로 하여 잇따라 조선어학회에 관련된 사람이 검거되어, 1943년 4월 1일까지 모두 33명이 검거되었다. 그리고 이 때 증인으로 불려나와 혹독한 취조를 받은 사람도 48명이나 되었다.

　사건을 취조한 홍원경찰서에서는 사전 편찬에 직접 가담했거나 재정적 보조를 한 사람들 및 기타 협력한 33명을 모두 「치안유지법」의 내란죄로 몰았다.

　이극로(李克魯) · 이윤재(李允宰) · 최현배 · 이희승(李熙昇) · 정인승(鄭寅承)·김윤경(金允經)·김양수(金良洙)·김도연(金度演)·이우식(李祐植)·이중화·김법린(金法麟)·이인(李仁)·한징(韓澄)·정열모(鄭烈模)·장지영·장현식(張鉉植)·이만규(李萬珪)·이강래(李康來)·김선기(金善琪)·정인섭(鄭寅燮)·이병기(李秉岐)·이은상(李殷相)·서민호(徐珉濠)·정태진 등 24명은 기소, 신윤국(申允局)·김종철(金鍾哲)·이석린(李錫麟)·권승욱(權承昱)·서승효(徐承孝)·윤병호(尹炳浩) 등 6명은 기소유예, 안재홍(安在鴻)은 불기소, 권덕규(權惪奎)·안호상(安浩相)은 기소중지하자는 의견서를 담당검사에게 제출하였다.

검사에 의해 이극로·이윤재·최현배·이희승·정인승·정태진·김양수·김도연·이우식·이중화·김법린·이인·한징·정열모·장지영·장현식 등 16명은 기소, 12명은 기소유예되었다. 기소자는 예심에 회부되고 나머지는 석방되었다.

기소된 사람은 함흥형무소 미결감에 수감되었다. 같은 해 12월 8일에 이윤재가, 1944년 2월 22일에는 한징이 옥중에서 사망하고, 장지영 정열모 두 사람이 공소소멸로 석방되어 공판에 넘어간 사람은 12명이었다.

이들에게는 "고유 언어는 민족의식을 양성하는 것이므로 조선어학회의 사전 편찬은 조선민족정신을 유지하는 민족운동의 형태다⋯⋯." 라는 함흥지방재판소의 예심종결 결정문에 따라 「치안유지법」의 내란죄가 적용되었다.

이들에 대한 함흥지방재판소의 재판은 1944년 12월부터 1945년 1월까지 9회에 걸쳐 계속되었다. 이극로 징역 6년, 최현배 징역 4년, 이희승 징역 2년 6개월, 정인승·정태진 징역 2년, 김법린·이중화·이우식·김양수·김도연·이인 징역 2년 집행유예 3년, 장현식 무죄가 각각 언도되었다.

이에 집행유예와 무죄선고를 받은 사람은 석방되었다. 실형을 받은 사람 중 정태진은 복역을 마치는 것이 오히려 상고보다 빠르다 하여 복역을 마치고 1945년 7월 1일 출옥하였다.

이극로 · 최현배 · 이희승 · 정인승 4명은 판결에 불복, 바로 상고했으나 같은 해 8월 13일자로 기각되었다. 그러나 이틀 뒤인 8월 15일 조국이 광복되자 8월 17일 풀려나왔다.

1.4. 세계속의 한글로 성장

1945년 해방 후 우리 민족이 새로운 국가를 건설하고, 세계적인 무대에 한국어와 한글이 소개되던 초기, 당시 세계적인 언어학자인 I. J. Gelb(1952)의 〈A study of Writing〉에 의하면, 한글은 매우 특이하고 알 수 없는 문자의 예로 아프리카의 몇몇 문자와 함께 괄호속에서 소개되지만, G. Sampson(1985)의 〈Writing System〉에서는 120쪽에서 144쪽까지 제7장이라는 독립된 장에 자질체계 문자(A featural system)라는 제목으로 한글을 설명하고 있는데, 여기에서 저자는 '한글이라는 문자는 체계적인 내적 구조를 가지고 있는데, 그것은 음소를 구성하는 음성적인 자질과 상관관계에 있다'고 하고, '한글은 의심할바 없이 인간이 이룩한 위대한 지적 성취물의 하나로 등재되어야 한다'고 하고 있다.

이러한 한글의 우수성과 그 창제자인 세종의 공로가 세계적으로 알려져 유네스코에서는 1990년부터 문맹퇴치에 공헌한 개인이나 단체에게 수상하는 상의 이름을 '세종대왕상'이라 하여 수상하고 있다. 그리고 유네스코에서는 고문서 등 세계의 진귀한 문서들을 선정하여 '세계기록유산'으로 지정하고 있는데, 문자에 관한 것으로는 유일하게 훈민정음이 1997년에 지정되었는데, 이로 인하여 훈민정음은 우리 민족의 보물을 넘어서서 인류 모두의 소유물이고 동시에 미래 세대에 전수되어야 할 가치물로 인정된 것이다.

이렇게 세계적으로 그 가치를 인정받은 한글은 이제 세계화에 박차를 가하고 있다. 세계 10위권 내외의 경제력을 바탕으로 한국어와 한글은 세계 곳곳으로 확산되고 있는데 그것을 상징적으로 보여주고 있는 것이 세종학당의 확산이다. 세종학당은

외국에서 한국어를 배우고자 하는 열기의 증가

2. 한글은 '암클'인가

한글에 대한 우리 조상들의 인식은 어떠했을까? 한글을 언문 내지는 '암클'이라 하여 멸시했다는데 이게 사실일까? 이에 대한 궁금증을 해소하기 위해 이 글은 작성된다.

2.1. 임금이 창조하여 문자의 역사를 바꾼 글자이다.

세종이 창제하다.

한글은 조선의 제4대 임금 세종이 재위 25년 12월(1444년 1월)에 창조한 문자이다. 당시 조선은 조선어의 특징을 잘 표기할 수 있는 고유한 문자가 없어서 그 의사 표시를 한문으로 하거나, 한자의 음과 뜻을 이용하여 표기하였다. 그런데 이러한 방식은 한자와 한문을 알아야 변용할 수 있는 것이었기 때문에 일반 백성이 활용하기에는 매우 어렵고 불편하였다. 이런 사정을 감안하여 세종대왕은 백성들이 문자 생활을 할 수 있도록 고유한 문자를 창제한 것이다.

새로운 문자를 만들었다는 기록은 세종실록(세종 25년 12월조)에 다음과 같이 나온다.

> 이 달에 임금께서 친히 언문 28자를 만드셨다. 그 글자는 고전과 흡사하다. 초성, 중성, 종성으로 나누지만, 이를 합친 연후에 글자가 이루어진다. 무릇 문자에 관한 것과 우리 말에 관한 것은 모두 쓸 수 있고, 글자는 비록 간요하지만 전환하는 것은 무궁하다. 이 문자는 훈민정음이라고 이른다.

是月上親製諺文二十八字 其字倣古篆 分爲初中終聲 合之然後乃成字
凡于文字及本國俚語 皆可得而書 字雖簡要 轉換無窮 是爲訓民正音.

문자의 역사를 바꾼 문자이다.

한글이 창제되는 15세기에 지구상의 인류가 사용하는 문자는 뜻글
자이면서 단어 문자인 중국의 한자, 한자를 변형시킨 일본의 음절 문
자, 소리 글자이면서 음소 문자인 로마 문자와 키릴 문자, 셈 족의 문
자가 동쪽으로 전해져 티벳이나 몽골에서 사용하던 음소 문자인 티
벳 문자와 몽골 문자, 셈족의 문자가 또다른 경로로 동쪽으로 전해져
인도와 동남아 등지에서 발전된 음소 문자 등등이었다. 이러한 문자
의 역사는 단어 문자에서 출발한다. 고대 문명을 일으킨 5,000년 내지
7,000년 전에 이집트, 메소포타미아, 인도, 중국 등에서 완성된 문자
는 모두 단어 문자에 기반을 두었다고 할 수 있다. 이 문자들 중 메소
포타미아 문자와 인도 문자는 소멸하고, 중국 문자는 인근 국가에 전
해져 변개되어 사용되기도 하지만 본국에서는 여전히 단어 문자로 사
용되고 있고, 이집트 문자는 인근의 셈족에 전해져 음절 문자로 발전
하게 된다. 그리고 셈족의 일파인 페니키아 종족이 그리스 종족에게
문자를 전파하여 지금으로부터대략 3,000년 전쯤에 음소 문자가 완
성되는 것이다. 이 문자가 로마 종족과 슬라브 종족에 전파되어 지금
까지 세계의 여러 지역에서 사용되고 있는 것이다.

지금부터 대략 600년 쯤전에 조선에서 훈민정음을 만들게 되는데,
이는 음소를 구성하고 있는 조음 기관들의 모양이나 방식(음소의 자
질이라 함) 등을 관찰하여 이를 문자의 제자에 반영한 것이다. 다시
말하면 음소의 조음 위치나 방식 등 자질이 문자에 모양에 반영된 자

질 문자가 탄생하는 것이다. 이는 인류가 만든 문자의 역사를 바꾸는 것이다. '단어문자 ⇒ 음절 문자 ⇒ 음소 문자'의 단계에 있던 문자의 발달사를 '단어문자 ⇒ 음절 문자 ⇒ 음소 문자 ⇒ 자질 문자'로 변화시키는 창제 행위를 한 것이다.

이렇게 한글은 그 자형으로 그 음가를 예측할 수 있기 때문에 세계적인 문자학자 샘슨(Sampson)은 한글은 자질체계문자(featural system writing)라고 하였고, 유네스코에서는 1989년 문맹 퇴치에 애쓴 사람한테 상을 주기 시작했는데, 그 상 이름을 '세종대왕 문맹퇴치상'이라 하였다. 그리고 1997년에는 '훈민정음 해례본'을 세계 기록 문화 유산으로 올려 놓았다.

2.2. 조선 시대 과거 시험의 과목으로 채택되기도 하였다.

국가의 각종 문서를 한글로 간행하다.

완성된 훈민정음을 사용하여 세종 27년 4월(1445년)에 악장(樂章)인《용비어천가》를 편찬하고, 세종 29년 5월(1447년)에 간행하였다. 목판본 10권 5책 모두 125장에 달하는 서사시로서 한자와 훈민정음을 병용한 것인데 훈민정음으로 엮어진 최초의 책이 된다. 그 후 세종은 "어리석은 남녀노소 모두가 쉽게 깨달을 수 있도록"《세종실록》, 세종 26년)《삼강행실도》를 훈민정음으로 번역하도록 했으며, 세종 이후의 문종, 단종, 세조, 성종 대에 이르기까지 운서와 불경서, 문학 작품 등 다양한 종류의 책이 번역된다.

과거의 시험 과목으로 채택되다

과거(科擧)란 옛날에 국가를 관리할 인재를 선발하기 위해 실시한 시험이다. 관리를 채용할 때 시험을 보게 된 것은 중국에서 시작하였는데, 우리나라의 경우 신라 원성왕 4년(788)에 〈독서삼품과(讀書三品科)〉를 실시하여 인재를 선발하기 시작하였고, 고려 시대에는 광종 9년(958) 때 과거 시험을 실시하여 인재를 뽑기 시작하였다.

조선시대의 과거 제도에는 문신을 뽑는 문과와 무신을 뽑는 무과 등 양과가 있었다. 문과는 소과와 대과가 구분되는데, 소과는 하급관리를 뽑는 것이고, 대과는 소과에 합격한 사람 중에서 고급 관리가 되기 위한 사람을 선발하는 시험이었다. 소과는 다시 일반 관리를 뽑는 생원 진사과와 기술인을 뽑는 잡과로 구분되는데, 잡과에는 역과, 의과, 음양과, 율과 등이 있었다.

세종은 훈민정음을 반포한 직후인 28년 12월에 "이조(吏曹)에 임금의 명령을 전하기를 '이제부터는 이과(吏科)와 이전(吏典)에서 인재를 선발할 때에는 훈민정음을 함께 시험하여 뽑되, 비록 그 뜻과 이치가 통하지 않더라도 능히 합자할 수 있으면(낱자를 합하여 음절로 운영할 수 있으면) 채용하라'고 하였다.(傳旨吏曹 今後吏科及吏典取才時 訓民正音並令試取 雖不通義理 能合字 取之)"하여 훈민정음을 과거의 시험과목으로 채택하는데, 이와 관련된 실록의 기록을 뽑아보면 다음과 같다.

이듬해인 세종 29년(1447년) 4월에는 각종 시험에서 훈민정음에 대한 시험을 강화하게 된다. "이조에 전지하시기를 '지금부터 이과와 이전취재 시에는 훈민정음을 같이 시험하여 뽑아라. 비록 뜻과 이치가 통하지 않더라도 능히 합자할 수 있으면 채용하라'.고 하셨다.

傳旨吏曹 今後吏科及吏典取才時 訓民正音 並令試取 雖不通義理 能
合字者取之(세종 28년 12월)

세조 6년 예조에서 계하기를 훈민정음은 선왕이 만드신 책이고 동국정운과 홍무정운은 선왕이 찬정한 책이고 이문은 사대에 절대적인 것입니다. 청하건대 '지금부터는 문과 초장에 세 책을 강론하는 것을 시험하고 사서와 오경의 예에 의하여 등급을 매기고 종장에는 이문을 같이 시험하여 대책의 예에 의하여 등급을 매기겠습니다.'고 하여 그대로 따르다.

禮曹啓 訓民正音 先王御製之書 東國正韻洪武正韻 皆先王撰定之書
吏文又切於事大 請自今 文科初場 試講三書 依四書五經例級分 終場並
試吏文 依對策例給分 從之

세조 7년

예조에 전지하시길 임오년 문과 시험에서는 운서 등 잡서를 시험하지 말고 이전의 예에 따라 시험을 치라

傳旨禮曹曰 壬午年文科試取時 勿用韻書等雜書 依前試取

2.3. 궁정에서부터 한글이 사용되었다

훈민정음을 창제한 후 앞에서 본 바와 같이 훈민정음은 과거의 시험과목으로 채택되기도 하고, 한문을 우리말로 번역하는 도구가 되기

도 한다. 이러한 일련의 상황들은 훈민정음의 사용 범위를 넓히는 효과를 가져왔을 것이다. 그리하여 언문은 창제 초기부터 광범위하게 그 사용 영역과 범위를 넓혀 간다. 임금이 정무를 보기 위해 내리는 지침에도 사용되고, 임금에게 아뢰는 말씀이나 궁인들끼리 서로 의사소통을 하는 수단으로 훈민정음은 그 사용 영역을 넓히게 되는 것이다. 구체적인 사례로 임금의 업무와 관련된 한 예를 보기로 한다.

임금이 업무 지시를 한글로 하였다.

임금의 업무 지시서로서 언문이 사용되는데, 세종이 신하들에게 내리는 일종의 교서를 언문으로 작성하여 보내었다.

임금이 대간(臺諫)의 죄를 일일이 들어 언문(諺文)으로써 써서, 환관(宦官) 김득상(金得祥)에게 명하여 의금부와 승정원에 보이게 하였다. 甲辰/上數臺諫之罪, 以諺文書之, 命宦官金得祥, 示諸義禁府承政院.세종 28년 병인(1446,정통 11) 10월10일 (갑진)

신하가 임금에게 한글로 글을 보냈다.

신하가 임금에게 보내는 글에서도 언문이 사용되기도 하였다. 양녕대군이 문종에게 보내는 편지에 대한 다음의 기록이 있다.

양녕 대군(讓寧大君) 이제(李禔)가 언문(諺文)으로써 짧은 편지를 써서 아뢰니, 그 뜻은 김경재(金敬哉)로 하여금 상경(上京)하여 그 딸을 시집보내도록 하기를 청하는 것이었다. 정부(政府)에 내려 의논하게 하였다(.讓寧大君禔, 以諺文書, 短簡以啓, 其意則請使金敬哉上京, 嫁其女子也. 下政府議之)(문종 1년 신미(1451))11월 17일

2.4. 임금이 백성과 대화하기 위해 사용되었다.

조선 후기 영조와 정조대에 오면 한글은 중흥기를 맞이하게 되는데, 정조대에는 많은 한글 문헌이 간행된다. 특히 정조는 흉년이 들거나 도적떼가 창궐하는 등 일반 백성들에게 안 좋은 일이 있을 경우 임금이나 조정의 뜻을 백성들에게 알려 민심을 수습하는 방편으로 한글로 윤음을 내렸다.

경기도 백성에게 내리는 윤음

경기도 백성에게 내린 윤음 〈유경기대소민인등윤음〉은 정조 6년 (1782년) 8월 13일에 내린 것으로 되어 있다. 이 해에는 경기도, 충청도, 경상도 등에 흉년과 홍수 등으로 피해가 많았는데 유독 경기도가 더 심해 경기도 백성에게 윤음을 내렸다고 한다. 그 중 일부를 현대어로 옮겨 보면 다음과 같다.

왕이 이렇게 말씀하시기를 아, 너희 기전(경기 지방)의 백성들아, 나의 마음으로 이르는 것을 잘 들으라. 내 일찍이 주례를 보니 흉년에 행하는 열 두 가지 정사 중에 정부(세금을 문다는 말)를 가볍게 함이 그 순서로 두 번째에 있는데, 조세를 가볍게 하는 요체는 세금을 더는 것과 환곡을 감하는 것보다 나은 것이 없다.

여섯 도의 백성에게 내리는 윤음

1782년에 이어 1783년에도 경기도, 충청도, 전라도, 경상도, 강원도, 함경도 등에 큰 흉년이 들자, 때마침 원자의 돌을 맞이하여 왕실의 경사를 백성들과 함께 하여 민심을 수습하려고 정조가 윤음을 내린다. 내용의 일부를 현대어로 옮기면 다음과 같다.

> 왕이 이와 같이 말씀하시기를, 이 날은 곧 내 원자의 첫돌로 좋은 시절이다. 오직 하늘과 조종이 묵우하시고 음즐(묵우와 음즐은 가만히 도우신다는 말씀이라)하시어 이에 원자의 채복을 입고 구슬을 가지고 놂으로써 우리 자전과 자궁께 즐거움을 드리는 것을 보니 이 어찌 홀로 내 한 사람의 경사리오.

2.5. 맺음말

위에서 보듯 훈민정음은 창제 후 몇 가지 시련을 겪기도 하지만, 임금이 창조하여 궁안에서부터 사용되었기 때문에 지속적으로 사용 영역을 확산하여 우리 민족의 공용의 보편적인 문자로 성장하게 되는 것이다. 한글을 '암클'이라 한 것은 한자를 사용하기 좋아하는 사람들이 한글을 폄하하고, 또 한자 쓰기를 주장하는 사람들이 논리의 정당성을 역사적인 것에서 찾기 위해 왜곡시킨 것이다.

3. 한글박물관과 IT 산업

문자의 발명은 인류의 정신적인 세계를 비약적으로 발전하게 한다. 지구상에 인류가 생겨 진화에 진화를 거듭한 결과 두 발로 서서 걷게 되면서 두 손으로 도구를 만들기 시작하고, 불을 사용하게 됨으로써 자연을 있는 그대로 이용하는 것이 아니고 필요에 따라 가공을 하기 시작하여 식생활과 주생활 등 육체적인 활동에 획기적인 변화를 이루게 되었다. 그후 지금부터 대략 5,000년 내지 7,000년 전에 인류의 4대 문명 발생지에서 문자를 발명하면서 다른 사람이나 집단의 지식과 경험을 공유할 수 있게 되어 정신적인 활동 및 발전에 다시 한 번 획기적인 변화를 하게 되었다.

문자의 역사는 아득한 옛날로 소급한다. 인류의 문자는 그림에서 시작하여 그림문자로 발달하게 되고, 그림문자의 형상이 실제적인 사물과 멀어지고 추상화되어 하나의 개념을 지칭하게 되면서 단어문자로 발달하게 되고, 단어 문자가 의미 부분을 버리고 소리만 나타나게 되어 음절 문자로 발달하게 된다. 지금부터 대략 3,000년쯤 전에 그리스에서 음소라는 소리 단위를 나타내는 문자를 개발하게 되어 지구상 최초로 음소문자를 만들게 되고, 이를 모태로 하여 로마문자, 키릴 문자 등이 만들어져 현재 대부분의 지구에서 사용하는 문자가 되었다.

한글의 창제는 지금부터 대략 570년 쯤 전에 세종이 인간이 발음하는 기관과 형상을 바탕으로 이루어진다. 조음기관의 모양을 상형했기 때문에, 문자의 모양에서 공유하는 부분이 동일하면 동일한 조음 기관을 공유하고, 문자의 모양이 간단하면 소리도 약하게 하여 소리와 문자가 상관적인 관계를 가지게 된다. 예를 들면 'ㅁ, ㅂ, ㅍ, ㅃ' 등은 'ㅁ' 모양을 공유하고 있는데 이것은 입술에서 소리가 난다는 것을 의미한다. 그리고 'ㅁ'의 모양이 가장 간단하고 'ㅍ'이 가장 복잡한데 이것은 'ㅁ'의 소리가 가장 약하고 'ㅍ'의 소리가 가장 강하고, 'ㅃ'은 두 글자가 겹쳐 있는데 이것은 'ㅂ'의 소리가 강하게 난다는 것을 의미한다.

〈훈민정음〉은 조음기관이라는 실제적인 모양을 본뜨되, 조음기관의 모양과 발음의 세기가 상관적인 관계를 가지도록 하고, 문자를 만든 원리와 시기가 정확하게 기록하였다. 이러한 기록을 가지고 있는 〈훈민정음〉은 인류가 가지고 있는 유일한 문헌이기에 〈훈민정음〉은 세계기록문화유산이 되었고, 우리나라에서는 2001년에 '디지털 한글박물관' 구축 작업을 착수하여 2002년에 '역사관, 조형예술관'을 개관하고, 2014년 현재 '한글의 탄생과 역사, 아름다운 한글, 생활 속 한글, 한글과 교육, 한글의 진화와 미래, 학술 정보관' 외에 '특별기획전, 우리말 게임' 등을 전시하고 있다.(Http://www.hangeulmuseum.org)

한글박물관의 구축은, 20세기 말과 21세기 현재 우리나라는 비약적인 발전을 계속하여 세계 무역 규모나 한국어의 세계화 등에서 세계 10위권 내외를 넘나들고 있는 결과의 소산이다. 20세기 말에 '디지털 한글박물관'을 구상할 당시에는 '한글박물관'을 구축할 공간과 예산의 확보가 현실적으로 불가능하다고 판단되었기 때문인데 이제 한국의 국제적인 위치와 경제적인 힘은 '한글박물관'을 현실 공간 속에서 구축할 수 있게 국가 예산을 확보하고 국립중앙박물관의 한 모퉁이에 공간을 확보하고, 문화체육관광부 내에 한글박물관을 구축하기 위한 TF를 구성하여 '국립한글박물관'의 준공을 기념하는 학술대회를 개최하고, 2014년 10월에 개관하였다.

한글의 발명은 인류의 문자사를 새로 쓰게 한 인류사의 사건이었고, 〈훈민정음〉은 문자와 관련하여 인류가 가지고 있는 유일한 보물이기에, 한글박물관이 이에 걸맞기 위해서는 '문자에 관한 세계 최대, 최고의 박물관'이 되어야 한다.

세계 최대의 박물관이 되기 위해서는 우선 한글과 관련된 모든 자료를 구축하는 박물관이 되어야 할 것이고, 이를 바탕으로 하여 세계의 문자와 관련된 모든 것을 모을 수 있고 이를 전시할 수 있는 공간도 확보해야겠다. 우선적으로 국내에 문자와 관련 있는 자료를 확보하고 이를 제대로 보여 주어야 하는데 예를 들면, 울주군에 있는 그림문자의 흔적은 그 크기와 모양이 그대로 복원되어 한글박물관의 한쪽에 위치하고 있어야 한다. 이를 시작으로 하여 세계 도처에 있는 옛 문자의 모양과 이에 의하여 작성된 비석과 서적 등이 한글박물관에 비치되어야 한다. 한두 예를 들면 가장 오래된 문자의 하나인 이집트 문자가 새겨진 비석이나 신전 등은 그 모양와 크기 그대로 현대의 3D 기술을 응용하여 한글박물관에서 볼 수 있어야 하고 인도 문자의 통일과 관련된 아쇼카 왕의 비문과 문자의 전파 과정도 한글박물관에서 볼 수 있어야 하는 것은 말할 것도 없다. 다시 말해 세계의 문자와 관련된 모두 한글박물관에서 재구성되어 있어야 한다.

세계 최고의 박물관이 되기 위해서는; 첫째, 문자발달사와 관련하여 생겼다 없어진 모든 문자에 대한 설명과 해독이 한글박물관에서 이루어질 수 있어야 하고; 둘째, 문자의 모양과 미적 기능 그리고 인간의 정신 생활이 밀접한 관련이 있다는 것을 학술적으로 정립하고 이를 바탕으로 환경 미학적인 차원에서 문자의 시각적인 기능을 재조명하고 이를 인간 생활의 조화와 안정에 관여된다는 것을 밝히고, 이에 관련된 시험적인 구축물이 한글박물관에 있어야 할 것이다. 셋째, 문자의 발달이 인간의 미래상에 직접 관련되고 이와 관련된 산업의 발달이 인간 미래를 결정하게 될 것이라는 미래학이 한글박물관에서 나와야 할 것이다. 다시말해 한글박물관은 문자의 발달과 관련된 인류의 과거, 문자의 기능과 관련된 현재 인류의 삶, 그리고 과학 기술의 발전과 관련된 인류의 미래상이 조화를 이루어야 하는 것이다.

한국의 발전은 상당 부분 한글의 우수성에 기인한다. 한국이 단기간에 거의 세계 최빈국에서 세계 10위권 내외의 경제대국으로 부상하게 된 데에는 한국의 IT 산업이 큰 역할을 하였고, IT 산업의 발전에는 한글이 결정적인 역할을 하였다는 사실은 누구도 부인할 수 없는 것이다. 컴퓨터와 모바일 등의 발전에 있어서 사용자의 측면에서 생기는 효용성과 편리함은 모두 한글 자모의 조직성과 체계성 등과 관련이 있는 것인데, 이러한 것들은 모두 한글 창제의 과학성에 근거를 두고 있는 것이다. 세계에서 유일무이한 한글의 과학성과 체계성은 앞으로도 지속적인 영향을 미치면서 더욱 더 발전하게 될 것이므로 미래 IT 산업의 발전 방향이나 모습 등이 한글박물관에서 그대로 구현되고, 새로운 가능성을 위해 끊임없이 도전하는 장의 구실도 해야 할 것이다.

한글에 대한 기업의 투자는, 지면 관계상 하고 싶은 말을 다 못하지만, 꼭 하고 싶은 말이다. 한글의 혜택을 받고 있는 모든 집단이나 단체는 한글에 대해 고마운 마음을 가지고 한글에 대해 투자할 마음을 가지고 한글의 발전에, 기여할 마음을 가지기를 바란다. 한글로 인해

IT 산업에 성공한 기업들은 한글의 발전에 특히 한글박물관에 개관에 크고 작은 기여를 하고 동시에 투자를 해야 할 것이다. 이것은 기업가의 의무인 동시에 미래를 투자가 될 것이다. 한글에 대한 투자는 문자와 관련된 산업을 부흥시키고 이는 다시 기업의 이익을 창출할 수 있다는 믿음을 가지고 투자할 마음을 가져야 할 것이다. 그리고 한글박물관 관계자는 기업이 투자할 수 있는 공간을 제공하여 세계 최첨단의 IT 산업의 현주소와 미래상을 한글박물관에서 볼 수 있게 해야 할 것이다.

한글과 IT 산업의 발달, 이것은 우리 민족과 국가의 부흥에 한 축이 될 것이다.

부록

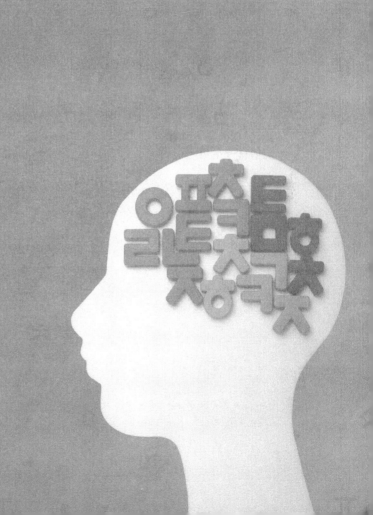

문장 부호 [1]

문장 부호는 글에서 문장의 구조를 드러내거나 글쓴이의 의도를 전달하기 위하여 사용하는 부호이다. 문장 부호의 이름과 사용법은 다음과 같이 정한다.

1. 마침표(.)

(1) 서술, 명령, 청유 등을 나타내는 문장의 끝에 쓴다.

예 젊은이는 나라의 기둥입니다. 예 제 손을 꼭 잡으세요.

예 집으로 돌아갑시다.

예 가는 말이 고와야 오는 말이 곱다.

---

[1] 이 글은 공시된 한글맞춤법의 문장 부호에 관련된 부분을 그대로 옮긴 것이다. 이 글에 대한 해설은 국립국어원에서 볼 수 있다.

[붙임 1] 직접 인용한 문장의 끝에는 쓰는 것을 원칙으로 하되, 쓰지 않는 것을 허용한다.(ㄱ을 원칙으로 하고, ㄴ을 허용함.)

예 ㄱ. 그는 "지금 바로 떠나자."라고 말하며 서둘러 짐을 챙겼다.

　　ㄴ. 그는 "지금 바로 떠나자"라고 말하며 서둘러 짐을 챙겼다.

[붙임 2] 용언의 명사형이나 명사로 끝나는 문장에는 쓰는 것을 원칙으로 하되, 쓰지 않는 것을 허용한다.(ㄱ을 원칙으로 하고, ㄴ을 허용함.)

예 ㄱ. 목적을 이루기 위하여 몸과 마음을 다하여 애를 씀.

　　ㄴ. 목적을 이루기 위하여 몸과 마음을 다하여 애를 씀

예 ㄱ. 결과에 연연하지 않고 끝까지 최선을 다하기.

　　ㄴ. 결과에 연연하지 않고 끝까지 최선을 다하기

예 ㄱ. 신입 사원 모집을 위한 기업 설명회 개최.

　　ㄴ. 신입 사원 모집을 위한 기업 설명회 개최

예 ㄱ. 내일 오전까지 보고서를 제출할 것.

　　ㄴ. 내일 오전까지 보고서를 제출할 것

다만, 제목이나 표어에는 쓰지 않음을 원칙으로 한다.

예 압록강은 흐른다　　　　예 꺼진 불도 다시 보자

예 건강한 몸 만들기

(2) 아라비아 숫자만으로 연월일을 표시할 때 쓴다.

예 1919. 3. 1.　　　　　　예 10. 1.~10. 12.

(3) 특정한 의미가 있는 날을 표시할 때 월과 일을 나타내는 아라비
아 숫자 사이에 쓴다.

예 3.1 운동   예 8.15 광복

[붙임] 이때는 마침표 대신 가운뎃점을 쓸 수 있다.

예 3 · 1 운동   예 8 · 15 광복

(4) 장, 절, 항 등을 표시하는 문자나 숫자 다음에 쓴다.

예 가. 인명   예 ㄱ. 머리말

예 Ⅰ. 서론   예 1. 연구 목적

[붙임] '마침표' 대신 '온점'이라는 용어를 쓸 수 있다.

2. 물음표(?)

(1) 의문문이나 의문을 나타내는 어구의 끝에 쓴다.

예 점심 먹었어?

예 이번에 가시면 언제 돌아오세요?

예 제가 부모님 말씀을 따르지 않을 리가 있겠습니까?

예 남북이 통일되면 얼마나 좋을까?

예 다섯 살짜리 꼬마가 이 멀고 험한 곳까지 혼자 왔다?

예 지금?   예 뭐라고?

예 네?

[붙임 1] 한 문장 안에 몇 개의 선택적인 물음이 이어질 때는 맨 끝의 물음에만 쓰고, 각 물음이 독립적일 때는 각 물음의 뒤에 쓴다.

예 너는 중학생이냐, 고등학생이냐?

예 너는 여기에 언제 왔니? 어디서 왔니? 무엇하러 왔니?

[붙임 2] 의문의 정도가 약할 때는 물음표 대신 마침표를 쓸 수 있다.

예 도대체 이 일을 어쩐단 말이냐.

예 이것이 과연 내가 찾던 행복일까.

다만, 제목이나 표어에는 쓰지 않음을 원칙으로 한다.

예 역사란 무엇인가   예 아직도 담배를 피우십니까

(2) 특정한 어구의 내용에 대하여 의심, 빈정거림 등을 표시할 때, 또는 적절한 말을 쓰기 어려울 때 소괄호 안에 쓴다.

예 우리와 의견을 같이할 사람은 최 선생(?) 정도인 것 같다.

예 30점이라, 거참 훌륭한(?) 성적이군.

예 우리 집 강아지가 가출(?)을 했어요.

(3) 모르거나 불확실한 내용임을 나타낼 때 쓴다.

예 최치원(857~?)은 통일 신라 말기에 이름을 떨쳤던 학자이자 문장가이다.

예 조선 시대의 시인 강백(1690?~1777?)의 자는 자청이고, 호는 우곡이다.

3. 느낌표(!)

(1) 감탄문이나 감탄사의 끝에 쓴다.
예 이거 정말 큰일이 났구나!　　예 어머!

[붙임] 감탄의 정도가 약할 때는 느낌표 대신 쉼표나 마침표를 쓸
수 있다.
예 어, 벌써 끝났네.　　　　　예 날씨가 참 좋군.

(2) 특별히 강한 느낌을 나타내는 어구, 평서문, 명령문, 청유문에
　　 쓴다.
예 청춘! 이는 듣기만 하여도 가슴이 설레는 말이다.
예 이야, 정말 재밌다!　　　예 지금 즉시 대답해!
예 앞만 보고 달리자!

(3) 물음의 말로 놀람이나 항의의 뜻을 나타내는 경우에 쓴다.
예 이게 누구야!　　　　　예 내가 왜 나빠!

(4) 감정을 넣어 대답하거나 다른 사람을 부를 때 쓴다.
예 네!　　　　　　　예 네, 선생님!
예 흥부야!　　　　　예 언니!

4. 쉼표(,)

(1) 같은 자격의 어구를 열거할 때 그 사이에 쓴다.

예 근면, 검소, 협동은 우리 겨레의 미덕이다.

예 충청도의 계룡산, 전라도의 내장산, 강원도의 설악산은 모두 국립 공원이다.

예 집을 보러 가면 그 집이 내가 원하는 조건에 맞는지, 살기에 편한지, 망가진 곳은 없는지 확인해야 한다.

예 5보다 작은 자연수는 1, 2, 3, 4이다.

다만, (가) 쉼표 없이도 열거되는 사항임이 쉽게 드러날 때는 쓰지 않을 수 있다.

예 아버지 어머니께서 함께 오셨어요.

예 네 돈 내 돈 다 합쳐 보아야 만 원도 안 되겠다.

(나) 열거할 어구들을 생략할 때 사용하는 줄임표 앞에는 쉼표를 쓰지 않는다.

예 광역시: 광주, 대구, 대전……

(2) 짝을 지어 구별할 때 쓴다.

예 닭과 지네, 개와 고양이는 상극이다.

(3) 이웃하는 수를 개략적으로 나타낼 때 쓴다.

예 5, 6세기   예 6, 7, 8개

(4) 열거의 순서를 나타내는 어구 다음에 쓴다.

예 첫째, 몸이 튼튼해야 한다.

예 마지막으로, 무엇보다 마음이 편해야 한다.

(5) 문장의 연결 관계를 분명히 하고자 할 때 절과 절 사이에 쓴다.

예 콩 심은 데 콩 나고, 팥 심은 데 팥 난다.

예 저는 신뢰와 정직을 생명과 같이 여기고 살아온바, 이번 비리 사
건과는 무관하다는 점을 분명히 밝힙니다.

예 떡국은 설날의 대표적인 음식인데, 이걸 먹어야 비로소 나이도
한 살 더 먹는다고 한다.

(6) 같은 말이 되풀이되는 것을 피하기 위하여 일정한 부분을 줄여
서 열거할 때 쓴다.

예 여름에는 바다에서, 겨울에는 산에서 휴가를 즐겼다.

(7) 부르거나 대답하는 말 뒤에 쓴다.

예 지은아, 이리 좀 와 봐.   예 네, 지금 가겠습니다.

(8) 한 문장 안에서 앞말을 '곧', '다시 말해' 등과 같은 어구로 다시
설명할 때 앞말 다음에 쓴다.

예 책의 서문, 곧 머리말에는 책을 지은 목적이 드러나 있다.

예 원만한 인간관계는 말과 관련한 예의, 즉 언어 예절을 갖추는 것
에서 시작된다.

예 호준이 어머니, 다시 말해 나의 누님은 올해로 결혼한 지 20년이

된다.

예 나에게도 작은 소망, 이를테면 나만의 정원을 가졌으면 하는 소망이 있어.

(9) 문장 앞부분에서 조사 없이 쓰인 제시어나 주제어의 뒤에 쓴다.

예 돈, 돈이 인생의 전부이더냐?

예 열정, 이것이야말로 젊은이의 가장 소중한 자산이다.

예 지금 네가 여기 있다는 것, 그것만으로도 나는 충분히 행복해.

예 저 친구, 저러다가 큰일 한번 내겠어.

예 그 사실, 넌 알고 있었지?

(10) 한 문장에 같은 의미의 어구가 반복될 때 앞에 오는 어구 다음에 쓴다.

예 그의 애국심, 몸을 사리지 않고 국가를 위해 헌신한 정신을 우리는 본받아야 한다.

(11) 도치문에서 도치된 어구들 사이에 쓴다.

예 이리 오세요, 어머님.   예 다시 보자, 한강수야.

(12) 바로 다음 말과 직접적인 관계에 있지 않음을 나타낼 때 쓴다.

예 갑돌이는, 울면서 떠나는 갑순이를 배웅했다.

예 철원과, 대관령을 중심으로 한 강원도 산간 지대에 예년보다 일찍 첫눈이 내렸습니다.

(13) 문장 중간에 끼어든 어구의 앞뒤에 쓴다.

㉮ 나는, 솔직히 말하면, 그 말이 별로 탐탁지 않아.

㉮ 영호는 미소를 띠고, 속으로는 화가 치밀어 올라 잠시라도 견딜 수 없을 만큼 괴로웠지만, 그들을 맞았다.

[붙임 1] 이때는 쉼표 대신 줄표를 쓸 수 있다.

㉮ 나는 — 솔직히 말하면 — 그 말이 별로 탐탁지 않아.

㉮ 영호는 미소를 띠고 — 속으로는 화가 치밀어 올라 잠시라도 견딜 수 없을 만큼 괴로웠지만 — 그들을 맞았다.

[붙임 2] 끼어든 어구 안에 다른 쉼표가 들어 있을 때는 쉼표 대신 줄표를 쓴다.

㉮ 이건 내 것이니까 — 아니, 내가 처음 발견한 것이니까 — 절대로 양보할 수가 없다.

(14) 특별한 효과를 위해 끊어 읽는 곳을 나타낼 때 쓴다.

㉮ 내가, 정말 그 일을 오늘 안에 해 낼 수 있을까?

㉮ 이 전투는 바로 우리가, 우리만이, 승리로 이끌 수 있다.

(15) 짧게 더듬는 말을 표시할 때 쓴다.

㉮ 선생님, 부, 부정행위라니요? 그런 건 새, 생각조차 하지 않았습니다.

[붙임] '쉼표' 대신 '반점'이라는 용어를 쓸 수 있다.

5. 가운뎃점(·)

(1) 열거할 어구들을 일정한 기준으로 묶어서 나타낼 때 쓴다.

㉠ 민수 · 영희, 선미 · 준호가 서로 짝이 되어 윷놀이를 하였다.

㉠ 지금의 경상남도 · 경상북도, 전라남도 · 전라북도, 충청남도 ·
충청북도 지역을 예부터 삼남이라 일러 왔다.

(2) 짝을 이루는 어구들 사이에 쓴다.

㉠ 한(韓) · 이(伊) 양국 간의 무역량이 늘고 있다.

㉠ 우리는 그 일의 참 · 거짓을 따질 겨를도 없었다.

㉠ 하천 수질의 조사 · 분석

㉠ 빨강 · 초록 · 파랑이 빛의 삼원색이다.

다만, 이때는 가운뎃점을 쓰지 않거나 쉼표를 쓸 수도 있다.

㉠ 한(韓) 이(伊) 양국 간의 무역량이 늘고 있다.

㉠ 우리는 그 일의 참 거짓을 따질 겨를도 없었다.

㉠ 하천 수질의 조사, 분석

㉠ 빨강, 초록, 파랑이 빛의 삼원색이다.

(3) 공통 성분을 줄여서 하나의 어구로 묶을 때 쓴다.

㉠ 상 · 중 · 하위권   ㉠ 금 · 은 · 동메달

㉠ 통권 제54 · 55 · 56호

[붙임] 이때는 가운뎃점 대신 쉼표를 쓸 수 있다.

예 상, 중, 하위권   예 금, 은, 동메달

예 통권 제54, 55, 56호

6. 쌍점(：)

(1) 표제 다음에 해당 항목을 들거나 설명을 붙일 때 쓴다.

예 문방사우: 종이, 붓, 먹, 벼루

예 일시: 2014년 10월 9일 10시

예 흔하진 않지만 두 자로 된 성씨도 있다.(예: 남궁, 선우, 황보)

예 올림표(♯): 음의 높이를 반음 올릴 것을 지시한다.

(2) 희곡 등에서 대화 내용을 제시할 때 말하는 이와 말한 내용 사
이에 쓴다.

예 김 과장: 난 못 참겠다.

예 아들: 아버지, 제발 제 말씀 좀 들어 보세요.

(3) 시와 분, 장과 절 등을 구별할 때 쓴다.

예 오전 10:20(오전 10시 20분)

예 두시언해 6:15(두시언해 제6권 제15장)

(4) 의존명사 '대'가 쓰일 자리에 쓴다.

예 65:60(65 대 60)   예 청군:백군(청군 대 백군)

[붙임] 쌍점의 앞은 붙여 쓰고 뒤는 띄어 쓴다. 다만, (3)과 (4)에서는 쌍점의 앞뒤를 붙여 쓴다.

7. 빗금(/)

(1) 대비되는 두 개 이상의 어구를 묶어 나타낼 때 그 사이에 쓴다.

㉠ 먹이다/먹히다   ㉠ 남반구/북반구

㉠ 금메달/은메달/동메달

㉠ (   )이/가 우리나라의 보물 제1호이다.

(2) 기준 단위당 수량을 표시할 때 해당 수량과 기준 단위 사이에 쓴다.

㉠ 100미터/초   ㉠ 1,000원/개

(3) 시의 행이 바뀌는 부분임을 나타낼 때 쓴다.

㉠ 산에 / 산에 / 피는 꽃은 / 저만치 혼자서 피어 있네

다만, 연이 바뀜을 나타낼 때는 두 번 겹쳐 쓴다.

㉠ 산에는 꽃 피네 / 꽃이 피네 / 갈 봄 여름 없이 / 꽃이 피네 // 산에 / 산에 / 피는 꽃은 / 저만치 혼자서 피어 있네

[붙임] 빗금의 앞뒤는 (1)과 (2)에서는 붙여 쓰며, (3)에서는 띄어 쓰는 것을 원칙으로 하되 붙여 쓰는 것을 허용한다. 단, (1)에서 대비

되는 어구가 두 어절 이상인 경우에는 빗금의 앞뒤를 띄어 쓸 수 있다.

8. 큰따옴표(" ")

(1) 글 가운데에서 직접 대화를 표시할 때 쓴다.

예 "어머니, 제가 가겠어요."

　"아니다. 내가 다녀오마."

(2) 말이나 글을 직접 인용할 때 쓴다.

예 나는 "어, 광훈이 아니냐?" 하는 소리에 깜짝 놀랐다.

예 밤하늘에 반짝이는 별들을 보면서 "나는 아무 걱정도 없이 가을 속의 별들을 다 헬 듯합니다."라는 시구를 떠올렸다.

예 편지의 끝머리에는 이렇게 적혀 있었다.

　"할머니, 편지에 사진을 동봉했다고 하셨지만 봉투 안에는 아무것도 없었어요."

9. 작은따옴표(' ')

(1) 인용한 말 안에 있는 인용한 말을 나타낼 때 쓴다.

예 그는 "여러분! '시작이 반이다.'라는 말 들어 보셨죠?"라고 말하며 강연을 시작했다.

(2) 마음속으로 한 말을 적을 때 쓴다.

㉭ 나는 '일이 다 틀렸나 보군.' 하고 생각하였다.

㉭ '이번에는 꼭 이기고야 말겠어.' 호연이는 마음속으로 몇 번이나
그렇게 다짐하며 주먹을 불끈 쥐었다.

10. 소괄호(( ))

(1) 주석이나 보충적인 내용을 덧붙일 때 쓴다.

㉭ 니체(독일의 철학자)의 말을 빌리면 다음과 같다.

㉭ 2014. 12. 19. (금)

㉭ 문인화의 대표적인 소재인 사군자(매화, 난초, 국화, 대나무)는
고결한 선비 정신을 상징한다.

(2) 우리말 표기와 원어 표기를 아울러 보일 때 쓴다.

㉭ 기호(嗜好), 자세(姿勢)

㉭ 커피(coffee), 에티켓(étiquette)

(3) 생략할 수 있는 요소임을 나타낼 때 쓴다.

㉭ 학교에서 동료 교사를 부를 때는 이름 뒤에 '선생(님)'이라는 말
을 덧붙인다.

㉭ 광개토(대)왕은 고구려의 전성기를 이끌었던 임금이다.

(4) 희곡 등 대화를 적은 글에서 동작이나 분위기, 상태를 드러낼

때 쓴다.

예 현우: (가쁜 숨을 내쉬며) 왜 이렇게 빨리 뛰어?

예 "관찰한 것을 쓰는 것이 습관이 되었죠. 그러다 보니, 상상력이 생겼나 봐요." (웃음)

(5) 내용이 들어갈 자리임을 나타낼 때 쓴다.

예 우리나라의 수도는 (　　)이다.

예 다음 빈칸에 알맞은 조사를 쓰시오.

민수가 할아버지(　) 꽃을 드렸다.

(6) 항목의 순서나 종류를 나타내는 숫자나 문자 등에 쓴다.

예 사람의 인격은 (1) 용모, (2) 언어, (3) 행동, (4) 덕성 등으로 표현된다.

예 (가) 동해, (나) 서해, (다) 남해

11. 중괄호({ })

(1) 같은 범주에 속하는 여러 요소를 세로로 묶어서 보일 때 쓴다.

예 주격 조사 $\left\{ \begin{array}{c} 이 \\ 가 \end{array} \right\}$

예 국가의 성립 요소 $\left\{ \begin{array}{c} 영토 \\ 국민 \\ 주권 \end{array} \right\}$

(2) 열거된 항목 중 어느 하나가 자유롭게 선택될 수 있음을 보일 때 쓴다.

예 아이들이 모두 학교{에, 로, 까지} 갔어요.

12. 대괄호([ ])

(1) 괄호 안에 또 괄호를 쓸 필요가 있을 때 바깥쪽의 괄호로 쓴다.

예 어린이날이 새로 제정되었을 당시에는 어린이들에게 경어를 쓰라고 하였다.[윤석중 전집(1988), 70쪽 참조]

예 이번 회의에는 두 명[이혜정(실장), 박철용(과장)]만 빼고 모두 참석했습니다.

(2) 고유어에 대응하는 한자어를 함께 보일 때 쓴다.

예 나이[年歲]   예 낱말[單語]

예 손발[手足]

(3) 원문에 대한 이해를 돕기 위해 설명이나 논평 등을 덧붙일 때 쓴다.

예 그것[한글]은 이처럼 정보화 시대에 알맞은 과학적인 문자이다.

예 신경준의 ≪여암전서≫에 "삼각산은 산이 모두 돌 봉우리인데, 그 으뜸 봉우리를 구름 위에 솟아 있다고 백운(白雲)이라 하며 [이하 생략]"

예 그런 일은 결코 있을 수 없다.[원문에는 '업다'임.]

13. 겹낫표(『 』)와 겹화살괄호(《 》)

책의 제목이나 신문 이름 등을 나타낼 때 쓴다.

[예] 우리나라 최초의 민간 신문은 1896년에 창간된 『독립신문』이
다.

[예] 『훈민정음』은 1997년에 유네스코 세계 기록 유산으로 지정되었
다.

[예] 《한성순보》는 우리나라 최초의 근대 신문이다.

[예] 윤동주의 유고 시집인 《하늘과 바람과 별과 시》에는 31편의
시가 실려 있다.

[붙임] 겹낫표나 겹화살괄호 대신 큰따옴표를 쓸 수 있다.

[예] 우리나라 최초의 민간 신문은 1896년에 창간된 "독립신문"이다.

[예] 윤동주의 유고 시집인 "하늘과 바람과 별과 시"에는 31편의 시
가 실려 있다.

14. 홑낫표(「 」)와 홑화살괄호(〈 〉)

소제목, 그림이나 노래와 같은 예술 작품의 제목, 상호, 법률, 규정
등을 나타낼 때 쓴다.

[예] 「국어 기본법 시행령」은 「국어 기본법」에서 위임된 사항과 그
시행에 필요한 사항을 규정함을 목적으로 한다.

[예] 이 곡은 베르디가 작곡한 「축배의 노래」이다.

ⓔ 사무실 밖에 「해와 달」이라고 쓴 간판을 달았다.

ⓔ 〈한강〉은 사진집 ≪아름다운 땅≫에 실린 작품이다.

ⓔ 백남준은 2005년에 〈엄마〉라는 작품을 선보였다.

[붙임] 홑낫표나 홑화살괄호 대신 작은따옴표를 쓸 수 있다.

ⓔ 사무실 밖에 '해와 달'이라고 쓴 간판을 달았다.

ⓔ '한강'은 사진집 "아름다운 땅"에 실린 작품이다.

15. 줄표(—)

제목 다음에 표시하는 부제의 앞뒤에 쓴다.

ⓔ 이번 토론회의 제목은 '역사 바로잡기 — 근대의 설정 —'이다.

ⓔ '환경 보호 — 숲 가꾸기 —'라는 제목으로 글짓기를 했다.

다만, 뒤에 오는 줄표는 생략할 수 있다.

ⓔ 이번 토론회의 제목은 '역사 바로잡기 — 근대의 설정'이다.

ⓔ '환경 보호 — 숲 가꾸기'라는 제목으로 글짓기를 했다.

[붙임] 줄표의 앞뒤는 띄어 쓰는 것을 원칙으로 하되, 붙여 쓰는 것을 허용한다.

16. 붙임표(-)

(1) 차례대로 이어지는 내용을 하나로 묶어 열거할 때 각 어구 사이에 쓴다.

예 멀리뛰기는 도움닫기-도약-공중 자세-착지의 순서로 이루어진다.

예 김 과장은 기획-실무-홍보까지 직접 발로 뛰었다.

(2) 두 개 이상의 어구가 밀접한 관련이 있음을 나타내고자 할 때 쓴다.

예 드디어 서울-북경의 항로가 열렸다.

예 원-달러 환율 　　　　　예 남한-북한-일본 삼자 관계

17. 물결표(~)

기간이나 거리 또는 범위를 나타낼 때 쓴다.

예 9월 15일~9월 25일 　　　　예 김정희(1786~1856)

예 서울~천안 정도는 출퇴근이 가능하다.

예 이번 시험의 범위는 3~78쪽입니다.

[붙임] 물결표 대신 붙임표를 쓸 수 있다.

예 9월 15일-9월 25일 　　　　예 김정희(1786-1856)

예 서울-천안 정도는 출퇴근이 가능하다.

예 이번 시험의 범위는 3-78쪽입니다.

18. 드러냄표(ˇ)와 밑줄(_)

문장 내용 중에서 주의가 미쳐야 할 곳이나 중요한 부분을 특별히 드러내 보일 때 쓴다.

예 한글의 본디 이름은 훈민정음이다.

예 중요한 것은 왜 사느냐가 아니라 어떻게 사느냐이다.

예 지금 필요한 것은 지식이 아니라 실천입니다.

예 다음 보기에서 명사가 아닌 것은?

[붙임] 드러냄표나 밑줄 대신 작은따옴표를 쓸 수 있다.

예 한글의 본디 이름은 '훈민정음'이다.

예 중요한 것은 '왜 사느냐'가 아니라 '어떻게 사느냐'이다.

예 지금 필요한 것은 '지식'이 아니라 '실천'입니다.

예 다음 보기에서 명사가 '아닌' 것은?

19. 숨김표(○, ×)

(1) 금기어나 공공연히 쓰기 어려운 비속어임을 나타낼 때, 그 글자의 수효만큼 쓴다.

예 배운 사람 입에서 어찌 ○○○란 말이 나올 수 있느냐?

예 그 말을 듣는 순간 ×××란 말이 목구멍까지 치밀었다.

(2) 비밀을 유지해야 하거나 밝힐 수 없는 사항임을 나타낼 때 쓴다.

예 1차 시험 합격자는 김○영, 이○준, 박○순 등 모두 3명이다.

예 육군 ○○ 부대 ○○○ 명이 작전에 참가하였다.

예 그 모임의 참석자는 김×× 씨, 정×× 씨 등 5명이었다.

20. 빠짐표(□)

(1) 옛 비문이나 문헌 등에서 글자가 분명하지 않을 때 그 글자의 수효만큼 쓴다.

예 大師爲法主□□賴之大□薦

(2) 글자가 들어가야 할 자리를 나타낼 때 쓴다.

예 훈민정음의 초성 중에서 아음(牙音)은 □□□의 석 자다.

21. 줄임표(……)

(1) 할 말을 줄였을 때 쓴다.

예 "어디 나하고 한번……." 하고 민수가 나섰다.

(2) 말이 없음을 나타낼 때 쓴다.

예 "빨리 말해!"

　"……."

(3) 문장이나 글의 일부를 생략할 때 쓴다.

예 '고유'라는 말은 문자 그대로 본디부터 있었다는 뜻은 아닙니다. …… 같은 역사적 환경에서 공동의 집단생활을 영위해 오는 동안 공동으로 발견된, 사물에 대한 공동의 사고방식을 우리는 한국의 고유 사상이라 부를 수 있다는 것입니다.

(4) 머뭇거림을 보일 때 쓴다.

예 "우리는 모두…… 그러니까…… 예외 없이 눈물만…… 흘렸다."

[붙임 1] 점은 가운데에 찍는 대신 아래쪽에 찍을 수도 있다.

예 "어디 나하고 한번......." 하고 민수가 나섰다.

예 "실은...... 저 사람...... 우리 아저씨일지 몰라."

[붙임 2] 점은 여섯 점을 찍는 대신 세 점을 찍을 수도 있다.

예 "어디 나하고 한번…." 하고 민수가 나섰다.

예 "실은... 저 사람... 우리 아저씨일지 몰라."

[붙임 3] 줄임표는 앞말에 붙여 쓴다. 다만, (3)에서는 줄임표의 앞뒤를 띄어 쓴다.

표준어 규정

이 글은 〈문교부 고시 제88-2 호(1988. 1. 19.) '표준어 규정' 중 〈제1부 표준어 사정 원칙이다. 표준어 규정의 목차는 다음과 같이 되어 있다.

제 2 부 표준 발음법

제1부 표준어 사정 원칙

제1장 총　칙

제1항　표준어는 교양 있는 사람들이 두루 쓰는 현대 서울말로 정함을 원칙으로 한다.

제2장　외래어는 따로 사정한다.

제2장 발음 변화에 따른 표준어 규정

제1절 자 음

제3항 다음 단어들은 거센소리를 가진 형태를 표준어로 삼는
다.(ㄱ을 표준어로 삼고, ㄴ을 버림.)

ㄱ	ㄴ	비 고
끄나풀	끄나불	
나팔-꽃	나발-꽃	
녘	녁	동~, 들~, 새벽~, 동 틀 ~.
부엌	부억	
살-쾡이	삵-괭이	
칸	간	1. ~막이, 빈~, 방 한~.
		2. '초가 삼간, 윗간'의 경우에는 '간'임.
털어-먹다	떨어-먹다	재물을 다 없애다.

제4항 다음 단어들은 거센소리로 나지 않는 형태를 표준어로 삼는
다.(ㄱ을 표준어로 삼고, ㄴ을 버림.)

ㄱ	ㄴ	비 고
가을-갈이	가을-카리	
거시기	거시키	
분침	푼침	

제5항 어원에서 멀어진 형태로 굳어져서 널리 쓰이는 것은, 그것

을 표준어로 삼는다.(ㄱ을 표준어로 삼고, ㄴ을 버림.)

ㄱ	ㄴ	비 고
강낭-콩	강남-콩	
고삿	고샅	겉~, 속~.
사글-세	삭월-세	'월세'는 표준어임.
울력-성당	위력-성당	떼를 지어서 으르고 협박하는 일.

다만, 어원적으로 원형에 더 가까운 형태가 아직 쓰이고 있는 경우에는, 그것을 표준어로 삼는다.(ㄱ을 표준어로 삼고, ㄴ을 버림.)

ㄱ	ㄴ	비 고
갈비	가리	~구이, ~찜, 갈빗 - 대.
갓모	갈모	1. 사기 만드는 물레 밑고리. 2. '갈모'는 갓 위에 쓰는, 유지로 만든 우비.
굴-젓	구-젓	
말-곁	말-겻	
물-수란	물-수랄	
밀-뜨리다	미-뜨리다	
적-이	저으기	적이-나, 적이나-하면.
휴지	수지	

제6항 다음 단어들은 의미를 구별함이 없이, 한 가지 형태만을 표준어로 삼는다.(ㄱ을 표준어로 삼고, ㄴ을 버림.)

ㄱ	ㄴ	비 고
돌	돐	생일, 주기.
둘-째	두-째	'제2, 두 개째'의 뜻.
셋-째	세-째	'제3, 세 개째'의 뜻.
넷-째	네-째	'제4, 네 개째'의 뜻.
빌리다	빌다	1. 빌려 주다, 빌려 오다.
		2. '용서를 빌다'는 '빌다'임.

다만, '둘째'는 십 단위 이상의 서수사에 쓰일 때에 '두째'로 한다.

ㄱ	ㄴ	비 고
열두-째		열두 개째의 뜻은 '열둘째'로.
스물두-째		스물두 개째의 뜻은 '스물둘째'로.

제7항 수컷을 이르는 접두사는 '수 -'로 통일한다.(ㄱ을 표준어로
삼고, ㄴ을 버림.)

ㄱ	ㄴ	비 고
수 - 꿩	수 - 퀑/숫 - 꿩	'장끼'도 표준어임.
수 - 나사	숫 - 나사	
수 - 놈	숫 - 놈	
수 - 사돈	숫 - 사돈	
수 - 소	숫 - 소	'황소'도 표준어임.
수 - 은행나무	숫 - 은행나무	

다만 1. 다음 단어에서는 접두사 다음에서 나는 거센소리를 인정한

다. 접두사 '암 -'이 결합되는 경우에도 이에 준한다.(ㄱ을 표준어로 삼고, ㄴ을 버림.)

ㄱ	ㄴ	비　고
수 - 캉아지	숫 - 강아지	
수 - 캐	숫 - 개	
수 - 컷	숫 - 것	
수 - 키와	숫 - 기와	
수 - 닭	숫 - 닭	
수 - 탕나귀	숫 - 당나귀	
수 - 톨쩌귀	숫 - 돌쩌귀	
수 - 돼지	숫 - 돼지	
수 - 평아리	숫 - 병아리	

　다만 2. 다음 단어의 접두사는 '숫 -'으로 한다.(ㄱ을 표준어로 삼고, ㄴ을 버림.)

ㄱ	ㄴ	비　고
숫 - 양	수 - 양	
숫 - 염소	수 - 염소	
숫 - 쥐	수 - 쥐	

제2절 모　음

　제8항　양성 모음이 음성 모음으로 바뀌어 굳어진 다음 단어는 음성 모음 형태를 표준어로 삼는다.(ㄱ을 표준어로 삼고,

ㄴ을 버림.)

ㄱ	ㄴ	비　　고
깡충 – 깡충	깡총 – 깡총	큰말은 '껑충껑충'임.
– 둥이	– 동이	← 童 – 이. 귀 –, 막 –, 선 –, 쌍 –, 검 –, 바람 –, 흰 –.
발가 – 숭이	발가 – 송이	센말은 '빨가숭이', 큰말은 '벌거숭 이, 뻘거숭이'임.
보퉁이	보통이	
봉죽	봉족	← 奉足. ~꾼, ~ 들다.
뻗정 – 다리	뻗장 – 다리	
아서, 아서라	앗아, 앗아라	하지 말라고 금지하는 말.
오뚝 – 이	오똑 – 이	부사도 '오뚝 – 이'임.
주추	주초	← 柱礎. 주춧 – 돌.

　다만, 어원 의식이 강하게 작용하는 다음 단어에서는 양성 모음 형태를 그대로 표준어로 삼는다.(ㄱ을 표준어로 삼고, ㄴ을 버림.)

ㄱ	ㄴ	비　　고
부조(扶助)	부주	~금, 부좃 – 술.
사돈(査頓)	사둔	밭~, 안~.
삼촌(三寸)	삼춘	시~, 외~, 처~.

　제9항 'ㅣ' 역행 동화 현상에 의한 발음은 원칙적으로 표준 발음으로 인정하지 아니하되, 다만 다음 단어들은 그러한 동화가 적용된 형태를 표준어로 삼는다.(ㄱ을 표준어로 삼고, ㄴ을 버림.)

ㄱ	ㄴ	비 고
- 내기 냄비 동댕이 - 치다	- 나기 남비 동당이 - 치다	서울 -, 시골 -, 신출 -, 풋 -.

[붙임 1] 다음 단어는 'ㅣ' 역행 동화가 일어나지 아니한 형태를 표준어로 삼는다.(ㄱ을 표준어로 삼고, ㄴ을 버림.)

ㄱ	ㄴ	비 고
아지랑이	아지랭이	

[붙임 2] 기술자에게는 '- 장이', 그 외에는 '- 쟁이'가 붙는 형태를 표준어로 삼는다.(ㄱ을 표준어로 삼고, ㄴ을 버림.)

ㄱ	ㄴ	비 고
미장이 유기장이 멋쟁이 소금쟁이 담쟁이-덩굴 골목쟁이 발목쟁이	미쟁이 유기쟁이 멋장이 소금장이 담장이-덩굴 골목장이 발목장이	

제10항 다음 단어는 모음이 단순화한 형태를 표준어로 삼는다.(ㄱ을 표준어로 삼고, ㄴ을 버림.)

ㄱ	ㄴ	비 고
괴팍 - 하다	괴퍅 - 하다/괴팩 - 하다	
- 구면	- 구면	
미루 - 나무	미류 - 나무	← 美柳 ~.
미륵	미력	← 彌勒. ~ 보살, ~불, 돌~.
여느	여늬	
온 - 달	왼 - 달	만 한 달.
으레	으례	
케케 - 묵다	켸켸 - 묵다	
허우대	허위대	
허우적 - 허우적	허위적 - 허위적	허우적 - 거리다.

제11항 다음 단어에서는 모음의 발음 변화를 인정하여, 발음이
  바뀌어 굳어진 형태를 표준어로 삼는다.(ㄱ을 표준어로
  삼고, ㄴ을 버림.)

ㄱ	ㄴ	비 고
-구려	-구료	
깍쟁이	깍정이	1. 서울 ~, 알~, 찰~.
		2. 도토리, 상수리 등의 받침은 '깍정이'임.
나무라다	나무래다	
미수	미시	미숫-가루.
바라다	바래다	'바램[所望]'은 비표준어임.
상추	상치	~쌈.
시러베-아들	실업의-아들	
주책	주착	←主着. ~망나니, ~없다.
지루-하다	지리-하다	←支離.
튀기	트기	

| 허드레 | 허드래 | 허드렛-물, 허드렛-일. |
| 호루라기 | 호루루기 | |

제12항 '웃 -' 및 '윗 -'은 명사 '위'에 맞추어 '윗 -'으로 통일한
다.(ㄱ을 표준어로 삼고, ㄴ을 버림.)

ㄱ	ㄴ	비 고
윗-넓이	웃-넓이	
윗-눈썹	웃-눈썹	
윗-니	웃-니	
윗-당줄	웃-당줄	
윗-덧줄	웃-덧줄	
윗-도리	웃-도리	
윗-동아리	웃-동아리	준말은 '윗동'임.
윗-막이	웃-막이	
윗-머리	웃-머리	
윗-목	웃-목	
윗-몸	웃-몸	~ 운동.
윗-바람	웃-바람	
윗-배	웃-배	
윗-벌	웃-벌	
윗-변	웃-변	수학 용어.
윗-사랑	웃-사랑	
윗-세장	웃-세장	
윗-수염	웃-수염	
윗-입술	웃-입술	
윗-잇몸	웃-잇몸	
윗-자리	웃-자리	
윗-중방	웃-중방	

다만 1. 된소리나 거센소리 앞에서는 '위 -'로 한다.(ㄱ을 표준어로 삼고, ㄴ을 버림.)

ㄱ	ㄴ	비 고
위 - 짝	웃 - 짝	
위 - 쪽	웃 - 쪽	
위 - 채	웃 - 채	
위 - 층	웃 - 층	
위 - 치마	웃 - 치마	
위 - 턱	웃 - 턱	~ 구름[上層雲].
위 - 팔	웃 - 팔	

다만 2. '아래, 위'의 대립이 없는 단어는 '웃 -'으로 발음되는 형태를 표준어로 삼는다.(ㄱ을 표준어로 삼고, ㄴ을 버림.)

ㄱ	ㄴ	비 고
웃 - 국	윗 - 국	
웃 - 기	윗 - 기	
웃 - 돈	윗 - 돈	
웃 - 비	윗 - 비	~ 걷다.
웃 - 어른	윗 - 어른	
웃 - 옷	윗 - 옷	

제13항 한자 '구(句)'가 붙어서 이루어진 단어는 '귀'로 읽는 것을 인정하지 아니하고, '구'로 통일한다.(ㄱ을 표준어로 삼고, ㄴ을 버림.)

ㄱ	ㄴ	비 고
구법(句法)	귀법	
구절(句節)	귀절	
구점(句點)	귀점	
결구(結句)	결귀	
경구(警句)	경귀	
경인구(警人句)	경인귀	
난구(難句)	난귀	
단구(短句)	단귀	
단명구(短命句)	단명귀	
대구(對句)	대귀	~법(對句法).
문구(文句)	문귀	
성구(成句)	성귀	~어(成句語).
시구(詩句)	시귀	
어구(語句)	어귀	
연구(聯句)	연귀	
인용구(引用句)	인용귀	
절구(絶句)	절귀	

다만, 다음 단어는 '귀'로 발음되는 형태를 표준어로 삼는다.(ㄱ을 표준어로 삼고, ㄴ을 버림.)

ㄱ	ㄴ	비 고
귀 - 글	구 - 글	
글 - 귀	글 - 구	

제3절 준 말

제14항 준말이 널리 쓰이고 본말이 잘 쓰이지 않는 경우에는, 준말
만을 표준어로 삼는다.(ㄱ을 표준어로 삼고, ㄴ을 버림.)

ㄱ	ㄴ	비 고
귀찮다	귀치 않다	
김	기음	~ 매다.
똬리	또아리	
무	무우	~강즙, ~말랭이, ~생채, 가랑~, 갓~, 왜~, 총각~.
미다	무이다	1. 털이 빠져 살이 드러나다. 2. 찢어지다.
뱀	배암	
뱀-장어	배암-장어	
빔	비음	설~, 생일~.
샘	새암	~바르다, ~바리.
생-쥐	새앙-쥐	
솔개	소리개	
온-갖	온-가지	
장사-치	장사-아치	

제15항 준말이 쓰이고 있더라도, 본말이 널리 쓰이고 있으면 본말
을 표준어로 삼는다.(ㄱ을 표준어로 삼고, ㄴ을 버림.)

ㄱ	ㄴ	비 고
경황-없다	경-없다	
궁상-떨다	궁-떨다	

귀이-개	귀-개	
낌새	낌	
낙인-찍다	낙-하다/낙-치다	
내왕-꾼	냉-꾼	
돗-자리	돗	
뒤웅-박	뒝-박	
뒷물-대야	뒷-대야	
마구-잡이	막-잡이	
맵자-하다	맵자다	모양이 제격에 어울리다.
모이	모	
벽-돌	벽	
부스럼	부럼	정월 보름에 쓰는 '부럼'은 표준어 임.
살얼음-판	살-판	
수두룩-하다	수둑-하다	
암-죽	암	
어음	엄	
일구다	일다	
죽-살이	죽-살	
퇴박-맞다	퇴-맞다	
한통-치다	통-치다	

[붙임] 다음과 같이 명사에 조사가 붙은 경우에도 이 원칙을 적용한다.(ㄱ을 표준어로 삼고, ㄴ을 버림.)

ㄱ	ㄴ	비　고
아래 - 로	알 - 로	

제16항 준말과 본말이 다 같이 널리 쓰이면서 준말의 효용이 뚜렷

이 인정되는 것은, 두 가지를 다 표준어로 삼는다.(ㄱ은 본말이며, ㄴ은 준말임.)

ㄱ	ㄴ	비 고
거짓 - 부리	거짓 - 불	작은말은 '가짓부리, 가짓불'임.
노을	놀	저녁~.
막대기	막대	
망태기	망태	
머무르다	머물다	
서두르다	서둘다	모음 어미가 연결될 때에는 준말의
서투르다	서툴다	활용형을 인정하지 않음.
석새-삼베	석새-베	
시-누이	시-뉘/시-누	
오-누이	오-뉘/오-누	
외우다	외다	외우며, 외워:외며, 외어.
이기죽-거리다	이죽-거리다	
찌꺼기	찌끼	'찌꺽지'는 비표준어임.

제4절 단수 표준어

제17항 비슷한 발음의 몇 형태가 쓰일 경우, 그 의미에 아무런 차이가 없고, 그 중 하나가 더 널리 쓰이면, 그 한 형태만을 표준어로 삼는다.(ㄱ을 표준어로 삼고, ㄴ을 버림.)

ㄱ	ㄴ	비 고
거든 - 그리다	거둥 - 그리다	1. 거든하게 거두어 싸다. 2. 작은말은 '가든 - 그리다'임.

구어 - 박다	구워 - 박다	사람이 한 군데에서만 지내다.
귀 - 고리	귀엣 - 고리	
귀 - 띔	귀 - 틤	
귀 - 지	귀에지	
까딱 - 하면	까땍 - 하면	
꼭두 - 각시	꼭둑 - 각시	
내색	나색	감정이 나타나는 얼굴빛.
내숭 - 스럽다	내흉 - 스럽다	
냠냠 - 거리다	얌냠 - 거리다	냠냠 - 하다.
냠냠 - 이	얌냠 - 이	
너[四]	네	~ 돈, ~ 말, ~ 발, ~ 푼.
넉[四]	너/네	~ 냥, ~ 되, ~ 섬, ~ 자.
다다르다	다닫다	
댑-싸리	대-싸리	
더부룩-하다	더뿌룩-하다/듬뿌룩-하다	
-던	-든	선택, 무관의 뜻을 나타내는 어미는 '-든'임. 가-든(지) 말-든(지), 보-든(가) 말-든(가).
-던가	-든가	
-던걸	-든걸	
-던고	-든고	
-던데	-든데	
-던지	-든지	
-(으)려고	-(으)ㄹ려고/-(으)ㄹ라고	
-(으)려야	-(으)ㄹ려야/-(으)ㄹ래야	
망가-뜨리다	망그-뜨리다	

멸치	며루치/메리치	
반빗-아치	반비-아치	'반빗' 노릇을 하는 사람. 찬비(饌婢). '반비'는 밥짓는 일을 맡은 계집종.
보습	보십/보섭	
본새	뽄새	
봉숭아	봉숭화	'봉선화'도 표준어임.
뺨-따귀	뺨-따귀/뺨-따구니	'뺨'의 비속어임.
		두 조각으로 가르다.
뻐개다[斫]	뻐기다	뽐내다.
뻐기다[誇]	뻐개다	
사자-탈	사지-탈	
상-판대기[1]	쌍-판대기	~ 돈, ~ 말, ~ 발, ~ 푼.
서[三]	세/석	~ 냥, ~ 되, ~ 섬, ~ 자.
석[三]	세	
설령(設令)	서령	먹습니다, 갔습니다, 없습니다,
-습니다	-읍니다	있습니다, 좋습니다.
		모음 뒤에는 '-ㅂ니다'임.
시름-시름	시늠-시늠	
쓱벅-쓱벅	썸벅-썸벅	
아궁이	아궁지	
아내	안해	
어-중간	어지-중간	
오금-팽이	오금-탱이	돼지 부르는 소리.
오래-오래	도래-도래	
-올시다	-올습니다	
옹골-차다	공골-차다	

---

1) 이 예를 '상판때기'로 적고, '상판때기'로 분석한다고 생각할 수도 있으나, 고시본대로 둔다.

우두커니	우두머니	작은말은 '오도카니'임.
잠-투정	잠-투세/잠-주정	
재봉-틀	자봉-틀	발~, 손~.
짓-무르다	짓-물다	
짚-북데기	짚-북세기	'짚북더기'도 비표준어임.
쪽	짝	편(便). 이~, 그~, 저~. 다만, '아무-짝'은 '짝'임.
천장(天障)	천정	'천정부지(天井不知)'는 '천정'임.
코-맹맹이	코-맹녕이	
흉-업다	흉-헙다	

제5절 복수 표준어

제18항   다음 단어는 ㄱ을 원칙으로 하고, ㄴ도 허용한다.

ㄱ	ㄴ	비 고
네	예	
쇠 -	소 -	- 가죽, - 고기, - 기름, - 머리, - 뼈.
괴다	고이다	물이 ~, 밑을 ~.
꾀다	꼬이다	어린애를 ~, 벌레가 ~.
쐬다	쏘이다	바람을 ~.
죄다	조이다	나사를 ~.
쬐다	쪼이다	볕을 ~.

제19항   어감의 차이를 나타내는 단어 또는 발음이 비슷한 단어들
　　　　이 다 같이 널리 쓰이는 경우에는, 그 모두를 표준어로 삼

는다.(ㄱ, ㄴ을 모두 표준어로 삼음.)

ㄱ	ㄴ	비 고
거슴츠레 - 하다	게슴츠레 - 하다	
고까	꼬까	~신, ~옷.
고린 - 내	코린 - 내	
교기(驕氣)	갸기	교만한 태도.
구린 - 내	쿠린 - 내	
꺼림 - 하다	께름 - 하다	
나부랭이	너부렁이	

제3장 어휘 선택의 변화에 따른 표준어 규정

제1절 고 어

제20항 사어(死語)가 되어 쓰이지 않게 된 단어는 고어로 처리하고, 현재 널리 사용되는 단어를 표준어로 삼는다.(ㄱ을 표준어로 삼고, ㄴ을 버림.)

ㄱ	ㄴ	비 고
난봉	봉	
낭떠러지	낭	
설거지 - 하다	설겆다	
애달프다	애닯다	
오동 - 나무	머귀 - 나무	
자두	오얏	

제2절 한자어

제21항 고유어 계열의 단어가 널리 쓰이고 그에 대응되는 한자어 계열의 단어가 용도를 잃게 된 것은, 고유어 계열의 단어만을 표준어로 삼는다.(ㄱ을 표준어로 삼고, ㄴ을 버림.)

ㄱ	ㄴ	비 고
가루 - 약	말 - 약	
구들 - 장	방 - 돌	
길품-삯	보행-삯	
까막-눈	맹-눈	
꼭지-미역	총각-미역	
나뭇-갓	시장-갓	
늘-다리	노닥다리	
두껍-닫이	두껍-창	
떡-암죽	병-암죽	
마른-갈이	건-갈이	
마른-빨래	건-빨래	
메-찰떡	반-찰떡	
박달-나무	배달-나무	
밥-소라	식-소라	큰 놋그릇.
사래-논	사래-답	묘지기나 마름이 부쳐 먹는 땅.
사래-밭	사래-전	
삯-말	삯-마	
성냥	화곽	
솟을-무늬	솟을-문(~紋)	
외-지다	벽-지다	
움-파	동-파	
잎-담배	잎-초	

잔-돈	잔-전	
조-당수	조-당죽	
죽데기	피-죽	'죽더기'도 비표준어임.
지겟-다리	목-발	지게 동발의 양쪽 다리.
짐-꾼	부지-군(負持-)	
푼-돈	분-전/푼-전	
흰-말	백-말/부루-말	'백마'는 표준어임.
흰-죽	백-죽	

제22항 고유어 계열의 단어가 생명력을 잃고 그에 대응되는 한자
어 계열의 단어가 널리 쓰이면, 한자어 계열의 단어를 표
준어로 삼는다.(ㄱ을 표준어로 삼고, ㄴ을 버림.)

ㄱ	ㄴ	비 고
개다리 - 소반	개다리 - 밥상	
겸 - 상	맞 - 상	
고봉 - 밥	높은 - 밥	
단 - 벌	홑 - 벌	
마방 - 집	마바리 - 집	馬房~.
민망 - 스럽다/면 구 - 스럽다	민주 - 스럽다	
방 - 고래	구들 - 고래	
부항 - 단지	뜸 - 단지	
산 - 누에	멧 - 누에	
산 - 줄기	멧 - 줄기/멧 - 발	
수 - 삼	무 - 삼	
심 - 돋우개	불 - 돋우개	
양 - 파	둥근 - 파	

어질 - 병	어질 - 머리	
윤 - 달	군 - 달	
장력 - 세다	장성 - 세다	
제석	젯 - 돗	
총각 - 무	알 - 무/알타리 - 무	
칫 - 솔	잇 - 솔	
포수	총 - 댕이	

제3절 방 언

제23항 방언이던 단어가 표준어보다 더 널리 쓰이게 된 것은, 그
것을 표준어로 삼는다. 이 경우, 원래의 표준어는 그대로
표준어로 남겨 두는 것을 원칙으로 한다.(ㄱ을 표준어로
삼고, ㄴ도 표준어로 남겨 둠.)

ㄱ	ㄴ	비 고
멍게	우렁쉥이	
물 - 방개	선두리	
애 - 순	어린 - 순	

제24항 방언이던 단어가 널리 쓰이게 됨에 따라 표준어이던 단
어가 안 쓰이게 된 것은, 방언이던 단어를 표준어로 삼는
다.(ㄱ을 표준어로 삼고, ㄴ을 버림.)

ㄱ	ㄴ	비 고
귀밑 – 머리	귓 – 머리	
까 – 뭉개다	까 – 무느다	
막상	마기	
빈대 – 떡	빈자 – 떡	
생인 – 손	생안 – 손	준말은 '생 – 손'임.
역 – 겹다	역 – 스럽다	
코 – 주부	코 – 보	

제4절 단수 표준어

제25항 의미가 똑같은 형태가 몇 가지 있을 경우, 그 중 어느 하나
가 압도적으로 널리 쓰이면, 그 단어만을 표준어로 삼는
다.(ㄱ을 표준어로 삼고, ㄴ을 버림.)

ㄱ	ㄴ	비 고
– 게끔	– 게시리	
겸사 – 겸사	겸지 – 겸지/	
	겸두 – 겸두	
고구마	참 – 감자	
고치다	낫우다	병을 ~.
골목 – 쟁이	골목 – 자기	
광주리	광우리	
괴통	호구	자루를 박는 부분.
국 – 물	멀 – 국/말 – 국	
군 – 표	군용 – 어음	

길 - 잡이	길 - 앞잡이	
까다롭다	까닭 - 스럽다/	'길라잡이'도 표준어임.
	까탈 - 스럽다	
까치 - 발	까치 - 다리	선반 따위를 받치는 물건.
꼬창 - 모	말뚝 - 모	꼬창이로 구멍을 뚫으면서 심는
		모.
나룻 - 배	나루	'나루[津]'는 표준어임.
납 - 도리	민 - 도리	
농 - 지거리	기롱 - 지거리	다른 의미의 '기롱지거리'는 표준
		어임.
다사 - 스럽다	다사 - 하다	간섭을 잘 하다.
다오	다구	이리 ~.
담배-꽁초	담배-꽁투리/담배-	
	꽁치/담배-꽁추	
담배-설대	대-설대	
대장-일	성냥- 일	
뒤져-내다	뒤어-내다	
뒤통수-치다	뒤꼭지-치다	
등-나무	등-칡	
등-때기	등-떠리	'등'의 낮은 말.
등잔-걸이	등경-걸이	
떡-보	떡-충이	
똑딱-단추	딸꼭-단추	
매-만지다	우미다	
먼-발치	먼-발치기	
며느리-발톱	뒷-발톱	
명주-붙이	주- 사니	
목-메다	목-맺히다	
밀짚-모자	보릿짚-모자	
바가지	열 -바가지/열 -박	

바람-꼭지	바람-고다리	튜브의 바람을 넣는 구멍에 붙은, 쇠로 만든 꼭지.
반-나절	나절-가웃	
반두	독대	그물의 한 가지.
버젓-이	뉘연-히	
본-받다	법-받다	
부각	다시마-자반	
부끄러워-하다	부끄리다	
부스러기	부스럭지	
부지깽이	부지팽이	
부항-단지	부항-항아리	부스럼에서 피고름을 빨아 내기 위하여 부항을 붙이는 데 쓰는, 자그마한 단지.
붉으락-푸르락	푸르락-붉으락	
비켜-덩이	옆-사리미	김맬 때에 흙덩이를 옆으로 빼내는 일, 또는 그 흙덩이.
빙충-이	빙충-맞이	작은말은 '뱅충이'.
빠-뜨리다	빠-치다	'빠트리다'도 표준어임.
뻣뻣-하다	왜긋다	
뽐-내다	느물다	
사로-잠그다	사로-채우다	자물쇠나 빗장 따위를 반 정도만 걸어 놓다.
살-풀이	살-막이	
상투-쟁이	상투-꼬부랑이	상투 튼 이를 놀리는 말.
새앙-손이	생강-손이	
샛-별	새벽-별	
선-머슴	풋-머슴	
섭섭-하다	애운-하다	
속-말	속-소리	국악 용어 '속소리'는 표준어임.
손목-시계	팔목-계/팔뚝-시계	

손-수레	손-구루마	'구루마'는 일본어임.
쇠-고랑	고랑-쇠	
수도-꼭지	수도-고동	
숙성-하다	숙-지다	
순대	골집	
술-고래	술-꾸러기/술-부대/술-보/술-푸대	
식은-땀	찬-땀	
신기-롭다	신기-스럽다	'신기하다'도 표준어임.
쌍동-밤	쪽-밤	
쏜살-같이	쏜살-로	
아주	영판	
안-걸이	안-낚시	씨름 용어.
안다미-씌우다	안다미-시키다	제가 담당할 책임을 남에게 넘기다.
안쓰럽다	안-슬프다	
안절부절-못하다	안절부절-하다	
앉은뱅이-저울	앉은-저울	
알-사탕	구슬-사탕	
암-내	곁땀-내	
앞-지르다	따라-먹다	
애-벌레	어린-벌레	
얕은-꾀	물탄-꾀	
언뜻	편뜻	
언제나	노다지	
얼룩-말	워라-말	
-에는	-엘랑	
열심-히	열심-로	
입-담	말-담	

자배기	너벅지	
전봇-대	전선-대	
주책-없다	주책-이다	'주착→주책'은 제11항 참조.
쥐락-펴락	펴락-쥐락	
-지만	-지만서도	← -지마는.
짓고-땡	지어-땡/짓고-땡이	
짧은-작	짜른-작	
찹-쌀	이-찹쌀	
청대-콩	푸른-콩	
칡-범	갈-범	

제5절 복수 표준어

제26항 한 가지 의미를 나타내는 형태 몇 가지가 널리 쓰이며 표
준어 규정에 맞으면, 그 모두를 표준어로 삼는다.

복 수 표 준 어	비 고
가는 - 허리/잔 - 허리	
가락 - 엿/가래 - 엿	
가뭄/가물	
가엾다/가엽다	가엾어/가여워, 가엾은/가여운.
감감 - 무소식/감감 - 소식	
개수 - 통/설거지 - 통	'설겆다'는 '설거지하다'로.
개숫 - 물/설거지 - 물	
갱 - 엿/검은 - 엿	
- 거리다/ - 대다	가물, 출렁.
거위 - 배/횟 - 배	

것/해	내 ~, 네 ~, 뉘 ~.
게을러 - 빠지다/게을러 - 터지다	
고깃 - 간/푸줏 - 간	'고깃 - 관, 푸줏 - 관, 다림 - 방'은 비표준어임.
곰곰/곰곰 - 이	
관계 - 없다/상관 - 없다	
교정 - 보다/준 - 보다	
구들-재/구재	
귀퉁-머리/귀퉁-배기	'귀퉁이'의 비어임.
극성-떨다/극성-부리다	
기세-부리다/기세-피우다	
기승-떨다/기승-부리다	
깃-저고리/배내-옷/배냇-저고리	
꼬까/때때/고까	~신, ~옷.
꼬리-별/살-별	
꽃-도미/붉-돔	
나귀/당-나귀	
날-걸/세-뿔	윷판의 쩰밭 다음의 셋째 밭.
내리-글씨/세로-글씨	
넝쿨/덩굴	'덩쿨'은 비표준어임.
녘/쪽	동~, 서~.
눈-대중/눈-어림/눈-짐작	
느리-광이/느림-보/늘-보	
늦-모/마냥-모	←만이앙-모.
다기-지다/다기-차다	
다달-이/매-달	
-다마다/-고말고	
다박-나룻/다박-수염	
닭의-장/닭-장	
댓-돌/툇-돌	

덧-창/겉-창	
독장-치다/독판-치다	
동자-기둥/쪼구미	
돼지-감자/뚱딴지	
되우/된통/되게	
두동-무니/두동-사니	윷놀이에서, 두 동이 한데 어울려 가는 말.
뒷-갈망/뒷-감당	
뒷-말/뒷-소리	
들락-거리다/들랑-거리다	
들락-날락/들랑-날랑	
딴-전/딴-청	
땅-콩/호-콩	
땔-감/땔-거리	
-뜨리다/-트리다	깨-, 떨어-, 쏟-.
뜬-것/뜬-귀신	
마룻-줄/용총-줄	돛대에 매어 놓은 줄. '이어줄'은 비표준어임.
마-파람/앞-바람	
만장-판/만장-중(滿場中)	
만큼/만치	
말-동무/말-벗	
매-갈이/매-조미	
매-통/목-매	
먹-새/먹음-새	'먹음-먹이'는 비표준어임.
멀찌감치/멀찌가니/멀찍이	
멱통/산-멱/산-멱통	
면-치레/외면-치레	
모-내다/모-심다	모-내기, 모-심기.
모쪼록/아무쪼록	

목판-되/모-되	
목화-씨/면화-씨	
무심-결/무심-중	
물-봉숭아/물-봉선화	
물-부리/빨-부리	
물-심부름/물-시중	
물추리-나무/물추리-막대	
물-타작/진-타작	
민둥-산/벌거숭이-산	
밑-층/아래-층	
바깥-벽/밭-벽	
바른/오른[右]	~손, ~쪽, ~편.
발-모가지/발-목쟁이	'발목'의 비속어임.
버들-강아지/버들-개지	
벌레/버러지	'벌거지, 벌러지'는 비표준어임.
변덕-스럽다/변덕-맞다	
보-조개/볼-우물	
보통-내기/여간-내기/예사-내기	'행-내기'는 비표준어임.
볼-따구니/볼-퉁이/볼-때기	'볼'의 비속어임.
부침개-질/부침-질/지짐-질	'부치개-질'은 비표준어임.
불똥-앉다/등화-지다/등화-앉다	
불-사르다/사르다	
비발/비용(費用)	
뾰두라지/뾰루지	
살-쾡이/삵	삵-피.
삽살-개/삽사리	
상두-꾼/상여-꾼	'상도-꾼, 향도-꾼'은 비표준어임.
상-씨름/소-걸이	
생/새앙/생강	
생-뿔/새앙-뿔/생강-뿔	'쇠뿔'의 형용.

생-철/양-철	1. '서양철'은 비표준어임. 2. '生鐵'은 '무쇠'임.
서럽다/섧다	'설다'는 비표준어임.
서방-질/화냥-질	
성글다/성기다	
-(으)세요/-(으)셔요	
송이/송이-버섯	
수수-깡/수숫-대	
술-안주/안주	
-스레하다/-스름하다	거무-, 발그-.
시늉-말/흉내-말	
시새/세사(細沙)	
신/신발	
신주-보/독보(櫝褓)	
심술-꾸러기/심술-쟁이	
쌉쓰레-하다/쌉쓰름-하다	
아귀-세다/아귀-차다	
아래-위/위-아래	
아무튼/어떻든/어쨌든/하여튼/여하튼	
앉음-새/앉음-앉음	
알은-척/알은-체	
애-갈이/애벌-갈이	
애꾸눈-이/외눈-박이	'외대-박이, 외눈-퉁이'는 비표준어임.
양념-감/양념-거리	
어금버금-하다/어금지금-하다	
어기여차/어여차	
어림-잡다/어림-치다	
어이-없다/어처구니-없다	

어저께/어제	
언덕-바지/언덕-배기	
얼렁-뚱땅/엄벙-뗑	
여왕-벌/장수-벌	
여쭈다/여쭙다	
여태/입때	'여직'은 비표준어임.
여태-껏/이제-껏/입때-껏	'여직-껏'은 비표준어임.
역성-들다/역성-하다	'편역-들다'는 비표준어임.
연-달다/잇-달다	
엿-가락/엿-가래	
엿-기름/엿-길금	
엿-반대기/엿-자박	
오사리-잡놈/오색-잡놈	'오합-잡놈'은 비표준어임.
옥수수/강냉이	~떡, ~묵, ~밥, ~튀김.
왕골-기직/왕골-자리	
외겹-실/외올-실/홑-실	'홑겹-실, 올-실'은 비표준어임.
외손-잡이/한손-잡이	
욕심-꾸러기/욕심-쟁이	
우레/천둥	우렛-소리, 천둥-소리.
우지/울-보	
을러-대다/을러-메다	
의심-스럽다/의심-쩍다	
-이에요/-이어요	
이틀-거리/당-고금	학질의 일종임.
일일-이/하나-하나	
일찌감치/일찌거니	
입찬-말/입찬-소리	
자리-옷/잠-옷	
자물-쇠/자물-통	
장가-가다/장가-들다	'서방-가다'는 비표준어임.

재롱-떨다/재롱-부리다	
제-가끔/제-각기	
좀-처럼/좀-체	'좀-체로, 좀-해선, 좀-해'는 비표준어임.
줄-꾼/줄-잡이	
중신/중매	
짚-단/짚-뭇	
쪽/편	오른~, 왼~.
차차/차츰	
책-씻이/책-거리	
척/체	모르는 ~, 잘난 ~.
천연덕-스럽다/천연-스럽다	
철-따구니/철-딱서니/철-딱지	'철-때기'는 비표준어임.
추어-올리다/추어-주다	'추켜-올리다'는 비표준어임.
축-가다/축-나다	
침-놓다/침-주다	
통-꼭지/통-젖	통에 붙은 손잡이.
파자-쟁이/해자-쟁이	점치는 이.
편지-투/편지-틀	
한턱-내다/한턱-하다	
해웃-값/해웃-돈	'해우-차'는 비표준어임.
혼자-되다/홀로-되다	
흠-가다/흠-나다/흠-지다	

국어기본법

이 글은 법제처에 공시되어 있는 국어기본법을 옮기되, 형식은 조금 달리 하였다.

국어기본법

[시행 2013.3.23.] [법률 제11690호, 2013.3.23., 타법개정]

문화체육관광부(국어정책과) 044-203-2537

제1장 총칙 〈개정 2011.4.14.〉

제1조(목적) 이 법은 국어 사용을 촉진하고 국어의 발전과 보전의 기반을 마련하여 국민의 창조적 사고력의 증진을 도모함으로써

국민의 문화적 삶의 질을 향상하고 민족문화의 발전에 이바지함을 목적으로 한다.

[전문개정 2011.4.14.]

제2조(기본 이념) 국가와 국민은 국어가 민족 제일의 문화유산이며 문화 창조의 원동력임을 깊이 인식하여 국어 발전에 적극적으로 힘씀으로써 민족문화의 정체성을 확립하고 국어를 잘 보전하여 후손에게 계승할 수 있도록 하여야 한다.

[전문개정 2011.4.14.]

제3조(정의) 이 법에서 사용하는 용어의 뜻은 다음과 같다.

1. "국어"란 대한민국의 공용어로서 한국어를 말한다.

2. "한글"이란 국어를 표기하는 우리의 고유문자를 말한다.

3. "어문규범"이란 제13조에 따른 국어심의회의 심의를 거쳐 제정한 한글 맞춤법, 표준어 규정, 표준 발음법, 외래어 표기법, 국어의 로마자 표기법 등 국어 사용에 필요한 규범을 말한다.

4. "국어능력"이란 국어를 통하여 생각이나 느낌 등을 정확하게 표현하고 이해하는 데에 필요한 듣기 말하기 읽기 쓰기 등의 능력을 말한다.

[전문개정 2011.4.14.]

제4조(국가와 지방자치단체의 책무) ① 국가와 지방자치단체는 변화하는 언어 사용 환경에 능동적으로 대응하고, 국민의 국어능력 향상과 지역어 보전 등 국어의 발전과 보전을 위하여 노력하여야 한다.

② 국가와 지방자치단체는 정신상 신체상의 장애로 언어 사용에 어려움을 겪고 있는 국민이 불편 없이 국어를 사용할 수 있도록

필요한 정책을 수립하여 시행하여야 한다.

[전문개정 2011.4.14.]

제5조(다른 법률과의 관계) 국어의 사용과 보급 등에 관하여 다른 법률에 특별한 규정이 있는 경우를 제외하고는 이 법에서 정하는 바에 따른다.

[전문개정 2011.4.14.]

제2장 국어 발전 기본계획의 수립 등 〈개정 2011.4.14.〉

제6조(국어 발전 기본계획의 수립) ① 문화체육관광부장관은 국어의 발전과 보전을 위하여 5년마다 국어 발전 기본계획(이하 "기본계획"이라 한다)을 수립 시행하여야 한다.

② 문화체육관광부장관은 기본계획을 수립하려는 경우에는 제13조에 따른 국어심의회의 심의를 거쳐야 한다.

③ 기본계획에는 다음 각 호의 사항이 포함되어야 한다.

1. 국어 정책의 기본 방향과 추진 목표에 관한 사항

2. 어문규범의 제정과 개정 방향에 관한 사항

3. 국민의 국어능력 증진과 국어 사용 환경의 개선에 관한 사항

4. 국어 정책과 국어 교육의 연계에 관한 사항

5. 국어의 가치를 널리 알리고 국어문화유산을 보전하는 일에 관한 사항

6. 국어의 국외 보급에 관한 사항

7. 국어의 정보화에 관한 사항

8. 남북한 언어 통일 방안에 관한 사항

9. 정신상 · 신체상의 장애로 언어 사용에 어려움을 겪고 있는 국
   민과 국내 거주 외국인의 국어 사용상의 불편 해소에 관한 사항
10. 국어 발전을 위한 민간 부문의 활동 촉진에 관한 사항
11. 그 밖에 국어의 사용과 발전 및 보전에 관한 사항

[전문개정 2011.4.14.]

제7조(시행계획의 수립 등) ① 문화체육관광부장관은 기본계획을
실천하기 위한 세부계획(이하 "시행계획"이라 한다)을 수립 시
행하여야 한다.

② 문화체육관광부장관은 시행계획의 수립 시행과 관련하여 필
요한 경우 국가기관, 지방자치단체, 「공공기관의 운영에 관한 법
률」에 따른 공공기관, 그 밖의 법률에 따라 설립된 특수법인(이하
"공공기관등"이라 한다) 중 관련 기관의 장에게 협조를 요청할 수
있다.

[전문개정 2011.4.14.]

제8조(보고) 정부는 2년마다 국어의 발전과 보전에 관한 시책 및
그 시행 결과에 관한 보고서를 해당 연도 정기국회가 열리기 전까
지 국회에 제출하여야 한다.

[전문개정 2011.4.14.]

제9조(실태 조사 등) ① 문화체육관광부장관은 국어 정책의 수립에
필요한 국민의 국어능력, 국어 의식, 국어 사용 환경 등에 관한 자
료를 수집하거나 실태를 조사할 수 있다.

② 문화체육관광부장관은 제1항에 따른 자료 수집이나 실태 조사
를 위하여 필요한 경우에는 국가기관 및 국어 관련 법인 단체 등
에 자료 제출이나 의견 진술 등을 요구할 수 있다.

③ 국어능력, 국어 의식, 국어 사용 환경 등에 관한 실태 조사에 필요한 사항은 대통령령으로 정한다.

[전문개정 2011.4.14.]

제10조(국어책임관의 지정) ① 국가기관과 지방자치단체의 장은 국어의 발전 및 보전을 위한 업무를 총괄하는 국어책임관을 소속 공무원 중에서 지정할 수 있다.

② 제1항에 따른 국어책임관의 지정 및 임무 등에 관하여 필요한 사항은 대통령령으로 정한다.

[전문개정 2011.4.14.]

제3장 국어 사용의 촉진 및 보급 〈개정 2011.4.14.〉

제11조(어문규범의 제정 등) 문화체육관광부장관은 제13조에 따른 국어심의회의 심의를 거쳐 어문규범을 제정하고, 그 내용을 관보에 고시하여야 한다. 이를 개정하는 경우에도 또한 같다.

[전문개정 2011.4.14.]

제12조(어문규범의 영향평가) ① 문화체육관광부장관은 어문규범이 국민의 국어 사용에 미치는 영향과 어문규범의 현실성 및 합리성 등을 평가하여 정책에 반영하여야 한다.

② 제1항에 따른 평가의 항목 방법 및 시기에 관한 사항은 대통령령으로 정한다.

[전문개정 2011.4.14.]

제13조(국어심의회) ① 국어의 발전과 보전을 위한 중요사항을 심의하기 위하여 문화체육관광부에 국어심의회(이하 "국어심의회"

라 한다)를 둔다.

② 국어심의회는 다음 각 호의 사항을 심의한다.

1. 기본계획의 수립에 관한 사항

2. 어문규범의 제정 및 개정에 관한 사항

3. 그 밖에 국어의 발전과 보전에 관하여 문화체육관광부장관이
   회의에 부치는 사항

③ 국어심의회는 위원장 1명과 부위원장 1명을 포함한 60명 이내
의 위원으로 구성한다.

④ 위원장과 부위원장은 위원 중에서 호선(互選)하고, 위원은 국
어학 언어학 또는 이와 관련된 분야의 전문지식이 있는 사람 중
에서 문화체육관광부장관이 위촉한다.

⑤ 제2항 각 호의 사항을 심의하기 위하여 국어심의회에 분과위
원회를 둘 수 있다.

⑥ 제1항에 따른 국어심의회의 구성과 운영 등에 필요한 사항은
대통령령으로 정한다.

[전문개정 2011.4.14.]

제14조(공문서의 작성) ① 공공기관등의 공문서는 어문규범에 맞
추어 한글로 작성하여야 한다. 다만, 대통령령으로 정하는 경우에
는 괄호 안에 한자 또는 다른 외국 글자를 쓸 수 있다.

② 공공기관등이 작성하는 공문서의 한글 사용에 관하여 그 밖에
필요한 사항은 대통령령으로 정한다.

[전문개정 2011.4.14.]

제15조(국어문화의 확산) ① 문화체육관광부장관은 바람직한 국
어문화가 확산될 수 있도록 신문 방송 잡지 인터넷 또는 전광판

등을 활용한 홍보와 교육을 적극적으로 시행하여야 한다.

② 신문·방송·잡지·인터넷 등의 대중매체는 국민의 올바른 국어 사용에 이바지하도록 노력하여야 한다.

[전문개정 2011.4.14.]

제16조(국어 정보화의 촉진) ① 문화체육관광부장관은 국어를 통하여 지식과 정보를 생산하고 활용하여 새로운 문화를 창조할 수 있도록 국어 정보화를 위한 각종 사업을 적극적으로 시행하여야 한다.

② 국가는 인터넷 및 원격정보통신서비스망 등 정보통신망을 활용하는 국민이 국어를 편리하게 사용할 수 있도록 필요한 정책을 시행하여야 한다.

③ 「정보통신망 이용촉진 및 정보보호 등에 관한 법률」제2조제3호에 따른 정보통신서비스 제공자는 국민이 국어를 편리하게 사용할 수 있도록 필요한 조치를 하여야 한다.

[전문개정 2011.4.14.]

제17조(전문용어의 표준화 등) 국가는 국민이 각 분야의 전문용어를 쉽고 편리하게 사용할 수 있도록 표준화하고 체계화하여 보급하여야 한다.

제18조(교과용 도서의 어문규범 준수) 교육부장관은 「초　중등교육법」제29조에 따른 교과용 도서를 편찬하거나 검정 또는 인정하는 경우에는 어문규범을 준수하여야 하며, 이를 위하여 필요한 경우 문화체육관광부장관과 협의할 수 있다. 〈개정 2013.3.23.〉

[전문개정 2011.4.14.]

제19조(국어의 보급 등) ① 국가는 국어를 배우려는 외국인과 「재

외동포의 출입국과 법적 지위에 관한 법률」에 따른 재외동포(이하 "재외동포"라 한다)를 위하여 교육과정과 교재를 개발하고 전문가를 양성하는 등 국어의 보급에 필요한 사업을 시행하여야 한다.

② 문화체육관광부장관은 재외동포나 외국인을 대상으로 국어를 가르치려는 사람에게 자격을 부여할 수 있다.

③ 제2항에 따른 자격 요건 및 자격 부여의 방법 등에 관하여 필요한 사항은 대통령령으로 정한다.

[전문개정 2011.4.14.]

제19조의2(세종학당재단 설립 등) ① 국가는 외국어 또는 제2언어로서의 국어 보급을 효율적으로 수행하기 위하여 세종학당재단(이하 "재단"이라 한다)을 설립한다.

② 재단은 법인으로 한다.

③ 재단에는 임원으로서 이사장, 이사 및 감사를 두고, 임원의 정원, 임기 및 선출방법 등은 정관으로 정하되, 임원은 교육부장관과의 협의를 거쳐 문화체육관광부장관이 임면한다. 〈개정 2013.3.23.〉

④ 재단에는 정관으로 정하는 바에 따라 필요한 직원을 둔다.

⑤ 재단은 다음 각 호의 사업을 한다.

1. 외국어 또는 제2언어로서의 국어와 한국문화를 교육하는 기관이나 강좌를 대상으로 세종학당 지정 및 지원

2. 온라인으로 외국어 또는 제2언어로서의 국어와 한국문화를 교육하는 누리집(누리 세종학당) 개발 운영

3. 세종학당의 한국어 표준 교육과정 및 교재 보급

4. 세종학당의 한국어 교원 양성, 교육 및 파견 지원

5. 세종학당을 통한 문화교육 및 홍보 사업

6. 그 밖에 외국어 또는 제2언어로서의 국어보급을 위하여 필요한 사업

⑥ 국가는 재단이 수행하는 제5항의 사업 추진을 위하여 필요하다고 인정하는 때에는 대통령령으로 정하는 바에 따라 관계 중앙행정기관 소속 공무원과 관련 단체 전문가 등으로 구성되는 세종학당정책협의회를 구성하여 운영할 수 있다.

⑦ 국가는 재단의 설립, 시설 및 운영 등에 필요한 경비를 예산의 범위에서 지원할 수 있다.

⑧ 재단은 제5항에 따른 사업 목적의 달성에 필요한 경비를 마련하기 위하여 대통령령으로 정하는 바에 따라 수익사업을 할 수 있다.

⑨ 법인 개인 또는 단체는 재단의 운영 및 사업 등을 지원하기 위하여 금전, 그 밖의 재산을 출연 또는 기부할 수 있다.

⑩ 재단에 관하여 이 법과 「공공기관의 운영에 관한 법률」에서 규정한 것 외에는 「민법」 중 재단법인에 관한 규정을 준용한다.

[본조신설 2012.5.23.]

제20조(한글날) ① 정부는 한글의 독창성과 과학성을 국내외에 널리 알리고 범국민적 한글 사랑 의식을 높이기 위하여 매년 10월 9일을 한글날로 정하고, 기념행사를 한다.

② 제1항에 따른 기념행사에 관하여 필요한 사항은 대통령령으로 정한다.

[전문개정 2011.4.14.]

제21조(민간단체 등의 활동 지원) 국가와 지방자치단체는 국어의
발전과 보급을 목적으로 활동하는 법인 단체 등에 예산의 범위에
서 필요한 지원을 할 수 있다.

[전문개정 2011.4.14.]

제4장 국어능력의 향상

제22조(국어능력 향상을 위한 정책 등) ① 국가와 지방자치단체는
국민의 국어능력 향상을 위한 기회를 균등하게 제공하는 데에 힘
써야 하며, 국어능력 향상에 필요한 정책을 수립하여 시행하여야
한다.

② 제1항에 따른 정책을 효율적으로 추진하기 위하여 관계 중앙
행정기관 간의 협의기구를 구성 운영할 수 있다.

③ 제2항에 따른 협의기구의 구성과 운영에 필요한 사항은 대통
령령으로 정한다.

[전문개정 2011.4.14.]

제23조(국어능력의 검정) ① 문화체육관광부장관은 국민의 국어능
력 향상과 창조적인 언어생활의 정착을 위하여 국어능력을 검정
할 수 있다.

② 제1항에 따른 국어능력의 검정 방법 절차 내용 및 시기에 관
하여 필요한 사항은 대통령령으로 정한다.

[전문개정 2011.4.14.]

제24조(국어문화원의 지정 등) ① 문화체육관광부장관은 국민들
의 국어능력을 높이고 국어와 관련된 상담을 할 수 있도록 대통령

령으로 정하는 전문인력과 시설을 갖춘 국어 관련 전문기관 단체 또는 「고등교육법」제2조에 따른 학교의 부설기관 등을 국어문화원으로 지정할 수 있다.

② 국가는 제1항에 따라 지정된 국어문화원의 운영에 필요한 경비의 일부를 예산의 범위에서 보조할 수 있다.

③ 문화체육관광부장관은 지정된 국어문화원이 전문인력과 시설을 유지하지 못하여 국어문화원으로서의 기능을 계속 수행하기 어렵다고 인정할 때에는 지정을 취소할 수 있다.

④ 제1항에 따른 국어문화원의 지정 방법 등에 관하여 필요한 사항은 대통령령으로 정한다.

[전문개정 2011.4.14.]

제5장 보칙 〈개정 2011.4.14.〉

제25조(협의) 중앙행정기관의 장은 국어의 사용에 관한 내용이 포함된 법령을 제정하거나 개정하려는 경우에는 미리 문화체육관광부장관과 협의하여야 한다.

[전문개정 2011.4.14.]

제26조(청문) 문화체육관광부장관은 제24조제3항에 따라 국어문화원의 지정을 취소하려면 청문을 하여야 한다.

[전문개정 2011.4.14.]

제27조(권한의 위임 위탁) ① 이 법에 따른 문화체육관광부장관의 권한은 대통령령으로 정하는 바에 따라 그 일부를 특별시장 광역시장 도지사 또는 특별자치도지사에게 위임할 수 있다.

② 문화체육관광부장관은 이 법에 따른 업무의 일부를 대통령령으로 정하는 바에 따라 관련 기관 단체 등에 위탁할 수 있다.
[전문개정 2011.4.14.]

부칙 〈제11690호, 2013.3.23.〉 (정부조직법)

제1조(시행일) ① 이 법은 공포한 날부터 시행한다.
　② 생략
　제2조부터 제5조까지 생략
제6조(다른 법률의 개정) ①부터 〈253〉까지 생략
　〈254〉 국어기본법 일부를 다음과 같이 개정한다.
　제18조 및 제19조의2제3항 중 "교육과학기술부장관"을 각각 "교육부장관"으로 한다.
　〈255〉부터 〈710〉까지 생략
제7조 생략

참 / 고 / 문 / 헌 /

[2부 6장]

- 김영선(2000), 음운현상에서의 통시성과 공시성, 국어국문학 19, 동아대학교.
- 김정남(2008), 한글맞춤법의 원리, - 총칙 제1항의 의미 해석을 중심으로, 한국어의미학 27.
- 박승빈(1936), 한글맞춤법 통일안에 대한 비판, 조선어학연구회.
- 박창원(2007), 한글맞춤법 총칙 제1항의 음운론, 국어학회 34회 전국학술대회 발표요지집 175-180 쪽.
- 박창원(2008), "한글 맞춤법 '총칙 제1항'의 남북 비교", 〈KBS 한국어 연구논문〉, 통권 제58호, pp.4-25, KBS 한국어연구회.
- 박창원(2015), "한글 자모 이름을 통일하기 위한 이론과 실제", 〈국어학〉, 제74집 3p ~ 55p, 국어학회.
- 송철의(2008), 주시경의 본음에 대하여, 〈이숭녕 현대국어학의 개척자〉 (심악 이숭녕 선생 탄생 100주년 기념논집), 태학사.
- 송철의(2010), 주시경의 언어이론과 표기법, 서울대학교출판문화원.
- 송철의(2014), "주시경 선생의 표기법", 한글 305, 105 - 134쪽.
- 신승용(2004), 교체의 유무와 규칙의 공시성 · 통시성, 어문연구 Vol.32 No.4 63-90한국어문교육연구회

- 안병희(1988), 한글맞춤법의 역사, 국어생활 13.
- 이기문,이병근 (Ki Moon Lee,Byoung Kun Lee) , "학술좌담 : 주시경의 (周時經) 학문을 다시 생각한다", 韓國學報 /5
- 이기문(1963), 국어표기법의 역사적 연구, 한국문화원.
- 이기문(1970), 개화기의 국문연구, 일조각.
- 이기문(1981), 한힌샘의 언어 및 문자 이론, 〈어학연구〉 17-2. 서울대학교 어학연구소.
- 이문규(2009), 음운 규칙의 공시성과 통시성, 한글 285. 한글학회.
- 李秉根(1979), "周時經의 言語理論과 '늣씨'", 국어학 8, 29-49, 국어학회
- 이익섭((1990), 표기법, 국어연구 어디까지 왔나, 동아출판사.
- 이익섭(1992), 국어표기법연구, 서울대학교출판부.
- 이진호(2006), 음운 규칙의 공시성을 바라보는 시각, 〈국어학〉 47권0호, pp.39-64, 국어학회.
- 이희승(1946), 한글맞춤법통일안 강의, 동성사(수정판, 1959, 신구문화사)
- 이희승, 안병희(1989), 한글 맞춤법 강의, 신구문화사.
- 정승철(2003), 주시경의 음학 : 刪除本책 '말'을 중심으로, 〈어문연구〉 118. 한국어문교육연구회.
- 정승철(2005), 근대언어학과 주시경, 〈한국 근대초기의 언어와 문학〉 (이병근 외 저), 서울대학교 출판부.
- 주시경(1906), 대한국어문법,
- 주시경(1910), 국어문법.

- 주시경(1914), 말의 소리, 신문사.
- 최형용(2008), 한글 맞춤법 총직 제1항과 표기의 원리, 한중인문 학회 국제학술회의 발표요지집.
- 허웅, 박지홍(1980) 엮음, 주시경 선생의 생애와 학문, 과학사.

[3부 9장]

- 김영선(2000), 음운현상에서의 통시성과 공시성, 국어국문학 19, 동아대학교.
- 김정남(2008), 한글맞춤법의 원리,- 총칙 제1항의 의미 해석을 중심으로, 한국어의미학 27.
- 박승빈(1936), 한글맞춤법 통일안에 대한 비판, 조선어학연구회.
- 박창원(2007), 한글맞춤법 총칙 제1항의 음운론, 국어학회 34회 전국학술대회 발표요지집 175-180 쪽.
- 박창원(2008), "한글 맞춤법 '총칙 제1항'의 남북 비교", 〈KBS 한 국어 연구논문〉, 통권 제58호, pp.4-25, KBS 한국어연구회.
- 박창원(2015), "한글 자모 이름을 통일하기 위한 이론과 실제", 〈국어학〉, 제74집 3p ~ 55p, 국어학회.
- 박창원(2016), "한글맞춤법 총칙 제1항의 음운론(1) - '소리'라 는 존재의 본질과 실제", 〈언어와 정보사회〉 제27호, 서강대학교 언어정보연구소.
- 송철의(2008), 주시경의 본음에 대하여, 〈이숭녕 현대국어학의 개척자〉 (심악 이숭녕 선생 탄생 100주년 기념논집), 태학사.
- 송철의(2010), 주시경의 언어이론과 표기법, 서울대학교출판문 화원.

- 송철의(2014), "주시경 선생의 표기법", 한글 305, 105 - 134쪽.
- 신승용(2004), 교체의 유무와 규칙의 공시성、통시성, 어문연구 Vol.32 No.4 63-90한국어문교육연구회
- 안병희(1988), 한글맞춤법의 역사, 국어생활 13.
- 이기문(1963), 국어표기법의 역사적 연구, 한국문화원.
- 이기문(1970), 개화기의 국문연구, 일조각.
- 이기문(1981), 한힌샘의 언어 및 문자 이론, 〈어학연구〉 17-2. 서울대학교 어학연구소.
- 이기문,이병근 (Ki Moon Lee,Byoung Kun Lee) , "학술좌담 : 주시경의 (周時經) 학문을 다시 생각한다", 韓國學報 /5 (
- 이문규(2009), 음운 규칙의 공시성과 통시성, 한글 285. 한글학회.
- 李秉根(1979), "周時經의 言語理論과 '늣씨'", 국어학 8, 29-49, 국어학회
- 이익섭((1990), 표기법, 국어연구 어디까지 왔나, 동아출판사.
- 이익섭(1992), 국어표기법연구, 서울대학교출판부.
- 이진호(2006), 음운 규칙의 공시성을 바라보는 시각, 〈국어학〉 47권0호, pp.39-64, 국어학회.
- 이희승(1946), 한글맞춤법통일안 강의, 동성사(수정판, 1959, 신구문화사)
- 이희승, 안병희(1989), 한글 맞춤법 강의,,신구문화사.
- 정승철(2003), 주시경의 음학 : 删除本책'말'을 중심으로, 〈어문연구〉 118. 한국어문교육연구회.
- 정승철(2005), 근대언어학과 주시경, 〈한국 근대초기의 언어와

문학〉(이병근 외 저), 서울대학교 출판부.

- 주시경(1906), 대한국어문법,
- 주시경(1910), 국어문법.
- 주시경(1914), 말의 소리, 신문사.
- 최형용(2008), 한글 맞춤법 총칙 제1항과 표기의 원리, 한중인문 학회 국제학술회의 발표요지집.
- 허웅, 박지홍(1980) 엮음, 주시경 선생의 생애와 학문, 과학사.

[4부 10장]
- 김민수(1964/1980), 〈신국어학사〉, 일조각.
- 김정우(1995), "사이시옷의 음운론적 기저형에 대하여", 〈경남어 문〉7 8 합집, 경남대 국어국문학과.
- 김정우(1997), "국어의 자음체계와 양음절성", 〈한국어문학논 고〉, 태학사.
- 김주필(1990), "국어 폐쇄음의 음성적 특징과 음운현상", 〈강신 항 교수 회갑 기념 논문집〉, 태학사.
- 김차균(1992), "사이시옷의 음운론", 〈국어학〉22. 국어학회.
- 남풍현(1981), 〈차자표기법 연구〉, 단대출판부.
- 문수미(1989), "현대국어 사잇소리에 관한 음성학적 고찰 – 실험 음성학적 접근", 〈언어학 연구〉2. 서울대 언어학과.
- 박창원(1987), "15세기 국어의 음절 경계", 〈진단학보〉64.
- 박창원(1996), 〈중세국어 자음 연구〉, 한국 문화사.
- 박창원(1996), "고대국어의 치음", 〈국어학〉27, 국어학회.
- 박창원(1997), "사잇소리와 사이시옷(1)", 〈이화어문논집〉15,

이화어문학회.

• 송기중(1992), "현대국어 한자어의 구조", 〈한국어문〉 1, 한국정
  신문화연구원.
• 안병희(1968), "중세국어 속격 어미 −ㅅ에 대하여", 〈이숭녕 박
  사 송수 기념 논총〉, 을유문화사.
• 유재원(1989), "현대국어의 된소리와 거센소리에 대한 연구",
  〈한글〉 203, 한글학회.
• 이기문(1972ㄱ), 〈국어사개설〉, 탑출판사.
• 이기문(1972ㄴ), 〈국어음운사 연구〉, 탑출판사.
• 이기문(1983), "한국어 표기법의 변천과 원리", 〈한국 어문의 제
  문제〉, 일지사.
• 임홍빈(1981), "사이시옷 문제의 해결을 위하여", 〈국어학〉 10,
  국어학회.
• 전상범(1976), "현대국어에 있어서의 된소리 현상", 〈언어〉 1-1,
  한국언어학회.
• 전철웅(1990), "사이시옷", 〈국어연구 어디까지 왔나〉, 동아출판
  사.
• 지춘수(1992), "중세국어 표기법의 전개와 검토", 〈국어 표기법
  의 전개와 검토〉, 한국정신문화연구원.
• 최임식(1989), "국어 내파화에 대한 연구", 계명대학교 박사학위
  논문.

[4부 11장]

• 김홍석(2006), 「현행 정서법에 어긋난 몇 가지 사항에 대하여」,

『새국어교육』72, 한국국어교육학회, pp.233~248.

• 리의도(1983), "띄어쓰기 방법의 변해 온 발자취", 〈한글〉 182. 한글학회.

• 민현식(1995), 「국어 띄어쓰기법 개선에 관한 연구」, 『한국학연구』4, 숙명여자대학교, pp.1~52.

• 박정규(2003), 「국어 띄어쓰기 규정의 재검토」, 『시학과언어학』6, 시학과 언어학회, pp.231~258..

• 박정규(2006), 「국어 띄어쓰기 규정의 개선안 연구」, 『어문연구』34-4, 한국어문교육연구회, pp.83~107.

• 박종갑(1995), 「주시경의 〈〈국어문법〉〉연구(3)-우권점으로 표시된 띄어쓰기를 중심으로」, 『국어학』25, 국어학회, pp.267~292.

• 서종학(1996), 「띄어쓰기의 역사와 규정」, 『인문연구』18-1, 영남대 인문과학연구소, pp.1~16.

• 양명희(2000), 「띄어쓰기의 원리와 현실」, 『관악어문연구』25, 서울대 국어국문학과, pp.183~199.

• 이기문(1989), "독립신문과 한글 문화", 〈주시경학보〉 4.

• 이숙의(2007), 「용언의 구성과 띄어쓰기 방안에 대하여」, 『인문학연구』34-3, 충남대 인문과학연구소. pp.423~444.

• 임동훈(2002), 「띄어쓰기의 현황과 과제」, 『관악어문연구』27, 서울대 국어국문학과, pp.439~454.

• 전광현(1990), "최태영 초기 번역성경의 띄어쓰기에 대한 토론", 〈숭실사학〉 6. 숭실대.

• 조영희(2003), 「올바른 띄어쓰기 방안-〈한글 띄어쓰기 사전〉편

찬의 변」, 『새국어교육』66, 한국국어교육학회, pp.237~249.

• 최태영(1990), "초기 번역 성경의 띄어쓰기", 〈숭실사학〉 6. 숭실대.

• 최태영(1998), 「19세기말 국어의 띄어쓰기-독립신문을 중심으로」, 『국어국문학』121, 국어국문학회, pp.1~23.

• 최호철(2004), 「남북 띄어쓰기 규범의 통일에 대하여」, 『한국어학』25, 한국어학회, pp.343~364.

• 황경수(2007), 「효과적인 띄어쓰기에 대하여」, 『새국어교육』75, 한국국어교육학회, pp.439~464.

찾 / 아 / 보 / 기 /

저자 | 박 창 원

경남 고성 출신
서울대학교 인문대학 국어국문학과 학사, 석사, 박사
경남대학교, 인하대학교를 거쳐
2016년 현재 이화여자대학교(인문대학 국어국문학전공)에 재직

국립국어연구원(현 국립국어원) 어문규범연구부장
한국어세계화재단 운영이사
문화체육관광부 국어심의회 위원
방송통신위원회 언어특별분과 위원 역임

국어학회 총무이사, 부회장, 회장
방언학회 부회장
전국국어문화원연합회 회장
전국어문학술단체연합회 공동대표 등 역임

이화어문학회 편집위원장
중국 한국(조선)어 교육연구학회 해외이사
이화여자대학교 다문화연구소 소장 등 재임중

훈민정음, 고대국어연구(1), 한글박물관 등 논저 100여편.

한국어의 음운과 문자 (1)

초판 인쇄 | 2017년 1월 20일
초판 발행 | 2017년 1월 20일

저   자 박창원

책임편집 윤수경

발 행 처 도서출판 지식과교양
등록번호 제 2010-19호
주   소 서울시 도봉구 쌍문1동 423-43 백상 102호
전   화 (02) 900-4520 (대표) / 편집부 (02) 996-0041
팩   스 (02) 996-0043
전자우편 kncbook@hanmail.net

ISBN 978-89-6764-069-9 93700   **정가** 48,000원